4차 산업혁명과 제조업의 귀환

독일 전문가들이 들려주는 인더스트리 4.0의 모든 것

4차 산업혁명과 제조업의 귀환

―――

김은 김미정 김범수 김영훈 이애리 이태진
정대영 조호정 최동석 하희탁 한순흥 현용탁 지음

서문

최근 국내에서 4차 산업혁명에 대한 논의가 뜨겁다. 2016년에 세계경제포럼WEF, World Economic Forum에서 의제로 삼은 이후다. 우리나라에서는 현재 국가 차원의 어젠다로 발전하고 있다.

오늘날 나타나고 있는 사회 기술적socio-technological 현상을 4차 산업혁명이라고 보는 것이 타당한지 판단하기가 쉽지 않다. 또 타당하다고 하더라도 4차 산업혁명이 과연 무엇인지 명확하게 정의하기도 쉽지 않다. 그러나 다양한 새로운 정보통신기술ICT, Information & Communication Technology들이 개발되고 융합이 촉진되며 또 한편 시장수요의 행태도 변화하고 있다. 기술과 시장의 상호작용을 통해 예전과는 확연히 다른 변화가 진행되고 있는 것만은 분명하다. 산업구조, 일자리, 노동이 질적·양적으로 변화하고 있다. 심지어는 국가의 부를 축적하는 양태도 변화하고 있다.

우리나라에는 잘 알려지지 않았지만 4차 산업혁명에 대한 논의의 진원지는 독일이다. 독일공학한림원인 아카텍Acatech 회장 헤닝 카거만Henning Kagermann에 따르면 4차 산업혁명이라는 용어의 유래는 다음과 같다.

2011년에 제레미 리프킨Jeremy Rifkin은 미국에서 출간한 『3차 산업혁명』이란 책을 통해 시장의 여러 가지 현상을 묘사하며 신재생에너지가 새로운 현상이라고 주장했다. 그러나 독일에서는 이러한 현상을 산업의 패러다임 전환이 아니라 새로운 비즈니스 모델이 생긴 정도로 이해했다.

독일에서는 '3차 산업혁명'이 컴퓨터 기반의 자동화와 함께 시작됐다고 보았다. 그런데 더 큰 변화가 사물인터넷IoT, Internet of Things, 사이버물리시스템CPS, Cyber Physical System 등을 기반으로 시작되었고 이에 따른 생산 방식의 근본적인 변화가 워낙 컸다. 그래서 '4차 산업혁명'이라고 부르게 됐다. 이처럼 '4차 산업혁명'이라는 용어는 독일에서 '3차 산업혁명'을 새롭게 정의하면서 탄생했다. 독일은 4차 산업혁명과 관련해서 제조업에 집중했다. 제조업에 경쟁력이 있기 때문이다. 용어도 4차 산업혁명 대신에 인더스트리Industrie 4.0을 주로 사용하고 있다.

2011년부터 논의가 시작된 인더스트리 4.0은 초기에는 제조업에 집중했으나 스마트 서비스Smart Service, 디지털 트랜스포메이션Digital Transformation 등으로 범위가 점점 확대되고 있다. 이 책에서는 독일의 4차 산업혁명 정책이라고 볼 수 있는 스마트 제조를 포함한 인더스트리 4.0, 스마트 서비스, 디지털 트랜스포메이션에 대한 내용을 소개하는 데 집중한다.

이 책은 원래 2015년 초부터 계획되었다. 필자, 김영훈, 조호정, 최동석이 모여 독일에서 일어나는 제조업 변화의 정확한 내용을 소개해보자는 데 의견을 모았다. 독일에서 전개되는 인더스트리 4.0 관련 내용이 우리나라에도 상당한 의미가 있다고 생각했으나 왜곡 보도되거나 잘못 이해되고 있는 경우가 많았기 때문이다.

또한 우리나라의 과제와 향후 추진 방안에 관한 내용을 포함하는 것에 대해 논의했으나 포함하지 않기로 결정했다. 독일에서 인더스트리 4.0 관련 향후 추진 방안은 많은 전문가가 장기간의 숙고를 거쳐 도출한 국가 차원의 전략이다. 우리의 향후 추진 방안도 보다 많은 전문가가 참여한 가운데 보다 심도 있는 검토를 통해 도출하는 것이 바람직하다고 생각했기 때문이다.

가능하면 빨리 탈고하고 싶었으나 논의를 거듭할수록 다뤄야 할 내용이 많아졌다. 이에 독일에서 공부했거나 독일계 제조업에서 근무한 경험이 있거나 독일 산업에 관심이 많은 저자들을 추가로 초빙해서 2년간 노력한 끝에야 탈고하게 되었다.

삼성경제연구소의 조호정 수석연구원, 포스코경영연구소의 김영훈 박사는 인더스트리 4.0이 독일에서 논의되기 시작한 초기에 그 내용을 국내에 소개하는 역할을 했다. 조호정 수석연구원은 독일에서 추진된 스마트 서비스 벨트 Smart Service Welt 추진현황에 대해서도 국내에 최초로 소개한 바 있다. 이 책에서는 스마트 서비스를 소개하는 역할을 담당했다. 김영훈 박사는 인더스트리 4.0의 다양한 사례를 정리해서 소개했다. 인더스트리 4.0에 대한 개괄적인 소개는 이 책 발간을 제안한 필자가 담당했다. 독일에서 경영학, 경영정보학을 공부한 덕분에 방대한 독일 문서들을 분석 정리할 수 있었다. 엑센츄어의 한국 파트너 Exclusive Partner of Accenture in Korea를 맡고 있는 메타넷글로벌에서는 이태진 전무가 인더스트리 4.0 구현방안에 대한 가이드를 제공했다. 엑센츄어는 독일에서 스마트 서비스 벨트 작업 시 아카텍과 함께 공동 의장 역할을 담당했다. 독일 기업이 겪어온 인사조직 분야의 변화 과정은 최동석 박사가 정리했다.

인더스트리 4.0의 주요 구성요소인 스마트 팩토리에 대한 소개는 독일에서 기계공학의 생산기계기술을 전공하고 산업체에서 다양한 개발 및 적용 경험을 갖고 있는 ㈜세메스의 현용탁 박사가 담당했다. 이 책에서는 인더스트리 4.0의 레퍼런스 모델 및 보안에 대해서도 다룬다. 인더스트리 4.0의 생태계 조성을 위해서 중요한 레퍼런스 아키텍처 모델 인더스트리 4.0$_{\text{RAMI 4.0, Reference Architectural Model Industrie 4.0}}$에 대한 소개는 IBM 근무 당시 레퍼런스 모델 개발 경험이 있는 ㈜용컨설팅의 김미정 대표가 담당했다. 보안은 연세대 김범수 교수와 상명대 이애리 교수가 작성했다. 이는 인더스트리 4.0의 기반 기술인 사물인터넷$_{\text{IoT}}$과 빅데이터 보안 연구를 기반으로 한다.

이 책의 집필에는 SAP, 보쉬 등 인더스트리 4.0 관련 독일의 대표적인 기업도 참여했다. SAP의 디지털 트랜스포메이션은 정대영 박사가 담당했고 보쉬의 인더스트리 4.0 추진현황은 하희탁 이사가 담당했다. 제조업의 최근 국제 동향은 카이스트의 한순흥 교수가 포괄적으로 정리했다.

이 책은 '서로 중복되지 않도록 하되 빠진 것이 없도록 해야 한다$_{\text{MECE, Mutually Exclusive Collectively Exhaustive}}$'는 원칙을 지키고자 노력했다. 하지만 인더스트리 4.0과 관련된 전체 내용을 모두 다루지는 못했고 설명이 중복된 부분도 있다.

인더스트리 4.0과 관련해서 독일에서 제안하는 로드맵은 있으나 그 또한 계속해서 진화하는 과정에 있다. 따라서 독일에서 진행되는 인더스트리 4.0의 전체 모습을 그리기는 쉽지 않다. 또한 국내에는 관련 전문가가 많지 않을 뿐더러 전문가들 간의 협력도 잘 이루어지지 않는다.

저자들 간에 내용 조율이 쉽지는 않았다. 그동안 저자들을 중심으로 유료 아카데미를 세 번 개설하면서 전반적인 사상과 세부적인 내용의 이해와 조율에 많은 시간을 투입했다. 이런 노력을 통해 전반적인 사상과 내용의 일관성을 어느 정도 확보할 수 있었다. 그러나 세부적인 내용에 대해서는 저자들 간에 약간의 이견이 존재할 수 있다. 이에 대해서는 향후 계속해서 논의가 필요하다.

'서로 중복되지 않아야 한다'는 원칙에서 보면 내용이 겹치는 부분이 존재한다. 이는 하나의 주제에 대해 분야별로 여러 전문가가 다루면서 각자의 내용 전개에서 맥락상 뺄 수가 없는 경우에 나타난 현상이다. 개별 파트 내용은 저자 각자의 책임하에 완성되었다.

이 책의 내용이 아직 많이 부족하다고 생각하지만 이 시점에서 일단 탈고하기로 했다. 더 이상 미루기보다는 일단 출간하여 독자들에게 현재까지 정리된 내용을 전달하고 후속 논의를 촉발시키는 것이 더 의미 있다고 의견이 모였기 때문이다.

'빠진 것이 없도록 해야 한다'는 원칙을 충족시키고자 하는 관점에서 하다 보니 분량도 문제였다. 우리나라에서 전문적인 내용을 담은 방대한 분량의 책은 수요가 많지 않기 때문이다. 그럼에도 출판사 클라우드나인은 의미 있는 서적 출간에 더 많은 가치를 두고 흔쾌히 출간에 동의해주었다. 책을 만드는 데 많은 노력을 기울여준 클라우드나인의 안현주 대표, 장치혁 대표, 송무호 차장, 디자이너 정태성 실장과 장덕종 실장에게 감사를 표한다.

이언그룹의 김영규 대표는 초기에 책에 대한 아이디어를 정리하는 과정에서 도움을 주었고 이용행 전무는 ASPN 근무 당시 개인

시간을 쪼개 초기 편집과정에서 일부 도움을 주었다. 감사하다.

독일의 인더스트리 4.0 관련 문서들은 모두 읽고, 분석하고, 정리하기 어려울 만큼 많이 쏟아져 나오고 있다. 국내에서 많은 전문가들이 긴밀하게 협력해도 독일의 현황을 제대로 파악하기 쉽지 않다. 향후에는 국내 전문가들 사이에 보다 폭넓은 협력이 이루어지길 기대해본다.

2017년 8월
저자들의 의견을 수렴하여 김은 씀

차례

서문 • 4

1부 4차 산업혁명의 기원과 미래 시나리오

1장 인더스트리 4.0 탄생과 의의 • 19

1. 인더스트리 4.0과 스마트 팩토리에 대한 오해 • 21

오해 1: 인더스트리 4.0과 스마트 팩토리는 생산성 및 자원 효율성 향상을 위한 도구이다? • 22
오해 2: 스마트 팩토리는 인력 절감만을 목표로 한 자동화의 확대다? • 26
오해 3: 스마트 팩토리는 보다 스마트한 팩토리이다? • 28
오해 4: 스마트 팩토리는 현재 몇만 개씩 대대적으로 구축할 수 있다? • 30
오해 5: 인더스트리 4.0 구현 및 스마트 팩토리 구축은 개별 기업의 전략이다? • 31
오해 6: 스마트 팩토리는 기능 측면의 IT 전략 혹은 생산 전략이다? • 32
오해 7: 스마트 팩토리는 모든 국가, 모든 산업, 모든 기업에 구현되어야 한다? • 33
요약: 인더스트리 4.0과 스마트 팩토리에 대한 오해를 풀자 • 34

2. 왜 독일에서 인더스트리 4.0이 시작됐는가 • 36

인더스트리 4.0의 추진 연혁 • 36
인더스트리 4.0 관련 정부 R&D 지원 프로그램 • 37
인더스트리 4.0에 영향을 미친 요인들 간의 상관관계 • 40
인더스트리 4.0의 의미 및 정의 • 43

3. 인더스트리 4.0의 주요 특징 및 구성요소 • 49

인더스트리 4.0의 주요 특징 1: 대상 제품 • 49
인더스트리 4.0의 주요 특징 2: 새로운 유형의 제조 인프라 • 52
인더스트리 4.0의 주요 특징 요약 • 56
인더스트리 4.0의 주요 구성요소 • 58

4. 인더스트리 4.0은 생태계 전략이다 • 62

인더스트리 4.0의 양면전략 • 62
스마트 팩토리 수요기업 관점의 인더스트리 4.0 구현방안 • 64
네트워크 효과 기반의 생태계 전략 구현방안 • 66
기업 전략 관점에서 본 인더스트리 4.0의 의미 • 69

2장 미래에 먼저 도착한 기업들 • 71

1. 제조업 혁신의 최전선 • 73
자동화 공장의 미래 • 73
제품의 디지털화를 통해 미래를 찾다 • 79
빅데이터 및 디지털 기술을 통한 생산성 개선 • 83
비즈니스 모델의 혁신: 맞춤 제품, 맞춤 서비스 • 87
비즈니스 모델의 혁신: 플랫폼 비즈니스 • 94

2. 디자인 씽킹으로 혁신한다 • 101
디지털 트랜스포메이션 방법론 • 102
디지털 비즈니스 프레임워크 • 107

3. 서로 연결하고 협력해 완성한다 • 113
인더스트리 4.0은 먼 미래가 아닌 현재 진행형인 실행의 문제 • 116
보쉬의 양면전략: 선도적 공급자이자 선도적 사용자 • 118
인더스트리 4.0 선두주자로서 보쉬의 성과 • 123
독일 홈부르크 공장 • 125
독일 블라이하흐 공장 • 126
제품 및 서비스 포트폴리오 • 133
인더스트리 4.0은 커넥티드 인더스트리이다 • 141

2부 4차 산업혁명 시대의 디지털 트랜스포메이션

3장 디지털 경제에서 비즈니스의 미래 • 145

1. 어떻게 큰 변화의 파도를 탈 것인가 • 147
디지털 기술이 게임의 룰을 바꾸었다 • 147
세상을 바꾸는 메가트렌드를 읽어라 • 150

2. 디지털 세상에서 제조업의 국제 동향 • 157
왜 제조업이 중요한가 • 157
일본의 모노즈쿠리 • 162
독일의 인더스트리 4.0 • 163
EU의 주요 국가 • 166
미국의 리쇼어링 • 169
중국제조 2025 • 172
한국에 대한 시사점 • 173

4장 스마트 제조 • 177

1. 아우토노믹 4.0 사업 • 179
코코스 • 181
컬트랩3D • 183
이노사이퍼 • 184
인벤트에어리 • 186
에프티에프 • 188
오파크 • 189
르앱 • 190
스마트 페이스 • 192
스마트 사이트 • 193
스피드 팩토리 • 193
앱시스트 • 195
인사 • 196
마누서브 • 197
모션이에이피 • 199
제미니 • 200
아우토노믹 4.0의 시사점 • 201

2. 산업용 사물인터넷과 제조업의 변화 • 203
장비 • 208
노동력 • 210
자재와 공급망 • 212
비즈니스 프로세스 • 213
플랫폼 • 216
시설 및 환경 • 218
스마트 생산의 가속을 위한 핵심 요소 • 219
기회의 포착 • 222

5장 스마트 팩토리 • 223

1. 제조업은 왜 혁명할 수밖에 없었는가 • 225
제조업의 새로운 도전 • 226
스마트 팩토리의 기술적 배경들 • 230

2. 사이버물리제조시스템이란 무엇인가 • 234
사이버물리시스템의 정의와 구성 • 235
사이버물리시스템의 적용과 영향 • 239
사이버물리제조시스템 • 240

3. 스마트 팩토리란 무엇인가 • 246
스마트 팩토리의 구성요소들과 범위 • 249

스마트 팩토리의 요소기술 • 252
스마트 팩토리의 주요 특징 • 261

4. 스마트 팩토리가 바꿀 미래 • 265

6장 스마트 서비스 • 273

1. 스마트 서비스로 연결되는 세상 • 275

2. 스마트 서비스란 무엇인가 • 281

3. '스마트 서비스 벨트 2025' 전략 • 288
스마트 서비스 벨트 2025의 핵심: 디지털 플랫폼 • 292
스마트 서비스의 유형 • 295

4. 스마트 서비스는 데이터가 핵심이다 • 299

5. 스마트 서비스의 특징과 기대 효과 • 304
스마트 서비스의 특징 • 304
스마트 서비스의 기대 효과 • 306
스마트 서비스 확산을 위한 과제 • 307

3부 4차 산업혁명 시대의 정보보호와 표준

7장 정보보호 • 313

1. 인더스트리 4.0 구현을 위한 정보보호 및 보안의 중요성 • 315
인더스트리 4.0 환경에서 예상되는 정보보호 이슈 • 317
인더스트리 4.0을 이끄는 정보통신기술 요소와 정보보호 이슈 • 322

2. 사물인터넷과 정보보호 • 323
사물인터넷 활용 스마트 서비스 • 323
사물인터넷상에서의 정보보호 이슈 • 326
사물인터넷 환경에서 미래 정보보호 추진 과제 • 338

3. 빅데이터 분석과 정보보호 • 342
빅데이터 분석의 활용 확대 • 342
빅데이터 분석 시대의 정보보호 이슈 • 343
빅데이터 시대의 개인정보 비식별화 • 344

4. 인공지능과 정보보호 • 355
기회 측면: 인공지능 활용을 통한 정보보호 강화 • 356
위협 측면: 인공지능 기술 발전에 의한 보안 위협 증가 • 358

8장 표준과 기술적 프레임워크 • 361

1. 레퍼런스 아키텍처 모델 인더스트리 4.0의 관점 및 구조적 특징 • 363
레퍼런스 아키텍처 모델 인더스트리 4.0의 요구사항 • 366
레퍼런스 아키텍처 모델 인더스트리 4.0의 구조 및 특징 • 367
레퍼런스 아키텍처 모델 인더스트리 4.0의 기술적 배경 • 372

2. 인더스트리 4.0 컴포넌트 • 375
사물에서 지능화된 '자산'으로 • 375
라이프사이클 데이터 관리 • 376
인더스트리 4.0 컴포넌트와 정보통신기술 시스템 • 377
제조 작업단위의 세분화 및 커넥티드 월드 • 379
가치창출 흐름 • 380
인더스트리 4.0 컴포넌트의 구현 모습 • 381

3. 레퍼런스 아키텍처 모델 인더스트리 4.0과 산업인터넷 레퍼런스 아키텍처의 협업 • 383
산업인터넷 레퍼런스 아키텍처의 뷰포인트 • 385
레퍼런스 아키텍처 모델 인더스트리 4.0과 산업인터넷 레퍼런스 아키텍처의 디지털 연계 • 387
아키텍처 프레임워크 간 협업의 미래 • 388

4부 4차 산업혁명 시대의 인간에 부합하는 스마트 인사조직

9장 인간이 혁명의 주체이다 • 393

1. 인간이 혁명한다 • 395
보편적 질문 • 395
변화를 위한 기본모형 • 399

2. 인더스트리 4.0에 의한 4차 산업혁명 • 403
산업혁명은 엄청난 생산성 향상을 가져왔다 • 403
4차 산업혁명의 본질 • 407
독일 제조업의 특징은 무엇인가 • 410

독일 제조업 특징의 역사적 배경 • 412
독일의 공동결정과 합의정신이 낳은 플랫폼 • 417

10장 인간을 위한 맞춤형 직무설계 • 423

1. 인간을 위한 직무설계 • 425

1단계 노동생활의 인간화 추진 • 426
2단계 디지털화된 산업시대의 노동과 직무설계 • 433
3단계 인더스트리 4.0을 위한 교육훈련 • 440

2. 학습을 장려하는 조직설계 • 446

'어떻게 생산할 것인가'에서 '무엇을 생산할 것인가'로 • 447
'중앙집권화'에서 '분권화'로 • 450
합의를 이끌어내는 리더십으로 • 454

미주 • 458

참고문헌 • 473

웹사이트 자료 • 481

색인 • 482

1부

4차 산업혁명의 기원과 미래 시나리오

1장
인더스트리 4.0 탄생과 의의

김은
(사)한국ICT융합네트워크 상근부회장, 국회 제4차산업혁명포럼 국제협력 · 외교 및 홍보 위원장, 울산과학기술원 겸임교수
독일 쾰른대학교에서 경영학 석사학위와 박사학위를 받았다. SAP 코리아 상무, 독일 프라운호퍼 포커스 연구소Fraunhofer FOKUS 한국 대표, 삼일회계법인/PWC 상무, 카이스트 소프트웨어대학원 초빙교수, 독일 뮌스터대학교 객원연구원, 한국정보사회진흥원 IT'성과관리단장, 소프트웨어정책연구소 초빙연구원을 역임했다.
주요 저서로는 『Enterprise Solution』『이제 SAP ERP로 성공을 열자』 등이 있다. 또한 『KINEWS』에 인더스트리 4.0에 대해 연재한 바 있다.

Industrie 4.0

1
인더스트리 4.0과 스마트 팩토리에 대한 오해

인더스트리 4.0과 스마트 팩토리는 생산성과 자원 효율성 향상을 위한 단순 자동화 그리고 인력 절감만을 위한 것이다?

대표적인 오해다!

인더스트리 4.0이 무엇인가에 대해 다양한 의견이 존재하는 것은 독일에서도 마찬가지다. 그러나 국내에는 현재 독일에서 추진되고 있는 인더스트리 4.0과 스마트 팩토리(팩토리 4.0)에 대해 특히 많은 오해가 존재한다.

여러 가지 이유가 있다.

독일어로 발간된 자료를 해석하기 어려운 측면이 있다. 인더스트리 4.0과 관련하여 많은 문서가 특히 초기에는 독일어로만 발간되었다. 또 다른 이유로는 새로운 패러다임을 잘 이해하지 못하는 경우도 있다. 거기에 더해 인더스트리 4.0이 국내에 처음 소개되는 시점에 정확하게 이해하지 못하고 소개한 내용들이 제3자에 의해 다시 복제되어 전달되는 과정에서 틀린 내용이 확대 재생산된 측면도 있다. 언어의 문제도 없고 새로운 패러다임을 이해 못 하지도 않으나 기존의 패러다임하에 준비된 자사의 기계, 설비, 소프트웨어 등을 판매하기 위해 의도적으로 오도하기도 한다.

우리가 이 책에서 논하는 내용은 기존과 다른 패러다임에서 전개되므로 기존의 논리 구조로는 이해하기 쉽지 않다. 설사 내용을 개괄적으로 이해한다고 해도 세부적으로 미세한 차이를 정확하게 구별해내기는 더욱 어렵다.

여기에서는 국내에서 회자되고 있는 인더스트리 4.0과 스마트 팩토리의 오해에 대해 집중적으로 다룬다. 세간에 회자되는 문제를 지적하고 해명하는 방식이다. 관련 내용을 처음 접하는 경우 이러한 방식을 통해 그 핵심 내용을 훨씬 더 잘 이해하는 것을 최근에 확인할 수 있었다. 보다 구조화된 설명을 선호하는 경우는 뒤에 보다 체계적으로 정리된 내용을 보기 바란다.

독일에서 논하고 있는 인더스트리 4.0과 스마트 팩토리에 대한 설명은 독일에서 발간된 인더스트리 4.0 관련 공식 문서[1]를 기준으로 한다.

오해 1: 인더스트리 4.0과 스마트 팩토리는 생산성 및 자원 효율성 향상을 위한 도구이다?

국내에서 인더스트리 4.0과 독일에서 논하는 스마트 팩토리에 대한 가장 많은 첫 번째 오해는 인더스트리 4.0과 스마트 팩토리를

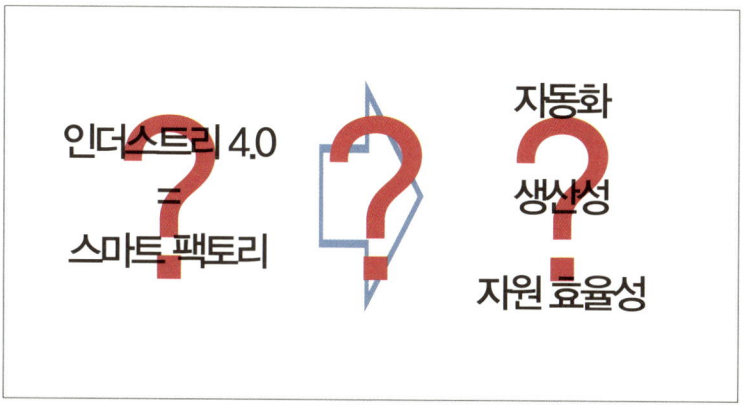

인더스트리 4.0과 스마트 팩토리에 대한 오해

동일하게 간주하며, 자동화를 통한 생산성 및 자원 효율성 향상만을 위한 도구로 보는 것이다.

스마트 팩토리는 인더스트리 4.0을 구현하기 위해 중요한 수단 가운데 하나이기는 하다. 그러나 인더스트리 4.0의 주요 구성요소에는 스마트 제품, 스마트 물류(혹은 물류Logistics 4.0) 등 스마트 팩토리 이외에도 다양한 구성요소가 포함되어 있다.

또한 인더스트리 4.0과 스마트 팩토리는 자동화를 통한 생산성 및 자원 효율성 향상만을 위한 것이 아니다. 그렇다면 인더스트리 4.0과 스마트 팩토리를 굳이 현재 시점에 다시 한번 강조해야 할 필요가 없다. 이에 대한 논의는 이미 오래전부터 진행되어 왔기 때문이다. 인더스트리 4.0에 대한 논의에서는 자동화를 인더스트리 3.0의 목표로 구분한다.

독일에서 발간된 공식 문서인 『인더스트리 4.0 구현 전략[2]』에서 볼 수 있듯이 인더스트리 4.0은 '개인화된 고객의 요구사항'을 충족시키기 위해 생산 체계를 전면적으로 개편하고자 하는 것이다. 즉 인더스트리 4.0은 기존의 대량 생산이나 대량 맞춤Mass Customization과는 달리 '개인 맞춤형 제품Personalized Product'을 고객이 수용할 만한 가격으로 제공하기 위한 것이다.

개인 맞춤형 제품과 대량 맞춤의 차이는 코렌Koren에 따르면 이미 준비된 모듈을 고객의 요구에 맞춰 조합하여 제공하느냐 아니면 기존에 준비되어 있지는 않으나 고객이 추가로 원하는 디자인을 수용하느냐의 문제이다.[3]

인더스트리 4.0에서 논하는 개인 맞춤형 제품과 가내수공업에 의한 개인 맞춤형 제품 제조의 차이는 제공하는 제품의 품질, 납품 기간, 가격 등의 차이에 있다. 고객이 원하는 제품은 납품 기간과 가격 등을 고려하지 않으면 거의 항상 제공 가능하다. 문제는 제품의 품질, 납품 기간, 가격인 것이다.

제품 및 제조 프로세스 차원에서 본 인더스트리 4.0의 목표는 '제품 차원에서 본 인더스트리 4.0의 목표' 그림을 통해 보다 쉽고 명확하게 이해 가능하다.

제품 및 제조 프로세스 차원에서 볼 때 인더스트리 4.0의 목표는 그림의 왼쪽 아래에서 위로 이동하는 것, 즉 단순히 대량 생산 제품의 자동화 수준을 확대하는 것이 아니다. 이는 인더스트리 3.0의 목표이다.

나아가 그림의 오른쪽 밑에서 왼쪽 위로 이동시키려는 것, 즉 유연성이 높은 개인 맞춤형 제품 제조 방식을 동일한 제품의 대량 생산 방식으로 변화시키고자 하는 것은 더욱 아니다. 그림의 오른쪽 밑에서 왼쪽 밑으로의 이동은 개인 맞춤형 제품 제조에서 대량 생산으로의 이동, 즉 인더스트리 2.0을 추구하는 것을 의미한다.

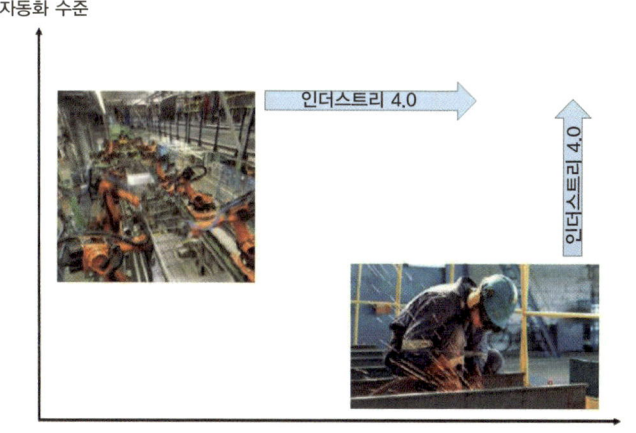

(출처: Prof. Dr.-Ing. Uwe Freiherr von Lukas, Fraunhofer IGD, 2016.11)

인더스트리 4.0은 일단 자동화 수준이 높은 대량 생산 방식(인더스트리 3.0)에 도달했다면 그러한 상황에서 그림의 왼쪽 위에서 오른쪽 위로 제조의 유연성을 확대하여 개인 맞춤형 제품을 대량 생산 가격으로 가능하게 하는 것이다. 이와 반대로 유연성이 높은 개인 맞춤형 제품 제조 방식의 경우는 그림의 오른쪽 아래에서 오른쪽 위로 자동화, 특히 분권화된 자율화 확대를 통해 생산 원가를 낮추는 것이다.

스마트 팩토리 수요기업이 스마트 팩토리를 구축하는 목적은 일차적으로 스마트 팩토리 자체에 있는 것이 아니라 스마트 팩토리를 통해 생산하고자 하는 제품에 있다.

개인 맞춤형 제품을 고객이 수용할 만한 가격에 제공하고자 하는 인더스트리 4.0에서는 기존의 중앙집중형 생산체계로는 새롭게 발생하는 제조과정에서의 복잡성을 해소할 수 없기 때문에 생산체계가 분권형Decentralization, 자율형Autonomous으로 변경되어야 한다고 주장된다. 그리고 이를 위해서는 제품과 기계 설비가 서로 직접 의사소통이 가능하도록 네트워크로 연결Networking되어야 한다. 이를 위해 필요한 기계 설비 가운데 하나가 스마트 팩토리이다.

오해 2: 스마트 팩토리는 인력 절감만을 목표로 한 자동화의 확대다?

국내에서는 흔히 스마트 팩토리가 인력 절감만을 목표로 한 자동화의 확대로 회자된다.

예를 들어 아디다스의 스피드 팩토리에 대해 국내에서 소개 시 자동화를 통한 인력 절감만을 강조하고 있는 경우가 많다. "근로자 단 10명이 50만 켤레를 만드는 신발공장" "600명이 할 일을 단 10명이 해결하는 자동화 공정" 등이다.

아디다스 스피드 팩토리의 목표는 고객 맞춤형 제품을 고객 가까운 곳에서 빠른 시간 내에 제공하는 것, 즉 고객 주문 이후 5시간 만에 제작하여 24시간 내에 배송하는 것이 목표이다. 따라서 향후에는 3D 프린터와 운동화 제조용 미니 로봇을 이용한 미니 제조 공장을 운동화 판매 가게에 설치하는 것이 검토된다.

이럴 경우 독일에서는 일자리가 줄어드는 것이 아니라 오히려 늘어날 수 있다. 인건비가 싼 국가에서 생산off shoring하던 물량을 국내에서 생산하게 되며 일자리가 인건비가 싼 국가에서 고객이 있는 곳으로 이동re-shoring함을 뜻할 수도 있다.

따라서 아디다스는 향후에 단순히 인건비가 저렴한 국가에서 제조한 신발을 전 세계에 수출하는 것이 아니라 국제적인 스포츠 제

미래의 아디다스 매장 모습

아디다스 스피드 팩토리의 목표는 고객 맞춤형 제품을 고객 가까운 곳에서 빠른 시간 내에 제공하는 것, 즉 고객 주문 이후 5시간 만에 제작하여 24시간 내에 배송하는 것이 목표이다. 따라서 향후에는 3D 프린터와 운동화 제조용 미니 로봇을 이용한 미니 제조 공장을 운동화 판매 가게에 설치하는 것이 검토된다.

품 브랜드와 함께 운동화를 제조할 수 있는 3D 프린터 및 로봇을 제공하고 운동화는 고객이 있는 곳에서 직접 제조하도록 하고 그 대가를 받을 수 있다. 즉 아디다스는 소매상에게 운동화를 제공하는 대신에 브랜드, 운동화 제조 3D 프린터 및 로봇, 운동화를 만드는 데 필요한 자재에 대한 비용을 받는 프랜차이즈 방식으로 비즈니스 모델이 바뀔 수 있다. 이럴 경우 독일에서는 3D 프린터 및 로봇을 만드는 인력에 대한 수요가 증대되어 일자리가 줄어드는 것이 아니라 오히려 늘어나는 효과를 기대할 수 있다.

다른 측면에서 보면 인더스트리 4.0의 목표는 스마트 팩토리를 이용해 개인 맞춤형 제품을 제조하는 스마트 팩토리 수요기업 입장에서 경쟁력을 확보하는 것뿐만이 아니다. 스마트 팩토리를 제공하는 공급기업 입장에서도 선도적인 위치에 도달하는 것이다.

인더스트리 4.0의 목표는 원래 스마트 팩토리를 개발하여 많이 판매하는 것에 있다. 그러나 스마트 팩토리를 잘 판매하기 위해서는 스마트 팩토리 수요기업의 만족도가 높아야 한다. 스마트 팩토리 수요기업의 만족도가 높을 경우 스마트 팩토리 판매가 확대되는 선순환고리를 창출할 수 있다. 이것이 인더스트리 4.0의 양면전략Dual Strategy이다.

인더스트리 4.0의 목표는 스마트 팩토리를 이용해 제조하는 개인 맞춤형 제품 및 그러한 제품을 제조하는 스마트 팩토리 자체의 경쟁력 확보 두 가지에 있다.

오해 3: 스마트 팩토리는 보다 스마트한 팩토리이다?

국내에서는 고유명사인 '스마트 팩토리'와 '스마트'라는 일반명사를 형용사적으로 사용한 보다 스마트한Smarter 팩토리를 동일하게 이해하는 경우가 많다.

인더스트리 4.0과 독일에서 말하는 스마트 팩토리(또는 팩토리 4.0)는 당연히 기존의 공장보다는 스마트, 즉 지능적이기는 하지만 일반적인 의미의 보다 스마트한Smarter 팩토리를 의미하는 것이 아니다. 스마트 팩토리는 예전에 비즈니스 프로세스 리엔지니어링BPR, Business Process Reengineering 혹은 프로세스 개선Process Innovation에서 추진하던 정보화를 통한 업무처리 절차 개선만을 통해서 달성할 수 있는 것이 아니다.

스마트 팩토리 준비도

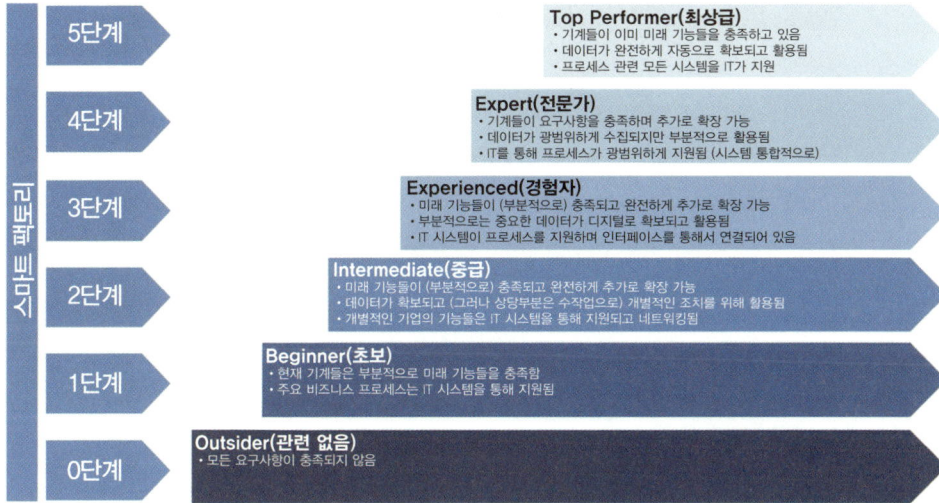

(출처: Impuls Stiftung, 2015, 원전: VDMA)

인더스트리 4.0에서 논하는 스마트 팩토리는 예를 들어 '스마트 팩토리 준비도'에서 정의한 바와 같이 기계들이 제품과 직접 의사소통하여 제품과 기계가 스스로 제어하며, 데이터가 완전히 자동으로 확보되어 활용되며, 제조 프로세스 관련 모든 시스템이 IT에 의해 지원되는 상태를 말한다. 현재 독일에서는 인더스트리 4.0 및 스마트 팩토리 준비도에 대한 평가방법이 아카텍[4], VDMA[5] 등 다양한 조직에서 개발되고 있다. 그럼에도 불구하고 스마트 팩토리의 준비도는 정보화나 자동화 등 다른 평가 기준이 적용되는 것이 아니라 상기한 바와 같은 기준이 어느 정도 수준으로 충족되었는지에 따라 결정되는 것이다.

인더스트리 4.0 로드맵

가치창출사슬·네트워크의 디지털화					
리서치 앤드 이노베이션: 트랜스포메이션을 위한 리서치 로드맵					
		2015	2018	2025	2035
	이동 전략				
					설계중인 인더스트리 4.0
가치창출 네트워크에 걸친 수평적 통합	새로운 비즈니스 모델을 위한 방법(론)				
	가치창출네트워크 프레임 워크				
	가치창출네트워크의 자동화				
전체 생애주기에 걸친 엔드 투 엔드 엔지니어링	실제 (물리적인) 세계와 가상 세계의 통합				
	시스템 엔지니어링				
수직적 통합 및 네트워킹된 제조 시스템	센서				
	인텔리전스, 유연성, 변화 가능성				
작업에 대한 새로운 사회적 인프라	다양한 (입·출력) 지원 시스템				
	기술 수용과 작업 설계				
범용 기술의 지속 적인 개발	인더스트리 4.0 시나리오를 위한 통신				
	마이크로 일렉트로닉				
	보안 및 안전				
	데이터 애널리시스				
	인더스트리 4.0을 위한 신택스와 시멘틱				
레퍼런스 아키텍처와 표준화					
네트워킹된 시스템의 안전					
법적 제반 환경					

(출처: BITKOM/VDMA/ZVEI, 2015)

오해 4: 스마트 팩토리는 현재 몇만 개씩 대대적으로 구축할 수 있다?

인더스트리 4.0 관련 가장 큰 산업박람회인 하노버 메세의 2015년, 2016년, 2017년 주제는 통합된 솔루션Integrated Solution이다. 부제는 2015년에 "네트워크에 참여Join the Network", 2016년에 "솔루션의 확인Discover Solutions", 2017년에는 "가치창출Creating Value"이다. 제목에서도 볼 수 있듯이 필자가 2016년과 2017년에 독일의 하노버 메세에서 확인한 바로는 인더스트리 4.0 구현과 스마트 팩토리 구축은 독일에서도 현재 실험 중이다.

독일에서 인더스트리 4.0 구현은 2035년을 목표로 추진 중이다. 현재 독일에서는 관련하여 많은 투자를 하고 있어 실제 구현은 원래 계획보다 조금 앞당겨질 것으로 예상된다. 그러나 스마트 팩토리를 많은 산업분야에서 대대적으로 구현할 수 있기 위해서는 좀 더 많은 시간이 필요할 것으로 보인다.

오해 5: 인더스트리 4.0 구현 및 스마트 팩토리 구축은 개별 기업의 전략이다?

스마트 팩토리 수요기업 차원에서 인더스트리 4.0의 목표를 달성하기 위해서는 다음과 같은 인더스트리 4.0의 특성이 실현되어야 한다. 첫째, 제품 제조와 관련된 모든 가치창출사슬 전반에 걸친 엔지니어링에 있어서 디지털 통합. 둘째, 기업 내부에서의 수직적 통합과 네트워크화된 생산체계. 셋째, 기업 간 협력 시 가치창출네트워크의 수평적 통합.[6]

제품이 효율적으로 제조되기 위해서는 제품의 디자인 및 기획에서부터 설계, 제조, 애프터서비스까지의 모든 프로세스가 긴밀하게 연계되어야 한다. 이를 위해서는 기업 내부에서 수직적인 통합뿐만 아니라 기업 간의 업무처리에서도 긴밀하게 연계, 즉 수평적으로도 통합되어야 한다.

수평적인 통합은 부품을 납품받는 대기업과 부품을 제공하는 중소기업 간에 긴밀한 협력관계에 있어야 용이하다. 일반적으로 부품을 구매하는 대기업과 수직 계열화되지 않고 많은 대기업에게 부품을 납품하는 중소기업의 경우 대기업은 많은 이익을 보지만 중소기업은 겨우 원가를 보전받는 정도의 수익밖에는 확보하지 못하는 경우가 많다. 중소기업이 많은 대기업에서 원하는 것을 모두 수용하기 위해서는 상호호환성의 문제로 인해 대기업에 비해 중소기업에게 보다 많은 비용이 발생하기 때문이다.

인더스트리 4.0은 납품을 받는 대기업만 이익을 누리고 부품을 제공하는 중소기업은 손해를 보는 구조를 추구하는 것이 아니다. 인더스트리 4.0은 참여자가 많으면 많을수록 모든 참여자가 더 많은 이익을 얻는 네트워크 효과를 누리고자 추진하는 것이다. 따라서 인더스트리 4.0은 단순한 개별 기업의 전략이 아니라 관련 기업들이 긴밀하게 협력해서 달성할 수 있는 생태계 전략인 것이다.

오해 6: 스마트 팩토리는 기능 측면의 IT 전략 혹은 생산 전략이다?

국내에서 스마트 팩토리 도입은 흔히 정보화 기반의 IT 전략 혹은 생산 전략 등과 같은 특정 부서의 단순한 기능 전략functional strategy으로 이해된다. 인더스트리 4.0은 스마트 팩토리 수요기업 관점에서 볼 때 생산성과 자원 효율성 증진을 통해 경쟁우위를 달성하는 기존의 정보화에서 논하던 기능 측면의 단순 IT 전략 혹은 생산 전략을 의미할 수 있다.

인더스트리 4.0은 또 다른 측면에서 보면 스마트 팩토리 수요기업 입장에서는 새로운 유형의 개인 맞춤형 제품의 제공을 가능하게 한다. 또한 아디다스의 스피드 팩토리에서 볼 수 있는 바와 같이 새로운 제품과 서비스를 제공하고 새로운 비즈니스를 가능하게 한다. 스마트 팩토리 공급기업 입장에서는 새로운 유형의 기계 설비를 제공하게 하는 것이다. 이는 스마트 팩토리 도입이 IT, 생산 설비 도입 등 단순한 기능 차원의 업무를 담당하는 부서 차원의 기능 전략이 아니라 새로운 사업(부) 전략business strategy임을 의미한다.

또 다른 관점에 인더스트리 4.0을 생태계 전략으로 보고 부품을 납품하는 기업과 부품을 납품받는 기업들 간에 긴밀한 협력을 추진할 경우 단순한 부서 차원의 기능 전략을 넘어 개별 기업이 납품업체, 즉 파트너와의 행동 양식을 결정하는 새로운 전사 전략 corporate strategy의 일환으로 보아야 한다.

오해 7: 스마트 팩토리는 모든 국가, 모든 산업, 모든 기업에 구현되어야 한다?

국내에서 몇몇 사람들은 인더스트리 4.0과 스마트 팩토리가 모든 국가, 모든 산업, 모든 기업에 구현되어야 한다고 주장한다. 과연 그럴까? 결론부터 말하면 인더스트리 4.0과 스마트 팩토리는 모든 국가에 있는 모든 산업의 모든 기업에 구현되어야 하는 것도 구현할 수 있는 것도 아니다.

보다 스마트한 팩토리가 아닌 인더스트리 4.0에서 말하는 스마트 팩토리는 특정 제품, 즉 개인 맞춤형 제품 제조를 목표로 하고 있다. 스마트 팩토리를 도입하기에 적합한 산업 및 적합한 기업이 따로 있는 것이다.

개인 맞춤형 제품의 제조가 수작업에 의해 보다 저렴하게 제조될 수 있는 인건비가 저렴한 국가에서는 스마트 팩토리 도입에 대한 손익을 사전에 철저하게 검토할 필요가 있다. 스마트 팩토리를 도입하기에 적합한 국가, 적합한 산업, 적합한 기업이 따로 있기 때문이다.

또 다른 측면에서 보면 인더스트리 4.0은 생태계 전략으로 기업 간의 협력 문화가 조성되기 어려운 곳에서는 (예를 들어 갑질 문화가 일상적인 환경에서는) 구현이 그리 만만치 않다. 인더스트리 4.0과 스마트 팩토리를 논하기 위해서는 적용 분야의 환경 분석이 우선되어야 한다.

요약: 인더스트리 4.0과 스마트 팩토리에 대한 오해를 풀자

여기에서 설명한 인더스트리 4.0과 스마트 팩토리에 대한 오해를 다시 한번 정리하면 다음과 같다.

첫째, 인더스트리 4.0과 스마트 팩토리는 생산성과 자원 효율성 향상을 위한 자동화만을 목표로 하는 것이 아니다. 개인 맞춤형 제품을 제공하기 위한 목표 시장의 변화이다. 그리고 이러한 목표를 보다 효율적으로 달성하기 위한 분권화, 자율화, 네트워킹된 생산 체계를 목표로 하는 것이다.

둘째, 인더스트리 4.0과 스마트 팩토리는 자동화를 통한 인력 절감만을 목표로 하는 것이 아니다. 개인 맞춤형 제품을 고객에게 가까운 곳에서 제공하기 위함이고 스마트 팩토리의 수요기업 및 공급기업 관점에서 새로운 비즈니스 기회도 제공한다.

셋째, 스마트 팩토리는 (정보화 및 자동화를 통한) 보다 스마트한 Smarter 팩토리가 아니다. 기계들이 제품과 직접 의사소통하여 제품과 기계가 스스로 제어되며 데이터가 완전히 자동으로 확보되어 활용되고 제조 프로세스 관련 모든 시스템이 IT에 의해 지원되는 것이다.

넷째, 스마트 팩토리는 현재 당장 몇만 개씩 대규모로 구축할 수 있는 것이 아니다. 독일에서는 현재 실험 중이며 2035년을 목표로 개발 중이다.

다섯째, 인더스트리 4.0 구현은 개별 기업 전략이 아니라 범 기업적인 생태계 전략이다.

여섯째, 인더스트리 4.0 구현 및 스마트 팩토리 구축은 정보화 차원의 IT 전략 혹은 생산 전략 등과 같이 특정 기능을 지원하는 단순한 기능 전략이 아니다. 새로운 사업을 가능하게 하는 사업(부) 전략이자 새로운 형태의 기업 간 협력을 추구하는 전사 전략이다.

일곱째, 인더스트리 4.0은 모든 국가, 모든 산업, 모든 기업에 적용 가능한 것이 아니다. 제공하고자 하는 제품, 자사가 처한 환경이나 역량을 고려해서 추진해야 한다.

2
왜 독일에서 인더스트리 4.0이 시작됐는가

인더스트리 4.0의 추진 연혁

독일에서 인더스트리 4.0은 2011년 1월에 공식적으로 발의되었다. 이후 10개월의 논의를 거쳐 2011년 11월에 독일의 첨단기술 전략인 하이테크전략HTS, High Tech Strategy 2020 실행계획Action Plan의 일환으로 추진이 결정되었다. 이후 인더스트리 4.0 작업반에 의해 약 10개월의 작업 기간을 거쳐 2012년 10월에 인더스트리 4.0 추진에 대한 제안 초안이 발표되었고, 6개월의 수정과 보완을 거쳐 2013년 4월에 제안 최종본 『인더스트리 4.0을 위한 구현 제안』이 발간되었다.[1]

이 제안은 2년이 지난 2015년 4월에 그간의 추진 현황 및 수정 보완된 향후 추진 방안이 포함되어 『인더스트리 4.0 구현전략』으

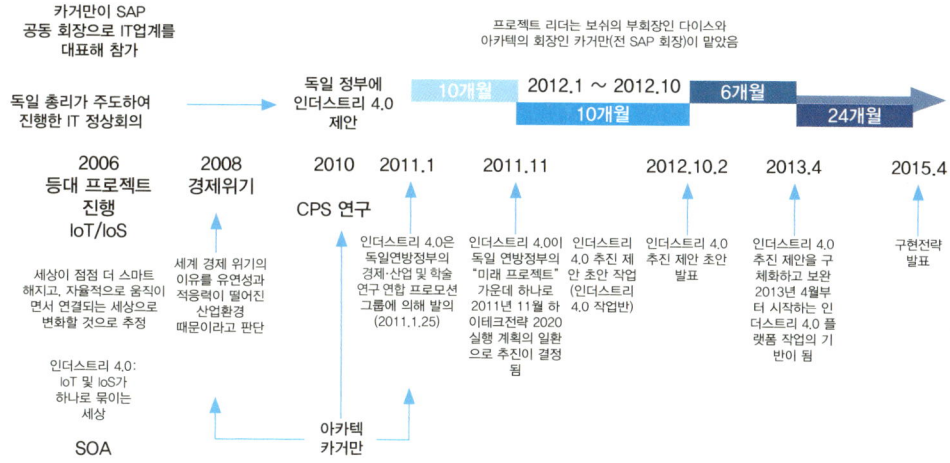

로 발표되었다.[2]

　상기한 바와 같은 과정을 보면 인더스트리 4.0은 독일에서 장기간 많은 노력을 기울여 작업한 국가 전략으로 볼 수 있다. 그러나 그 작업은 정부가 아닌 민간에 의해 수립 제안되었다.

　인더스트리 4.0을 발의하고 프로젝트 매니저 역할을 수행한 헤닝 카거만Henning Kagermann에 따르면 인더스트리 4.0은 보다 더 긴 준비 기간을 거쳤음을 확인할 수 있다.

인더스트리 4.0 관련 정부 R&D 지원 프로그램

　독일의 인더스트리 4.0은 정보통신기술ICT, Information & Communication Technology 융합Convergence 정책의 일환이다.

　독일에서 ICT 융합 정책의 필요성에 대한 연구결과는 2004년에 처음으로 발간되었는데『전자 미디어[3] 융합에 따른 기술 및 경제

정책에 대한 요구사항』[4]에 대한 연구를 독일연방정부가 2003년에 외부 민간기관에 의뢰하면서 시작되었다. 이후 사물인터넷IoT, Internet of Things 연구 개발R&D, Research & Development 지원 사업을 2005년에 시작한 바 있다. 이어 2006년에는 서비스 인터넷 IoS, Internet of Services 에 대한 논의가 시작되었다.

카거만은 자신이 SAP의 회장으로 있던 2006년에 IoT와 IoS가 연계되어 가는 움직임을 감지할 수 있었다고 한다. 그래서 당시에 독일에서 앙겔라 메르켈Angela Merkel이 집권한 이후 시작된 독일 내 IT 정상회의Der Nationaler IT-Gipfel[5]에서 이에 대한 대응방안 논의의 필요성을 제안했다. 이후 카거만이 회장으로 있는 독일의 아카텍에서 2010년에 수행한 사이버물리시스템CPS, Cyber Physical System에 대한 연구[6]의 영향을 받아 2011년 1월에 연구 연합[7]에서 인더스트리 4.0 추진을 공식적으로 발의됐다. 당시의 프로젝트 리더는 보쉬Robert-Bosch GmbH의 부회장Deputy MD인 다이스Dais와 아카텍의 회장인 카거만이 맡았으며 50여 명의 전문가로 구성되었다.

이후 2011년에는 독일에서 전자 미디어 융합이 기술 및 경제적인 측면에서 독일에 미치는 파급효과에 대한 연구결과가 『전자 미디어 융합의 기술 및 경제적인 측면』[8]이라는 제목으로 발간되었다.

독일에서 추진된 ICT 융합 R&D 지원 사업은 사물인터넷에서 시작하여 서비스 인터넷, 에너지 인터넷IoE, Internet of Energy 등의 R&D 지원으로 확대되었다. 2013년에는 당시 시점까지 추진된 ICT 융합 R&D 지원 사업 전체를 취합하여 『융합형 정보통신기술 개발』[9]이 발표된 바 있다.

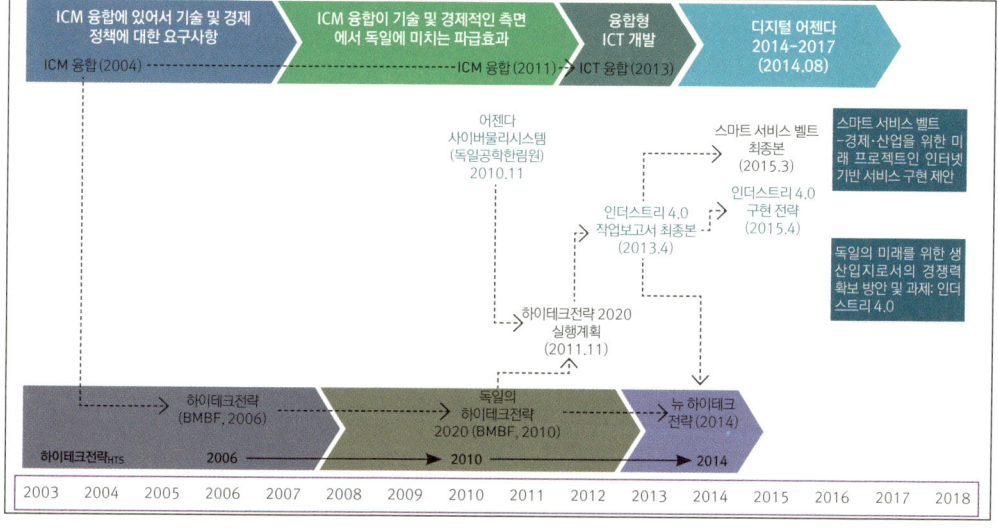

인더스트리 4.0 관련 정책 간의 상관관계

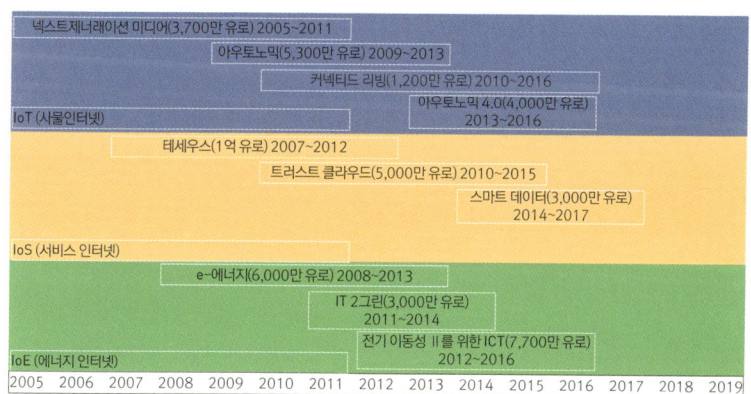

독일의 ICT 융합 R&D 지원 사업과 인더스트리 4.0 [10]

인더스트리 4.0이 본격적으로 시작되기 전에 추진된 R&D 지원 프로그램인 아우토노믹AUTONOMIK은 인더스트리 4.0의 전신 R&D 지원 프로그램이며 2013년에 독일연방 경제에너지부BMWi[11]의 주관하에 시작된 아우토노믹 4.0 프로그램이 인더스트리 4.0을 위해

본격적으로 추진된 R&D 지원 프로그램으로 볼 수 있다.[12]

독일의 인더스트리 4.0은 하이테크전략HTS, High Tech Strategy과 연계되어 추진되고 있다. 하이테크전략은 앙겔라 메르켈이 수상으로 취임한 이후 추진된 독일 정부의 연구 및 이노베이션 지원 프로그램이다. 하이테크전략은 2006년도에 처음 수립되었다. 그리고 이후 4년 주기로 2010년, 2014년에 수정 보완되어 발표되었다. 2010년에 발표된 하이테크전략은 하이테크 2020으로 칭한다. 아래 내용은 독일의 공식 홈페이지에 서술된 하이테크전략에 대한 설명이다.

"하이테크전략은 지난 몇 년간 국제적인 경쟁에서 독일의 위치를 강력하게 향상시키는 데 기여했다. 연구 및 이노베이션에 대한 투자는 성공적으로 확대되고 모아졌다.

하이테크전략은 처음에는 구체적인 기술 분야의 시장 잠재력을 지향했으나 2010년부터는 특히 미래를 가능하게 하는 솔루션과 그의 실현의 사회적인 수요에 집중했다. 이제는 이를 모두 통합하고 포괄적인 연구 및 혁신 정책의 모든 주요 관점을 상관관계 속에서 보는 것이 필요하다. 이를 통해 아이디어, 그 아이디어의 구현, 보다 많은 가치창출, 그리고 새로운 미래에 확실한 일자리 창출의 잠재력을 위한 최적의 환경이 창출된다. 모든 조치는 동시에 정부의 예산과 연계되어야 하며 연정 협약에 반영되어야 한다."[13]

인더스트리 4.0에 영향을 미친 요인들 간의 상관관계

독일에서 추진되고 있는 신 제조업 전략인 인더스트리 4.0에는 다양한 기술과 시장의 변화가 영향을 미쳤다. 이러한 변화의 가장

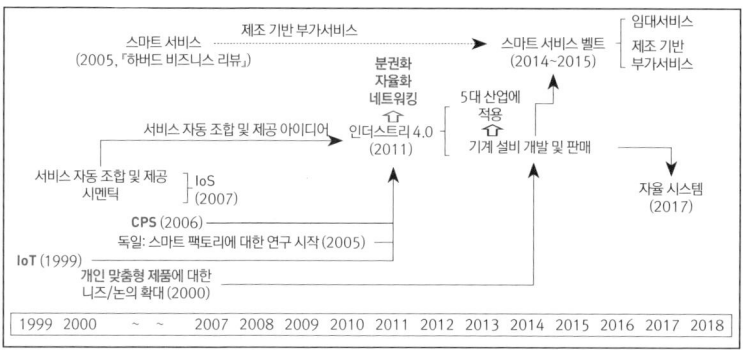

인더스트리 4.0과 관련 요인들 간의 상관관계

  중요한 요인 가운데 하나인 수요의 변화는 코렌에 따르면 2000년 경에 확대되기 시작했다. 인더스트리 4.0의 주요 기반은 스마트 팩토리이다. 스마트 팩토리의 기반 기술인 IoT는 1999년부터, CPS는 2006년부터 미국에서 논의되기 시작했으며, 스마트 팩토리는 독일에서 2004, 2005년부터 연구가 시작되었다. 이러한 요인들의 영향을 받아 인더스트리 4.0 비전이 만들어진 것이다.

  인더스트리 4.0에서 추구하는 자율화는 그 이전에 시작한 IoS에서 논의된 아이디어의 영향을 받은 것으로 볼 수 있다. 독일에서는 2004년에 IoT에 대한 R&D 지원을 시작한 이후 2007년에 IoS R&D 지원 사업을 시작하였다. 독일에서 IoS R&D 지원 프로그램은 구체적인 결과물 도출 측면에서는 실패한 것으로 평가된다. 그러나 IoS R&D 지원 사업을 통해 자율 시스템의 기반이 되는 시멘틱Semantics 관련 기술은 독일에서 괄목할 만큼 발전하였으며, 세계적인 수준에 도달한 것으로 스스로 평가한다. 또한 IoS를 통한 서비스 자동 조합 아이디어는 인더스트리 4.0에도 영향을 미쳐 자재와 기계가 자율적으로 작동하는 스마트 팩토리 개발에도 긍정적

독일의 전략 프로그램들

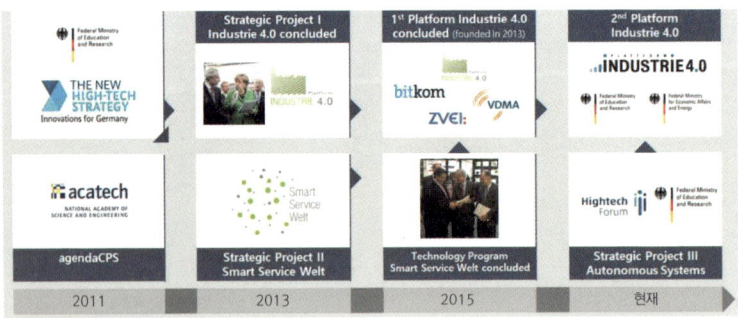

(출처: Kagermann, 2017)

인 영향을 미친 것으로 추정된다.

 독일에서는 2011년에 인더스트리 4.0을 추진하기로 결정한 이후 2012년에는 추가로 스마트 서비스 벨트Smart Service Welt[14] 프로그램을 추진하기로 결정하였다. 이 프로그램 역시 하이테크전략에 수용되었다. 스마트 서비스 벨트에 대한 추진 제안은 2014년 3월에 초안 그리고 2015년 3월에 최종본[15]이 발간되었다. 인더스트리 4.0은 최근에 독일의 브로드 밴드 계획인 지능형 네트워크 계획Intelligent Network을 포함한 디지털 어젠다Digital Agenda 2014~2017[16] 프로그램 안에 포함되어 함께 다루어지고 있다. 이와 함께 초기에 인더스트리 4.0과 함께 제조 분야에 집중했던 독일의 ICT 융합 정책은 사회 전 분야로 확대를 도모하고 있다.

 인더스트리 4.0에서는 스마트 팩토리의 개발 및 이용에 초점이 맞추어져 있다면, 스마트 서비스 벨트에서는 일단 제조 기반 서비스, 즉 스마트 팩토리에 들어가는 기계 설비를 빌려주는 임대 서비스를 포함한다. 또 최근에는 유지 보수 서비스에서 사물인터넷과 빅데이터를 활용하여 실제 수리가 필요한 시점에 부품을 교체하도록 지원하는 예지정비Predictive Maintenance 서비스도 함께 많이 논의된다. 예전에는 비행기 엔진 등과 같이 위험도가 높은 부품의 경우 일정 거리나 일정 시점이 지나면 자재의 마모와 상관없이 교체하는 방식이 적용되었다. 스마트 서비스에 대해서는 미국에서 이미 2005년에 논의된 바 있다.[17] 독일에서 2017년 3월에는 인더스트리 4.0의 핵심인 제조 시스템 이외에 교통, 스마트 홈, 위험한 분야 등에서의 자율 시스템에 대한 세 번째 전략 프로젝트 추진방안[18]이 발표된 바 있다.

인더스트리 4.0의 의미 및 정의

독일어의 Industrie는 영어에서 산업을 의미하는 Industry와는 유사한 점도 있으나 독일 위키피디아[19]에 따르면 다음과 같은 의미가 있다.

독일어 인더스트리Industrie의 어원은 활동적임이나 부지런함 및 근면함을 뜻하는 라틴어의 인두스트리아industria다. 인더스트리의 특징은 경제 혹은 산업의 한 분야로 공장 및 설비에서 수행되는 물리적인 제품의 제조 및 추가 작업이다. 이는 수작업으로 하는 제조와는 반대로 높은 수준의 기계화 및 자동화와 연계된다. 기계화 혹은 자동화를 통한 제조 방식의 발전 및 진행 과정은 산업화Industrialization로 표현된다.

앞의 정의에 부합하지는 않으나 그럼에도 불구하고 인더스트리로 표기하는 산업분야도 있다. 이에 대한 예로는 서비스업에 속하는 여행, 음악, 혹은 오락 인더스트리 등이 있다. 그 이유는 영어 단어 Industry를 잘못 번역한 데 있다. 영어의 Industry는 독일어 Industrie에서 의미하는 기계화 및 자동화된 제조업 이외에 산업 혹은 경제 분야를 뜻할 수 있다. 또 다른 이유는 예를 들어 예술 대신에 완전히 기계화 및 자동화된 대량 생산과 같이 저자들이 의도적으로 부정적으로 표현하기 위해서일 수 있다. 가능한 것은 또한 저자가 개별 산업에서 의도적으로 높은 수준의 자동화 및 기계화를 표현하기 위해서일 수 있다. 이에 대한 예로는 소프트웨어 인더스트리를 들 수 있다.

인더스트리 4.0은 독일어의 원래 의미를 그대로 넘겨받아 '독일 제조업의 차세대 전략'을 의미한다. 따라서 인더스트리 4.0을 우리말로 '산업 4.0'이라고 번역하는 것은 잘못된 번역이다. 굳이 번역한다면 '제조 4.0'이 독일어에서 원래 의미하는 바와 가깝다고 볼 수 있다.

독일공학한림원인 아카텍 회장 카거만은 2017년 3월에 한국 방문 시 4차 산업혁명이라는 용어의 유래 및 인더스트리 4.0과의 차이를 다음과 같이 밝히고 있다.[20]

독일에서는 2011년부터 여러 가지 현상을 관찰해왔는데 당시에 제레미 리프킨Jeremy Rifkin은 『3차 산업혁명』이란 책을 통해 시장에 대한 여러 가지 현상을 묘사했으며 신재생에너지가 새로운 현상이라고 주장했다. 그러나 독일에서는 신재생에너지가 패러다임을 바꾸는 건 아니라고 생각했으며 새로운 비즈니스 모델이 생긴 정도라고 봤다.

독일에서는 3차 산업혁명이 자동화를 통해 시작됐다고 보았고,

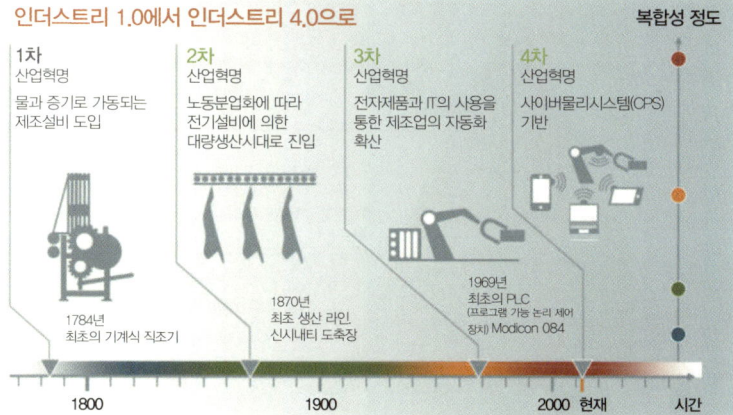

(출처: FU & Kagermann, 2013. 원전: Schlick, Stephan, Zühlke; 2012[21]을 활용해 표현)

더 큰 변화는 CPS, 자동화 시스템, IoT가 서로 융합되면서 생겨났으며 그 변화가 워낙 커서 4차 산업혁명이라고 부르게 됐다는 것이다. 이와 같이 4차 산업혁명이라는 용어는 독일에서 3차 산업혁명을 새롭게 정의하면서 함께 탄생했다고 볼 수 있다.

독일은 4차 산업혁명 관련 활동에서 제조업에 집중했다. 제조업에 경쟁력이 있기 때문이다. 용어도 4차 산업혁명 대신에 인더스트리 4.0을 사용하고 있다.

1차 및 2차 산업혁명[22]에 대해서는 굳이 설명하지 않아도 대부분 아는 사실이다. 1차 산업혁명은 증기기관 기반의 기계화 혁명이고 2차 산업혁명은 전기 에너지 기반의 대량 생산 혁명이다.

독일에서는 컴퓨터 기반으로 운영되는 제조 체계를 다시 인더스트리 3.0과 4.0으로 구분한다. 그 이유는 기존의 자동화 단계와 시장에서의 새로운 요구사항을 수용하기 위해 추가 조치가 필요한

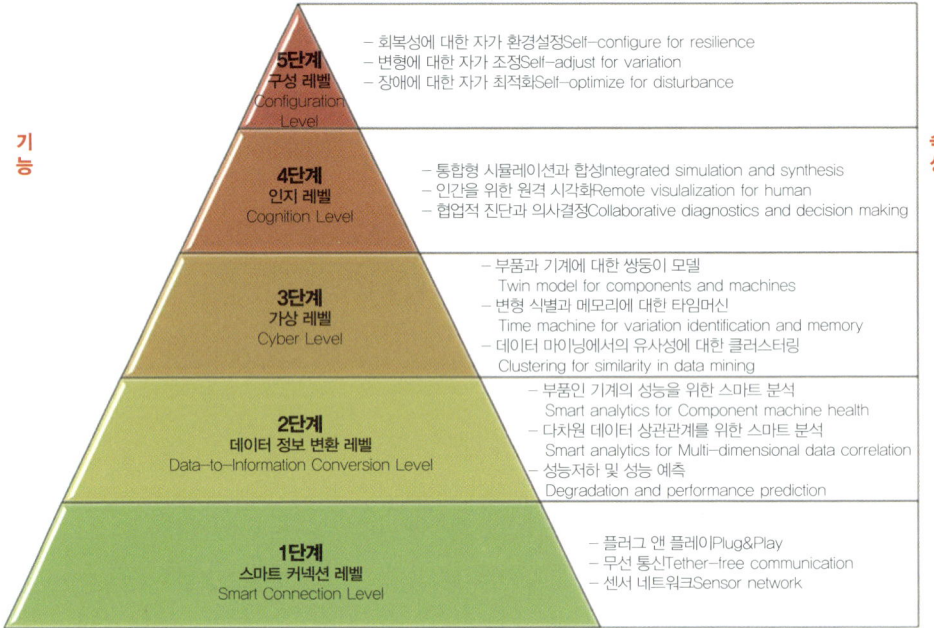
(출처: 위키피디아)

CPS를 기반으로 한 새로운 생산 체계 단계를 구분한 것이다.

CPS는 4차 산업혁명 및 인더스트리 4.0의 구현을 위한 주요 기술로 거론된다. CPS는 기본적으로 가상 세계와 실제 물리적인 세계를 통합하는 것을 의미하는데 상황에 따라 다양하게 설명된다. 그 이유는 CPS가 수준에 따라 다양한 기능을 보유하고 있기 때문이다.

독일 정부의 위원회인 연구 연합Forschungsunion과 독일공학한림원인 아카텍에 따르면 "CPS는 임베디드 시스템, 제조, 물류, 엔지니어링, 조율 및 관리 프로세스 그리고 인터넷 서비스를 포함한다. 이는 센서를 이용해 직접적으로 물리적인 데이터를 확보하고 액추에이터Actuator를 통해 물리적인 처리에 영향을 주고 디지털 네트워크를 통해 서로 연결되고, 전 세계에서 가용한 데이터 및 서비스를 활용하고 다양한 인간-기계 인터페이스를 통해 이용할 수 있다. CPS는 개방형 사회 기술 시스템이며 새로운 기능, 서비스, 특성을 가능하게 한다."[23] CPS에 대한 구체적인 내용은 뒤에서 별도로 상세하게 논한다.

인더스트리 4.0의 의미에 대해서는 독일에서도 다양한 의견이 존재한다. 인더스트리 4.0의 의미에 대해 비교적 중심을 잡는 조직으로는 플랫폼 인더스트리 4.0을 들 수 있다. 플랫폼 인더스트리 4.0에서 2015년에 발표한 인더스트리 4.0의 정의는 다음과 같다.

"인더스트리 4.0 개념은 4차 산업혁명을 의미하며, 제품 라이프 사이클 (전반)에 걸친 전체 가치창출사슬 조직과 관리의 새로운 단계이다. 이러한 라이프사이클은 점점 더 개인화된 고객의 요구사항에 맞추며 아이디어, 개발과 제조에 대한 주문, 최종 고객에게 전달 및 리사이클링까지 그리고 그러한 것들과 연계된 서비스까지 확대된다.

기반은 모든 가치창출에 관여하는 조직의 네트워킹을 통한 모든 중요한 정보의 실시간 가용성 및 데이터로부터 언제든지 최적의 가치창출 흐름을 도출할 수 있는 능력이다. 인간, 객체, 시스템의 연계를 통해 다이내믹하고 실시간으로 최적화되고 자율적으로 조직하는 범 기업적인 가치창출네트워크가 만들어진다. 예를 들어 비용, 가용성, 그리고 자원 소비와 같은 다양한 요인이 최적화되도록 한다."[24]

인더스트리 4.0을 정의하는 구성요소 가운데 가장 중요한 특징

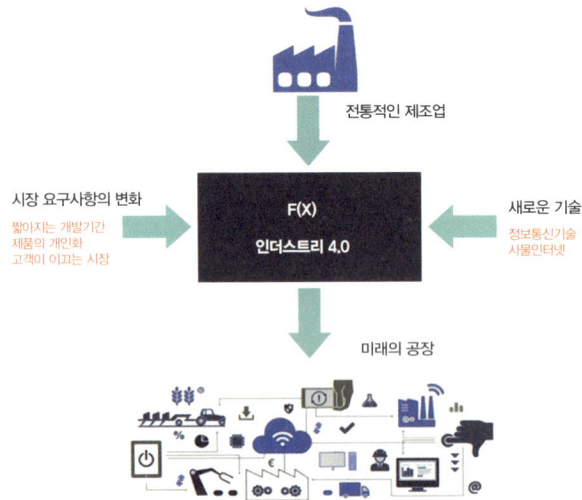

(출처: 독일연방인공지능연구소DFKI/스마트 팩토리KL SmartFactoryKL, 2016)

가운데 하나는 '개인화된 고객의 요구사항의 반영'이며 또 다른 중요한 특징 가운데 하나는 '관련 조직의 자율성'이다.

  인더스트리 4.0은 CPS 등과 같은 기술에 의해서 가능해졌지만 인더스트리 4.0의 중요한 특징은 기술에만 있는 것이 아니라 시장에도 있다. 기술과 시장은 상호작용을 한다.

3
인더스트리 4.0의 주요 특징 및 구성요소

인더스트리 4.0의 주요 특징 1: 대상 제품

인더스트리 4.0의 가장 중요한 첫 번째 특징은 목표로 삼는 시장의 대상 제품이 다른 것이다. 대상 제품은 기존의 '대량 생산'에 의해 제조되는 것이 아니라 '개인별로 특화된 개별 고객이 원하는 사항individual wishes을 충족시키는 것'이다.

여기서 기존의 맞춤형으로 제조하던 가내수공업과의 차이점은 다음과 같다. 개인별로 특화된 제품을 제공하는 것은 동일하다. 그러나 현재의 대량 생산과 유사한 수준으로 특정 수준의 품질을 일정하게 유지하고자 한다. 또한 가격도 장기적으로는 대량 생산 제품 가격 수준에 제공하는 것을 목표로 한다.

여기서 우리를 혼란스럽게 하는 것은 인더스트리 4.0의 대상이

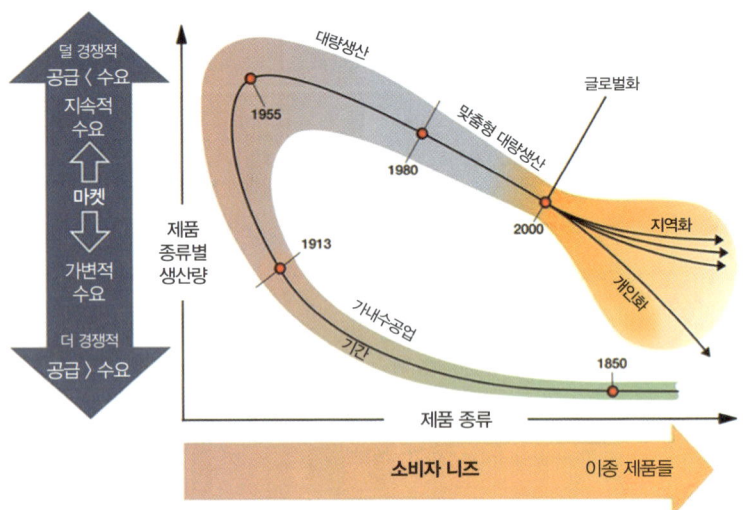

(출처: 코렌, 2010, P. 34)

되는 제품 유형에 대한 논의이다. 가끔은 인더스트리 4.0의 목표가 '대량 맞춤mass customization'으로 설명된다. 그 이유는 대량 맞춤에 대한 정의가 다양하기 때문이다.

    대량 맞춤과 '개인 맞춤형 제조personalized production'의 차이는 코렌에 따르면 다음과 같다. 대량 맞춤은 기존에 존재하는 모듈을 조합해 제조하는 것이다. 개인 맞춤형 제조는 기존에 존재하는 모듈을 넘어 개인별로 원하는 디자인이 추가로 반영되는 것이 포함된다. 코렌은 지난 세기 말부터 이미 대량 맞춤 시대를 지나 개인 맞춤형 제조가 증대되고 있다고 주장한다.

    개인 맞춤형 제조에 대해 이해하기 쉬운 예로는 이미 제조가 완료된 자동차가 출고된 이후에 개인 취향에 맞추어 개조 작업tuning을 생각할 수 있다. 개조 작업에서는 개인의 취향에 맞춘 다양한

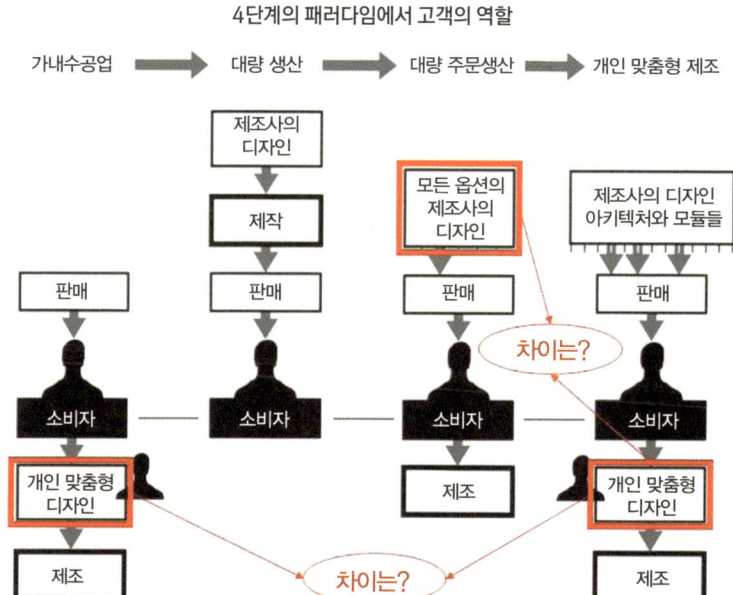

디자인이 수용된다.

대량 맞춤의 대표적인 예로는 최근의 자동차 제조와 같은 경우를 들 수 있다. BMW에서는 다양한 선택 사양을 조합한 50만 개 정도 유형의 자동차가 제조된다고 알려져 있다. 이미 개발된 다양한 모듈이 이용된다. 그러나 고객의 개별화된 디자인을 수용하지는 않는다. 반면 자동차 개조 기업이나 미국의 로컬 모터스Local Motors와 같은 회사는 개인의 요구사항을 반영한 자동차를 만들어준다. 개인 맞춤형 제조와 같은 형태의 제작은 기존의 대량 생산 방식으로는 불가능하다.

개인 맞춤형 생산에서 개인의 요구를 모두 수용하는 가내수공업 형태의 제조 방식은 작업자가 매우 숙련된 경우를 제외하고는 품질이 일정치 않으며 숙련도가 높은 장인이 제작할 경우 많은 비용이 소요된다. 이에 반해 인더스트리 4.0에서 추구하는 개인 맞춤형 제조는 상기한 바와 같은 개조 작업이 완성품 제조 전에 공장에서 수행된다. 일정 수준의 품질이 유지되며 가격도 장기적으로는 대량 생산 가격 수준에 제공하는 것을 목표로 한다.

예를 들어 푸드 트럭을 제작할 경우 판매하고자 하는 음식의 종류에 따라 의뢰자가 필요로 하는 설비, 기계, 부품이 제작되거나 납품되어 조립되어야 한다. 국내에서는 현재 이러한 작업을 할 경우 대부분 인력이 투입되어 수작업으로 제작된다. 그러나 유사한 작업이 계속해서 필요할 정도로 수요가 충분히 많을 경우 이러한 작업이 자동차 공장 내에서도 수행될 수 있다. 이때 CPS를 활용하면 개인 맞춤형 제품도 효율적인 제조가 가능하다.

인더스트리 4.0의 주요 특징 2: 새로운 유형의 제조 인프라

개인 맞춤형 제품을 고객이 수용할 만한 가격에 맞추어 제공할 수 있는 가능성은 CPS가 접목된 제조 방식을 활용할 경우 새롭게 열린다. 그러기 위해서는 공장 내부의 설비 및 기계가 네트워크로 연결Networking된 상태에서 분권화Decentralization되고 자율화Autonomous된 형태로 작동되어야 한다고 주장된다.

이러한 제조 인프라는 하나의 조직에서만 구동되는 것이 아니다. 범 기업적으로 분산된 체계에서 작동되어야 한다. 따라서 가치창출네트워크도 다이내믹하게 실시간으로 최적화된 형태로 스스로 구축되어야 한다. 가치창출네트워크는 가치창출에 관련된 모든 조직으로 구성된다.

미래형 공장 모습

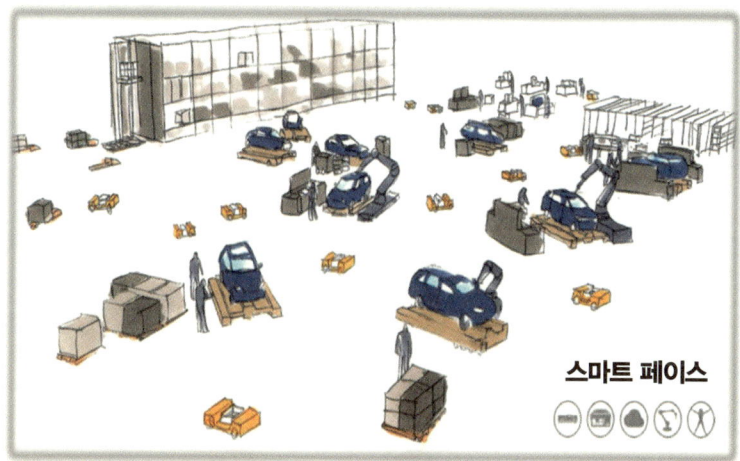

(출처: 프라운호퍼 물류분야연구소 Fraunhofer IML)

즉, 인더스트리 4.0은 '증가하는 개인화된 고객의 요구'를 고객이 수용할 수 있는 가격으로 제공하기 위해 추진되는 것이다. 이를 위해 '다이내믹하고, 자율적으로 조직되고, 범 조직적이고, 실시간으로 최적화되는 가치창출네트워크' 창출을 추구하는 것이다. 여기서 인더스트리 4.0의 구현을 위한 가치창출네트워크의 개별 특징은 다음과 같다.

'다이내믹한 가치창출네트워크'란 가치창출네트워크의 구성요소들 간의 관계가 정적이지 않은, 즉 고정되지 않은 상태를 의미한다. 이러한 유형의 조직은 영화 제작이나 건설업에서 흔히 볼 수 있다. 이러한 조직은 필요할 때 모였다가 목적이 달성되면 다시 흩어진다.

'자율적으로 조직되는 가치창출네트워크'란 필요에 의해 관련 요인들이 스스로 움직여 필요한 조직의 형태를 갖출 수 있는 상태

범 기업적으로 분산된 가치창출네트워크

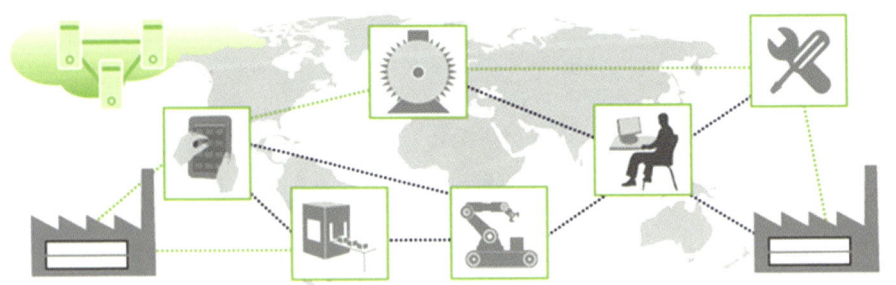

(출처: FU & Acatech, 2013)

를 의미한다. 그러기 위해서는 관련 구성요소들이 독립적이고 분권화된 상태에서 필요에 따라 스스로 의사소통하고 서로가 필요한 것들을 주고받으며 서로 연계될 수 있어야 한다. 이를 위해서는 CPS가 기반이 된다.

인더스트리 4.0을 구현하기 위한 CPS는 다음과 같은 특성을 가져야 한다.

첫째, 스스로에 대한 인식Self Identification이다. 특정 사물을 상대방 사물이 스스로 확인할 수 있어야 한다. 말하자면 "나는 누구인가?"라는 질문에 대한 답을 사물 스스로가 줄 수 있어야 한다.

둘째, 서비스 탐색Services Exploration이다. 특정 사물이 제공하는 서비스를 상대가 자동으로 확인할 수 있어야 한다. "내가 무엇을 제공하는가?"라는 물음에 대한 답을 사물 스스로가 제공할 수 있어야 한다.

셋째, 자율 네트워킹Autonomous Networking이다. 사물들이 스스로 "누가 내 파트너인가?"를 묻고 소통할 수 있어야 한다. 자동 인식, 서비스 탐색도 사물 간 통신, 즉 네트워킹해야 가능하다. 어떤

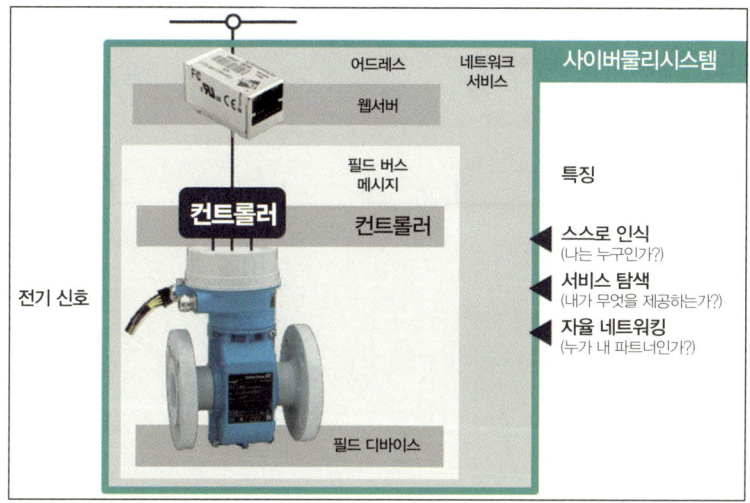

(출처: DFKI/스마트 팩토리^주)

사물과 소통해야 할지를 확인한 후에는 서로 서비스를 전달할 수 있는 네트워크도 자동으로 구성돼야 한다.

인더스트리 4.0에서는 CPS를 통해 스스로 다이내믹하게 최적화하는 자율적인 가치창출네트워크를 구현하는 것이 기술적인 목표이다. 이러한 가치창출네트워크가 하나의 공장 안에서 구현될 경우 스마트 팩토리라고 한다. 이러한 CPS는 그 규모가 칩, 공작기계, 스마트 팩토리 심지어는 다수의 조직으로 구성된 가치창출네트워크 수준까지 가능하다.

'범 조직적인 가치창출네트워크'란 가치창출이 하나의 조직에서 이루어지는 것이 아니다. 다수의 조직이 연계되어 구성된 조직에 의해 이루어지는 것을 의미한다.

'실시간으로 최적화되는 가치창출네트워크'란 영화 제작이나 건설업에서 구성되는 조직과 유사하다. 조직이 장기간 유지되는 것

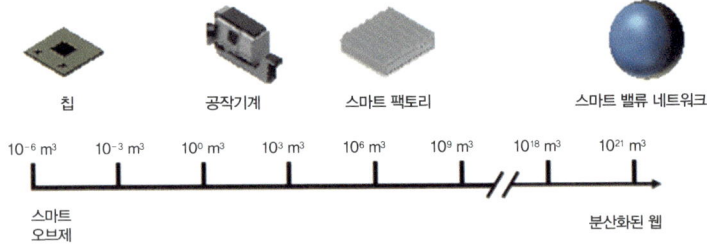

(출처: 프라운호퍼 IPA, 2014)

이 아니다. 개인화된 한 개의 제품이 제작되기 위해 필요한 기간 동안만 그 조직이 유지된다.

인더스트리 4.0의 주요 특징 요약

인더스트리 4.0이 궁극적으로 추구하는 바는 다음과 같이 요약된다. 단순한 공장 자동화, 기존의 유연 생산 시스템Flexible Manufacturing System인 혼류 생산 시스템의 확대, 단순한 에너지 절감 및 생산성 증대가 아니다. 오히려 기존의 자동화를 확대해도 더 이상은 생산성이 향상되지 않는 것을 확인하고, 시장의 변화에 맞춰 추가로 개별 고객이 원하는 것을 만들고자 다양한 첨단 기술을 이용해 기존의 생산방식을 완전히 바꾸고자 하는 것이다.

개인 맞춤형 제품을 제공하되 장기적으로는 대량 생산 가격에 맞추는 것이 목표다. 이를 위해 기존의 혼류 생산을 위한 유연 생산 시스템보다 한 단계 더 발전하여 다양한 개인별 요구사항을 수용하는 탄력적인resilient 유연 생산 시스템이 개발되고 동시에 생산성 역시 향상되어야 한다. 제조 시스템이 중앙집중형 조립 라인

사이버물리시스템 기반 프로세스 모듈로 구성된 제조 시스템

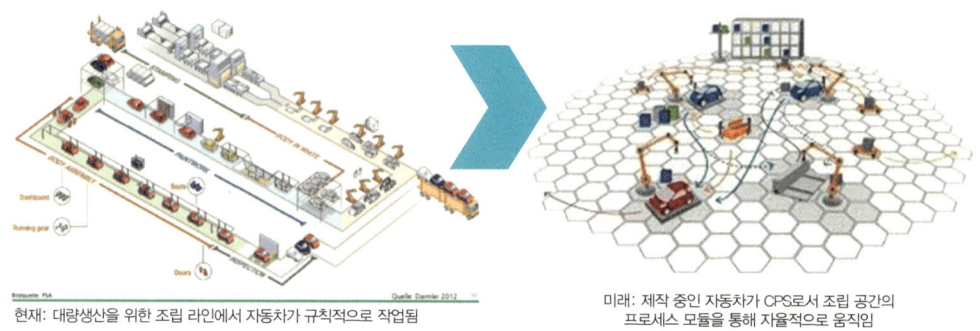

현재: 대량생산을 위한 조립 라인에서 자동차가 규칙적으로 작업됨

미래: 제작 중인 자동차가 CPS로서 조립 공간의 프로세스 모듈을 통해 자율적으로 움직임

(왼쪽 그림 출처: 토마스 바우에른한슬Thomas Bauernhansl, 2014)

형태가 아니라 프로세스 모듈로 구성된 분권화된 생산 체계로 변화되어야 한다.

개인별 맞춤형 생산은 산업에 따라서는 조립 라인에서도 작동된다. 조립 라인에서 예전과 같이 전통적인 대량 생산도 가능하지만

프로세스 모듈로 구성된 제조 시스템
미래: 자동차가 조립 공간의 프로세스 모듈을 통해 사이버물리시스템으로서 자율적으로 움직임

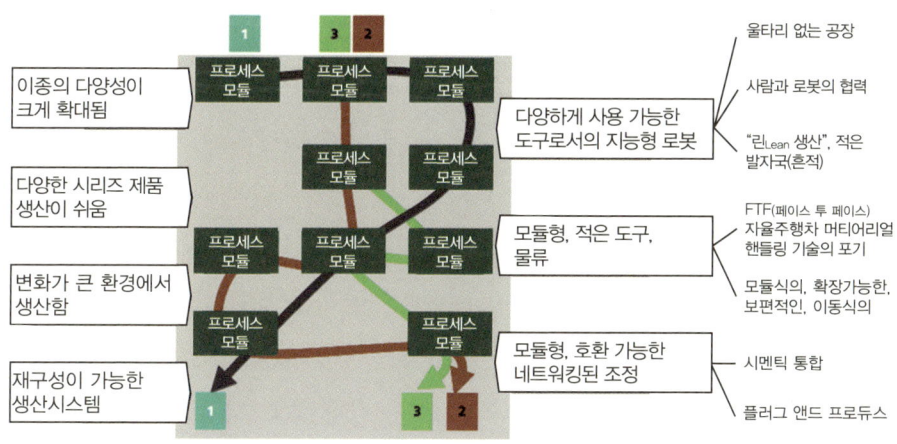

(출처: 토마스 바우에른한슬, 2014)

기계와 자재가 직접 의사소통하는 방식으로 조립 방식이 분권화되어 제품의 대량 생산 사이에 언제든지 개별 생산이 추가 비용 없이 가능한 상황을 말한다.

인더스트리 4.0의 주요 구성요소

인더스트리 4.0의 주요 구성요소로 특히 국내에서는 흔히 스마트 팩토리가 전면에 부각된다. 스마트 팩토리는 최근 논의되고 있는 ICT 융합 기술의 집약체이다. 『인더스트리 4.0을 위한 구현 제안』에서는 스마트 팩토리, 스마트 제조, 스마트 제품 등에 대해 다음과 같이 요약하고 있다.

"인더스트리 4.0은 지능적인 제품의 제조, 공정, 프로세스(스마트 제조)에 집중한다. 인더스트리 4.0의 중요한 요인은 지능형 공장(스마트 팩토리)이다. 스마트 팩토리는 복잡성을 해결하며 고장이 잘 나지 않으며 제조에 있어서 효율성이 향상된다. 스마트 팩토리에서는 인간, 기계 설비, 그리고 자원이 마치 SNS에서와 같이 의사소통한다. 지능형 제품(스마트 제품)은 그들의 제조 과정 및 미래의 이용에 대해 알고 있다. 지능형 제품은 제조 과정을 적극적으로 지원한다(언제 스스로 제조가 완료되고 어떤 파라메터에 의해 작업되어야 하며 내가 어디로 배송되어야 하는지 등)."[1]

인더스트리 4.0에서 논하는 스마트 팩토리는 독일인공지능연구소DFKI, Deutsche Forschungszentrum für Künstliche Intelligenz 및 스마트 팩토리를 개발하고 구성요소들 간에 상호호환성을 시험하기 위해 구성된 협회인 '스마트 팩토리KL SmartFactoryKL'[2]에서 사용

인더스트리 4.0의 주요 구성요소

하기 시작한 개념으로 인더스트리 4.0의 주요 구성요소 가운데 하나이다. 인더스트리 4.0의 주요 구성요소는 스마트 팩토리뿐만이 아니다. 스마트 팩토리는 스마트 제품을 위해 존재한다. 이외에도 스마트 물류, 스마트 서비스 등이 인더스트리 4.0의 주요 구성요소에 포함된다.

　새롭게 만들어지는 스마트 팩토리에서는 완전히 새로운 제조 논리가 지배한다. 스마트 팩토리에서는 기계 설비와 자재가 스스로 의사소통한다. 스마트 제품은 각자에 대한 제조 과정 및 미래 이용에 대해 알고 있으며 제조 과정을 적극적으로 지원한다. 스마트 제품은 언제 제조가 완료되고, 중간 단계에서 어떻게 작업되어야 하며, 언제 어디로 배송되어야 하는지를 알고 있다. 또한 스마트 제품은 항상 명확하게 확인 가능하며 언제 어디에나 전달 가능하다. 또 그 제품들의 이력, 현재 상태, 목표 상태에 도달할 방법을 안다. 또한 스마트 제품은 심지어는 스마트 팩토리를 떠난 이후에도 계속해서 개발되고 변경될 수 있다고 주장된다. 이에 대해서는 2016년 4월 독일에서 발표된 인더스트리 4.0의 대표적인 시나리오에서 소개된 사례에서 미래 비전을 볼 수 있다.

"제품 디자인에 있어서는 이용에 있어서 나중에 (즉 판매 이후에) 새로운 혹은 확대된 기능을 가능하게 하는 대안들이 통합되어야만 한다. 따라서 제품 모델의 다양성이 증가한다는 것에서부터 시작될 수 있다. 새로운 것은 한 제품의 다양한 개별 모델이 납품 시 아직 최종 결정되어 있지 않고 더욱이 제품의 생애주기 동안 변할 수 있다는 것이다. 예를 들어 고객이 미래에 오픈카를 타고 알프스로 주말여행을 가기 위해 추가로 엔진 성능을 제조사에게 예약하면, 해당 고객에게 한 번의 주말을 위해 소프트웨어를 통해 원하는 것이 제공되는 것을 생각할 수 있다."[3] 이에 대한 구체적인 예를 들면 다음과 같다.

평소에는 원거리를 빠른 속도로 달릴 필요가 없는 경우는 100마력 정도의 오픈카를 탄다. 그러나 일정 기간 동안 1,000킬로미터 이상의 원거리를 달려야 할 경우 시속 200~300킬로미터 정도의 빠른 속도로 달리기 위해서는 엔진 출력이 200~300마력 정도 필요할 경우가 있다. 이 경우 제조사에게 연락하면 제조사에서 원격으로 조정하여 일정 기간 동안만 엔진 출력을 200~300마력 정도로 올려주고 그 기간이 끝나면 다시 100마력 정도의 출력으로 복구시켜주는 서비스를 말한다.

나아가 프로세스 모듈로 구성된-잡 숍 Job Shop 형태의-제조 시스템을 구현하기 위해서는 물류 시스템도 그러한 체계를 지원할 수 있는 스마트 물류 체계로 바꾸어야 한다. 최근에는 제조 시스템과 물류 시스템이 점점 더 통합되어가고 있다. 이러한 체계를 지원할 수 있는 조직 내부에서의 물류 시스템은 이미 오래전부터 구현되었다. 조직 내부에서 물자의 자율 이동 및 자동 분류를 가능하게 하는 물류 체계는 이미 오래전부터 실현되었다. 인더스트리 4.0에서는 상기한 바와 같은 물류 시스템을 특정 조직의 내부가 아니라 외부에서도 작동될 수 있도록 만들기 위해 노력하고 있다. 이러한 물류 시스템이 내부가 아니라 외부에서도 작동하기 위해서는 드론 혹은 자율자동차 등과 같은 다양한 새로운 형태의 운송수단이 이용될 수 있다.

인더스트리 4.0과 관련하여 최근에 다양한 새로운 비즈니스 모델이 개발되고 있다. 스마트 팩토리에서 활용되는 기계 및 설비는 단순히 구매되는 것이 아니다. 공급자에 의해 예지정비Predictive Maintenance 서비스와 같이 점점 더 추가로 부가서비스가 제공된다. 또한 공기압축기를 판매하는 대신에 공기압축기에서 나오는 공기를 판매하는 방식이 고려되고 있다. 물리적인 제품의 판매보다는 오히려 그 제품에서 제공되는 기능만을 판매하는 형태로 변화되어가고 있는 것이다. 이러한 유형의 서비스는 스마트 서비스의 범주 안에서 논의된다. 이와 같이 인더스트리 4.0의 주요 구성요소에는 스마트 팩토리뿐만이 아니라 스마트 제품, 스마트 물류, 스마트 서비스 등이 포함된다.

Industrie 4.0

4
인더스트리 4.0은 생태계 전략이다

인더스트리 4.0의 양면전략

 독일은 제조 분야에 투입할 수 있는 인력이 부족하고 인건비도 높다. 그럼에도 불구하고 제조업을 유지하기 위한 방안으로 인더스트리 4.0이 추진된 것이다.
 인더스트리 4.0의 양면전략은 독일 인더스트리 4.0 활동을 조율하는 위원회인 '플랫폼 인더스트리 4.0'이 제안한 정의에 잘 나타나 있다.
 "제조업을 인더스트리 4.0으로 전환Transformation하기 위해 독일에서는 양면전략을 구사해야 한다.
 독일 설비산업equipment industry은 전통적인 하이테크와 ICT의 지속적인 통합을 통해 지능형 제조기술의 선도공급자가 됨으로써

인더스트리 4.0의 양면전략과 이해관계자

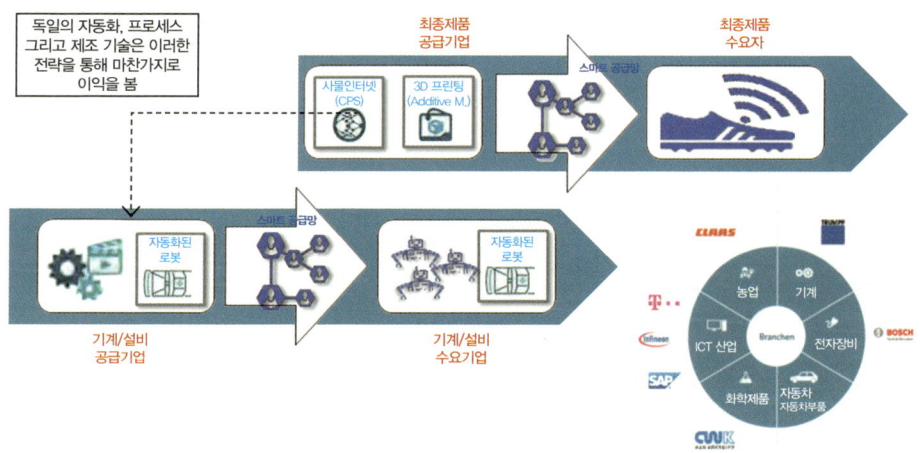

(오른쪽 밑의 그림 출처: 독일연방정보통신뉴미디어협회BITKOM/프라운호퍼IAO, 2014)

계속해서 세계시장에서 리더 역할을 해야 한다. CPS 기술과 제품의 새로운 선도적인 시장은 만들어지고 관리되어야 한다.

동시에 독일 제조업manufacturing은 효율적이고 자원을 절감하는 제조 기술을 통해 매력적이고 경쟁력을 확보할 수 있도록 계속해서 개발되어야 한다. 목표는 독일 기업의 경쟁우위 확대이다. 이는 인터넷을 통해 공간적으로 가깝고 이용자 및 생산자의 적극적인 네트워킹을 통해 창출된다.

독일의 자동화, 프로세스, 그리고 제조기술은 이러한 전략을 통해 마찬가지로 이익을 본다."[1]

스마트 팩토리 수요기업 관점의 인더스트리 4.0 구현방안

 새로운 유형의 설비 및 기계를 이용하는 수요기업의 관점에서 인더스트리 4.0의 목표를 달성하기 위해서는 다음과 같은 세 가지 인더스트리 4.0의 특성이 실현되어야 한다.
 첫째, 전체 가치창출사슬에 걸친 엔지니어링에 있어서 엔드 투 엔드 디지털 연계이다. 이는 가치창출과 관련된 전체 가치사슬에서 엔지니어링 프로세스가 처음 기획에서부터 제품의 출고 이후 애프터서비스까지 투명하게 확인할 수 있고 긴밀하게 연계되어야 한다는 것을 의미한다. 이는 하나의 조직 내부에서 처리되든지 아니면 여러 조직에 걸쳐서 처리되든지 마찬가지다.
 둘째, 수직적 통합과 네트워크화된 생산체계이다. 이는 하나의 조직 내에서 효율성을 극대화시키기 위해 관련 조직 및 기능들이 긴밀하게 연계된 것을 의미한다. 인더스트리 4.0에서 수직적 통합은 전통적인 의미의 강력한 통합을 의미하는 것은 아니다. 전통적

스마트 팩토리 수요기업 관점의 인더스트리 4.0 구현방안

(출처: FU & Acatech, 2013)

전통적인 자동화 피라미드와 인더스트리 4.0 [2]

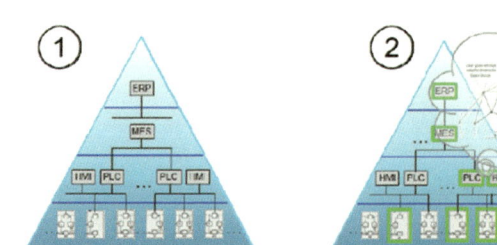
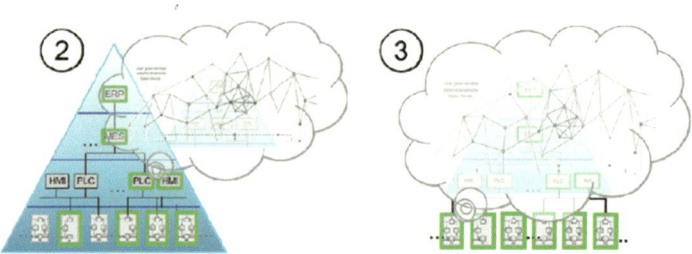

전통적인 자동화 피라미드와 인더스트리 4.0. 전통적인 자동화 피라미드의 해체 및 네트워킹되고 분산화되고 부분적으로 스스로 조직화하는 서비스. (출처: VDI/VDE, 2013)

으로 강력하게 통합tightly integrated된 자동화 피라미드가 해체되고 조직들은 느슨하게 연계loosely coupled된다. 이는 이미 1990년대부터 논의되기 시작한 네트워크형 조직을 말한다. 여기서 말하는 피라미드에는 운영 단계뿐만이 아니라 경영 계층에 이르는 조직 전체도 포함된다. 기업 내부의 활동이 외부로 이양될 경우에는 수평적 통합도 요구된다.

셋째, 가치창출네트워크의 수평적 통합이다. 이는 법적으로 독립적이고 업무 수행과 관련된 의사결정에 있어서도 독자적인 조직들 간에 업무 수행 시 효율성을 극대화하기 위해 긴밀하게 연계하고 협력하여 업무를 수행하는 것을 의미한다.

국내에서는 인더스트리 4.0이 자주 개별 기업의 스마트 팩토리 구축을 위한 전략으로 이해되고 있다. 그러나 새로운 유형의 설비 및 기계를 이용하는 기업의 관점에서 전체 가치창출사슬에 걸친 엔지니어링에 있어서 엔드 투 엔드 디지털 연계를 달성하기 위해서는 기업 내부에서 개별 기능 간의 수직적으로 긴밀한 연계가 필수적이다. 하지만 기업들 사이에도 수평적 통합이 전제되어야 한다.

네트워크 효과 기반의 생태계 전략 구현방안

수평적 통합은 기업들 간의 연계 및 협력, 즉 생태계에 속한 조직들 간의 긴밀한 협력을 의미한다. 이러한 협력을 통해 인더스트리 4.0은 참여자가 많을수록 효용이 커지는 네트워크 효과를 극대화시키며 생태계의 경쟁력을 강화하고자 하는 것이다. 여기서 생태계란 반드시 특정 국가에 속한 이해관계자를 의미하지 않으며 국적과 무관하게 가치창출과 관련된 모든 이해관계자를 의미한다.
"네트워크 효과는 일반적으로 긍정적인 외부효과를 의미하며 전체 효용이 개별적인 효용을 상회할 때 나타난다. 이는 인더스트리 4.0과 관련하여 이용자 숫자의 증가와 함께 표준 및 네트워크의 효용이 증가하는 것을 의미한다. 인더스트리 4.0이 확산되고 모든 참여자가 효용을 얻을 수 있는 최소한의 숫자 critical mass에 도달하면 이용자 숫자의 증가는 가속화되어 나타나며 기술의 확산은 스스로 진행된다."[3]

네트워크 효과를 기반으로 독일에서는 인더스트리 4.0의 파급효과를 현재 상태, 사전적 시나리오, 사후적 시나리오, 조율 및 협력 시나리오 등 네 가지로 구분하여 설명하고 있다.

인더스트리 4.0을 도입하지 않은 현재 상태 시나리오에서 상호작용은 단지 발주자와 수주자 사이에서만 일어난다. 그 결과 정보의 흐름은 직접적인 상호작용을 하는 이해관계자들 사이에만 일어나며 제한적이다. OEM 주문자상표부착생산방식으로서 대기업은 많은 중소기업과 연계되어 있으나 제조 설비는 연결되어 있지 않다. 그 결과 기업들 간의 정보는 개별적으로 서로 다양하게 흐른다.

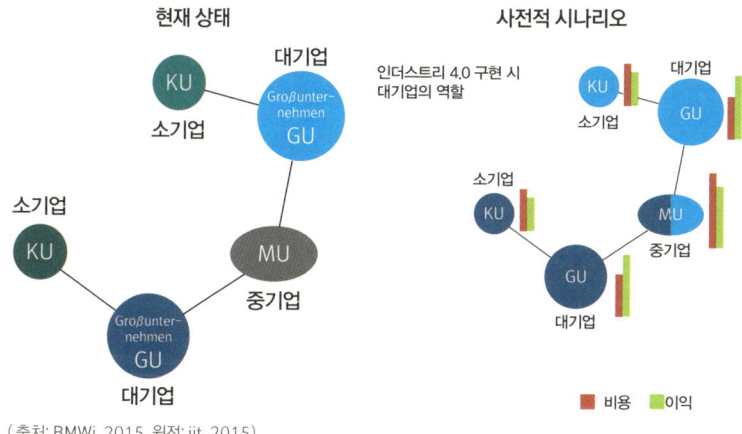

(출처: BMWi, 2015, 원전: iit, 2015)

사전적 시나리오에서는 기업들이 정적인 관점에서 비용 대비 효용 관계를 고려하는 경우를 의미한다. 여기에서는 동적인 네트워크 효과를 고려하지 않는다. 이 경우 대기업에서는 효용이 비용을 상회하는 데 반해 중소기업에서 기대되는 효용은 비용보다 적다. 따라서 인더스트리 4.0은 확산되지 않는다. 중소기업은 인더스트리 4.0에 투자하는 것이 매력적이지 않기 때문이다.

사후적 시나리오에서는 사전적 시나리오와 비교해 동적인 관점에서 네트워킹의 추가 가능성이 나타나는데 이는 협력하는 제조 집단에서 통일된 통신 표준으로부터 도출된다. 여기에서 대기업으로부터 시작되는 표준을 통해 중소기업들 사이의 통신은 용이해지며 이를 통해 새로운 가능성이 생겨난다.

조율 및 협력 시나리오에서는 공동의 의사소통 형태 구현이 성공하는 것을 가정한다. 규격과 표준을 통해 인더스트리 4.0은 상호호환성이 보장되기 때문에 사후적인 경우 보다 더 큰 경제적인 잠재력을 확보할 수 있다. 인더스트리 4.0 구현 시 대기업이 중소기

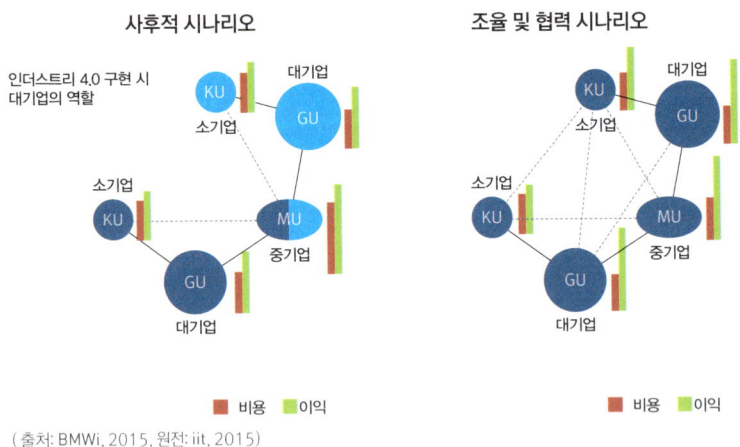

(출처: BMWi, 2015, 원전: iit, 2015)

업과 협력해서 추진한다면 네트워크 효과는 극대화가 된다. 국내외 모든 기업이 이상적인 경우 네트워킹되며 상호운용성이 최대화되므로 투자 위험은 최소화된다.

 인더스트리 4.0은 개별 기업 중심으로 추진하게 되면 모든 참여자가 얻을 수 있는 이익도 많지 않으며 확산 또한 쉽지 않다. 또한 네트워크 효과가 나타나기 위해서는 상당한 시간이 소요될 것으로 예상된다. 그 이유는 초기에 투자하는 경우 위험부담이 높아 최소한의 이용자가 도달할 때까지 많은 잠재적 이용자가 기다리는 펭귄효과로 인해 중소기업들의 적극적인 초기 투자는 기대하기 어렵기 때문이다. 펭귄효과는 물에 처음 뛰어드는 펭귄이 잡아먹힐 위험이 커 먼저 물에 뛰어들기를 주저하는 것을 말한다.

 이러한 이유로 인해 독일 정부는 중소기업의 인더스트리 4.0 도입을 체계적으로 지원하는 정책을 다양하게 추진하고 있다. 대기업 혼자서는 원하는 효과를 거둘 수 없으며 생태계 전체의 경쟁력 확보는 더더욱 어렵기 때문이다.

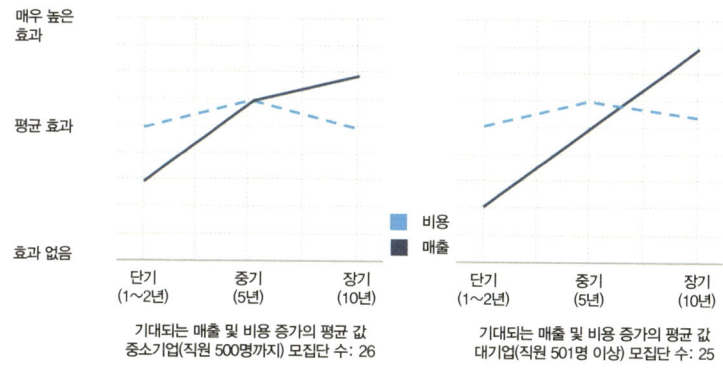

(출처: BMWi, 2015, 원전: iit, 2015)

기업 전략 관점에서 본 인더스트리 4.0의 의미

앞에서 논의한 인더스트리 4.0은 기업의 전략 관점에서 보면 다음과 같이 정리된다.

기업의 전략은 기업의 대상 업무를 보는 관점에 따라 전사 전략 corporate strategy, 사업(부) 전략 business strategy, 기능 전략 functional strategy 으로 나눌 수 있다.

인더스트리 4.0은 스마트 팩토리 수요기업 관점에서 볼 때 생산성과 자원 효율성 증진을 통해 경쟁우위를 달성하는 기존의 정보화에서 논하던 기능 측면의 단순 IT 부서 혹은 생산 부서 차원의 기능 전략을 의미할 수 있다.

인더스트리 4.0은 또 다른 측면에서 보면 스마트 팩토리 수요기업 입장에서는 새로운 유형의 개인 맞춤형 제품의 제공을 가능하게 한다. 또한 아디다스의 스피드 팩토리에서 볼 수 있는 바와 같

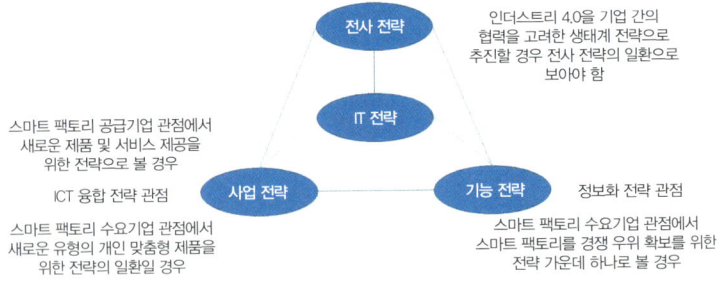

이 새로운 제품과 서비스를 제공하고 새로운 비즈니스를 가능하게 한다. 스마트 팩토리 공급기업 입장에서는 새로운 유형의 기계 설비를 제공하게 하는 것이다. 이는 스마트 팩토리 도입이 IT, 생산 설비 도입 등 단순한 기능 차원의 업무를 담당하는 부서 차원의 기능 전략이 아니라 새로운 사업(부) 전략임을 의미한다.

또 다른 관점에 인더스트리 4.0을 생태계 전략으로 보고 부품을 납품하는 기업과 부품을 납품받는 기업들 간에 긴밀한 협력을 추진할 경우 단순한 부서 차원의 기능 전략을 넘어 개별 기업이 납품업체, 즉 파트너와의 행동 양식을 결정하는 새로운 전사 전략의 일환으로 보아야 한다.

2장
미래에 먼저 도착한 기업들

정대영
SAP 코리아 디지털 트랜스포메이션 부문장
서울대학교 산업공학과를 졸업했고 동 대학원에서 석사학위 및 박사학위를 받았다. 연세대학교 공학대학원 및 한국외국어대학교 겸임교수, 대한산업공학회 IE매거진 편집위원 등을 역임했고 현재는 SAP 코리아에서 디지털 트랜스포메이션 부문장으로 재직 중이다.
주요 저서로는 『21세기 고객맞춤경영 – 매스 커스터마이제이션』(엠플래닝, 2008)이 있고 역서로는 『e비즈니스 인텔리전스』(세종연구원, 2001)가 있다.

하희탁
보쉬코리아 사업개발 이사, 커넥티드 인더스트리 프로젝트 팀장
서울대학교 경제학과를 졸업했고 보쉬전장 원가관리 및 기획팀장, 보쉬코리아 자동차 부문 마케팅 이사 등을 역임했다.

※ 3장 1, 2는 정대영이 썼고 3은 하희탁이 썼다.

Industrie 4.0

1
제조업 혁신의 최전선

4차 산업혁명을 이해하는 가장 빠른 길은 선진 제조 기업들의 사례를 살펴보는 것이다. 물론 기업들마다 경쟁 우위와 비전은 다 다르다. 하지만 우리 기업들이 혁신의 방향을 설계하는 데 도움이 될 것이다.

자동화 공장의 미래

우선 독일과 미국의 대표적 사례를 통해 미래의 자동화 공장에 대해 생각해보고자 한다. 단위 공정 자동화를 통한 생산성 향상과 같은 협소한 생각의 틀을 깰 수 있을 것이다.

지멘스 암베르크 공장은 국내 언론을 통해서도 자주 소개된 바 있다. 암베르크 공장은 독일 남부의 소도시에 있으며 산업자동화

지멘스 암베르크 공장 전경

독일 남동부 인구 4만 명의 소도시 암베르크에 있는 지멘스 공장 내 모든 기계장치는 통합운영 소프트웨어와 연결돼 있고 1,000여 개의 센서와 스캐너가 부착돼 있어 기계 이상이나 불량품을 감지해낸다. 수만 개의 부품에는 일련번호가 매겨져 있어서 조그만 이상이 생겨도 즉시 어떤 부품이 잘못됐는지 확인할 수 있다.
컴퓨터가 분석하는 데이터는 1일 5,000만 건 정도가 되고 연간 182억 건이 넘는다. 그 방대한 데이터를 가지고 기계를 언제 가동해야 하고 언제 작동을 멈춰야 하고 최적의 공정은 무엇인지 등을 초 단위로 진단한다. 컴퓨터는 공정에 문제가 생기면 바로 담당자에게 이메일로 알리고 담당자는 원격제어를 통해 문제를 해결한다. 문제를 해결하고 재가동하는 데 1분도 걸리지 않는다. 공장 전체의 정밀 현황은 물론 문제가 생긴 곳의 위치와 교정 현황이 초 단위로 나온다.
우리가 기존에 생각하던 공장이란 개념을 송두리째 지워버리는 현장이다. 물론 직원들도 수작업 대신 공장의 모니터를 바라보며 공정 상황을 자세히 살펴본다.

기기인 프로그램 가능 논리 제어 장치PLC를 생산하고 있다. 높은 자동화율과 세계 최고 수준의 생산성으로 유명하다. 1989년과 현재를 비교해보면 공장 면적과 종업원 수는 그대로이나 연간 생산량은 150만 대에서 1,200만 대로 8배 늘어났다. 더욱이 품질은 100만 대당 500개의 불량률에서 12개의 불량률로 식스시그마 수준을 유지하고 있다. 이런 혁신은 어떻게 가능했을까? 지속적인 자동화로 공정 자동화율은 75%까지 올라갔으며 각종 설비에서 생성되는 1일 5,000만 건의 데이터를 분석해 생산공정과 품질을 개선

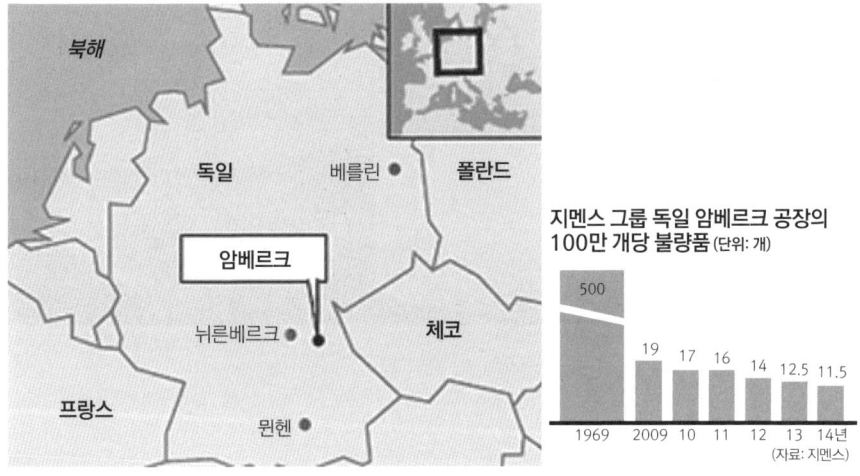

하고 있다.

　심지어 작업자들은 데이터 분석용 컴퓨터와 소프트웨어를 스크류 드라이버처럼 도구라고 이야기하고 있다. 작업자의 생산성 향상에 대한 몰입과 열정도 타의 추종을 불허한다. 2014년 작업자들이 제시한 개선 아이디어 중 채택된 것이 1만 3,000건이라고 한다. 작업자들이 평균 한 달에 한 건을 제안한 셈이다. 참고로 암베르크 공장 생산성 향상의 40%는 작업자들이 제시한 아이디어 덕분이라고 한다. 프로그램 가능 논리 제어 장치PLC는 산업용 기기이지만 개별 제품에 대한 트래킹 기술 덕분에 로트 사이즈가 하나인 맞춤 제품을 생산할 수 있다고 한다.[1]

　의류나 신발 등은 노동집약적 생산공정으로 유명했지만 큰 변화가 예상되고 있다. 독일의 스포츠 브랜드 업체인 아디다스는 2014년 자동화된 공장인 스피드 팩토리SPEED FACTORY를 운영하겠다고 발표한 바 있다. 2016년 9월 스피드 팩토리에서 생산된 운동화를

아디다스 스피드 팩토리

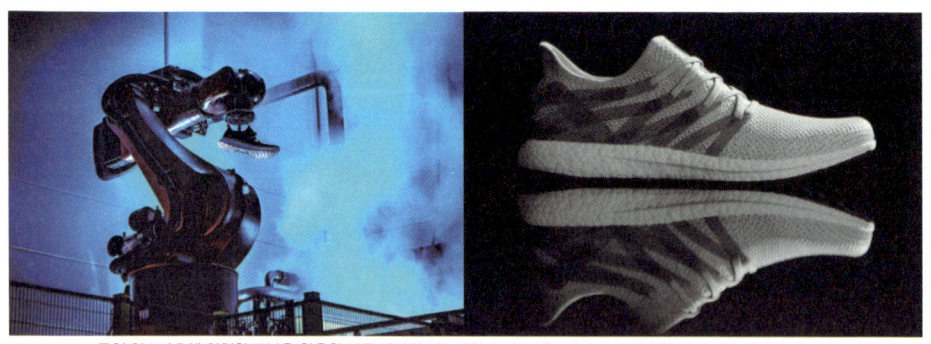

독일 안스바흐에 위치한 로봇을 활용한 자동 생산화 시스템인 스피드 팩토리에서 생산된 첫 번째 신발 아디다스 퓨처 크래프트 M.F.G.(Futurecraft Made for Germany)이다. 아디다스 스피드 팩토리에서는 전자동화 시스템과 개인 맞춤형의 유연성으로 디자인과 기술력을 완벽히 결합시킨 제품을 가장 빠르게 가장 가까운 곳에서 만들 수 있다. 기존 업계의 제품 생산 장소, 제조 방법, 시간 등의 경계를 모두 허물 수 있는 혁신적인 방법이다.
퓨처크래프트 M.F.G.에는 선수들이 달릴 때 어떻게 움직이는지를 이해하는 데 사용되는 아라미스ARAMIS 기술이 적용됐다. 이 기술은 최상의 지지력을 제공하기 위해 삼선 케이지와 힐카운터 부분에 일련의 패치들로 표현됐다. 또한 모든 에너지를 리턴해주는 부스트BOOST 중창 기술은 물론 뛰어난 유연성을 위해 아웃솔에 꼭 맞게 제작된 새로운 토션 바Torsionbar도 또 다른 특징이다. 어퍼는 편안함, 지지력, 스타일까지 뛰어난 프라임니트 소재로 만들어졌다.
아디다스는 최근 미국 실리콘 밸리의 3D 프린터 벤처기업인 카본Carbon과 함께 디지털 광합성 기술Digital Light Synthesis을 개발해 세계 최초로 빛과 산소로 만들어진 미드솔이 장착된 고기능성 운동화 '퓨처크래프트 4D'를 출시했다.

언론에 선보였다. 공장과 공정의 상세 정보는 아직 공개되지 않았지만 일부 공정만이 작업자에 의해 이루어지고 대부분의 제조 공정은 자동화돼 있다고 한다. 스피드 팩토리는 제품을 보다 효율적으로 생산하는 것 이상의 비전을 갖고 있다. 아라미스ARAMIS라고 불리는 기술을 이용해 개인의 피부, 근육, 뼈 등의 데이터를 분석해 더 기분 좋게 신고 운동할 수 있도록 설계하고 생산하는 것을 목표로 하고 있다.[2] 현재 M.F.G.Made for Germany는 시작에 불과하지만 혁신적 공정을 활용한 새로운 제품들이 나올 것이라고 한다. 예를 들어 3D 프린팅 기술을 활용한 스니커즈를 내놓을 것이라고 한다. 아디다스는 독일에서의 운영 성과를 바탕으로 미국 애틀랜타에도 스

할리데이비슨의 요크 공장

왼쪽은 과거 모습이고 오른쪽은 현재 모습이다. 할리데이비슨은 2008년 서브프라임 모기지 사태의 여파로 고급 바이크 시장이 얼어붙어 큰 위기에 처했다. 그때 위기를 혁신의 기회로 삼아 대대적인 자동화를 감행한다. 요크 공장은 41개의 빌딩에 흩어져 있던 생산공정을 하나의 빌딩에서 수행되도록 현대화했다.

피드 팩토리를 짓겠다고 발표했다.[3]

미국의 할리데이비슨도 자동화의 모범 사례로 꼽힌다. 할리데이비슨 공장은 2013년에 인더스트리위크가 선정한 베스트플랜트 Best Plant 상을 받은 바 있다. 할리데이비슨은 2008년 서브프라임 모기지 사태의 여파로 고급 바이크 시장이 얼어붙어 큰 위기에 처했다. 그때 위기를 혁신의 기회로 삼아 대대적인 자동화를 감행한다. 요크 공장은 41개의 빌딩에 흩어져 있던 생산공정을 하나의 빌딩에서 수행되도록 현대화했다. 페인팅 라인만 해도 9마일에 이르렀는데 현대화를 통해 3마일로 줄였다. 용접, 가공, 조립 등 수작업에 의존한 단순 반복작업을 로봇과 무인운반차 AGV, Automated Guided Vehicle로 대체해 생산성을 높이고 산업 재해를 줄였다.

생산현장뿐만 아니라 IT 시스템, 인력, 프로세스도 함께 혁신했다. 21일 단위의 생산계획 주기를 6시간으로 단축했고 생산 공정의 가시성을 높여 실시간 성과관리가 가능해졌다. 덕분에 8~10일에 이르는 공정 중 재고는 3시간 분량으로 줄어들게 됐다. 자동화와 아웃소싱을 통해 생산인력의 50%를 감축했으며 65종에 이르는 직무 구분도 5종으로 단순화했다.[4] 할리데이비슨은 개인 맞춤형 제품Personalized Product이라는 비즈니스 모델의 혁신도 함께 추구했다. 과거 할리데이비슨은 표준 모델만을 생산하고 소비자들은 딜러를 통해 바이크 맞춤customization을 했다. 지금은 소비자들이 웹사이트 또는 딜러를 통해 원하는 사양의 바이크를 주문하면 맞춤형 바이크를 인도받을 수 있도록 로트 사이즈 1의 주문 생산 시스템을 구축했다.

지멘스 암베르크 공장, 아디다스 스피드 팩토리, 할리데이비슨 요크 공장의 사례를 통해 선진 제조업체가 추구하는 자동화 공장을 살펴보았다. 생산 현장의 단위공정 자동화가 아니라 제품설계에서부터 주문접수와 완제품 생산에 이르는 프로세스를 지속적으로 혁신하고 있다. 생산설비, 제품, 생산 환경, 작업자로부터 얻어지는 빅데이터 분석을 통해 생산성과 품질을 지속적으로 개선하는 것도 또 다른 공통점이다. 즉 작업자가 자동화된 생산 환경 속에서 수동적인 역할을 하는 것이 아니라 주체적으로 혁신을 이끌어가도록 하는 것도 특징이다. 이 외에 놓치지 말아야 할 중요한 시사점 중 하나는 개인 맞춤형 제품Personalized Product이다. 표준품을 보다 저렴하게 양산하는 것에 목표를 둔 것이 아니라 최종 고객의 니즈를 반영한 맞춤 제품을 만들 수 있도록 제품설계, 주문접수, 생산, 물류 체계를 혁신하고 있다.

제품의 디지털화를 통해 미래를 찾다

주위를 둘러보면 TV, 냉장고, 에어컨 등 가전기기를 비롯한 많은 제품이 커넥티드돼 가는 것을 쉽게 발견할 수 있다. B2C 업계뿐만 아니라 B2B 산업기기 업계에서도 제품의 디지털화 및 비즈니스 모델의 혁신이 치열하게 이루어지고 있다.

전통적으로 산업기기 제조업체들은 기술에 중점을 두어왔고 상대적으로 고객 경험을 개선하는 노력은 인색했다. 독일업체인 캐져콤푸레셔는 히든 챔피언 기업으로 제품의 디지털화를 통해 고객서비스 개선뿐만 아니라 비즈니스 모델을 혁신한 바 있다. 캐져콤푸레셔는 1919년에 창업한 100년의 역사를 지닌 가족 경영 기업으로 압축기 분야에서 인정받는 중견 기업이다. '혁신적 제품과 선도적 시스템 솔루션을 결합한 탁월한 고객서비스 제공'이라는 미션에서 알 수 있듯이 고객 경험의 개선에 집중하고 있다. 판매 후 서비스AS를 개선하기 위해 제품의 디지털화와 프로세스 혁신에 상당한 투자를 했다. 고객사 공장에서 작동하는 공기압축기의 상태를 모니터링하고 그에 따라 생성되는 많은 양의 센서 데이터를 인메모리 컴퓨팅 플랫폼을 통해 분석하는 체계를 구축했다. 그럼으로써 공기압축기의 에너지 소모량, 운전 상태, 압축공기의 품질을 분석할 수 있게 됐고 어떤 장비가 어느 시점에 서비스가 필요할지를 예측할 수 있는 예지정비Predictive Maintenance가 가능하게 됐다.[5]

캐져콤푸레셔가 공기압축기 상태를 모니터링하고 선제적으로 예지정비를 할 수 있게 됨에 따라 고객들은 제품 상태에 대해 신경 쓸 필요가 없게 됐다. 이는 다른 경쟁업체보다 높은 경쟁우위를 갖게

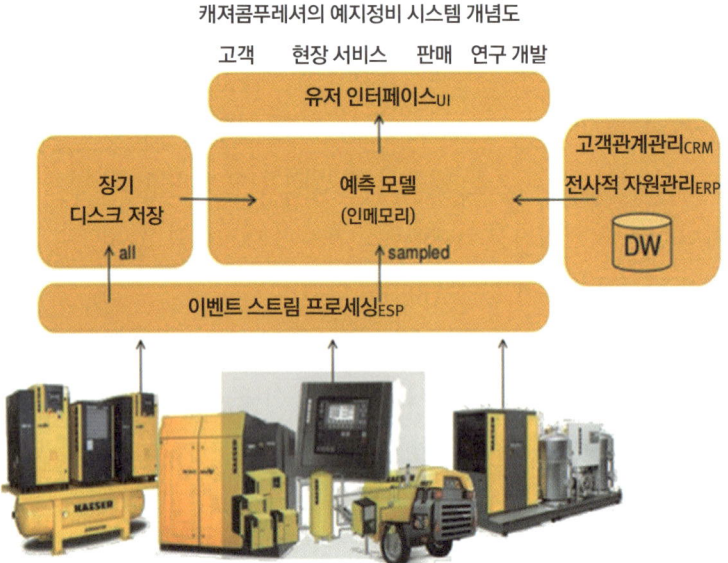

캐져콤푸레셔는 판매 후 서비스AS를 개선하기 위해 제품의 디지털화와 프로세스 혁신에 상당한 투자를 했다. 고객사 공장에서 작동하는 공기압축기의 상태를 모니터링하고 그에 따라 생성되는 많은 양의 센서 데이터를 인메모리 컴퓨팅 플랫폼을 통해 분석하는 체계를 구축했다. 이를 통해 공기압축기의 에너지 소모량, 운전 상태, 압축공기의 품질을 분석할 수 있게 됐고 어떤 장비가 어느 시점에 서비스가 필요할지를 예측할 수 있는 예지정비가 가능하게 됐다. (출처: 티모 엘리엇Timo Elliot, "Enabling Predictive Maintenance: Real-Life Use Case")

했다. 한 단계 더 나아가 차별화된 서비스 역량을 기반으로 제품이 아니라 서비스를 판매하는 비즈니스로 전환할 수 있게 됐다. 즉 공기압축기를 무료로 제공하고 압축공기의 사용량에 따라 과금하는 새로운 비즈니스 모델을 시작했다. 고객으로서는 설비투자에 따른 고정비를 변동비로 바꿀 수 있게 됐다. 또 공기압축기가 더욱 안정적으로 작동하게 됨에 따라 생산성도 높일 수 있게 됐다. 그동안 많은 제조업체가 제품과 서비스의 결합을 미래 비즈니스 모델로 이야기해왔지만 제품의 디지털화인 사물지능통신 M2M과 실시간 빅데이터 분석 역량을 기반으로 한 서비스를 제공하지 못해 실현화하지 못했다. 그러나 캐져콤푸레셔는 고객의 본질적 니즈를 이해하고 한

스틸의 차세대 지게차 - 큐브XX

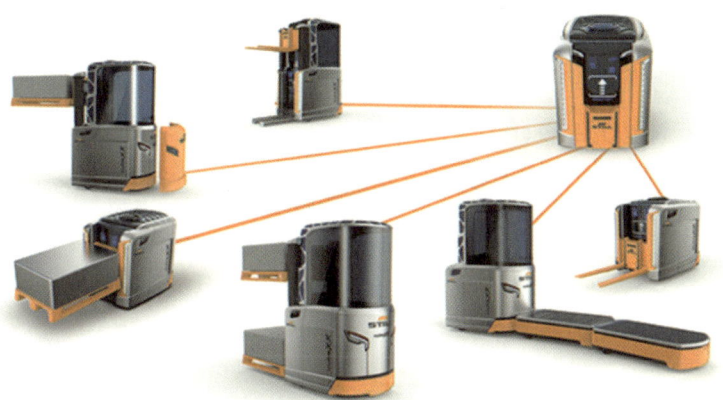

큐브XX는 다기능 물류처리를 할 수 있도록 설계돼 피킹 및 운반해야 하는 화물의 높이와 크기에 따라 6가지 형태로 자동변신을 할 수 있도록 만들어졌다. 하나의 물류 차량으로 여러 역할을 할 수 있어 투자대비 효율이 높다. 그뿐만 아니라 온보드Onboard 컴퓨팅 및 사물지능통신 M2M을 바탕으로 자동운전을 가능하게 했다. 또 수동으로 조정하는 물류 차량과 달리 작업 오류를 줄일 수 있을 뿐만 아니라 작업 중의 사고로 발생하는 재해를 없앨 수 있게 됐다. (출처: http://saphanatutorial.com/wp-content/uploads/2016/05/still-cubexx.jpg)

단계 앞선 서비스를 제공함으로써 경쟁우위를 공고히 하는 것은 물론이고 매출과 수익을 개선할 수 있었다.

유럽의 다국적 산업용 물류 차량업체인 키온KION 그룹의 스틸STILL도 제품의 디지털화와 비즈니스 모델 혁신을 추구하는 좋은 사례이다. 키온 그룹은 일본의 도요타에 이어 산업용 물류 차량인 지게차 분야의 글로벌 2위 업체이다. 산업용 물류 차량은 오랜 역사를 가지고 있어 디젤, LPG, 전기와 같은 동력원과 용도에 따른 기계적 디자인을 제외하고는 차별화가 쉽지 않은 분야다. 차별화 요소는 크지 않은데 경쟁이 늘어나 혁신이 필요했다. 산업용 물류 차량도 자동차처럼 차량 자체의 판매에 따른 수익보다는 유지보수에 따른 수익의 비중이 커졌다. 유지보수에 더욱 집중할 필요가 제기됐다. 스틸은 독일의 프라운호퍼 연구소와 SAP 등과 함께 텔레매틱스 기술을 접목한 제품의 디지털화 방법을 모색했고 큐브XX라는 콘셉트 제품이 탄생하게 됐다. 큐브XX는 다기능 물류처리를 할 수 있도록 설계돼 피킹 및 운반해야 하는 화물의 높이와 크기에 따라 6가지 형태로 자동변신을 할 수 있도록 만들어졌다. 하나의 물류 차량으로 여러 역할을 할 수 있어 투자대비효율이 높다. 그뿐만 아니라 온보드Onboard 컴퓨팅 및 사물지능통신 M2M을 바탕으로 자동운전을 가능하게 했다. 또 수동으로 조정하는 물류 차량과 달리 작업 오류를 줄일 수 있을 뿐만 아니라 작업 중의 사고로 발생하는 재해를 없앨 수 있게 됐다. 물류 차량의 상태를 실시간으로 수집 분석해 언제 어떤 물류 차량 서비스가 필요한지 파악하고 적절한 정비 서비스를 제공해 가동률을 높일 수도 있다. 물류 차량과 자동창고(AS/RS)를 연계한 하드웨어 및 소프트웨어의 통합 시스템을 고객에게 제안함으로써 매출 및 수익도 높인다는 비전을 열어가고 있다.[6]

　기존 제품에 사물인터넷 기술을 접목하거나 디지털 기술을 활용해 기존에 없던 새로운 제품을 만드는 것은 고객 경험 개선과 새로운 비즈니스 모델을 만드는 데 반드시 고려해야 할 항목이다. 고객이 제품을 어떻게 사용하는지를 파악하고 사용에 어떤 어려움이 있는지를 이해해야 고객이 기대하는 경험 수준을 넘어서는 새로운 제품과 서비스의 제공이 가능하다. 캐져콤푸레셔와 스틸의 사례는 극히 일부분이며 지멘스, GE, 존디어, 캐터필러, 고마쓰, 보쉬 등 산업용 기기의 리더들은 제품의 디지털화를 통해 새로운 비즈니스 모델을 만들어가기 위해 노력하고 있다.

빅데이터 및 디지털 기술을 통한 생산성 개선

생산현장의 많은 설비에는 센서가 부착돼 있다. 생산관리시스템 MES과 품질관리시스템은 이런 센서로부터 얻은 공정 및 제품 품질에 대한 데이터를 수집 분석하고 관리한다. 그러나 대다수 데이터가 단위공정의 상태를 모니터링하고 제어하는 데만 사용됐다. 비즈니스 앱의 데이터와 결합해 엔드 투 엔드 프로세스의 관점에서 분석되고 활용되지는 못했다. 생산현장의 마이크로 데이터와 비즈니스 앱의 매크로 데이터를 통합 분석함으로써 생산성 및 품질을 획기적으로 개선하고 시리얼 넘버 단위로 이력을 추적할 수 있게 됐다.

모학Mohawk은 미국 조지아주에 본사를 둔 카펫, 세라믹, 목재제품을 만드는 회사이다. 미국과 서유럽을 주요 시장으로 하고 있어 국내에는 생소한 업체이지만 2014년 매출액 기준으로 8조 원이 넘는 글로벌 기업이다. 모학은 출시 제품의 품질 문제로 발생하는 보증 비용을 줄이는 것이 큰 과제였다. 예를 들어 2년간 카펫 제품의 클레임이 2만 건에 이르고 완제품 기준으로 롤이 60만 개에 달했다. 주요 생산 설비에는 센서가 부착된 데이터를 확보할 수 있었지만 품질 문제를 사전에 예측하거나 예방하는 체계는 낙후돼 있었다. 품질상의 가장 큰 문제는 사이드 매치Side Match 즉 카펫의 솔기 부분에서 카펫 간에 색상 차이로 말미암은 클레임이었다.

이음매 부분의 색상 차이가 실제로 있을 때도 있었고 시공과정 중에 작업자가 실수로 상하 좌우 방향을 잘못 처리했을 때도 있었다. 그 원인에 따라 클레임을 처리하는 방법은 달라졌다. 어쨌든 클레임의 원인을 추적해 문제를 해결하고 재발을 방지하는 것이 관건이었다. 과거에는 이기종 시스템에서 발생하는 많은 양의 데이터를 통합해 추적 관리하는 것이 불가능했다. 하지만 인메모리 컴퓨팅 기술을 사용함으로써 빅데이터를 실시간으로 분석하는 체계를 갖추게 됐다.

예를 들어 클레임이 접수되면 해당 완제품 롤을 식별해 클레임 대상인지를 판단한다. 그다음 클레임 대상이라고 판단되면 역추적을 통해 어떤 반제품 롤이 문제였고 어떤 염색 로트였는지를 추적한다. 생산과정의 타임 스탬핑Time-stamping 정보와 염색 공정의 센서 데이터를 활용해 클레임이 생긴 작업조건의 패턴을 찾고 재발하지 않도록 방지 대책을 수립할 수 있었다. 이를 통해 모학은 1년 만에 클레임 비용을 25% 절감했고 품질 개선을 통해 고객 만족도를 높일 수 있게 됐다.[7]

앞서 캐져콤푸레셔와 스틸의 사례를 통해서도 간략히 설명했지만, 다운타임 없이 설비가 안정적으로 가동할 수 있도록 하는 것은 생산성 및 품질 수준을 높이는 데 필수 요소이다. 전통적으로 설비 관리 영역에서는 통계적 데이터를 근거로 주기적인 수리와 교체정비가 주를 이루어왔다. 하지만 설비 상태 정보를 실시간으로 모니터링할 수 있게 되면서 진동, 온도, 전류·전압, 압력 등의 데이터를 분석해 정비의 필요성을 판단하는 예지정비가 주목을 받기 시작했다. 정비를 위한 비용과 고장에 따른 위험 간에는 트레이드오프 관계가 존재한다. 기기 상태에 대한 최신 데이터를 기반으로 비용도 줄이고 위험도 줄일 수 있다는 가정이다. 많은 기업이 예지정비의 가치에 대해서는 동감한다. 하지만 잘못됐을 때 발생할 위험과 비

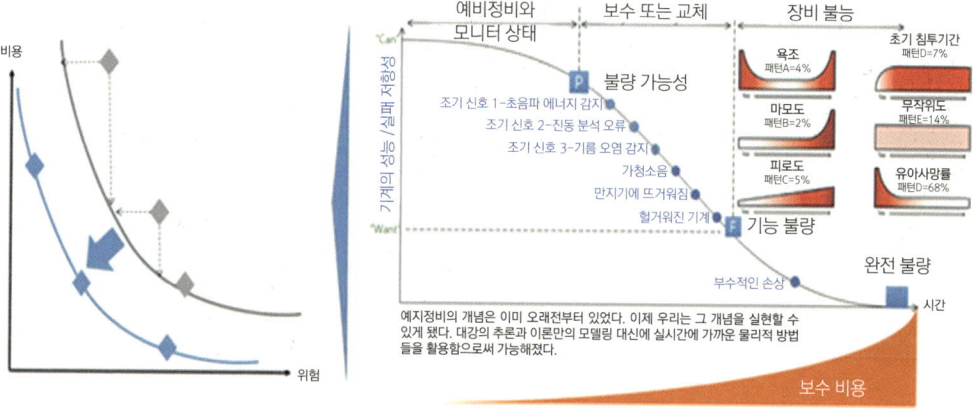

용 때문에 기존의 설비관리 프랙티스와 병행하면서 그 가능성을 타진하고 있다.

이탈리아 국영 철도 트렌이탈리아는 예지정비가 실현될 수 있음을 증명한 바 있다. 트렌이탈리아는 하루에 7,623대의 열차가 운행되는데 열차 정비의 60%는 정기적으로 했고 40%는 고장 후에 했다. 열차 고장 후 정비하면 가동률이 떨어짐은 물론이고 승객의 안전도 위험해질 수 있다. 그래서 예지정비 체계를 도입해 고장률을 절반 이상 줄여 가동률과 고객 안전을 개선하고 정비 비용도 연간 8%~10%가량 줄어들 것으로 기대하고 있다.[8] 트렌이탈리아는 열차의 주요 정비대상 부품인 브레이킹 시스템, 바퀴, 모터, 배터리에 예지정비 기술을 도입했다. 예를 들어 브레이킹 시스템의 고장 확률은 주행거리가 아니라 열 발생량과 더 큰 관계가 있다는 것을 파악하고 정비 정책을 바꿀 수 있었다. 트렌이탈리아는 주요 핵심 부품의 상태가 어떤지를 10분에 한 번씩 수집해 효율성과 안전성을 높이고 정비 비용을 줄이는 노력을 하고 있다.

증강현실을 이용한 물류 작업 및 정비

 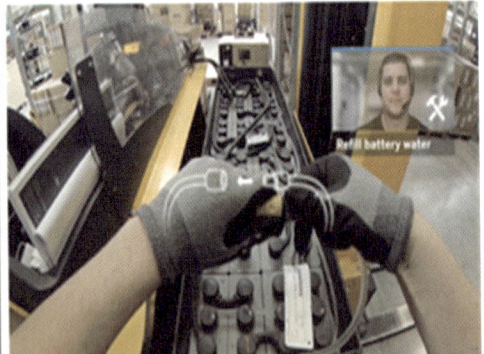

스마트 안경을 통해 피킹을 위한 최적의 이동 경로를 안내하고 제대로 이루어졌는지를 바코드 리딩을 통해 확인할 수 있다. 피킹 작업과 창고관리 시스템을 연계해 정확한 재고관리를 할 수 있다. 스마트 안경을 쓴 상태에서는 양손을 자유롭게 쓸 수 있기 때문에 작업 생산성과 안전을 높일 수 있다. (출처: Vuzix, SAP)

상용화된 기술 중 스마트 안경Smart Glasses을 활용한 증강현실 AR은 물류운영과 유지보수의 생산성을 높이는 기술로 주목받고 있다. 창고작업은 전체 물류비용의 20%를 차지하고 피킹 작업은 창고작업 비용의 55~66%를 차지한다고 한다.[9] 대부분은 피킹 작업이 종이에 프린트된 작업지시에 따라 매뉴얼대로 이루어지고 있어 느릴 뿐만 아니라 에러 발생의 가능성이 높다. 특히나 물류업무는 비정규직들이 많다 보니 교육도 충분히 이루어지지 못하고 있다. 증강현실은 이러한 문제를 해결해줄 대안으로 꼽히고 있다. 스마트 안경을 통해 피킹을 위한 최적의 이동 경로를 안내하고 제대로 이루어졌는지를 바코드 리딩을 통해 확인할 수 있다. 피킹 작업과 창고관리 시스템을 연계해 정확한 재고관리를 할 수 있다. 스마트 안경을 쓴 상태에서는 양손을 자유롭게 쓸 수 있기 때문에 작업 생산성과 안전을 높일 수 있다. 증강현실을 활용해 창고작업을 한 필드 테스트에 따르면 피킹 오류를 40%까지 줄일 수 있다고 한다. 제품 및 설비에 대한 정비도 증강현실이 도입돼 생산성을 높일 수 있는 대표적 분야이다. 어떤 부분의 상태가 잘못됐는지 정보를 받고 어떤 순서로 어떻게 수리를 하면 좋을지에 대한 지시를 시각화해 받을 수 있어 안전하게 정비할 수 있다. 물류작업과 마찬가지로 저숙련 기술자가 쉽게 정비할 수 있어 생산성을 높여줄 것으로 기대를 모으고 있다.

우리나라 제조업은 노동집약적인 경공업 중심에서 자본집약적 산업으로 비중이 크게 변화해왔다. 한국은행이 발표한 2013년 국민대차대조표에 따르면 생산자산이 5,185조 원이고 그중에서 설비자산이 649조 원에 이른다고 한다.[10] 생산공정에서 설비가 차지하는 비중이 커짐에 따라 설비 상태, 공정 조건, 생산 환경 정보를 종합 분석해 생산성과 품질을 높이고 에너지 사용량을 줄이는 기술이 중요해졌다. 우리나라도 고령화와 자동화에 따라 숙련공 유지가 힘들어질 것이다. 증강현실은 이러한 인구구조의 변화라는 도전을 극복하는 데도 이바지할 수 있으리라 기대된다.

비즈니스 모델의 혁신: 맞춤 제품, 맞춤 서비스

최근 기존 산업을 와해시키고 게임의 룰을 바꾸는 업체들이 속속 등장하고 있다. 비즈니스 모델을 스스로 파괴할 수 있을 만큼의 혁신적 사고와 노력이 필요하다. 예를 들어 전통적인 자동차 산업은 차량 공유 서비스 업체 우버, 소프트웨어를 통해 성능과 기능의 업그레이드를 추구하는 테슬라, 무인운전을 통해 자동차의 핵심기술을 바꾸는 구글 등 새로운 업체들에 의해 산업의 주도권이 바뀌고 있다. 앞으로도 모든 산업에서 새로운 비즈니스 모델은 계속 등장할 것이다. 파괴적이라 평가받는 비즈니스 모델들도 새로운 혁신적 모델에 의해 와해될 수 있다. 새로운 경쟁자를 경계하고 비즈니스 모델의 혁신을 끊임없이 추구해야 할 것이다.

B2C 업종에서는 맞춤 제품, 맞춤 서비스, 공유경제 서비스가 메가 트렌드로 자리 잡고 있다. 소비자 개개인의 차별화된 니즈를 만족시켜줄 대안으로 맞춤 제품이 기대를 모은다.[11] 그러나 기대만큼 맞춤 제품이 시장에 파괴력을 가져오지 못했다. 생산거점이 소비지와 물리적으로 떨어져 있어 맞춤 제품을 생산해 인도하는 데 장시간이 걸리기도 했고 생산 시스템이 로트 사이즈 1의 맞춤 제품을 생산하기에는 유연성이 떨어져 기술과 경제적 측면에서 제약이 따르기도 했다. 또 기능적 측면의 맞춤이 아니라 색상이나 재질과 같은 심미적 측면의 맞춤에 초점을 맞추다 보니 맞춤 제품이 시장에 제대로 자리 잡지 못했다.

앞서 자동화 공장의 모범사례 중 하나로 설명했던 할리데이비슨은 소비자가 딜러 또는 할리데이비슨을 통해 맞춤 바이크를 주문하고 직접 인도받을 수 있도록 개인 맞춤형 제품 Personalized Product 제품을 공급하고 있다. 소비자는 웹사이트를 통해 모델을 선택하고 스타일, 기능, 성능, 옵션에 이르는 항목별로 본인이 원하는 사양을 선택해 주문할 수 있으며 본인의 사양 선택에 따른 가격도 실시간으로 확인할 수 있다. 과거에는 딜러를 통해 바이크를 주문하면 최소 몇 달이 지나 도착했고 딜러가 다시 소비자의 취향에 맞춤 Customization을 했다. 하지만 지금은 빠르면 몇 시간 만에 원하는 사양에 따른 바이크가 생산되기 때문에 소비자가 원하는 맞춤을 실

할리데이비슨의 맞춤 제품 구성 화면

소비자는 웹사이트를 통해 모델을 선택하고 스타일, 기능, 성능, 옵션에 이르는 항목별로 원하는 사양을 선택해 주문할 수 있으며 본인의 사양 선택에 따른 가격도 실시간으로 확인할 수 있다. (출처: 할리데이비슨)

현할 수 있게 됐다.

앞서 아디다스의 스피드 팩토리를 미래 자동화 공장의 예로 든 바 있다. 스피드 팩토리는 기성품의 양산이 아니라 궁극적으로 맞춤 운동화 생산을 목표로 하고 있으며 가까운 장래에 3D 프린팅이 핵심기술의 하나가 될 것이라 표방하고 있다. 스포츠 브랜드 업계에서 3D 프린팅이 맞춤 제품의 생산에 어떻게 사용될 수 있는지에 대한 또 다른 시나리오를 설명하고자 한다. 매장에서 발 치수와 걸음걸이에 따른 압력 등을 측정하면 매장의 백룸에서 3D 프린팅으로 개인의 발 모양과 압력을 반영한 쿠션을 제작해 소비자 개개

3D 프린팅을 이용한 운동화 쿠션 제작

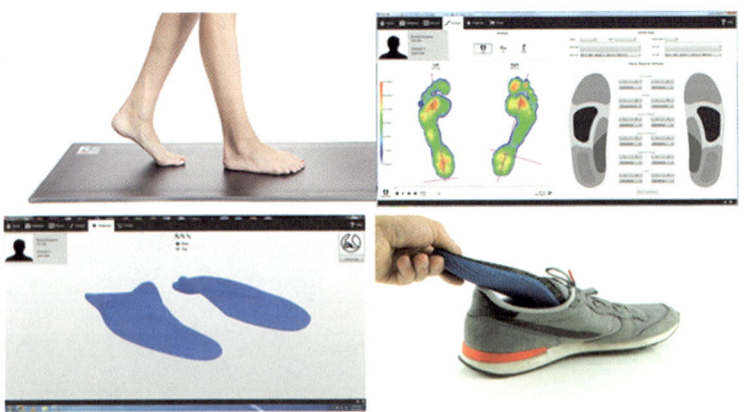

매장에서 발 치수와 걸음걸이에 따른 압력 등을 측정하면 매장의 백룸에서 3D 프린팅으로 개인의 발 모양과 압력을 반영한 쿠션을 제작해 소비자 개개인에게 맞는 기능적 맞춤 운동화를 만들 수도 있다. (출처: 3D 프린팅 인더스트리)

인에게 맞는 기능적 맞춤 운동화를 만들 수도 있다. 즉 3D 프린팅은 고객과 가장 가까운 위치에서 맞춤 제품을 완성하는 지연전략 Postponement[*]의 하나로 적용될 수 있다.

음식료 업종은 전통적으로 개인별로 다양한 기호를 맞추기 위해 제품의 다양화에 힘써왔다. 코카콜라는 다양한 소다 음료를 생산해 왔는데 콜라나 환타 같은 베이스 음료, 오렌지맛, 포도맛과 같이 맛의 종류로 파생되는 제품의 수만 하더라도 126가지가 넘는다고 한다. 캔이나 페트병과 같은 용기와 사이즈를 고려하면 스톡 키핑 유닛 SKU[**] 수는 더욱 급증한다. 코카콜라는 젊은이들의 취향에 맞추어 코카콜라 음료수를 원하는 대로 섞어서 본인의 맛을 만들어낼 수 있는 프리스타일이라는 벤딩 머신을 개발했다. 벤딩 머신의 화면이나 휴대폰을 통해 베이스 음료와 맛을 선택하고 원하는 비율대로

---

[*] 고객이 구매를 결정할 때까지 최종 제품의 제조를 연기하는 것

[**] 상품관리와 재고관리를 위한 최소 분류 단위

코카콜라 프리스타일 머신

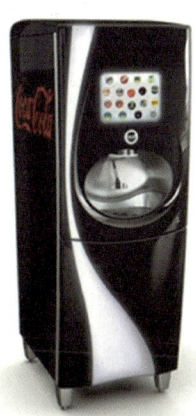

코카콜라는 젊은이들의 취향에 맞추어 코카콜라 음료수를 원하는 대로 섞어서 본인의 맛을 만들어낼 수 있는 프리스타일이라는 벤딩 머신을 개발했다. (출처: 코카콜라)

섞어 즐길 수 있을 뿐만 아니라 고유한 이름을 붙일 수 있도록 했다. 그러자 젊은이들에게 큰 인기를 얻었고 소셜 미디어를 통해서도 퍼져 구전효과도 크게 거둘 수 있었다. 그뿐만 아니라 벤딩 머신은 인터넷과 연결돼 각 음료와 맛을 내는 카트리지의 사용량과 재고를 파악하고 관리할 수 있어 결품 없이 서비스할 수 있다.[12] 모든 취향을 충족시키기 위해 많은 재고를 가져가지 않고도 고객의 맞춤 요구를 충족시켜줄 뿐만 아니라 재고 보충도 효율화했다는 점에서 신선한 혁신 사례라 할 수 있다.

맞춤 제품 외에도 맞춤 서비스는 고객의 충성도를 높이고 매출을 올리는 효과적인 방법이다. 언더아머는 소비자의 건강을 높이는 디지털 플랫폼을 통해 사업영역을 확대하는 동시에 자사 제품을 효과적으로 맞춤 제안하고 있다. 언더아머는 1996년에 설립된 신생 스포츠용품 기업이지만, 폭발적인 성장을 거듭하면서 2014년에는 아

언더아머 창업자 케빈 플랭크. 케빈 플랭크는 대학 때 미식축구팀에서 풀백으로 활약했는데 유니폼 밑에 입은 면 셔츠가 땀에 젖어 무겁고 끈적끈적하게 달라붙고 기능적이지도 못해 불편을 느꼈다고 한다. 그래서 그는 땀을 빨리 건조시키는 기능을 개발하기 시작했고 고생한 끝에 피부에 딱 달라붙는 압축셔츠Compression Shirts, 일명 쫄쫄이티를 개발하게 됐다.

디다스를 제치고 미국 시장에서 나이키에 이어 2위에 올라선 바 있다. 케빈 플랭크는 대학 때 미식축구팀에서 풀백으로 활약했는데 유니폼 밑에 입은 면 셔츠가 땀에 젖어 무겁고 끈적끈적하게 달라붙고 기능적이지도 못해 불편을 느꼈다고 한다. 그래서 그는 땀을 빨리 건조시키는 기능을 개발하기 시작했고 고생한 끝에 피부에 딱 달라붙는 압축셔츠Compression Shirts, 일명 쫄쫄이티를 개발하게 됐다. 언더아머는 압축셔츠의 인기에 힘입어 탄탄하게 성장하고 있다.[13]

케빈 플랭크에 따르면 "우리는 자동차에 대해서는 잘 알고 있지만 정작 자신의 몸에 대해서는 잘 모르고 있다"고 한다. 예를 들어 자동차에 타면 대쉬보드를 통해 기름이 얼마나 남았는지, 타이어의 압력은 적절한지, 지금까지의 주행거리는 얼마인지 정보를 알 수 있고 문제가 있으면 경고등이 들어온다. 반면 사람들은 대부분 본

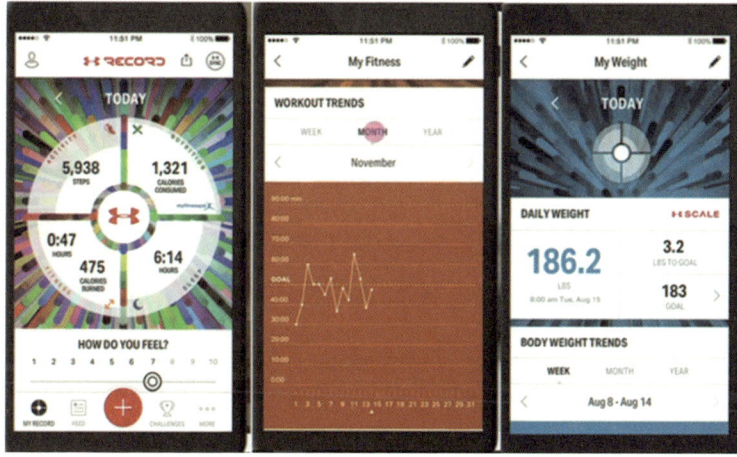

언더아머리코드. 언더아머는 궁극적으로 언더아머리코드UAR라고 불리는 단일 앱을 통해 관련된 모든 데이터의 통합을 목표로 하고 있다. 수면, 활동, 영양, 체중, 전반적 기분 등을 모니터링하고 관리하고 다른 사용자들과의 비교를 통해 건강, 운동, 식사 등을 개선할 수 있도록 지원하겠다는 것이다. (출처: 언더아머)

인의 건강 상태에 대해 무지하다. 수면은 적절했는지, 식사를 통해 적절한 영양분을 섭취했는지, 운동은 적절했는지에 대해 모르고 있다. 언더아머는 우리의 신체, 의류, 운동량, 건강 정보를 하나의 앱에 담아 쉽게 관리하고 분석할 수 있도록 하겠다는 커넥티드 피트니스라는 비전을 세웠다.

언더아머는 맵마이피트니스MapMyFitness를 비롯한 디지털 기술 기반의 피트니스 업체들을 인수해 디지털 기술력과 함께 1억 6,000만 명 이상의 사용자도 확보한 바 있다. 궁극적으로 언더아머리코드UAR라고 불리는 단일 앱을 통해 관련된 모든 데이터의 통합을 목표로 하고 있다. 수면, 활동, 영양, 체중, 전반적 기분 등을 모니터링하고 관리하고 다른 사용자들과의 비교를 통해 건강, 운동, 식사 등을 개선할 수 있도록 지원하겠다는 것이다. 언더아머리코드UAR는 언더아머가 추구하는 고객관계관리 전략의 중요한 구성 요소이다.

고객의 구매 이력과 결합하면 정교하게 개인화된 제품 추천과 뛰어난 고객 경험을 제공할 수 있게 된다.

예를 들어 과거 데이터 분석을 통해 500킬로미터를 걷거나 달리면 운동화가 헤지기 시작해 부상당할 가능성이 커진다는 것을 알 수 있다고 가정하자. 언더아머는 언더아머리코드를 통해 입수된 정보를 기반으로 운동화를 교체해야 할 시기가 됐다는 맞춤 메시지를 고객에게 알려줄 수 있다. 특정 국가, 지역별로 걷는 양의 변화를 시계열로 모니터링해 지역별로 적합한 마케팅 전략과 상품 구색을 전개할 수도 있다.[14]

언더아머의 커넥티드 피트니스 전략은 사람들의 삶을 개선하겠다는 목표에서 출발한 것으로 디지털 기술을 이용해 소비자와의 관계 및 커뮤니케이션 방법을 총체적으로 혁신한 것이라 하겠다.

비즈니스 모델의 혁신: 플랫폼 비즈니스

애플의 아이폰이 기존 단말기 시장과 통신사 독점적 시장을 파괴한 성공의 이면에는 플랫폼 비즈니스 전략이 있었다. 디지털 트랜스포메이션의 대표적 성공사례로 꼽히는 우버나 에어비앤비도 대표적인 플랫폼 비즈니스이며 농업, 게임, 교육, 교통, 숙박, 금융, 미디어, 소매 등을 비롯해 거의 전 산업에서 플랫폼 비즈니스를 기치로 내건 기업들이 등장하고 있다.

산업용 기기 산업에서는 제품 중심에서 서비스 중심으로의 비즈니스 전환이 빠르게 일어나고 있으며 플랫폼 비즈니스의 패권을 놓고 경쟁이 치열하다. 대표적으로 독일의 지멘스와 미국의 GE는 거대한 사업규모와 달리 쌍둥이만큼이나 닮은 비즈니스 모델을 빠르게 실행에 옮기고 있다. 미국의 GE는 2020년까지 세계 10대 소프트웨어 회사로 변신하겠다는 비전을 선포한 바 있다.[15] 가전사업부문을 중국의 하이얼에 매각했고 금융사업부문도 2년 내 처분하겠다고 밝혔다.

GE의 제프리 이멜트 회장은 소프트웨어를 통해 혁신적으로 고객의 생산성을 높이는 것이 생존할 길이라 밝히고 있다. GE 디지털 전략의 핵심은 산업인터넷 소프트웨어 플랫폼을 통해 제트엔진, 가스터빈, 기관차, 의료기기 등의 산업용 기기에서 데이터를 수집 분석해 산업기기를 보다 효율적으로 운영할 수 있도록 지원하겠다는 것이다.

독일의 지멘스는 1847년 설립된 회사로 자동화, 모터, 에너지, 의료 영역의 글로벌 기업이다. 전 세계 고객들에게 공급한 산업기기들이 인터넷에 연결되고 산업기기들이 생성하는 데이터를 분석해 기기를 보다 효율적으로 운영할 수 있도록 돕겠다는 것이 디지털 전략의 핵심이다. 물리세계Physical World와 가상세계Virtual World를 디지털화를 통해 결합해 설계 및 엔지니어링, 자동화 및 운영, 유지보수 및 서비스의 생산성을 높인다는 비전이다. 지멘스는 이러한 비전을 이루기 위해 SAP와 함께 개방형 클라우드 서비스 플랫폼인 마인드스피어MindSphere를 개발하고 출시한 바 있다. 마인드스피어의 가장 큰 특징은 개방성 추구이다. 첫째, OPC_{OLE for Process Control} 기반의 개방형 인터페이스를 지원하고 있다. 마인드스피어에는 지멘스의 기기뿐만 아니라 파트너나 경쟁업체의 기기도 연결할 수 있다. 둘째, 고객은 데이터를 퍼블릭 클라우드,

GE의 제프리 이멜트 회장.

프라이빗 클라우드, 온 사이트 클라우드 앱 중 어디에 저장할지를 결정할 수 있다. 셋째, 개방형 앱 프레임워크를 제공하고 있다. 파트너와 고객들도 마인드스피어에서 운영되는 앱인 마인드앱을 만들 수 있다. 마치 애플이 소프트웨어 개발 키트SDK를 공개해 개발자들이 앱을 만들어 생태계에 들어오게 한 것처럼 지멘스도 생태계를 확대하고자 노력하고 있다.

마인드스피어에는 머신 툴 애널리틱스, 드라이브 트레인 애널리틱스, 인더스트리얼 네트워크 애널리틱스, 프로세스 이벤트 애널리틱스, 컨트롤 퍼포먼스 애널리틱스, 다이내믹 프로세스 최적화, 에너지 애널리틱스 등 다양한 분석 앱이 제공되고 있다.[16] 예를 들어 미국 항공우주국 나사NASA는 드라이브 트레인 애널리틱스를 활용해 기어 박스의 고장모델을 만들었다. 비행 중 심각한 문제를 일으킬 수도 있었던 두 가지 고장을 찾아낼 수 있었다고 한다.[17] 지멘스는 자사의 시카고 공장에 에너지 애널리틱스를 적용한 후에 1년

GE의 스마트 팩토리 가상 이미지

GE는 전 세계 산업인터넷 플랫폼 분야의 선두주자로 스마트 팩토리를 넘어 '브릴리언트 팩토리(총명한 공장)'를 표방하고 있다. 이미 10억 달러(한화 1조 1,200억 원)를 투자해 2015년 8월 클라우드 기반의 개방형 소프트웨어 플랫폼인 프레딕스를 출시했다. 프레딕스는 공장 내의 모든 장비 곳곳에 센서를 부착해 데이터를 모아 실시간으로 분석해 생산성을 극대화하고 문제가 생겼을 때 바로 해결하게 해주는 소프트웨어다. 공장의 모든 정보를 모두 데이터화해 사이버 공간에 똑같은 디지털 공장을 만든 뒤 운영에 활용하는 '디지털 트윈' 기술도 적용돼 있다. 이미 인텔, AT&T, 소프트뱅크, 시스코 등이 사용 중이다.

만에 10%의 에너지를 절감할 수 있었다고 한다. 생산라인의 전력 사용량, 가열로의 가스 사용량, 압축공기 최적화에 중점을 두어 에너지 손실을 분석한 결과 35%의 압축공기가 누출되고 비 가동시간 중에도 14%의 전기가 사용되고 있다는 문제점을 발견해 개선했다고 한다.[18] 앞으로 산업용 기기들은 클라우드 환경에서 소비자가 직접 설치해 사용 가능한 플러그 인 플레이Plug-In-Play 형태로 접속되고 큰 초기 투자 없이 사용량 기반 과금인 페이 퍼 유즈Pay-Per-Use 형태로 분석용 앱을 활용할 수 있게 될 것으로 예상된다. 공장이나 생산라인 단위로 소프트웨어 구축을 위한 투자를 하는 것이 아니라 클라우드로 제공되는 서비스를 선택해 사용함으로써 생산 시스템을 운영하는 것도 조만간 가능할 것이다.

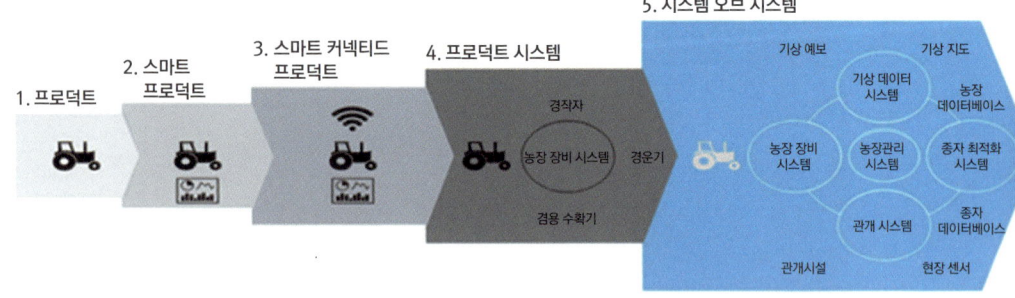

존디어의 사업 모델

구글보다 먼저 무인차 프로젝트를 시작한 기업이 있다. 바로 미국 최대의 농기계 제조업체 존디어다. 존디어는 1937년 존 디어John Deere란 사람이 설립한 회사인데 2002년에 이미 자동 기능이 있는 트랙터를 생산 판매하고 있었다. 존디어의 무인 트랙터 시드스타 모바일SeedStar Mobile은 씨앗을 파종하면서 씨앗들 간의 거리를 정확히 측정할 수 있다. (출처: Michael E. Porter and James E. Heppelmann, "How Smart, Connected Products are Transforming Competition", Nov., 2014)

    미국의 농업용 중장비 업체인 존디어는 산업용 기계 공급업체로서 또 다른 형태의 플랫폼 비즈니스를 추구하고 있다. 참고로 농업은 제조업이나 서비스업만큼이나 혁신의 열기가 뜨거운 산업이다. 지구의 인구는 계속 늘어나고 있고 경작지의 확대 한계와 물 부족 등에서 식량을 지속적으로 공급하기 위해서는 혁신이 필요하다는 것이다. 농화학 분야 1위 업체인 독일의 바이엘이 세계 최대 종자회사인 몬산토를 74조 원에 인수한 것도 농업 분야의 혁신 중요성을 역설하고 있다.

    존디어는 농업용 트랙터에 센서와 텔레메틱스 장치를 탑재해 농업용 트랙터의 운전 상태를 모니터링하고 분석하는 시스템을 구축한 바 있다. 그럼으로써 농가가 트랙터를 올바르게 활용할 수 있도록 교육해 품질보증 비용을 줄일 수 있었다. 트랙터의 고장을 미리 예측하고 유지보수 서비스를 제공해 농가의 만족도를 높일 수 있었을 뿐만 아니라 유지보수를 통한 수익도 창출했다. 지금은 더 나아

존디어는 농업용 트랙터에 센서와 텔레메틱스 장치를 탑재해 농업용 트랙터의 운전 상태를 모니터링하고 분석하는 시스템을 구축한 바 있다. 그럼으로써 농가가 트랙터를 올바르게 활용할 수 있도록 교육해 품질보증 비용을 줄일 수 있었다.

가 농지의 토질, 농작물, 기후 정보를 수집해 언제 어떤 작물을 재배하고 어떻게 관리해야 할지에 대한 농업 컨설팅을 제공하는 것으로 비즈니스 모델을 확대해가고 있다.

 이상 몇몇 선도 제조업체들이 추구하는 새로운 비즈니스 모델을 살펴보았다. 개별 고객의 니즈를 만족시킬 수 있는 맞춤 제품, 맞춤 서비스, 제품 중심이 아닌 데이터 기반의 분석 서비스, 소프트웨어가 중심이 되는 사업 모델, 플랫폼을 중심으로 생태계를 키워가는 접근 방법 등이 그 대표적인 유형이다. 선도업체들은 디지털 경제 시대의 역할에 대한 비전을 세우고 인적 역량의 강화, 제품의 디지털화, 프로세스 및 비즈니스 모델의 혁신을 추구해가고 있다.

우리나라도 세계적으로 경쟁력을 인정받는 산업과 기업들을 보유하고 있으며 풍부한 도메인 경험과 지식 그리고 인재를 갖추고 있다. 전기 전자제품이 아날로그에서 디지털로 전환될 때에 우리나라 기업들이 일본기업과 미국기업을 제치고 세계적 주도권을 가졌던 것처럼, 디지털 경제로 전환되는 지금 우리가 갖춘 도메인 경험과 지식에 창의적 사고와 디지털 기술을 접목함으로써 디지털 트랜스포메이션을 통해 세상을 이끌어갈 수 있으리라 생각한다.

2
디자인 씽킹으로 혁신한다

기업의 기술을 이용한 가치창출 방법은 바뀌고 있다. 과거에는 표준화를 통해 가치창출을 할 수 있었다면 지금의 디지털 경제 속에서는 무엇보다 속도가 중요하며 단순화와 혁신만이 경쟁우위를 끌어낼 수 있는 원천이다. 디지털 비즈니스는 대다수 기업에 패러다임 변화를 뜻한다. 새로운 비즈니스 모델이며 프로세스의 혁신이며 일하는 방법의 혁신이기도 하다.

그간 SAP는 25개 산업, 11개 비즈니스 영역에 걸쳐 IT 솔루션을 세계 30만 개의 고객사에 제공해왔다. 참고로 앞서 소개한 사례의 대다수는 SAP와 고객사의 공동 혁신의 사례이기도 하다. SAP는 고객들이 디지털 경제에 적응하고 번영하는 것을 돕기 위한 새로운 방법을 찾기 위해 노력하고 있다. 이 중의 하나가 디지털 트랜스포메이션 방법론과 창의적 사고를 돕기 위한 디자인 씽킹 접근 방법이다.

SAP HANAHaus

2017년 하노버 메세에 출품된 SAP 쇼케이스

디지털 트랜스포메이션 방법론

 새로운 비즈니스 모델과 혁신적인 업무 및 의사결정 프로세스의 혁신은 선도기업의 결과를 참조할 수는 있어도 빠른 모방과 답습으

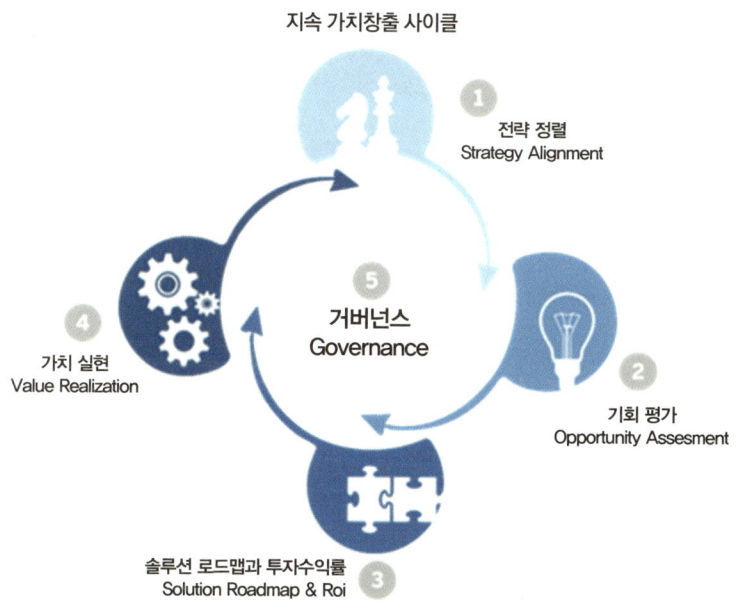

로는 달성할 수 없다. 디지털 트랜스포메이션은 일회성 혁신 프로젝트가 아니다. 디지털 경제에 적응할 수 있는 혁신 역량과 문화의 확보를 뜻하며 혁신을 실행해가는 과정 중에 계속 목표 점검과 계획 수정을 필요로 한다. 따라서 디지털 트랜스포메이션을 이끌어가는 주체는 실무진이 아니라 기업의 경영진이 돼야 한다. SAP는 고객사의 디지털 트랜스포메이션을 지원해왔다. 그리고 그 과정에서 얻은 교훈을 바탕으로 지속 가치창출 사이클의 방법론을 만들었고 적용해가고 있다.

첫 번째 단계로 필요한 것은 경영진의 지원을 확보하는 것이다. 양사 경영진이 디지털 트랜스포메이션을 통해 얻고자 하는 기대 결과에 대해 합의하고 전술적인 기회로부터 전략적 기회까지 집중하고자 하는 범위를 결정한다. 이 외에도 스피드가 중요한 만큼 목표

일정, 마일스톤, 투입 자원에 대한 합의가 필요하다. SAP가 고객과 어떻게 협업하고 이슈를 해결할 것이며 투명하게 관리해갈지에 대한 합의도 중요한 내용이다.

두 번째 단계에서는 밸류 디스커버리 워크숍을 통해 혁신의 기회를 찾는다. 실무자는 실무에 대한 해박한 지식을 가졌지만 혁신을 가로막는 장애물을 무시하고 깨뜨릴 힘은 부족하다. 반면에 경영진은 장애물이나 제약을 혁신의 대상으로 바라볼 수 있는 인사이트와 해결할 힘이 있다. 직급을 중시하는 계층적 문화 속에서는 눈치보기 때문에라도 신선한 아이디어의 도출과 발전이 힘들다. 아울러 개선은 고객의 관점에서 가치를 느낄 수 있을 때 진정한 가치가 있으며 이 외에는 탁상행정이 되기 쉽다. 참신한 아이디어를 도출하고 아이디어를 계속 진화시켜나갈 수 있는 좋은 방법이 바로 디자인 씽킹이다. 디자인 씽킹에 대한 좋은 소개 자료와 서적들이 이미 많이 나와 있기 때문에 간략하게 소개하고자 한다.

먼저 우리가 찾는 혁신은 무엇일까? 기술의 중요성이 커지다 보니 새로운 기술의 발명이나 새로운 기술의 접목을 혁신으로 생각할 수도 있다. 그러나 진정한 혁신은 고객이 원하는 것을 만족시켜주면서 기술적으로도 가능하며 경제적으로도 의미를 갖출 때 성립 가능하다. 디자인 씽킹은 바로 이 세 가지 요구를 만족시켜줄 수 있는 혁신을 찾기 위한 접근 방법이다.

디자인 씽킹은 5단계의 프로세스로 이루어진 문제 해결 방법이다. 첫 번째 단계는 공감으로 고객의 니즈와 문제를 정확하게 이해해야 한다. 그러기 위해 현장 관찰, 인터뷰 등을 활용하지만 근본적 목적은 고객 입장에서의 철저한 공감이다.

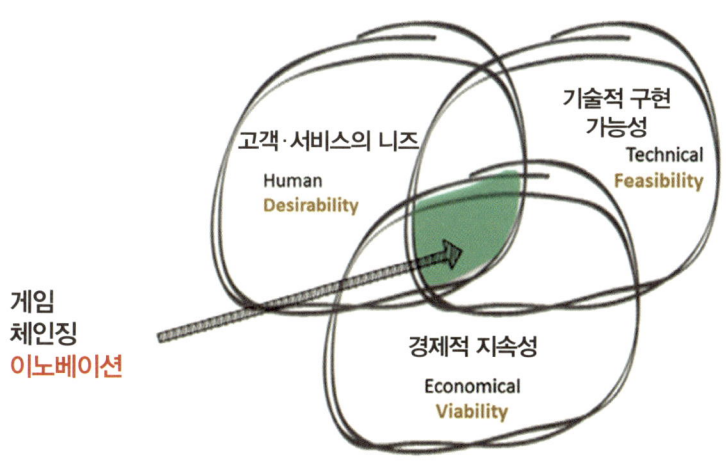

두 번째 단계는 문제의 정의이다. 문제가 올바르게 정의되지 않으면 수많은 아이디어도 쓸모없는 것들이 된다. 공감이 중요한 것도 바로 정확한 문제 정의가 필요하기 때문이다. 문제를 정의한 후에는 다양한 경험과 다양한 전문성을 가진 사람들의 참여 속에 문제 해결을 위한 아이디어를 내게 된다. 제안된 아이디어는 팀원들의 협력을 통해 개선 발전하게 되며 실행 가능한 형태로 빠르게 프로토타입으로 만들어낸다. 아이디어는 추상성을 많이 갖고 있지만 프로토타입은 더 구체적이기 때문에 실행 가능한 것인지, 실행을 통해 문제를 해결할 수 있는지, 더 개선할 것은 없는지를 빠르게 알아낼 수 있다. 이상의 과정을 선형적으로 설명했지만, 실제 구현 과정은 비선형적이며 반복적이다. 어떤 한 단계에서 문제가 발견되면 이전 단계로 돌아가 재작업을 빠르게 반복해 진짜 문제를 찾고 진짜 문제를 해결할 때까지의 과정을 반복하게 된다. 이상의 과정을

실행함으로써 혁신적 아이디어를 찾고 발전시켜나갈 수 있다.

세 번째 단계에서는 밸류 디스커버리 워크숍을 통해 발굴된 혁신 기회에 대해 검증 및 실행을 준비하게 된다. 혁신 기회를 실행에 옮기기 위한 솔루션, 아키텍처, 로드맵을 정의하고 투자수익률ROI 분석을 마침으로써 비즈니스 케이스를 만들게 된다.

네 번째 단계에서는 비즈니스 케이스의 내용을 양사가 함께 실행에 옮겨 가치를 얻게 된다. 실행 과정상의 이슈는 양사 경영진 주도하에 해결하게 된다. 그리고 실행을 통해 얻게 된 교훈을 토대로 추가적인 혁신의 기회를 찾거나 혁신을 위한 로드맵을 보완하는 과정이 다시 이루어지는 선순환의 사이클을 만들게 된다.

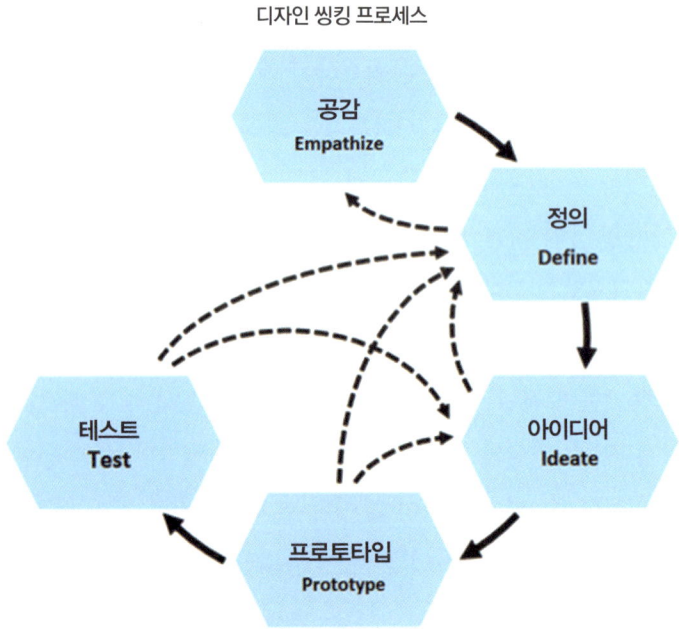

디지털 비즈니스 프레임워크

개별 기업이 추구하는 디지털 트랜스포메이션의 목표와 내용은 차이가 있지만 다섯 개 분야의 디지털화를 고려해야 한다. SAP에서는 디지털 비즈니스 프레임워크라고 부르고 있다.

먼저 고객 경험은 지속적으로 진화하고 있다. 고객이 기업을 접하는 채널은 다양해지며 고객과의 상호작용은 디지털화돼 가고 있다. 국내 7개 산업 부문 37개 고객 브랜드에 대해 3,000여 소비자가 참여한 디지털 경험 만족도에 대한 조사결과에 따르면 25%만이 만족한다고 응답을 보인 바 있다. 디지털 경험 만족도가 브랜드 충성도와 높은 상관관계를 갖는 것을 고려하면 우리 기업들이 고객

디지털 비즈니스 프레임워크

- 인력 자원 관리
- 공급업체 협업 비즈니스 네트워크
- 디지털 코어
- 빅데이터와 사물인터넷
- 고객 옴니채널 경험

SAP HANA 플랫폼

경험 개선을 위해 앞으로 해야 할 일이 많음을 알 수 있다. 대표적으로 고객에 대한 360도 뷰의 확보, 옴니채널, 비즈니스 모델 혁신을 들 수 있다. 고객과의 직간접적 상호작용에서 얻어지는 모든 데이터를 분석해 한 명 한 명의 고객에 대한 이해를 기반으로 개인화된 제품, 상품, 서비스의 설계와 제공이 가능하게 된다. 비즈니스 모델도 예외가 아니다. 고객이 궁극적으로는 원하는 것은 제품이나 서비스가 아니라 이의 활용을 통해 문제를 해결하거나 니즈를 충족하는 것인 만큼 고객이 얻는 가치에 기반해 과금하는 것은 대표적인 비즈니스 모델의 혁신이라 할 수 있다.

공급업체와의 협업은 민첩한 비즈니스의 실현을 위한 핵심이다. 고객에게 제공되는 가치는 한 기업의 역량이 아니라 같은 생태계에 소속된 여러 기업이 창출하는 역량이 더해져 만들어지고 있다. 더 나은 고객 가치창출을 위해 반드시 필요한 공급업체와는 전략적 협업이 필요하며 역량을 갖춘 공급업체를 발굴하기 위한 노력을 계속 기울여야 한다. 또 한편 기업 지출의 대부분을 차지하는 구매 분야에서의 비용절감과 투명성 확보가 필요하다. 과거와 같은 방법으로는 전 세계 각국에서 활약하는 뛰어난 파트너를 찾을 수 없고 구매가 최적으로 이루어지는지에 대한 모니터링과 평가도 힘들다. 기업과 기업 간의 거래이고 역량 있는 파트너를 찾기 위한 과정이기 때문에 디지털 비즈니스 실행을 위해 꼭 고려돼야 하는 영역이며 기술적으로는 클라우드 서비스의 활용이 반드시 필요하다.

디지털 트랜스포메이션을 통해 가치를 창출하기 위해선 기술도 중요하고 자원도 필요하지만 무엇보다도 실행에 옮길 인재가 있어야 한다. 디지털 경제하에서 기업의 민첩성이 더 중요해지는 것처럼 과거와 같은 획일적 채용, 교육, 평가, 보상을 통해서는 적기 적소에 적합한 인재를 운영하기 어렵다. 한 명 한 명의 인재에 맞춰 채용, 교육, 목표 설정, 경력 개발, 보상 등이 맞춤형으로 이루어질 수 있도록 패러다임의 변화가 필요하다. 대다수의 나라에서 기업의 요구와 개인의 요구에 의해 전문 스킬을 갖춘 비정규직의 비중이 늘어나고 있다. 비정규직 직원의 활용도 과거의 방식에서 벗어나 채용, 과업 정의, 성과 관리, 지불에 이르는 과정을 혁신해야 한다. 특히 우리나라는 대기업 중심의 경제하에서 우리나라 고유의 인사관리 체계를 고수해왔다. 몇십 년 동안 우리 기업의 글로벌 진출과 운영은 폭발적으로 늘어났으며 해외인력의 채용도 늘어남에 따라 인사관리 시스템도 뉴밀레니얼 세대에 글로벌 인재들을 수용할 수 있는 형태로 혁신이 요구된다.

빅데이터와 사물인터넷의 중요성은 이미 앞서 많이 설명한 바 있다. 특히나 제조업의 경우 생산공정, 물류, 제품의 사용 단계 등 가치사슬 전 단계에서 발생하는 센서 데이터, 소셜 미디어 데이터, 비즈니스 데이터를 결합 분석해 제품 설계, 생산성, 품질을 개선하는 능력이 필요하다. 즉 데이터에서 인사이트를 추출하고 실행에 옮길 수 있는 민첩성과 역량이 필요하다. 인적 측면에서는 데이터를 돈으로 바꾸어낼 수 있는 분석능력을 갖춘 인재, 즉 데이터 사이언티스트Data Scientist에 대한 투자가 필요하다. 데이터 사이언티스트는 핵심 역량 유지와 강화를 위해서라도 외부업체에서 아웃소싱하지 말고 내부적으로 확보하고 육성해야 한다. 기술적 측면에서 최근 발표된 SAP의 사물인터넷 포트폴리오인 레오나르도Leonardo를 간략히 소개하고자 한다. 사물인터넷은 급속히 발전 확장되고 있다.

기업의 비즈니스 혁신과 비즈니스 모델 혁신도 사물인터넷에 의존하고 있다.

레오나르도는 2017년 현재 SAP가 바라보는 사물인터넷 세상에 대한 관점을 담고 있다. 첫째, 사물의 관점에서 사물, 플랫폼, 그리고 비즈니스 앱이 어떻게 연결되는지. 둘째, 비즈니스 프로세스의 관점에서 비즈니스 프로세스가 어떤 사물과 연결되는지. 셋째, 기술의 관점에서 SAP 하나와 사물인터넷 플랫폼에서 어떻게 사물과 비즈니스 프로세스로 연결되는지가 드러나 있다. 레오나르도는 커넥티드 제품, 커넥티드 자산, 커넥티드 물류, 커넥티드 인프라, 커넥티드 마켓, 커넥티드 피플이라는 여섯 개의 사물 관점을 담고 있으며 비즈니스 플래닝, 대응과 공급Response & Supply, 물류관리, 제품 혁신, 제조업, 오퍼레이션 등 여섯 개의 프로세스 관점을 반영하고 있다. 참고로 기업은 커넥티드 앱을 통해 각 사물 영역별로 SAP가 제공하는 사물인터넷 앱을 확인할 수 있다.

마지막으로 디지털 비즈니스 프레임워크의 가운데에 놓여 있는 디지털 코어에 대해 설명하고자 한다. 어떤 유형의 기업이라 할지라도 공통적인 핵심 업무의 본질에는 차이가 없다. 예를 들어 연구 개발, 구매, 제조, 주문관리, 재무 등이 그 예이다. 외부 환경의 변화에 대응해 민첩한 프로세스와 IT 시스템의 구현이 필요하다. 반면 많은 대기업이 복잡성과 싸우느라 혁신을 할 여유가 없을 정도이다. 예를 들어 기업 내의 IT 시스템을 살펴보자. 전사적 자원관리ERP 시스템을 도입했지만 기업의 독특한 프로세스와 룰을 강조하면서 어마어마한 양의 프로그램을 개발했고 프로그램에 대한 유지보수는 철저히 개발자에 종속적인 상태에 머물러 있다. 전사적 자원관리ERP 시

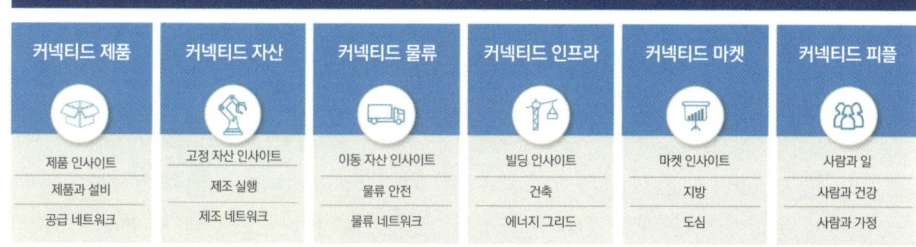

스템 주위에는 수많은 인하우스 시스템들이 있으며 각 시스템 간의 인터페이스는 악몽에 가깝다. 보고서와 의사결정에 인용되는 데이터는 부서별로 다르다. 경영자의 관점에서 기업 전체의 관점에서 데이터를 추출하려면 적게는 하루에서 며칠 이상이 걸리기 일쑤이다. 고객은 실시간 반응을 요구하지만 정작 복잡하고 느린 기간 계 시스템이 걸림돌이 되고는 한다. 외부 고객뿐만 아니라 뉴밀레니얼 세대의 IT 시스템에 대한 눈높이는 상당수준 올라가 있다. 기업 외부에서는 좋은 사용자경험UX, User Experience 시스템을 접하다가 기업의 업무 환경에 돌아와서는 생산성이 떨어지는 IT 환경에 놓이는 것이 현실이다. 디지털 코어 영역도 디지털 비즈니스 전략의 실행에서

2장 미래에 먼저 도착한 기업들 111

혁신의 검토가 반드시 필요하다.

대다수의 오피니언 리더들은 디지털 경제에 대한 대응의 중요성을 심각하게 경고하고 있다. 예를 들어 "디지털하지 않으면 집에 가야 한다Go Digital or Go Home" "파괴하지 않으면 파괴된다Disrupt or Be Disrupted"와 같이 경고하고 있다. 서두에서 화두를 던진 바와 같이 우리나라의 제조업체가 디지털 트랜스포메이션을 통해 당면한 위기를 극복하고 성장 엔진을 재점화하기를 응원하며 힘을 함께하겠다는 약속을 하며 마친다.

Industrie 4.0

3
서로 연결하고 협력해 완성한다

보쉬 그룹은 2011년 독일 정부가 하이테크전략HTS 2020 실행 계획의 하나로 추진한 인더스트리 4.0 추진 전략 작업반 프로젝트에 산업재 부문 리더인 S. 다이스Dais를 리더로 참여시킨 이래 선도기업으로 역할을 하고 있다. 기존의 자동차 부품이나 스마트 센서 생산에 인더스트리 4.0을 단순히 적용하는 데 그치지 않고 그룹의 미래를 보장하는 핵심전략으로써 전 그룹의 역량을 집중하고 있다.

사물인터넷에는 세 가지 핵심요소가 있다. 첫째, 주위 환경으로부터 정보를 수집하는 센서. 둘째, 데이터로부터 새로운 의미를 도출하는 소프트웨어. 셋째, 새로운 비즈니스 모델 창출로 소비자 혜택을 높이는 서비스를 모두 갖춘 글로벌 기업으로 진화하고 있다. 또한 사물인터넷을 통해 모빌리티, 에너지와 빌딩, 스마트 홈, 그리고 인더스트리 4.0에 이르는 전 사업영역에서 스스로의 미래를 개척하고 글로벌 사물인터넷 생태계를 선도하고 있다. 보쉬가 보는 인더스트리 4.0에 대한 관점을 정리하면 다음과 같다.

- 인더스트리 4.0은 그룹의 미래 핵심역량을 강화하는 중심 개념이다.
- 인더스트리 4.0은 먼 미래의 목표가 아니고 지금 실행해야 할 과제이다.
- 보쉬는 대내외 경쟁력을 동시에 높이는 인더스트리 4.0 양면 전략을 실행하고 있다.
- 인더스트리 4.0은 비용 절감, 품질 안정, 유연성 향상뿐 아니라 새로운 비즈니스 모델을 통해 고객의 가치를 높인다.
- 인더스트리 4.0의 핵심 개념은 인간이고 그 실행 방법은 파트너십이다.

더욱 많은 사람과 사물이 인터넷을 통해 연결되고 있다. 예를 들어 컴퓨터와 스마트폰, 자동차와 가전제품, 산업용 기계와 물류이동 장치, 제조 공정 제품이나 운송상자까지 다양한 장비들이 인터넷을 통해 연결되고 있다. 사물에 인터넷을 연결해주는 기술은 장비가 서로 정보를 교환할 수 있게 하고 각각의 장비들에 고유 IP 주소를 부여해 상호 간의 식별을 가능하게 했다. 이러한 추세는 일상생활, 상호 작용방식, 제품 제조 및 유통 방식에 엄청난 영향을 미친다.

프레임워크가 바뀌고 있다. 과거의 솔루션은 현재 비즈니스 환경의 새로운 문제를 해결하지 못한다. 오늘날의 비즈니스 환경은 불안정한 시장, 고객의 개별적 요구 사항, 단축된 납품 기간 및 제품

수명주기, 24시간 연중무휴의 글로벌 서비스 제공, 새로운 형태의 사회적 상호 작용 및 산업 영역 간 제휴를 요구하고 있다. 보쉬는 이미 IT 중심의 파괴적 비즈니스 모델 혁신에 주목하고 있다. 이러한 변화는 기존의 가치창출 방식에 대한 강한 도전인 동시에 생산성, 유연성, 품질을 새롭게 향상시키는 기회이기도 하다.

현재 4차 산업혁명은 주로 스마트폰, 태블릿, 고성능 컴퓨터, 대용량 메모리, 센서, 무선자동 정보인식장치RFID 기술 그리고 무선 연결과 같은 하드웨어를 중심으로 발전해오고 있다. 센서, 로봇, 초소형전자기술 그리고 데이터 처리 분야에서 발전이 이루어졌고 최근 몇 년간 와이파이, 고속 데이터베이스, 센서, 무선자동 정보인식장치 RFID 태그 혹은 클라우드 컴퓨팅 기술들은 상대적으로 저렴해지고 있다. 기본적으로 모든 사람이 사용할 수 있게 된 것이다. 이런 보편성 때문에 기술만으론 경쟁 우위를 점하기 어렵다고 할 수 있다. 기계, 가공제품, 데이터베이스 그리고 센서들이 인터넷을 통해 실시간으로 대량의 데이터를 교환하는 것이야말로 새로운 차원의 혁신이다. 현재의 발전 수준은 불과 얼마 전까지는 상상하기 어려울 정도의 것이었다. 이제 기술은 거의 성숙 단계에 접어들었고 수많은 새로운 제품들과 서비스들이 출시되고 있다.

물론 이러한 기술의 발전과 이용은 필수적이지만 4차 산업혁명의 진정한 핵심은 새로운 비즈니스 모델과 새로운 시장의 창출에 있다. 새로운 비즈니스 모델과 새로운 시장의 창출이야말로 진정한 4차 산업 혁명이 시작되는 지점이다.

인더스트리 4.0은 먼 미래가 아닌 현재 진행형인 실행의 문제

사물인터넷은 이미 현실이다. 인더스트리 4.0은 보쉬의 비즈니스 활동의 원동력이자 목표이다. 보쉬는 '물리세계'와 '가상세계' 모두에 폭넓은 전문 지식을 지니고 있으며 인더스트리 4.0의 선도적 사용자인 동시에 선도적 공급자이다. 보쉬는 현재 그룹 대내외적으로 '커넥티드 인더스트리' 활동에 집중하고 있다. 전 세계에 있는 250여 개 공장의 제조 활동에서 나오는 폭넓은 경험과 전문지식을 통해 생산 물류 활동에서 커넥티드 솔루션을 실현하고 운영하는 수많은 전문가를 양성하고 있다.

보쉬는 인더스트리 4.0이 전세계 시장에서 보쉬의 성공을 보장하고 수익성과 성장을 견인하는 필수적인 주요 동력이라고 본다. 보쉬에게 4차 산업혁명은 미래 목표 혹은 기술 문제가 아닌 현재 진행형인 '실행'의 문제이다. 인더스트리 4.0을 모든 측면에서 높은 기술 수준의 자동화가 이루어진 이상적인 목표 상태로 보지 않고 사물과 인간이 데이터로 연결돼 부가가치를 창출해 나가는 개별 솔루션의 진화 발전과정으로 본다.

예를 들어 보쉬는 넥소Nexo 시스템 같은 단순한 솔루션도 이미 본격적인 인더스트리 4.0 솔루션으로 본다. 넥소 시스템은 제조 현장에서 많이 사용되는 나사 조임 공정에 센서와 소프트웨어를 활용해 인더스트리 4.0 개념을 적용한 것이다. 조임 공구에 센서와 무선 통신 모듈을 부착하고 공정품질관리자PQM라는 전용 소프트웨어를 개발해 개별 조임 작업에 대한 회전력과 회전수 값을 가상공간에서

(출처: Robert Bosch GmbH, 2016)

실시간으로 기록, 판단, 관리하는 시스템을 구축했다. 나사 조임 공정의 핵심 관리 지표인 회전력과 회전수 값이 실시간으로 가상공간에 기록되고 허용 편차를 시각화해 다운타임을 줄이고 품질관리 수준을 최적화시킨다. 또한 사후의 제품 품질 추적관리와 공급 혹은 고객업체와의 정보 공유를 통해 높은 수준의 품질관리를 가능하게 한다. 이는 비교적 단순한 센서 및 소프트웨어 기술을 통해 특정 제조공정 범위 내에서 높은 수준의 연결성을 실현시킨 좋은 예라고 말할 수 있다. 또한 고도의 자동화 라인이 아닌 반자동 혹은 수동 조립라인에서도 인더스트리 4.0 솔루션을 적용시킬 수 있다는 점도 보여준다.

보쉬의 양면전략: 선도적 공급자이자 선도적 사용자

보쉬는 대외 전략과 그룹 내부전략을 동시에 추진하는 양면전략 Dual Strategy을 채택하고 있다. 보쉬는 자체 제조 활동에서 얻은 전문성과 산업용 솔루션 제공기업으로서 가진 핵심 역량을 결합해 새로운 차원의 인더스트리 4.0을 구축하고 있다. 보쉬는 인더스트리 4.0의 선도적 공급자로서 산업용 솔루션을 제공하는 많은 사업부와 자회사를 자체 보유하고 있다.

- 보쉬 렉스로스: 인터넷 및 IT 사용이 가능한 제어장치와 네트워크 지원 가능한 자동화 부품을 제공한다.
- 보쉬 패키징 기술 사업부: 식품 및 의약품 산업을 위한 포장기계 솔루션을 생산하고 있다.
- 보쉬 특수기계 사업부: 생산의 투명성과 효율성을 높이기 위한 지능형 IT 솔루션을 제공한다. 또한 자체 네트워크를 통해 민첩하고 유연하게 다른 기계 혹은 작업자와 협업할 수 있는 자율 산업용 모바일 로봇 제품군APAS을 갖추고 있다.
- 보쉬 소프트웨어 이노베이션: 전 세계 보쉬 제조 환경에서 사물인터넷 실현을 가능케 한 산업용 소프트웨어를 제공한다.
- 보쉬 커넥티드 디바이스 솔루션: 지능형 커넥티드 센서 장치는 물론 상태 모니터링 및 예측 유지 보수를 위한 완벽한 통합 솔루션을 제공한다.
- 보쉬 에너지 및 빌딩 솔루션: 에너지 소비 및 탄소 배출량을 줄이는 통합 솔루션을 제공하고 있다.

또한 보쉬는 전세계적으로 250여 개 이상의 전문 제조 공장을 보유한 인더스트리 4.0 선도적 사용자로서 세계 각지의 수많은 자체 공장을 최적화하고 글로벌 네트워크화하고 있다. 관련 파트너 회사와의 협력을 통한 가치창출 네트워크 구축으로 진정한 의미의 인더스트리 4.0을 실현시키고자 적극적으로 노력하고 있다.

 선도적 공급자 및 사용자로서 역량 강화를 다양한 차원에서 추진하고 동시에 그 결과물을 통합, 확산, 발전시키는 양면전략의 우수성은 보쉬의 활동과 성과를 통해 검증되고 있다.

선도적 사용자로서 3단계 전략

 보쉬는 인더스트리 4.0 선도적 사용자로서 3단계 발전 전략을 실행하고 있다. 1단계는 생산에 필요한 에너지와 시간을 절약하고 품질을 향상시키는 개별 i4.0 솔루션들을 파일럿 프로젝트로 실험한

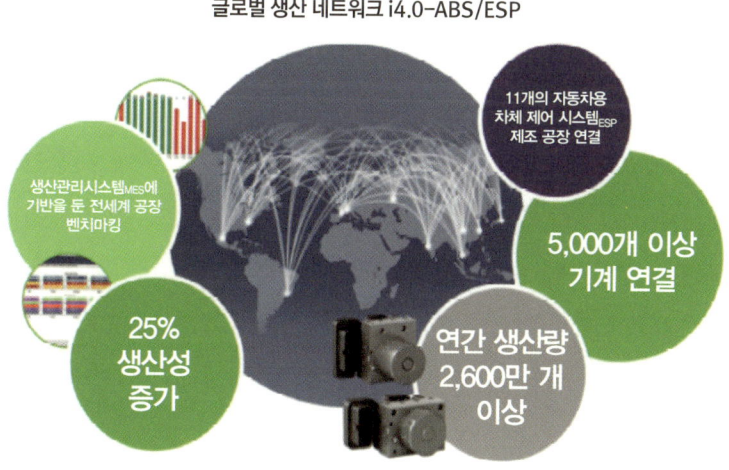

글로벌 생산 네트워크 i4.0-ABS/ESP

(출처: Robert Bosch GmbH, 2016)

다. 2단계는 여러 개의 개별 인더스트리 4.0 솔루션을 결합해 통합된 가치 흐름을 창출한다. 3단계는 여러 지역과 국가의 인더스트리 4.0 공장을 통합해 글로벌 생산 네트워크IPN를 구축한다.

더 많은 공장이 연결될수록 인더스트리 4.0의 전반적인 이익이 높아지기 때문에 보쉬는 네트워크를 통해 통합된 글로벌 생산 네트워크를 만들기 위해 노력한다. 글로벌 생산 네트워크의 예로는 자동차용 차체 제어 시스템ESP, Electronic Stability Program 제조 공장이 있다. 이미 여러 국가에 있는 11개의 자동차용 차체 제어 시스템 제조 공장을 연결해 글로벌 생산 네트워크를 구현했다. 이 과정을 통해 5,000대 이상의 기계가 연결됐고 생산성은 25% 증가했다.

통합 소프트웨어 플랫폼 및 클라우드 전략

보쉬는 클라우드 기반의 통합 소프트웨어 플랫폼인 보쉬 사물인터넷 스위트IoT suite를 사용해 보쉬와 고객의 모든 사물인터넷 및 인더스트리 4.0 솔루션을 통합적으로 연결시키는 전략을 채택하고 있다. 이 패키지를 통해 클라우드의 포괄적인 도구상자를 플랫폼형 서비스PaaS로 제공함으로써 인더스트리 4.0을 보쉬 내부뿐 아니라 광범위한 사물인터넷 생태계에서 구현할 수 있게 됐다. 사물인터넷 응용프로그램 개발자는 높은 적용성의 개별 소프트웨어 서비스를 통해 일일 작업을 더 쉽게 수행할 수 있으며 인터넷의 응용 프로그램을 신속하게 개발할 수 있다. 이 서비스는 장치, 사용자, 회사를 연결하는 데 필요한 모든 기능을 제공한다. 다음은 현재 제공되는 기능의 예시이다.

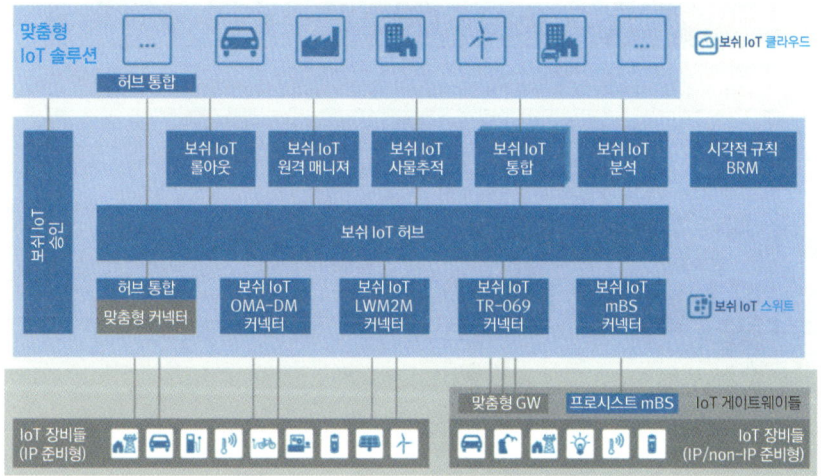
(출처: Bosch IoT Suite Brochure)

- 장치, 기계, 게이트웨이를 안정적으로 관리
- 접근 보안 관리 서비스 제공
- 소프트웨어 롤아웃 프로세스 실행
- 타사 시스템 및 서비스 연결
- 데이터 분석

보쉬는 초기 서비스 세트를 점진적으로 확장할 계획이다. 제공되는 서비스는 사물인터넷 시나리오에서 사용하기 위해 맞춤 제작됐다. 보쉬는 보쉬 사물인터넷 스위트로 오픈 소스 기술과 개방형 표준을 활용해 사물인터넷 시장을 위한 개방형 플랫폼을 구축하고 있다.

2016년 보쉬와 SAP는 사물인터넷 및 인더스트리 4.0과 관련된 전략적 협력 관계를 맺었다. 보쉬 사물인터넷 스위트를 통해 제공

보쉬와 SAP의 협력

2016년 보쉬와 SAP는 사물인터넷 및 인더스트리 4.0과 관련된 전략적 협력 관계를 맺었다. 보쉬 사물인터넷 스위트를 통해 제공된 데이터를 SAP 하나 클라우드 플랫폼에 보냄으로써 대용량 데이터의 실시간 교류와 처리가 가능해졌다.

된 데이터를 SAP 하나 클라우드 플랫폼에 보냄으로써 대용량 데이터의 실시간 교류와 처리가 가능해졌다. 따라서 보쉬 사물인터넷 서비스는 SAP 하나 클라우드 플랫폼과 연계돼 각각의 기계 및 부품과 연결될 것이다. 이로써 자동차, 제조 공장, 그리고 기계 간의 연결성과 추적성이 증대됐고 철저한 정보 보안 또한 가능해졌다.

보쉬의 정량 목표: 10억 유로 절감, 10억 유로 매출 달성

아래 그래프는 인더스트리 4.0을 통한 잠김 방지 브레이크 시스템 ABS, Anti-lock Braking System과 자동차용 차체 제어 시스템 공장의 생산성 증대를 보여주고 있다. 2013년부터 2014년까지 자동화 라인에서는 23% 그리고 반자동 라인에서는 24%의 증가율을 보였다. 보쉬는 이러한 긍정적 성과의 경험을 가지고 인더스트리 4.0 적

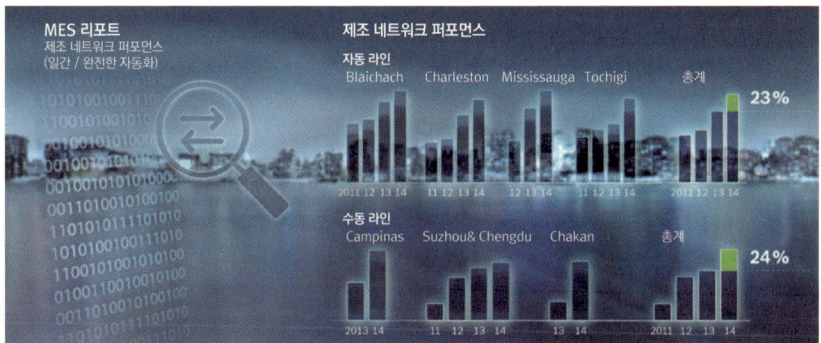

(출처: Robert Bosch GmbH, 2016)

용에서 세계적인 선도적 사용자가 됐다. 그룹 내부의 생산 및 제조 과정에서 2020년까지 10억 유로를 절감하는 목표를 가지고 있다. 동시에 보쉬는 커넥티드 인더스트리 분야에서 전세계의 고객들에게 하드웨어, 소프트웨어 및 새로운 서비스를 제공해 2020년까지 대외적으로 10억 유로의 매출을 올리려 한다. 이 두 가지 정량 목표를 통해 보쉬는 전체 가치 사슬과 다양한 영역에서 강력한 선두 주자의 지위를 유지 및 발전시키고자 한다.

인더스트리 4.0 선두주자로서 보쉬의 성과

보쉬는 인더스트리 4.0의 선두주자로서 명성을 가지고 있다. 보쉬는 처음부터 인더스트리 4.0이 단순한 신제품 전략 혹은 제품개선 전략이 아니라는 점을 명확히 인지했다. 따라서 초기 단계에서부터 그룹 내부와 대외 전략을 동시에 추진하는 양면전략을 채택했고 그룹 내 모든 제품 사업부를 포괄하는 커넥티드 인더스트리 혁

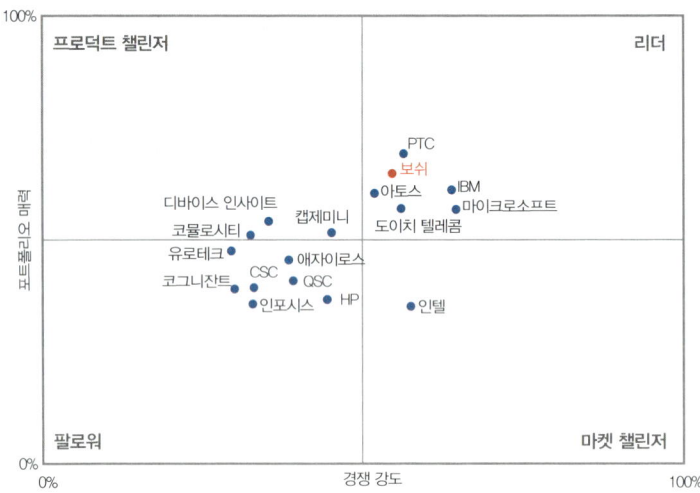
(출처: Industrie 4.0 – Volks – und betriebswirtschaftliche für den Deutschland, 2014)

신 클러스터를 설립해 추진했다.

첫 성공은 보쉬 자동화 기기 사업부인 보쉬 렉스로스의 소프트웨어 솔루션인 오픈 코어 엔지니어링이 2013년 헤르메스 상을 받은 것이다. 또한 동 사업부의 다품종 소량생산 물류 솔루션인 멀티 프로덕트 라인이 2014년 독일 자동차 산업협회VDA의 물류부문상을 수상하고 보쉬의 블라이햐흐 공장이 2015년 독일 제조분야 전문잡지 『프로둑치온』 주관 인더스트리 4.0 대상을 받은 것도 성공사례라고 할 수 있다.

독일의 IT 기업 컨설팅 그룹인 엑스퍼트는「I4.0 / 사물인터넷 벤더 벤치마크 2016-독일」이라는 제목의 최근 연구에서 보쉬 사물인터넷 스위트를 '선도적'이라고 평가했다. 이 연구는 보쉬의 제품과 서비스들이 매우 매력적이며 보쉬 소프트웨어 이노베이션은 특히 강력한 시장 지위와 경쟁력을 갖추고 있다고 평가했다.

독일 홈부르크 공장

I4.0 어워드를 수상한 홈부르크Homburg 공장의 멀티 프로덕트 라인은 보쉬가 네트워크를 통해 미래에 어떻게 단계별 접근하는지를 보여주는 훌륭한 예시다. 보쉬는 홈부르크 공장에서 2,000가지가 넘는 다양한 구성 요소로부터 약 300여 종류의 유압 블록을 생산한다. 이 공장에서는 다품종 소량 생산을 하기 때문에 지속적으로 새로운 종류의 유압 블록 제조가 요구된다. 또한 동시에 어떤 종류들은 사라지기 때문에 멀티 프로덕트 라인과 같이 유연한 설비 시스템이 필요하다.

홈부르크 공장에 설치된 9개의 자율 및 지능형 스테이션은 무선 자동 정보인식장치RFID 무선 기술을 통해 작업 대상을 인식하고 특정 제품과 관련된 작업 계획을 서버로부터 받는다. 각 스테이션의 디스플레이는 제품 구성 요소에 대한 작업 지침을 직원의 지식 상태에 맞추어 조정한 다음 조립 단계를 3D 애니메이션으로 보여준다. 예를 들어 어떤 나사를 삽입해야 하는지, 어떤 밀봉 링Seal Rings을 사용해야 하는지 등을 보여주는 것이다. 그 결과로 테스트용 조립 라인은 이전보다 재고를 최대 30% 줄였으며 생산성은 10% 증가했다. 또한 언제든지 생산 공정에 새로운 변수를 추가할 수 있다. 이 공장의 목표는 생산 주문을 라인으로 직접 전송하고 자동적으로 생산 프로세스에 포함시키는 것이다.

이미 홈부르크 공장에는 보쉬의 다양한 시스템이 통합됨과 함께 인더스트리 4.0의 요소가 충분히 적용되고 있다. 또한 다품종 소량 생산에 맞는 유연한 대처를 통해 그 시스템의 효과를 입증하고 있

제조 공장 속 i4.0 - 홈부르크 공장

홈부르크 공장에 설치된 9개의 자율 및 지능형 스테이션은 무선자동 정보인식장치RFID 무선 기술을 통해 작업 대상을 인식하고 특정 제품과 관련된 작업 계획을 서버로부터 받는다. 각 스테이션의 디스플레이는 제품 구성 요소에 대한 작업 지침을 직원의 지식 상태에 맞추어 조정한 다음 조립 단계를 3D 애니메이션으로 보여준다. 예를 들어 어떤 나사를 삽입해야 하는지, 어떤 밀봉 링Seal Rings을 사용해야 하는지 등을 보여주는 것이다. 그 결과로 테스트용 조립 라인은 이전보다 재고를 최대 30% 줄였으며 생산성은 10% 증가했다. (출처: Robert Bosch GmbH, 2016)

다. 현재 이 멀티 프로덕트 라인은 전 세계적으로 가장 현대적인 설비 중 하나이며 실험 단계를 넘어 생산적으로 활용되고 있다.

독일 블라이햐흐 공장

독일 바이에른 주에 위치한 블라이햐흐Blaichach 공장은 전체적으로 인더스트리 4.0의 요소를 적용시키고 있다. 이 공장의 전반적 목표는 공장 내 모든 관련 분야에서 인더스트리 4.0 기술을 활용해 제조 효율성을 높이는 것이다. 아래는 분야별 적용 방법에 대한 사례이다.

첫째, 공장. 공장을 최적화시키기 위해 에너지 관리 시스템을 중앙 제어 기술로 구현해 압축공기 비용을 40% 절감했다. 또한 자체

블라이햐흐 공장

독일 바이에른 주에 위치한 블라이햐흐Blaichach 공장은 전체적으로 인더스트리 4.0의 요소를 적용시키고 있다. 이 공장의 전반적 목표는 공장 내 모든 관련 분야에서 인더스트리 4.0 기술을 활용해 제조 효율성을 높이는 것이다.

수력 발전소가 생산관리시스템MES에 통합될 것이고 효율성을 높이기 위해 일기 예보와 연결될 예정이다.

둘째, 제품. 블라이햐흐 공장에서 생산되는 주요 제품 중 하나인 아이부스터iBooster는 주행 중 운전패턴 데이터와 사용자 정보를 보쉬에 다시 보낸다. 주어진 데이터의 분석을 통해 보쉬는 사용자 맞춤형 소프트웨어 개발 및 업데이트를 할 수 있다. 이는 아이부스터를 통해 다시 사용자에게 제공된다. 이러한 방식으로 인더스트리 4.0은 가속화된 제품 개발을 실현시킨다.

셋째, 재료. 무선자동 정보인식장치RFID 기술을 통해 추적 가능하고 투명한 자재의 흐름을 보장한다.

넷째, 생산. 생산 과정에도 역시 인더스트리 4.0 기술이 지원된다. 실시간 데이터의 도움으로 오류를 감지하고 필요할 경우 자동적으로 알람을 보내준다. 또한 전문가 원격 유지 보수로 직접 문제를 분석하는 서비스 지원 시스템을 통해 문제를 해결할 수 있다.

다섯째, 작업자. 블라이햐흐 공장은 맞춤형 공장 정보공유 시스템을 구현한다. 개인화된 대시 보드를 통해 실시간으로 관련 핵심 성과지표KPI를 평가받는다. 또한 직원들의 우수한 역량개발을 위해 전문 교육과 특화된 개인 개발 프로그램을 제공한다.

인더스트리 4.0 관련 활동

보쉬는 4차 산업혁명 관련 주요 협회에 모두 참여하고 있다. 예를 들어 2013년부터 독일의 제조 산업, 공장 건설, 그리고 IT 산업 분야 주요 기업과 협회가 참여하는 인더스트리 4.0 플랫폼PI 4.0과 미국의 산업인터넷 컨소시엄IIC에 참여하고 있다. 인더스트리 4.0 플랫폼은 독일 정부의 첨단 기술 전략의 일환이다. 이 플랫폼의 목적은 제품과 기계를 더 높은 수준으로 연결하고 독일 제조 기업들의 생산성을 증대시키며 경쟁력을 증대시키는 데 있다.

산업인터넷 컨소시엄은 공업 생산 기계와 공장 건설을 넘어 사물인터넷과 서비스까지 훨씬 폭넓은 접근법을 취하고 있다. 보쉬는 인더스트리 4.0의 주요 주제인 커넥티드 인더스트리 분야뿐만 아니라 커넥티드 모빌리티, 커넥티드 홈, 그리고 커넥티드 에너지 분야에서도 활동하고 있다. 따라서 2014년 이후로 보쉬의 소프트웨어 및 시스템 솔루션 자회사인 보쉬 소프트웨어 이노베이션도 활발한 활동을 하고 있다. 인더스트리 4.0 플랫폼과 산업인터넷 컨소시엄 둘 다 데이터 보안이나 개방형 표준과 같은 비슷한 주제를 다루고 있다.

또한 보쉬는 랩스 네트워크 인더스트리 4.0LNI4.0에 가입했다. 이 네트워크는 독일의 3개 산업연합회인 독일연방정보통신뉴미디어협회BITKOM, 독일기계설비산업협회VDMA, 독일전자산업협회ZVEI에

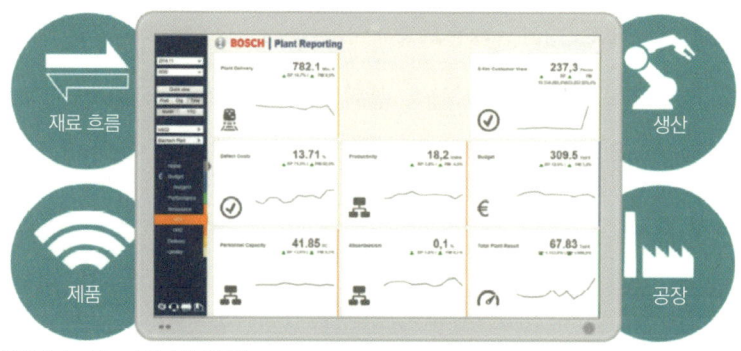

공장 전체에 활용되는 i4.0: 블라이햐흐 공장 사례

(출처: Robert Bosch GmbH, 2016)

의해 시작됐다. 랩스 네트워크 인더스트리 4.0의 목표는 인더스트리 4.0 기술을 독일 중소기업 산업에 널리 보급되도록 하는 것이다. 이 활동의 하나로 중소기업용 생산 실적 관리 프로토콜PPPM 개발 프로젝트가 보쉬 독일 홈부르크 공장에서 진행되고 있다.

사물인터넷과 관련된 활동의 하나로 보쉬는 IBM 소속 이클립스 재단의 전략적 멤버로서 사물인터넷에 대한 오픈 소스 이니셔티브에 참여하고 있다. 최근에 시작된 프로젝트 이클립스 호노Eclipse Hono는 다수의 사물인터넷 기계를 백엔드Back-end에 연결하기 위해 균일한 서비스 인터페이스 제공을 추진하고 있다. 명령 및 제어 메시지 교환 패턴 확장은 물론 안전한 데이터 처리를 지원하며, 장치 ID 및 액세스 제어 규칙을 설정하고 관리하기 위한 인터페이스를 제공한다.

인더스트리 4.0의 7가지 특징

보쉬가 보는 인더스트리 4.0의 7가지 특징은 다음과 같다.

첫째, 분산지능. 분산지능과 통합 소프트웨어를 갖춘 현장 레벨의 부품과 시스템은 상위 시스템의 사양에 따라 독립적으로 작업을 수행한다. 분산지능을 통해 상위 시스템의 부담을 줄여주며 자율적으로 의사결정을 내린다. 이는 변화하는 조건에 유연하게 적응할 수 있는 모듈 개념의 기계 및 설비가 필요로 하는 기본 요구사항이다.

분산지능은 자기 조직화를 가능케 해 생산 시스템의 유연성을 증가시키고 생산 사양의 변경 자동화를 가능하게 한다. 이와 동시에 복잡성을 줄이고 작업자가 새로운 요구사항에 맞게 시스템을 조작하고 운영하는 것을 더욱 쉽게 도와준다.

둘째, 안전과 보안. 인더스드리 4.0은 기계 관련 위험으로부터 사람을 보호하는 '안전'과 생산 설비 및 기업 정보를 주변 환경으로부터의 공격과 결함으로부터 보호하는 '보안'을 주요 특징으로 한다. 후자는 민감한 데이터를 보호하고, 오작동을 예방하는 것 또한 포함한다. 안전과 보안은 현대의 빠르게 변화하는 상황들과 위협으로부터 대처하기 위한 필수적인 프로세스이다. 가치창출 네트워크의 모든 파트너들은 공동 네트워크의 보안을 지키기 위해 동일한 표준과 프로세스를 적용해야 하며 보쉬는 이러한 표준화 논의에 주요 멤버로 참여 활동하고 있다. 이러한 활동의 결과물은 보쉬가 제공하는 모든 부품, 시스템 그리고 솔루션에 구현된다.

셋째, 빠른 통합과 유연한 구성. 빠른 통합과 유연한 구성은 인더스트리 4.0의 적용성을 높여준다. 소프트웨어 도구는 모든 부품, 모듈 및 기계의 진단 및 유지 보수뿐만 아니라 시운전, 통합, 구성 및 재구성을 단순화한다. 제조 장비들은 변화무쌍한 요구사항에 빠르

보쉬가 정의한 인더스트리 4.0의 7가지 특징

게 대처할 수 있으며 추가 모듈로 확장할 수 있다. 운영자는 프로그램 가능 논리 제어 장치PLC에 관한 전문 지식 없이 스마트 장치를 통해 간단히 제조 라인을 자동 전환시킬 수 있다. 보쉬 소프트웨어 솔루션은 전사적 자원관리ERP시스템과 실제 기계 사이의 정보 교환을 관리한다.

넷째, 개방형 표준. 인더스트리 4.0은 독점 시스템의 종말을 의미한다. 제조업체 간의 확장된 플랫폼은 수평 및 수직 통합의 기반을 형성해 가치창출 네트워크 속 원활한 정보 교환을 가능하게 한다. 보쉬는 현장 수준뿐만 아니라 소프트웨어 수준에서도 개방형 표준을 지원하고 있다. 이는 시스템, 기계, 그리고 부품을 이종 시스템 환경에 쉽게 통합시키고 각 회사의 경계를 넘어선 가치창출 네트워크를 발전시킬 수 있게 한다.

다섯째, 실시간 가상 모델. 모든 제품과 부품들은 다양한 소프트웨어 환경에서 실시간 가상 모델로 구현된다. 디지털 트윈Digital Twin이라고도 불리는 실시간 가상모델은 실물의 상태나 움직임과 연결돼 가상공간에서 실물을 대표하는 일련의 데이터값이다. 센서는 제품과 부품의 위치, 주변 환경의 상황, 그리고 작동 매개 변수들을 관찰한다. 실시간으로 이뤄지는 체계적 데이터 분석은 제조와 물류에 새로운 가능성을 열어준다. 실시간 가상모델을 통해 생산 현장을 떠난 이후에도 제품에 대한 관찰과 품질 유지가 가능하게 됐다. 적절한 소프트웨어를 활용해 관련 제조와 물류 데이터를 실시간으로 분석하게 되면 자원이 낭비되는 것을 막고 프로세스 안정성을 높이며 단위당 비용을 감소시킬 수 있다.

여섯째, 디지털 제품수명주기관리PLM. 제품과 관련된 모든 정보는 개발, 제조, 운영부터 서비스와 수리까지 제품 전체 수명에 걸쳐 수집되며 가상 모델 안에 저장된다. 현장 데이터에 대한 평가를 통해 제품의 설계 및 제조 프로세스를 지속적으로 최적화할 수 있도록 한다. 또한 이로부터 추출한 정보를 통해 상태 모니터링과 예측 유지보수가 가능해 실제적인 손상으로 이어지기 전에 마모 및 파손의 감지가 가능하다. 디지털 제품수명주기관리는 테스트 단계에서 가상세계를 통해 계획 및 엔지니어링 프로세스를 가속화하고 문제를 진단, 해결할 수 있게 한다. 이를 통해 결과적으로 높은 수준의 품질을 달성하고 제품 수명주기 전체를 효과적으로 관리할 수 있다.

일곱째, 인간 중심. 인더스트리 4.0에서는 항상 인간이 중심이며 인간이 핵심적 역할을 한다. 실시간 빅데이터가 책임 소재나 의사 결정에서 인간의 권한을 대체하지는 못한다. 단지 인간에게 관련 정보를 실시간으로 제공하며 프로세스를 지속적으로 향상함으로써 인간을 지원해줄 것이다. 인간의 결정권과 참여의 자유가 커짐에 따라 더 나은 정보에 입각한 의사 결정이 가능해진다. 디지털

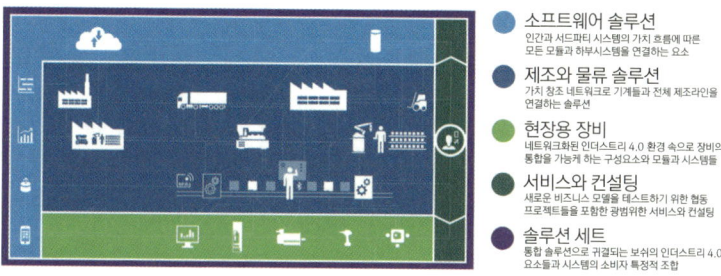

보쉬 제품 및 서비스 포트폴리오. (출처: Robert Bosch GmbH, 2016)

및 아날로그 보조 시스템은 위험하거나 어려운 작업들을 대신 수행하며 인간에게 더 나은 환경을 제공할 것이다. 사람과 기계의 협업은 더 안전하고 쉬워지겠지만, 여전히 기계는 인간을 돕는 보조 역할에 그칠 것이다. 작업장 내 인체 공학, 맞춤형 정보 보조기기, 작업 보조장비를 더 많이 사용함으로써 사람들의 건강과 편의가 보장될 것이다.

제품 및 서비스 포트폴리오

보쉬는 이미 현장 수준의 단일 센서 및 자동화 구성 요소부터 제조와 물류를 위한 하드웨어 및 소프트웨어 통합 솔루션 세트에 이르기까지 인더스트리 4.0에 대한 모든 관련된 핵심 제품군을 제품, 시스템, 소프트웨어 및 솔루션 세트 형태로 보유하고 있다. 자체 공장에서 직접 겪은 경험을 토대로 기계 제조업체, 시스템 통합 업체, 기계 사용자에 대한 컨설팅 서비스 또한 제공한다. 위 제품 및 서비스를 통해 보쉬는 기업들이 아이디어와 개념을 인더스트리 4.0 단계로 전환 발전시킬 수 있도록 지원한다. 새로운 서비스 비즈니스

보쉬 제품 및 서비스 포트폴리오. 보쉬는 초기 단계부터 사용자경험을 구체화하고 직관적인 인간-기계 인터페이스를 구현해 사용자 중심의 소프트웨어를 설계한다. 그 결과로 완전한 연결성, 완벽한 투명성, 복잡성 감소를 실현할 수 있다. (출처: Robert Bosch GmbH, 2016)

모델을 제공함으로써 관련 기계장비의 활용도도 크게 향상시킬 수 있게 됐다.

공장 수준에서 완성된 기계들과 내부 및 외부 물류를 위한 보쉬 솔루션은 수평적이면서 수직적으로 연결된다. 일상적인 제조 경험을 바탕으로 한 소프트웨어 솔루션을 통해 사용자는 관련 핵심성과지표KPI를 실시간으로 모니터링 해 생산성과 품질을 향상시킬 수 있다. 또한 즉시 설치 가능한 솔루션과 함께 서비스 및 컨설팅을 제공해 제조업 기업들이 인더스트리 4.0을 현실로 만들 수 있도록 돕는다. 보쉬의 분산지능 및 개방형 표준을 특징으로 하는 구성 요소와 솔루션은 인더스트리 4.0 생태계에 완벽하게 부합한다.

소프트웨어 솔루션

보쉬 소프트웨어 솔루션은 250개가 넘는 보쉬 공장의 일상 업무에서 개발됐다. 보쉬는 초기 단계부터 사용자경험을 구체화하고 직

APAS 보조 로봇은 자율성과 안전성을 기본 개념으로 개발됐으며 생산현장에서 다용도로 활용 가능한 자율형 모바일 로봇이다. (출처: Robert Bosch GmbH, 2016)

관적인 인간-기계 인터페이스HMI, Human-Machine Interface를 구현해 사용자 중심의 소프트웨어를 설계한다. 그 결과로 완전한 연결성, 완벽한 투명성, 복잡성 감소를 실현할 수 있다. 보쉬의 인더스트리 4.0 소프트웨어는 가치 흐름에 따라 모든 모듈 및 하위 시스템을 사용자 및 다른 시스템과 연결하고 정의된 핵심성과지표KPI를 지속적으로 향상시키는 핵심 구성요소라고 할 수 있다.

보쉬의 모든 인더스트리 4.0용 소프트웨어 솔루션은 보쉬 글로벌 생산 네트워크IPN에서 매일 그 가치를 입증하고 있다. 보쉬의 모듈식 소프트웨어 포트폴리오는 공장 전체를 온라인으로 연결한다. 또 보쉬의 소프트웨어 솔루션은 모든 관련 인물, 제품, 기계, 시스템을 수평 및 수직으로 연결한다. 또 서로 다른 공급 업체의 기계와 장비를 조정하는 모듈식의 확장형 자동화 시스템을 제공함으로써 효율적인 플랜트 엔지니어링을 가능하게 한다. 사용자들은 소프트웨어를 통해 전사적 자원관리ERP 시스템과 연계된 주문 배정, 역추적,

액티브 칵핏. 제조업을 위한 쌍방향 커뮤니케이션 플랫폼. 생산 데이터를 실시간으로 처리하고 시각화한다. 또한 기계와 공장에서 사용되는 소프트웨어 기능들로 생산 계획, 품질 데이터 관리, 이메일 전송과 같은 IT 앱과 소통한다. 이 정보들은 의사 결정 및 프로세스 최적화의 기초 역할을 한다. (출처: Robert Bosch GmbH, 2016)

품질 관리 등을 비롯해 제조, 품질, 물류와 관련된 프로세스를 효율적으로 계획하고 제어할 수 있다.

보쉬 소프트웨어 솔루션은 다양한 표준을 지원한다. 신규 및 기존 기계장비는 물론 소프트웨어 시스템을 최소한의 인터페이스 정의를 통해 일관된 네트워크 콘셉트로 쉽게 통합할 수 있다.

제조업을 위한 쌍방향 커뮤니케이션 플랫폼인 액티브 칵핏Active Cockpit은 생산 데이터를 실시간으로 처리하고 시각화한다. 액티브 칵핏은 기계와 공장에서 사용되는 소프트웨어 기능들로 생산 계획, 품질 데이터 관리, 이메일 전송과 같은 IT 앱과 소통한다. 이 정보들은 의사 결정 및 프로세스 최적화의 기초 역할을 한다.

제조 및 물류 솔루션

보쉬 인더스트리 4.0 제조 물류 통합 솔루션은 기계장치 혹은 전체 생산 라인을 가치창출 네트워크에 연결시킨다. 물론 원자재부터 각 제조 단계와 완제품과의 통합에 이르기까지 전체 물류과정의 모니터링과 공장 내외부 물류관리를 포함한다. 제조 물류 통합 솔루션은 자동화 수준, 전사적 자원관리ERP 시스템 그리고 클라우드 기반 응용 프로그램 간의 연결로 이루어져 있다.

보쉬는 전체 가치창출 프로세스를 상호 연결할 수 있도록 장비와 소프트웨어를 제공한다. IT 기술을 통해 기계장비, 조립라인 등의 하드웨어를 가상세계에서 통합함으로써 새로운 차원의 생산성 향상 방법을 제시할 수 있다. 새로운 제조 솔루션으로 개별 제품 품질 관리와 생산 유연성을 향상시켜 소규모 배치 생산도 충분히 경제성을 갖출 수 있다. 또한 물류영역에서 센서 간 네트워크를 통해 실시간으로 온도, 습도 및 진동 등 제품·부품의 물류상 관리 포인트를 완벽하게 모니터링할 수 있다. 더욱이 특정 조건과의 편차가 실시간으로 인식돼 결함이 생산 중단으로 이어지기 전에 미리 대응할 수 있다.

APAS 보조 로봇은 자율성과 안전성을 기본 개념으로 개발됐으며 생산현장에서 다용도로 활용 가능한 자율형 모바일 로봇이다.

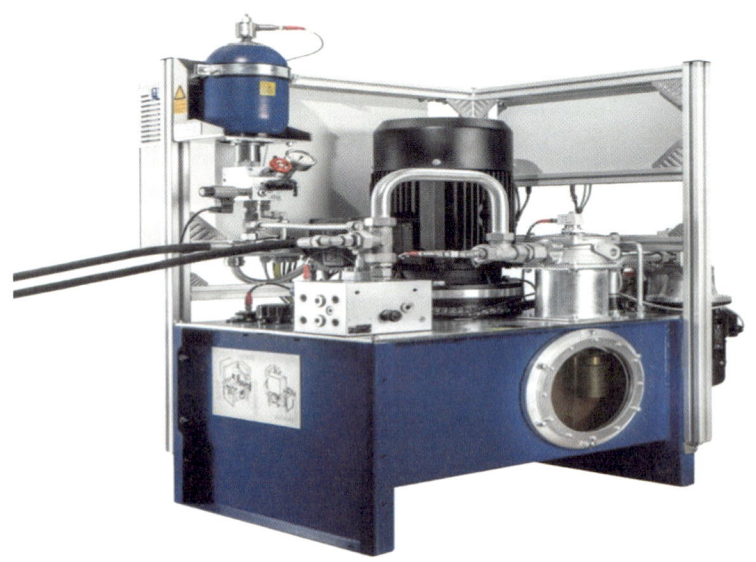

ABPAS 유압 동력 장치. (출처: 보쉬, 2016)

로봇 팔은 매우 민감한 센서 스킨으로 덮여 있어서 누군가가 접근하면 즉시 반응해 사람과 기계가 접촉하기 전에 멈추고 사람이 위험 지대 밖에 있을 땐 로봇이 최대 작동 속도로 작업한다. 또한 로봇에는 3D 카메라 시스템이 장착돼 있어 물건을 들어올리고 배치할 때 물체를 인식할 수 있으며 재배치 시 자동으로 교정이 가능하다. 작업 계획은 그래픽 및 대화 상자로 제어되는 사용자 인터페이스로 쉽게 생성할 수 있다.

현장용 장비

현장용 인더스트리 4.0 장비는 제조업체가 장비를 수직 및 수평 네트워크로 연결된 4차 산업혁명 환경에 통합할 수 있도록 사용하는 구성 요소, 모듈, 시스템 등을 말한다. 이는 장비 제조업체가 4차 산업에 대비하는 데 필요한 모든 하드웨어 및 소프트웨어 제품 그리고 모듈을 포함한다. 보쉬가 제공하는 자동화 제품의 구성 요소에는 보쉬의 다양한 센서를 기반으로 하는 전기 구동, 제어, 유압 장치, 조립 기술 등이 있다. 보쉬의 공장들에서는 이전의 기계 또는 사람에 의해 수행되던 기능들이 소프트웨어로 수행되고 있다. 예를 들어 몇 번의 마우스 클릭만으로 기계의 작업 전환을 수행할 수 있다.

현장용 인더스트리 4.0 장비는 공정 및 품질 관리를 위한 다양한 소프트웨어 기능을 포함하며 국내 및 국제 안전 규정을 준수한다. 또한 공장의 에너지 효율 향상에 기여한다. 새로운 표준형 유압 동력 장치는 분산 지능 및 선택적 센서 패키지를 통해 지속적으로 모든 작동 상태를 기록하고 마모 상태를 나타내며 개방형 인터페이스를 통해 상위 수준의 제어 장치와 통신한다.

서비스와 컨설팅

보쉬는 새로운 비즈니스 모델을 테스트하기 위해 공동 프로젝트를 비롯해 광범위한 서비스 및 컨설팅을 제공한다. 체계적인 빅데이터 분석은 제조 장비의 가용성을 높이는 새로운 예측 서비스 전략으로 이어지며 자동화 솔루션, 물류 및 제조, 소프트웨어 그리고 서비스 분야에서의 자체 경험을 활용한 컨설팅 서비스를 제공한다. 또한 보쉬는 자체 공장을 인더스트리 4.0 개념으로 개조한 경험 역시 활용하고 있다.

경험과 전문 지식은 오직 더 많은 경험과 전문 지식으로만 대체가 가능하다. 보쉬는 4차 산업혁명의 선도적인 사용자로서 배워온 것들을 공유할 준비가 돼 있다. 또한 다양한 새 비즈니스 모델을 개발해왔다. 그 예로 기존의 사후 유지 보수를 상태 모니터링과 예측 유지 보수로 대체하는 서비스를 들 수 있다. 이를 위해 센서는 운영 상태에 대해 모니터링하고 분석해 결함이 발생하기 전에 인식한다.

보쉬의 4차 산업혁명 전문가는 기계 제조업체, 시스템 통합자, 기계 사용자에게 조언해주며 새로운 개념을 창출할 수 있도록 도와준다. 4차 산업혁명은 단순한 기술적 과제 그 이상이며 개방성과 협업 의지를 특징으로 하는 새로운 태도가 필요하다. 보쉬는 인더스트리 4.0에 대한 준비가 돼 있다.

스마트 모니터링은 사물인터넷에서 파생된 솔루션 기반 플랫폼이다. 높은 예측 가능성과 향상된 보안 대책을 바탕으로 국제적인 상품의 흐름에 대한 다양한 가능성을 제공한다. 또한 24시간 연중무휴 서비스 데스크에서 모든 기술적 요청들을 신속하게 받을 수 있다.

솔루션 세트

솔루션 세트는 보쉬 인더스트리 4.0 구성 요소와 다른 영역의 시스템을 통합 솔루션으로 결합한다. 솔루션 세트의 가치는 해당 구성 요소의 합계 이상이다. 모든 솔루션 세트는 고객별 요구 사항에 맞게 조정되며 물류 및 제조 네트워크와 원활하게 상호 작용한다.

보쉬는 자체 공장에서 인더스트리 4.0을 도입하는 가장 효율적인 방법이 작은 단계들을 연속적으로 빠르게 밟아나가는 것임을 깨달았다. 또한 하나의 기술과 구성 요소보다는 전체 시스템 측면에서 생각하는 법을 배웠다. 이를 토대로 다양한 도메인의 상용 하드웨어 및 소프트웨어 모듈을 결합해 고객별 솔루션 세트를 구성할 수 있다. 보쉬의 인더스트리 4.0 전문가들은 통합 솔루션을 개발해 단기간 내에 인더스트리 4.0을 실현할 수 있도록 도와준다. 각 솔루션은 공개 표준을 기반으로 다양한 공급 업체의 기계 및 소프트웨어를 사용하는 이기종 환경에 쉽게 통합할 수 있다. 보쉬의 솔루션 세트는 고객의 필요에 맞추며 단일 구성 요소 및 모듈보다 더 큰 부가가치를 제공한다. 사람이 중심이 되는 가치창출 네트워크로 고객의 가치 흐름을 발전할 수 있도록 도와준다.

앞에서 언급된 넥소 또한 공정품질관리자 캄핏과 결합돼 통합적인 솔루션 세트를 제공한다. 툴 안에 포함된 모든 제어 기능들과 고사양 측정 센서들이 별도의 하드웨어를 필요로 하지 않고 자동적으로 네트워크에 접속된다. 따라서 기초 하드웨어 설치 비용을 줄일 수 있고 활용 유연성을 높인다. 그 후 넥소의 작업 진행 데이터는 공정품질관리자를 통해 바로 사용될 수 있다.

인더스트리 4.0은 커넥티드 인더스트리이다

인더스트리 4.0은 모든 관계자가 참여하고 그것을 실행하기 위해 협력해야만 현실이 될 수 있고 성공할 수 있다. 4차 산업혁명은 사람이 중심이 되고 모두가 함께하는 것이다. 업계의 모든 플레이어들이 모여 거대한 오케스트라를 형성해야 한다. 우리가 해야 할 일은 기업 간의 장벽을 극복하고 비즈니스 생태계 전체 측면에서 생각하는 것이다. 보쉬는 '산업 공동체'를 발전시키기 위해 꾸준히 다른 분야와도 네트워크를 형성할 것이다. 이런 의미에서 인더스트리 4.0은 커넥티드 인더스트리라 할 수 있다.

인더스트리 4.0을 독자적으로 수행할 것인가 아니면 팀 플레이를 할 것인가의 질문에 대한 답은 "심플리Simply. 커넥티드Connected."이다. 서로 연결하고 협력해 내일의 새로운 비즈니스 모델을 함께 만들어나가는 것이야말로 인더스트리 4.0에 대한 바른 태도이자 전략이다. (출처: Robert Bosch GmbH, 2016)

또한 지속적인 하드웨어와 소프트웨어의 발전으로 데이터 분석 능력에 대한 중요성이 증대되고 있다. 이 흐름 속에서 보쉬는 제조업과 IT 기술을 잇기 위해 많은 노력을 하고 있다. 사물인터넷을 넘어 '연결성' 자체는 산업 구조를 변화시키고 있으며 소프트웨어 회사로서의 역량을 강화시켜나갈 것이다.

인더스트리 4.0을 독자적으로 수행할 것인가 아니면 팀 플레이를 할 것인가의 질문에 대한 답은 "심플리Simply. 커넥티드Connected."이다. 서로 연결하고 협력해 내일의 새로운 비즈니스 모델을 함께 만들어나가는 것이야말로 인더스트리 4.0에 대한 바른 태도이자 전략이다.

2부

4차 산업혁명 시대의 디지털 트랜스포메이션

3장
디지털 경제에서 비즈니스의 미래

정대영
SAP 코리아 디지털 트랜스포메이션 부문장
서울대학교 산업공학과를 졸업했고 동 대학원에서 석사학위 및 박사학위를 받았다. 연세대학교 공학대학원 및 한국외국어대학교 겸임교수, 대한산업공학회 IE매거진 편집위원 등을 역임했고 현재는 SAP 코리아에서 디지털 트랜스포메이션 부문장으로 재직 중이다.
주요 저서로는 『21세기 고객맞춤경영 - 매스 커스터마이제이션』(엠플래닝, 2008)이 있고 역서로는 『e비즈니스 인텔리전스』(세종연구원, 2001)가 있다.

한순흥
카이스트 기계공학과 해양시스템대학원 교수, (사)한국ICT융합네트워크 공동회장, (사)스템표준센터 회장
서울대학교 조선공학과를 졸업했고 동 대학원에서 선박설계로 석사학위를 받았다. 미국 미시간대학교에서 선박CAD 박사학위를 받았다. 선박해양플랜트 연구원을 거쳐 1993년부터 카이스트 교수로 재임 중이다. 한국전자거래학회 회장을 역임했고 산업표준심의회 산업자동화(ISO/TC184) 기술심의회 위원장을 역임했다.
홈페이지 icad.kaist.ac.kr

※ 3장 1은 정대영이 썼고 2는 한순흥이 썼다.

Industrie 4.0

1
어떻게 큰 변화의 파도를 탈 것인가

디지털 기술이 게임의 룰을 바꾸었다

지금 제조업은 과거 경험해보지 못한 변화를 맞이하고 있다. 생산 프로세스, 제품, 비즈니스 모델이 혁신적으로 바뀌고 있기 때문이다. 생산 현장의 데이터를 실시간으로 분석해서 품질 수준과 에너지 효율을 높이거나 제품의 디지털화를 통해 고객의 제품 사용 패턴을 파악한 후 제품 설계에 반영해 신제품 설계가 가능하게 됐다. 제조업체와 고객 간에 직접 의사소통 채널이 보편화되면서 제조업과 유통과 서비스업의 경계는 사라지고 새로운 고객 경험을 제공하는 비즈니스 모델 혁신이 이루어지고 있다.

근래 정부, 학계, 언론 및 산업계는 4차 산업혁명 혹은 인더스트리 4.0의 용어를 쓰면서 새로운 미래 준비의 필요성을 강조했다. 덕분에 많은 기업이 변화를 이해하고 준비 작업을 시작하고 있다. 그러나 단위공정의 자동화나 생산관리시스템MES 구축 등과 같은 소극적인 대응에 그치고 있다. 물론 마른 수건 짜기와 같은 생산성 개선 노력도 계속 필요하다. 하지만 그와 병행해서 디지털 기술을 활용해 가치사슬 전반을 혁신하고 새로운 고객 경험을 제공할 비즈니스 모델을 혁신하려는 노력도 반드시 필요하다.

디지털 기술은 불과 수십 년 사이에 개개인의 의사소통, 쇼핑, 여가 활동, 학습, 일하는 방법을 비롯해 기업이 제품을 설계, 생산, 판매하고 기업을 운영하는 방법을 바꾸어놓았다. 지금은 보편적인 인터넷, 휴대폰, 무선통신, 전자상거래, 소셜 미디어 등 디지털 기술의 발전과 확산이 일상생활과 기업을 바꾸어놓은 것이다.

디지털 기술은 주력 산업을 바꾸고 게임의 룰을 바꾸어놓고 있다. 20년 전 세계에서 시가총액이 가장 큰 기업은 GE, 로열 더치 셸, 코카콜라, 일본전신전화, 엑슨모빌 등으로 에너지, 자원, 통신업종의 강자들이었다. 하지만 2016년 기준으로는 애플, 알파벳, 마이크로소프트, 페이스북, 아마존 등 디지털 기술을 핵심역량으로 하는 업체들로 바뀌었다. 불과 60년 동안 『포천』 500대 기업의 90%가 사라지거나 합병되거나 사업 규모가 크게 위축됐다. 기업의 평균 수명도 61년에서 18년으로 줄어들었다고 한다. 지금과 같은 속도의 혁신이 지속된다면 약 20년 후에는 국제 신용평가기관인 스탠더드앤푸어스S&P 500 기업의 75%가 바뀔 것이라고 한다.[1]

디지털 기술의 발전은 부의 창출과 삶의 질 향상 등 장밋빛 미래를 약속하기도 하지만 또 양극화의 심화나 자동화에 따른 일자리 감소 등 심각한 도전을 안겨주기도 한다. 자동화 기술의 발전과 적용

시가총액 기준 글로벌 5대 기업

	1996	2000	2004	2010	2015	2016
1	GE (136.52)	GE (477.41)	GE (382.23)	엑슨모빌	애플	애플 (633.98B)
2	로열 더치 셸 (128.21)	시스코 (304.70)	엑슨모빌 (380.57)	페트로차이나	알파벳	알파벳 (531.53)
3	코카콜라 (117.26)	엑슨모빌 (286.37)	마이크로 소프트 (262.98)	애플	마이크로 소프트	마이크로 소프트 (442.06)
4	일본 전신전화 (113.61)	화이자 (264.00)	시티그룹 (234.44)	BHP 빌리턴	엑슨모빌	페이스북 (366.38)
5	엑슨모빌 (102.16)	마이크로 소프트 (258.44)	브리티시 페트롤리엄 (221.37)	마이크로 소프트	버크셔 해서웨이	아마존 (364.06)

(출처: 위키피디아)

은 대표적 예이다. 저임금 노동력을 활용하고자 아시아 및 동유럽으로 생산을 아웃소싱하던 선진국의 기업들은 생산기지를 본국 및 수요지로 이전하고 있다. 자동화는 고령화에 따른 노동력 감소에 대한 대안을 제공하는 동시에 저숙련 노동자를 비롯해 많은 사람의 일자리를 빼앗을 것으로 우려되고 있다.

블록체인에 기반을 둔 비트코인과 같은 가상화폐가 또 다른 대표적 예이다. 가상화폐는 투명한 거래, 위변조 차단, 환전수수료 절감 등의 편리성을 제공하고 발권량의 통제 체계를 통해 인플레이션에 따른 화폐가치 감소에 대응할 수단으로 주목받고 있다. 반면 기존 중앙은행 중심의 질서를 와해시켜 혼란을 가져올 수 있다는 우려도 커지고 있다.

우리는 이미 디지털 경제 속에서 살고 있고 디지털 경제는 한층 가속화될 것이다. 앞으로 펼쳐질 디지털 경제의 모습을 통해 미래의 변화를 가늠할 수 있도록 유수의 연구기관, 컨설팅업체, 기술업체의 미래예측을 모아 디지털 경제를 조망해본 「디지털 경제에서의 비즈니스 미래 99가지」99 Facts on the Future of Business on Digital Economy」에서 몇 가지 예측을 발췌해본다.[2]

- 2030년까지 센서의 활용은 의류와 신발부터 암 치료 칩에 이르기까지 7,000배 이상 증가할 것이다.
- 2020년까지 2,000억 개 이상의 사물이 연결되는 사물인터넷 세상이 현실화될 것이다. 사물인터넷은 특히 제조 영역과 의료 영역에서 그 가치를 발휘할 것이다.
- 의료 영역에서는 80% 이상의 심장병, 당뇨병을 예방할 수 있을 것이다.
- 향후 15년간 로봇의 활용은 20배 이상 증가할 것이고 3D 프린팅의 활용도 20배 이상 증가할 것이다.
- 사물인터넷에 연결된 사물들은 매년 400조 기가바이트 이상의 데이터를 생성할 것이다. 이 데이터 중 90%는 클라우드에 저장돼 사물인터넷 데이터 블랜딩의 복잡성은 단순화될 것이다.
- 공유경제는 이제 막 시작됐을 뿐이며 앞으로 수십 배 성장할 것이다.

세상을 바꾸는 메가트렌드를 읽어라

우리나라의 제조업은 경제 성장의 엔진으로서 경제발전을 이끌어왔다. 1960년의 1인당 국민소득은 79달러로 세계에서 가장 가난

한 나라였다. 하지만 현재 1인당 국민소득 2만 6,000달러에 세계 7위의 수출국으로 비약적인 발전을 했다. 이는 제조업의 성장이 없었으면 불가능했다. 우리나라는 미국, 중국, 일본, 독일에 이어 세계 5위의 공업국으로 국내총생산GDP에서 제조업이 차지하는 비중은 30%를 넘고 있다. 제조업은 양적으로만 성장한 것이 아니라 질적 측면에서도 비약적 발전을 거듭해 독일, 일본, 미국에 이어 세계 4위의 경쟁력을 인정받고 있다. 글로벌 금융위기를 통해 증명됐듯이 금융과 서비스에 대한 의존도가 높고 제조업이 취약한 경제구조를 가진 국가들은 경제성장이 추락하거나 고전을 면치 못한 바 있다. 제조강국 독일이 유럽의 성장 엔진 역할을 하고 우리나라가 경제위기의 충격에서 빨리 벗어난 것에는 제조업의 중요성을 간과할 수 없다.

그러나 우리나라 제조업의 미래에 대해 위기가 제기되고 있다. 제조업 추세 성장률은 1980년대 11.8%, 1990년대 8.9%, 2000년대 6.9%, 2010년대 5.4% 등으로 계속 하락하고 있으며 2014년에는 처음으로 제조업 매출이 마이너스 성장을 하는 등 제조업의 엔진이 꺼져가는 것이 아닌지에 대한 우려가 커지고 있다.[3] 경쟁 상대인 중국은 1978년 개혁개방 이후 비약적 성장을 거듭하고 있다. 세계시장에서의 제조업 점유율에서 일본(2004년), 독일(2008년)을 추월했을 뿐만 아니라 질적 측면에서 세계 5위의 경쟁력을 인정받고 있다. 중국은 원천기술 측면에서 우리를 앞서고 있고 독일과 일본을 거의 추격한 상태이다. 더욱이 새로운 먹거리는 보이지 않는다는 것이 현재 우리 제조업이 당면해 있는 어려움이다.

반면 모든 국가가 글로벌 경제에 편입돼 있어서 우리나라를 포함한 대부분의 선진국들이 처한 도전과 기회는 유사하다. 우리가 살고 있는 세상을 근본적으로 바꾸고 있는 다섯 가지 메가 트렌드를 살펴보면 다음과 같다.

첫째, 인구통계학적 측면에서 선진국의 인구 증가는 완만하다. 반면 고령화 계층의 비중은 증가하고 있다. 따라서 고령화 계층의 부양에 따른 사회적 비용을 줄이면서 경제 활동 계층이 더 높은 생산성을 발휘할 방법의 강구가 필요하다. 반면 개발도상국의 인구는 급속히 증가하는 동시에 젊은 경제 활동 계층의 규모와 비중이 많이 늘어나 생산과 소비를 이끌어가게 될 것이다. 1980년대 또는 이후에 출생한 뉴밀레니얼 세대들이 경제의 주역이 될 것이다. 뉴밀레니얼의 선택을 받지 못하는 제품, 서비스, 기업은 도태될 것이다.

둘째, 세계적으로 소비와 생산의 중심지 역할을 하는 도시화는 계속 진행될 것이다. 경쟁력 제고와 경제 활성화를 위한 도시 환경의 개선과 도시화에 따른 주택, 교통, 공해, 에너지 문제의 해결이 필요하다.

셋째, 화석 연료의 사용 증가에 따른 글로벌 온난화의 문제는 지속가능한 경제를 위해 반드시 극복돼야 할 과제이다. 참고로 산업과 수송 부분의 에너지 소비 비중은 60~70%에 이른다. 청정 에너지 활용뿐만 아니라 혁신적인 에너지 사용 효율화가 요구되고 있다.

넷째, 직접투자를 통한 해외 진출은 2000년대에 고점을 찍고 낮아진 바 있으나 투자, 인력, 상품·서비스의 글로벌 거래와 교류는 계속 증가할 것이다.

다섯째, 글로벌 메가 트렌드의 한 가운데에는 디지털 경제로의 전환이 있다. 디지털 기술은 앞서 설명한 도전을 해결할 기회를 제

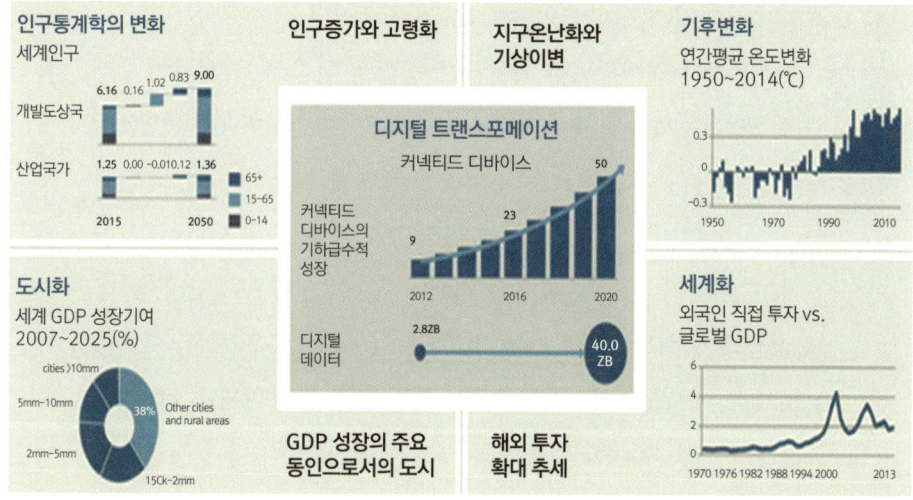

공하고 있기 때문에 모든 국가 및 기업들로부터 주목을 받고 있다. 글로벌 경제 속에서 독일, 일본, 미국 등 선진국의 기업들이 처한 상황이나 우리나라 기업이 처한 상황은 큰 차이가 없다. 모두가 같은 위협과 기회에 직면하고 있다. 먼저 디지털 트랜스포메이션을 실천하고 디지털 경제 시대가 요구하는 역량을 쌓는 쪽이 패권을 갖게 될 것이다.

그럼 개별 기업의 차원에서 어떻게 대응해야 할 것인가? 최근 맥킨지 조사에 의하면 미국, 독일, 일본 제조업체의 80~90%가 인더스트리 4.0을 기회로 인식하고 있다고 한다.[4] 우리나라도 정부, 언론, 오피니언 리더들의 노력에 힘입어 인더스트리 4.0과 4차 산업혁명에 대한 인식은 상당히 올라갔다. 국내에서는 정부 주도로 스마트 공장 사업이 전개되고 있다. 그러나 스마트 공장이라는 단어가 갖는 의미 전달의 한계에 기인한 것인지 생산 현장 개선에 지나치게 치우쳐 있다는 우려를 지울 수 없다. 예를 들어 단위공정 자동화와 생산관리시스템MES 등이 대표적인 예이다.

　제조업체가 경쟁우위를 확보하는 방법은 극단적으로 두 가지가 있다. 하나는 제품을 보다 저렴하게 만드는 방법이며 다른 방법은 지금보다 나은 또는 새로운 경험을 고객에게 제공하는 것이다. 전자는 생산현장의 개선에 집중해 어느 정도 달성할 수 있다. 하지만 후자는 "고객의 관점, 고객의 관점에서 필요한 것이 무엇인지? 어떻게 제공해야 하는지?"를 찾는 것이기 때문에 새로운 제품, 새로운 프로세스, 새로운 비즈니스 모델로 혁신의 관점이 바뀌게 된다. 디지털화의 가속화에 따라 산업의 경계가 불명확해지고 생각하지도 못했던 경쟁업체가 등장해 현재의 비즈니스를 와해시킬 수 있는 상황이다. 현실적으로 모든 위험 부담을 안고 새로운 것만을 추구할 수는 없다. 다만 과거의 노력이 현재를 만들었듯이 현재의 노력은 우리의 미래를 만들 것이다. 운영 효율을 높이는 혁신과 파괴적 혁신은 동시에 준비돼야 한다.

　선진 제조업체들은 크게 세 가지 방향으로 디지털화를 통한 가치 창출에 힘쓰고 있다.

　첫째, 제품의 디지털화이다. 사물인터넷 기술을 제품에 접목함으로써 제품이 누구에 의해 어떻게 사용되는지, 제품의 상태는 어떠한지에 대한 정보를 얻을 수 있다. 또 이 정보를 분석해 제품 설계에 반영할 수 있다. 제품의 디지털화를 통해 제품뿐만 아니라 데이터 기반의 서비스를 함께 제공할 수 있다. 예를 들어 어떤 기능이 많이 사용되고 어떤 기능이 제대로 사용되지 않는지를 알게 됨으로써 제품 디자인을 단순화하거나 제품 디자인을 개선할 수 있다. 또 다른 예로 산업용 기기 제조업체들은 상품화되는 시장에서의 차별

디지털화를 통한 가치창출

(출처: Georg Kube, "Value Creation through Digitization – SAP's Strategy for Industrial Machinery & Components Companies", Sep., 2015)

화를 위해 제품을 사용해 얻는 효용에 대해 과금하는 형태로 비즈니스 모델을 바꾸어가고 있다. 이를 위해서는 제품의 작동상태와 사용량을 파악할 수 있는 디지털화가 필수적으로 요구된다.

둘째, 디지털 기술을 이용한 프로세스의 혁신이다. 생산 설비의 상태, 작업 중인 제품(부품)의 품질 정보, 작업자 정보 및 생산 환경 정보를 수집, 분석함으로써 생산성과 품질 수준을 높이는 동시에 원가를 절감할 수 있다. 예를 들어 생산 설비에 대한 예지정비를 통해 다운타임을 줄일 수 있고 품질에 영향을 주는 인자를 파악하고 제어함으로써 불량률을 줄이고 에너지 사용량을 줄일 수 있다. 이 외에도 스마트 글래스 등 웨어러블 기기를 설비 유지보수와 물류에 활용해 안전하고 정확하게 작업을 할 수 있다.

셋째, 비즈니스 모델의 혁신이다. 개별 고객의 니즈를 충족시켜줄 수 있는 개인 맞춤형 제품Personalized Product은 대량생산으로 만들어진 기성품 시장을 파괴하리라 전망되고 있다. 제품 자체를 판매하는 것이 아니라 고객의 관점에서 제품을 사용하면서 얻는 효용에 대해 과금Pay-Per-Use하는 비즈니스 모델은 상품화되는 시장에서 경쟁우위를 가질 수 있는 모델로 인정받고 있다. 물리적 기기를 생산하고 판매하는 하드웨어 업체에서 도메인 지식과 경험을 기반으로 데이터 기반의 컨설팅 서비스와 소프트웨어 서비스 업체로 변신코자 하는 시도도 비즈니스 모델 혁신의 한 예라 할 수 있다.

우리 기업들도 운영효율 개선뿐만 아니라 다음을 함께 추구해야 한다. 첫째, 사물인터넷을 접목한 제품의 디지털화이다. 둘째, 제품 설계에서 폐기에 이르는 전 가치사슬상에서 빅데이터와 디지털 기술을 활용한 프로세스 혁신이다. 셋째, 게임의 룰을 바꿀 비즈니스 모델의 혁신이다.

Industrie 4.0

2
디지털 세상에서 제조업의 국제 동향

왜 제조업이 중요한가

미국 트럼프 대통령의 정책은 비상식적으로 보인다. 멕시코와 미국 사이에 길고 높은 장벽을 설치한다거나 국내외 대기업들의 팔을 비틀어 미국 내 공장을 짓게 하는 등. 그런 비합리적 정책의 추진 이면에는 트럼프 대통령의 공약사항 10개 중에 두 번째에 제시된 제조업의 리쇼어링 정책이 있다. 트럼프의 선거공약 10개 중 앞의 3개가 경제 정책으로 보이며 일곱 번째의 불법이민자 처리도 일자리 창출과 연결되어 있다.

당장 경제적인 손해를 보더라도 제조업을 본국으로 다시 유치하겠다는 의지가 강하게 보인다. 그런데 이런 움직임은 미국 트럼프에 국한된 정책이 아니다. 전세계의 선진국들과 제조업 강국들이

트럼프 취임 후 '100일 계획'[1]

1. 증산층 세제를 간소화한다
2. 아웃소싱Offshoring Act 관련 법을 종료한다
3. 에너지·인프라법을 실시한다
4. 학교 선택권과 교육기회와 관련된 법안을 실시한다
5. 오바마 케어를 폐지한다
6. 적절한 육아·노인복지법을 만들다
7. 불법이민자법을 실시한다
8. 지역 사회 안전법을 재검토한다
9. 국가안보법을 복원한다
10. 정치계에서 부패를 청산하는 법을 시행한다

공동으로 취하는 전략이다. 그 공통점에 스마트 제조나 인더스트 4.0, 그리고 나아가서는 4차 산업혁명과 연결되고 있다.

  이런 정책들은 좋은 일자리 창출과 깊이 연결되어 있다. 다른 산업에 비해 특히 제조업이 좋은 일자리를 창출하는 데 효과가 많다고 판단하기 때문이다. 중국과 같은 신흥 제조국에 경쟁력을 잃어버렸거나 잃어가는 제조업을 다시 본국으로 끌어들이고 제조업의 경쟁력을 강화하려고 노력하는 모습이 보인다. 한편 새로운 정보통신기술ICT과 그 효과들이 이러한 제조업의 부활이 가능하도록 그 길을 열어주는 것으로 판단된다.

  제조업의 부활과 좋은 일자리를 창출하려는 선진국들의 노력은 여러 차례에 걸친 경제 위기가 그 추진력 역할을 한 것으로 판단된다. 1990년부터 장기 침체를 겪은 일본은 (잃어버린 20년) 모노즈쿠리monozukuri라는 중소 제조기업의 활성화를 위한 정책들을 펼쳐왔다. 독일은 동독과 통일 후에 겪은 경제 침체에서 벗어나기 위한 정책들을 만드는 과정에 인더스트리 4.0이 자리를 잡은 것으로 판

단된다. 미국은 2007년 리먼 브라더스의 파산으로 시작된 미국발 부동산 버블 붕괴와 금융위기를 겪으면서 리쇼어링에 대한 요구가 커진 것으로 판단된다.

한국도 이제 선진국들이 겪었던 장기적인 경제 침체기에 들어섰다. 특히 일본의 잃어버린 20년에 해당하는 상황에 부닥쳐 있다. 인구의 고령화, 경제인구의 축소, 인구절벽 등 일본에서 만들어진 용어가 대부분인 것처럼 한국의 경제상황이 일본과 유사하게 전개되고 있다. 또한 제조업 공동화와 고령화에 의한 연금 재정의 악화 등은 구미 선진국들이 일찍부터 겪어온 유사한 문제들이다. 한국은 잠재성장률이 장기간에 걸쳐 직선적으로 하락하는 모습을 보여왔다. 성장을 우선으로 했던 보수정권이나 분배를 앞세웠던 진보 정권이나 차이가 없이 같은 형태를 보이고 있다. 성장이나 분배 논란 이전에 인구 구조적인 국가의 기초 체력 부문에서의 경쟁력 하락으로 판단되며 근본적인 대책이 필요한 것으로 보인다.

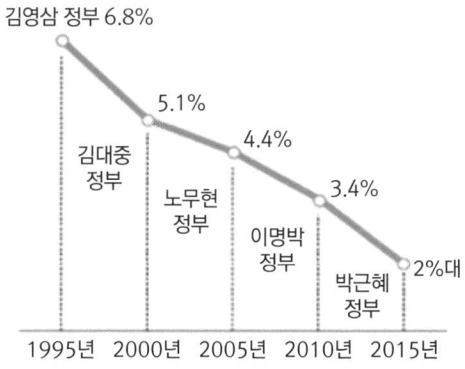

한국 정부별 잠재성장률의 하락 추이[2]

(출처: 김세직 서울대 교수 논문 중)

모두 4차 산업혁명을 대비하기 위한 주요 협의체이다. 향후 부상할 메가 트렌드에 국가 차원에서 대응한다는 취지.

일반적으로 일자리 창출에는 중소기업이 대기업보다 더 많은 역할을 하는 것으로 알려져 있다. 따라서 중소기업 정책이 중요하다. 특히 좋은 일자리를 제공할 수 있는 국제경쟁력이 높은 강소기업의 육성에 각 국가가 노력을 기울이고 있다. 4차 산업혁명에서 논의되는 개인 맞춤형 제품personalized product은 맞춤형의 고급 또는 고가 상품으로 판단할 수 있다. 따라서 대량생산의 저가 생산이 아니고 소량의 주문 상품이므로 강소기업에 어울리는 상품이라고 판단된다.

또 한 가지 선진국들이 제조업 부활에 무리해 보일 정도의 노력을 기울이고 있는 이유는 앞으로 전개될 스마트 서비스를 제조업 1위 기업이 독식할 가능성이 보이기 때문이다. 예를 들면 국내에 유통 중인 수입차 벤츠나 렉서스의 애프터서비스 비즈니스를 보면

국내 주요 제조업의 '서비스 신산업' 진출[3]

	두산중공업 (DOOSAN)	(주)효성 (HYOSUNG)	현대중공업 (HYUNDAI HEAVY INDUSTRIES CO., LTD.)
현황	2017년 2월 서비스BG(사업부) 신설	2016년 5월 '서비스 솔루션팀' 신설	2016년 12월 자회사 "현대글로벌서비스" 설립
서비스 내용	- 국내외 발전소 원격 관리하며 빅데이터 수집 - 발전소 가동 최적 상태 유지 및 고장 사전 예방	- 변전소 내 대형 변압기·차단기 운전·상태 데이터 분석 - 고장 징후 사전 포착해 유지·보수 서비스 제공	- 위성을 통해 운항 중인 선박의 연료 사용량 등 실시간 정보 수집 - 주변 날씨와 파도 등을 고려해 최적 항로 등 제시

수익을 많이 내는 것으로 보인다. 또 한편으로는 GE나 롤스로이스의 항공기 엔진 대여사업 소개 자료를 보면 제조업 자체보다는 서비스를 통해 더 많은 수익을 내고 있다고 한다.

만일 한국의 현대차가 미래에 독일의 벤츠보다 가격 대비 성능 면에서 더 좋아진다면 어떤 상황이 전개될까? 중국의 짝퉁들이 원래 명품의 진품보다 좋아진다면 상황은 달라질 것이다. 현대차나 중국의 짝퉁 제조업자에게 벤츠나 GE가 누리는 스마트 서비스 부문에서의 큰 수익이 돌아갈 가능성이 높아진다. 따라서 제조업 자체에서는 수익이 낮거나 손해를 일부 보더라도 그 이후의 스마트 서비스 사업에서 더 많은 수익을 낼 수 있다면 제조업을 유지하는 것이 유리해 보인다. 국내 기업들도 4차 산업혁명에서 주장하는 스마트 서비스 비즈니스에 도전하고 있다.

이러한 경제 위기, 좋은 일자리의 창출, 그리고 스마트 서비스로 이어지는 4차 산업혁명이나 디지털 제조를 위해 외국에서 어떤 노력을 하는지 정리해보자.

일본의 모노즈쿠리

일본은 1990년의 부동산 버블 붕괴로 시작된 경기 침체가 계속돼 현재 '잃어버린 20년'이라는 용어를 사용하고 있다. 다행히 아베노믹스라고 불리는 경제 활성화 정책 덕분에 경제가 살아나고 있다. 1990년의 부동산 버블 붕괴 이후에도 1995년의 고베 지진이 있었고 2001년에 저금리를 이용한 양적완화 정책으로 2006년에 저금리 정책의 종료를 선언했다. 하지만 곧 2007년의 리먼 브라더스 파산에 의한 미국발 부동산 버블 붕괴와 함께 불어닥친 전세계적인 금융위기 때문에 또 한 번의 경기침체를 겪고 현재에 이르고 있다.

모노즈쿠리Monozukuri는 이러한 경제 침체기를 바탕으로 추진된 경제 활성화 정책의 하나로 제조업에 초점을 맞추었다. 1990년대에 태동하여 2000년에는 '모노즈쿠리 기반기술 진흥기본법'이 제정되어 국가적인 차원에서 지원된 정책으로 파악된다.

특히 젊은 세대가 중소기업에 취업을 꺼리는 현상을 개선하기 위해 노력했다. 경기부활의 원동력인 중소기업을 육성하는 것이 중요하다. 일본은 전통 제조의 혼이라고 불리는 모노즈쿠리 정신을 함양하려는 운동으로 전개했다. 일본의 정신과 서양의 기술을 융합한다는 화혼양재和魂洋才라는 용어가 있다. 일본이 서양보다 부족하다고 인정하는 정보통신기술과 마케팅 능력을 전통 제조기술과 융합하겠다는 전략을 구사한 것이다.

제조업, 특히 중소 제조업은 단순노동의 집약형이 아니고 고도의 정신적으로 높은 기술활동이라는 인식을 젊은 세대에게 만들어주기 위해 중소제조업의 근무환경을 개선하고 기술집약적인 고

일본의 잃어버린 20년[4]

(자료: 파이낸셜타임스)

도화 강소기업으로 육성하는 전략이다. 동시에 모노즈쿠리는 제조기술뿐만 아니라 경영철학, 인재육성, 기반기술 고도화를 동시에 추진하는 종합적인 사회운동 차원으로 추진된 전략이다.

최근에 4차 산업혁명이 다시 세계적으로 주목을 받고 있다. 일본 내에서 새로운 움직임도 나타나고 있는데 '로봇혁명 이니시어티브 협의회'가 그 예의 하나이다.

독일의 인더스트리 4.0

독일경제는 1990년대의 통일 후유증으로 유럽의 병자Sick man of Europe라고 불린 기간이 있었다. 10년간 마이너스 성장을 하다가 유로화 출범을 계기로 계속 성장세를 이어오고 있다. 2008년의 전세계적인 금융위기로 잠시 저성장을 하였으나 곧이어 회복하고 있다. 41쪽의 「인더스트리 4.0 관련 동향」을 보면 2005년에 스마트홈 개념을 공장에 적용한 스마트 팩토리 개념을 선보였다. 이를 확대하여 2011년부터 인더스트리 4.0 개념이 추진되고 있다. 독일

독일 산업생산 추이[5]

의 인더스트리 4.0에 대한 소개는 다른 자료에 많이 설명되어 있어 간략하게만 다룬다.

4차 산업혁명을 주도하는 두 축은 독일과 미국이다. 독일은 전통적으로 그리고 현재까지도 제조업 강국으로 전통적인 제조기술에 정보통신기술을 접목해 인더스트리 4.0을 추진하고 있다. 반면에 미국은 정보통신기술 등 기반기술의 강국이며 우주항공 분야도 제조를 포함하여 첨단 국가이다. 다만, 기계산업은 많은 부분이 아웃소싱으로 경쟁력이 손상되어 왔다. 이제 제조업의 리쇼어링을 통해 제조업을 본국으로 귀환하려고 노력하고 있다. 이 과정에 세계 최고 수준인 정보통신기술, 특히 사물인터넷과 관련된 기술을 바탕으로 경쟁력을 강화하고 있다.

다음에서 보듯이 독일은 정부 주도의 국가적인 사업으로 인더스트리 4.0을 추진하고 있다. 반면에 미국은 글로벌 IT 기업들을 중심으로 구성된 민간 컨소시엄들이 주도적인 역할을 하고 있다. 또한 독일은 제조업 중심에 IT를 접목하는 반면에 미국은 어느 산업

인더스트리 4.0과 산업인터넷 컨소시엄의 비교[6]

인더스트리 4.0	산업인터넷 컨소시엄
프로그램의 추진 주체/촉발자	
독일 연방 정부: 하이테크전략HTS 2006 → 하이테크전략 2020 (2010) → 첨단기술 실행계획 2020 (2012) → 연방정부가 투자해온 플랫폼 인더스트리 4.0 → 4억 유로. 소요기간: 첫 번째 모델은 2016년에 종료: 모두 2030년 재생산을 위한 모든 프로세스를 포함.	대규모 다국적회사들: GE, AT&T, 인텔, IBM (2014), 아이디어와 테스트베드와 산업계, 학계, 정부의 활동을 촉진시키는 역할을 하는 비영리단체.
주요 관계자	
연방정부 부처: 교육연구부, 경제기술학계: 프라운호퍼 연구소, 과학엔지니어링 국가연구원, 독일 인공지능연구센터 및 기타 연구센터. 민간 분야: 플랫폼 인더스트리 4.0 - 독일연방정부통신뉴미디어협회BITKOM, 독일기계설비산업협회VDMA, 독일 전자산업협회ZVEI, 보쉬, SAP 등	기업 주도. 대략 12명의 직원이 미국과 유럽에 주재 중. 멤버십은 공개되어 있고 참가비는 회사 크기에 따라 적용됨. 보쉬, 지멘스, SAP, 프라운호퍼, 중국과 인도를 포함한 24개 국가의 연구기관을 포함한 170여 회원사들.
지원 플랫폼	
"인더스트리 4.0의 궁극적 목표는 독일 제조업의 지속 가능한 경쟁적 우위를 보호하는 것이다. 우리는 독일 산업계를 훈련시켜 사이버물리시스템CPS을 구축하고 설치케 한다. 그리고 이를 통해 전세계적 경쟁력을 유지하는 것이다." "독일은 연구 집약적 제품들로 세계 무역의 정상에 있다." 연방정부가 이에 책임을 진다.	모든 사업의 프로세스와 제조 등의 유형에 인터넷 기술을 적용케 하고 촉진시킨다. 기업들은 최선의 운영사례를 공유하는 이익을 얻기 위해 회원사가 된다. 이 활동의 핵심은 제품, 기술, 테스트베드에 대한 상호 정보교환에 있다.
부분별 초점	
제조업(국내총산GDP의 22%) - 독일 밖에서 발전한 소프트웨어와 디지털 기술이 (독일의 강점인) 하드웨어와 융합에서 뒤처지는 현상에 대한 우려에서 비롯되었다.	제조업에 중점을 두지만 농업과 기반시설 등 좀 더 넓은 범위를 다룬다. (국내총생산GDP의 65~70%)

에도 적용이 가능한 사물인터넷 또는 정보통신기술을 제조업 경쟁력 강화에 적용하는 전략을 추진하고 있다.

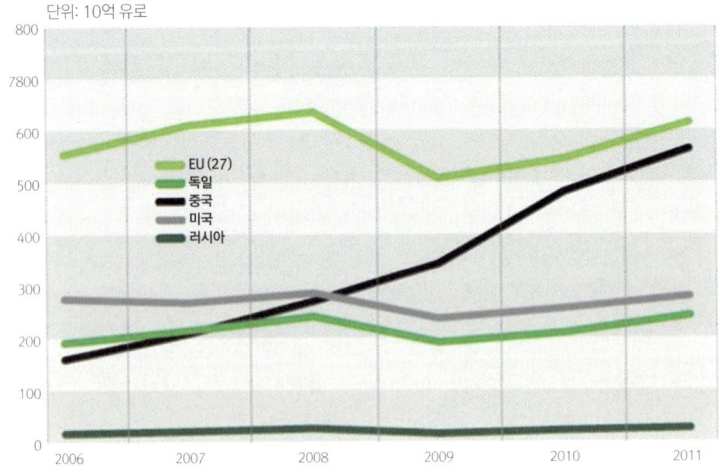

주요국의 제조업 규모의 추이[7]

(출처: VDMA, Stand 2012년 11월)

EU의 주요 국가

위 그림은 EU와 중국, 미국, 독일의 제조업 매출 규모의 추이를 보여준다. 중국 제조업의 꾸준한 증가를 볼 수 있다. 또 한편으로는 미국과 독일의 제조업 규모가 비슷하다는 것을 볼 수 있다. 특히 2008년의 전세계적인 금융위기 때 미국과 EU의 제조업 매출은 주춤했으나 중국은 계속 상승했음을 알 수 있다.

세계 각국은 제조업 경쟁력 강화를 위한 다양한 프로그램들을 만들어 추진하고 있다. 독일의 인더스트리 4.0도 유사한 다른 프로그램 중의 하나로 출발했음을 볼 수 있다. EU 전체적으로 진행된 프로그램으로는 팩토리 오브 더 퓨처FoF, Factory of the Future가

EU 국가의 디지털 제조 프로그램[8]

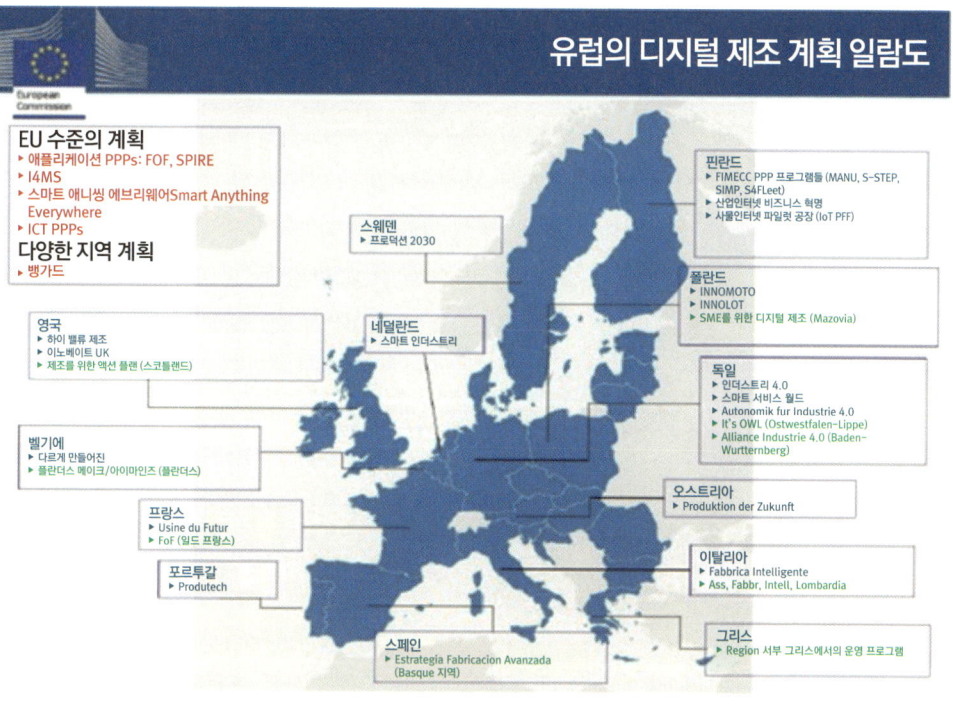

있다. 팩토리 오브 더 퓨처 프로젝트가 개별 국가로 퍼져 나가면서 진화해 인더스트리 4.0이 출현한 것으로 판단된다.

(1) 영국의 캐터펄트

영국은 미국과 독일의 영향을 받아 지역별 거점 사업으로서 캐터펄트Catapult를 추진하고 있다. 주요 대학들이 상당히 참여하고 있다. 다음 그림은 고가치 제조 전략HVM, high value manufacturing 거점 센터들의 위치를 보여준다.

고가치 제조 캐터펄트[9]

캐터펄트 센터들의 위치

1. 고급 포밍 연구 센터 (스트래스클라이드대학교)
2. 프로세스 혁신 센터 (윌턴 앤 세치필드)
3. 핵 고급제조 연구 센터 (맨체스터 앤 셰필드대학교)
4. 고급 제조 연구 센터 (셰필드대학교)
5. 워릭 제조 그룹 (워릭대학교)
6. 제조 기술 센터 (코번트리)
7. 국립 합성 센터 (브리스톨대학교)

(2) 프랑스의 미래공장

프랑스의 디지털 매뉴팩처링 활동은 프랑스어로 채워진 웹사이트들이 많이 검색되지만 영어로 제공되는 정보는 적다. 이런 모습은 독일의 인더스트리 4.0 자료의 많은 부분이 독일어로만 제공되는 현상보다도 더 현저한 것으로 보인다. 프랑스의 디지털 제조 활동은 EU의 팩토리 오브 더 퓨처 Factory of the Future와 인더스트리 4.0을 조합한 팩토리 오브 더 퓨처 4.0 Factory of the Future 4.0이라

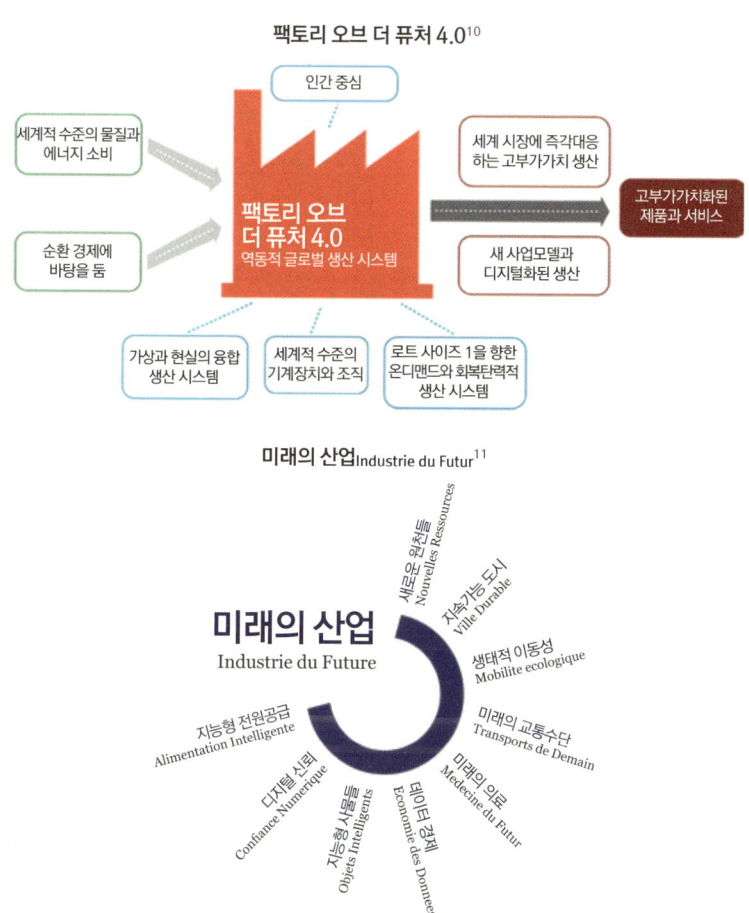

는 용어로도 나타나고 FoF를 확대하여 인더스트리 오브 더 퓨처 Industry of the Future라는 용어를 사용하기도 한다.

미국의 리쇼어링

미국은 오랫동안 아웃소싱을 전략적으로 추진한 국가이다. 노동력이 저렴한 중국이나 인도에 비전문적인 저임금 노동에 해당하는

미국의 리쇼어링[12]

일거리, 특히 저가의 대량 제조업이나 단순 서비스업무를 외국으로 이전해 제조업 공동화를 일찍 겪은 나라이다. 이제 중국 등으로 옮겨진 제조업을 미국 본토로 다시 유치하려고 노력하고 있다. 트럼프 대통령의 정책도 이런 배경에서 출현한 것으로 보인다.

제조업을 미국 본토로 유치하기 위해 오바마 대통령은 첨단제조파트너십AMP, Advanced Manufacturing Partnership이라는 프로그램을 추진했다. 2012년에 첨단제조파트너십AMP에서 마련한 보고서에 추천한 16개의 방안 중에 제조 혁신 네트워크NNMII, National Network of Manufacturing Innovation Institutes를 구축하는 방안이 포함되어 있다. 제조혁신네트워크NNMII는 영국의 캐터펄트Catapult와 유사하게 지역별 거점 제조 허브regional hubs for manufacturing excellence를 설립하는 방안이며 해당 지역의 대학이 중요한 역할을 한다. 인더스트리 4.0에서 주장하는 개인 맞춤형 제품personalized product은 소규모 주문 생산이다. 지역별 거점 센터나 센터를 매개로 연결된 중소 제조업체들이 생산을 담당하는 것이 경쟁력을 가질 수 있다.

리쇼어링 대 오프쇼어링[13]

리쇼어링과 오프쇼어링을 비교하고 선택하기 위해 고려해야 하는 요소들을 보여주고 있다.

2010년에 「미국 일자리 창출과 해외 아웃소싱 종료 법Creating American Jobs and Ending Offshoring Act」 법안이 발의되었다가 폐기된 적이 있다. 제조업의 오프쇼어링을 중단하여 일자리를 창출하겠다는 의지를 보여준다. 법안 통과는 성공하지 못했지만 이런 움직임은 트럼프 대통령의 공약과 정책 추진의 배경이다.

2013년에 시작한 미국의 스마트 아메리카 챌린지SAC, Smart America Challenge는 이러한 개방 생태계를 사이버물리시스템에서 구현하는 4차 산업혁명적 프로젝트다. 100여 개가 넘는 기관이 참여해 미국 사회의 미래 성장 테스트베드 구축에 도전하고 있다. 사물인터넷의 초연결망으로 현실과 가상이 융합하는 새로운 차원의 스마트 시티를 구현하려는 것이다. 스마트 공장 개념은 원래 스마트 홈에서 빌려서 발전시킨 것이므로 스마트 제조를 위해 스마트 아메리카 챌린지 개념을 발전시키는 것도 바람직할 것이다.

중국제조 2025

세계 경제의 활성화를 이끌면서 장기간에 걸쳐 급성장한 중국의 경제도 이제는 한 자리 숫자 증가율로 내려앉고 있다. 또한 선진국들이 제조업을 자국으로 회귀하려는 노력을 강화하고 있다. 이에 대응방안으로 어느 정도 수준에 오른 제조업을 분야별로 세계 최고수준으로 올려 제조 대국에서 제조 강국으로 변신하겠다는 전략으로 '중국제조 2025 프로젝트'를 추진하고 있다. 아래 그림은 5대 공정과 8대 전략을 보여준다. 국가 규모가 크기 때문에 선택과 집중보다는 전반적인 향상을 추진하는 것으로 판단된다.

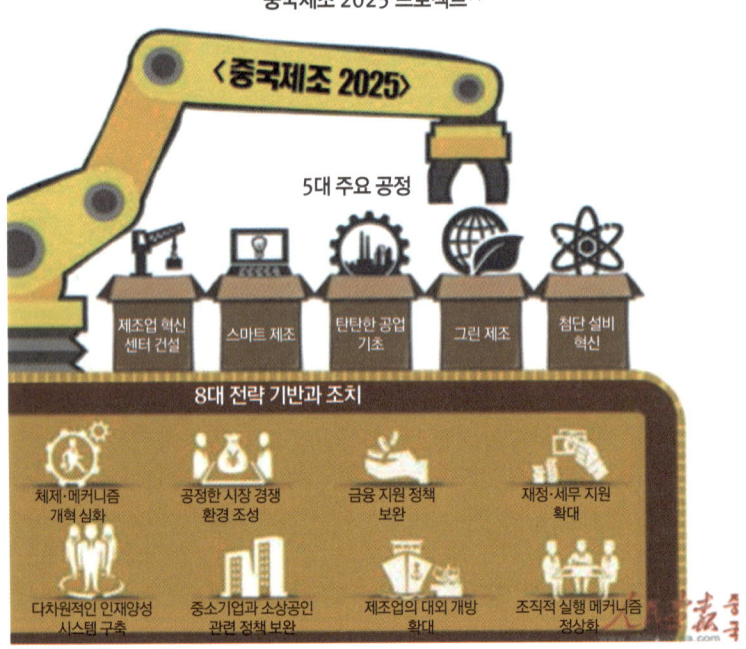

중국제조 2025 프로젝트[14]

중국제조 2025의 주요 계획지표[15]

분류	계획지표	2013년	2015년	2020년	2025년
혁신 역량	규모이상 제조업체 매출액 대비 연구개발 지출 비중(%)	0.88	0.95	1.26	1.68
	규모 이상 제조업체 매출 1억 위안당 발명 특허수(건)	0.36	0.44	0.7	1.1
질적 성과	제조업 품질경쟁력 지수	83.1	83.5	84.5	85.5
	제조업 부가가치 증가율 제고	-	-	2015년 대비 2.0%p 증가	2015년 대비 4.0%p 증가
	제조업 노동생산성 증가율(%)	-	-	7.5	6.5
IT 제조업 융합	인터넷 보급률(%)	37	50	70	82
	디지털 R&D 설계 도구 보급률(%)	52	58	72	84
	핵심공정 CNC 비중(%)	27	33	50	64
친환경 성장	규모 이상 기업의 산업생산량 단위당 에너지 소모 감축 비율(%)	-	-	2015년 대비 18% 감축	2015년 대비 34% 감축
	산업생산량 단위당 이산화탄소 배출 감축 비율(%)	-	-	2015년 대비 22% 감축	2015년 대비 40% 감축
	산업생산량 단위당 수자원 사용 감축 비율(%)	-	-	2015년 대비 23% 감축	2015년 대비 41% 감축
	공업용 고체폐기물 사용률(%)	62	65	73	79

위 표는 중국제조 2025 프로젝트에서 목표로 하는 주요 계획지표를 수치화하여 보여준다. 한국과 비슷하게 세분화된 지표와 연도별의 수치화된 목표를 참고할 수 있다.

한국에 대한 시사점

2008년 세계 경제 위기 시 한국경제의 샌드위치 상황에 대한 경고가 있었다. 주로 일본의 고급 기술과 금융력, 그리고 중국의 저임금 노동력의 사이에서 한국의 경제가 설 땅을 잃을 수 있다는 경고였다. 하지만 근래에 진행된 인더스트리 4.0과 디지털 제조에 대한 선진국들의 노력은 일본과 중국의 위협을 넘어섰다. 최선진국

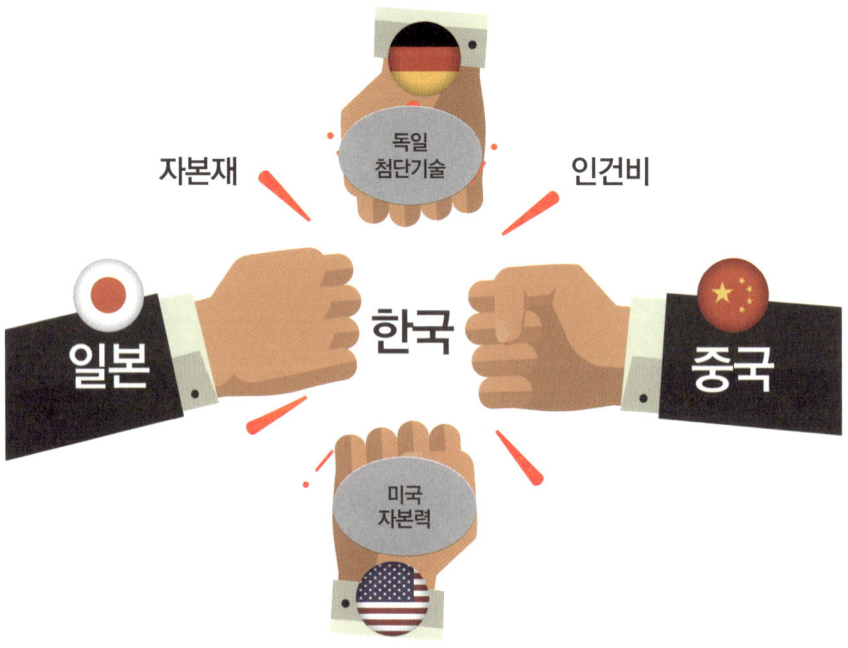

한국 경제의 샌드위치 상황

인 미국과 독일까지도 한국의 제조업 공동화를 더 심화시킬 수 있다. 이에 따라 한국의 구조적인 장기불황이 심화될 가능성이 높아지는 모습이다.

선진국을 포함한 각국의 제조업 활성화 노력은 후발 개발국들에서는 때 이른 탈산업화 premature de-industrialization라는 현상을 가져오고 있기도 하다. 인도와 인도네시아는 1인당 국민소득이 6,000~7,000달러인 저임금 국가인 상태에서 이미 제조업의 비중이 감소하기 시작했다는 관찰이다. 한국은 다행히 1989년경에 제조업 피크를 넘어 현재는 줄어들고 있어 선진국들의 피크 값과 비슷한 것으로 평가되고 있다. 인더스트리 4.0과 같은 제조업의 디지

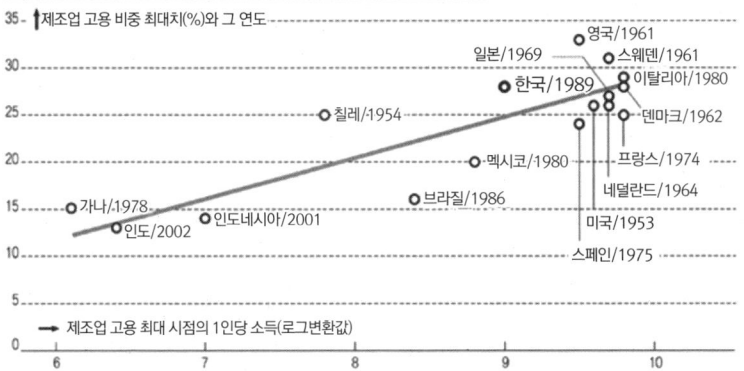

때 이른 탈산업화[16]

털화를 통해 국가 간 양극화가 커질 것이므로 한국은 계속해서 선두그룹에 남아 있기 위해 노력이 필요하다.

4장

스마트 제조

김영훈
포스코 경영연구원 수석연구원
서울대학교 기계공학과를 졸업했고 동 대학원 기술경영경제정책 협동과정에서 경제학 박사학위를 받았다. 현재는 포스코 경영연구원 철강연구센터에서 제조혁신과 스마트 팩토리 등을 연구하고 있다. 주요 저서로는 『창조경제, 이스라엘에서 배운다』(포스코 경영연구원, 2014)가 있다.

이태진
메타넷글로벌(구 액센츄어 코리아) 전무, 한국상품학회 부회장, 한국스마트제조산업협회 창립 멤버
고려대학교 산업공학과를 졸업했고 동 대학원에서 석사학위를 받았다. 그후 고려대학교 기술경영전문대학원에서 박사를 수료했다. 현재 메타넷글로벌의 인더스트리 컨설팅 본부장을 담당하고 있다. 중공업 및 기계 산업 분야의 글로벌 기업들을 대상으로 IT 시스템을 통한 혁신 전문가로 활동하며 제조업의 공장 운영 최적화 및 효율화, IT 전략, 글로벌 운영 전략 및 디지털 혁신 분야의 프로젝트를 수행해왔다. 특히 연구 개발, 생산, 물류 분야 등 다양한 밸류 체인의 전문가로 23년여의 경험이 있다. 최근 인더스트리 4.0 시대를 맞이해 스마트 팩토리 분야의 오피니언 리더로 다양한 강연과 관련 프로젝트에 참여하고 있다.

※ 4장 1은 김영훈이 썼고 2는 이태진이 썼다.

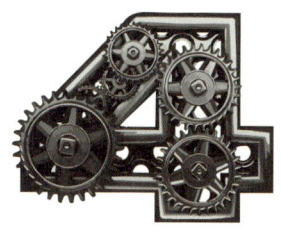

Industrie 4.0

1
아우토노믹 4.0 사업

전통적으로 제조업을 중시했던 독일정부는 2004년부터 정보통신과 미디어 분야를 강조하고 제조업과 융합하기 위해 노력했다. 인더스트리 4.0은 2010년 하이테크전략 2020의 일환으로 추진되었다. 하이테크전략 2020은 정보통신, 미디어, 사물인터넷이 제조혁신 전략과 결합된 정책이다. 아우토노믹 4.0은 자율생산 시스템 Autonomous System을 구축하고 중소기업에 확산하기 위해 기획된 하이테크전략 2020의 제조혁신 사업이다.

아우토노믹 4.0은 크게 기술개발과제와 복합과제로 구성되며 총 15개 과제가 추진되고 있다. 기술개발과제는 인더스트리 4.0의 핵심 요소기술인 사이버물리시스템, 분산제어, 사물인지, 머신러닝 기술을 다루며 산학연의 다양한 기관들이 독자적인 방식으로 협업하고 있다. 복합과제에서는 개발된 기술의 사업화 및 비즈니스 모델

독일 인더스트리 4.0의 주요 연구 개발 사업

프로젝트	연구내용	기간(년)	예산(유로)
테세우스 Theseus	시멘틱 기술 기반 사물인터넷 서비스 모델	2007~2012	1억
트러스티드 클라우드 Trusted Cloud	혁신적이고 안전하며 합법적인 클라우드 컴퓨팅	2010~2015	5,000만
스마트 데이터 Smart Data	빅데이타 분석	2014~2017	3,000만
넥스트 미디어 Next Media	네트워크로 연결된 작업환경	2005~2011	3,700만
시프로스 CyProS	스마트공장의 사이버물리시스템 운용방식과 도구개발	2012~2015	560만
카파플렉시 KapaflexCy	사이버물리시스템을 활용한 유연생산 시스템 구축	2012~2015	270만
프로센스 ProSense	인공지능 및 지능형센서 기반 생산관리 실현	2012~2015	308만
아우토노믹 Autonomik	중소기업을 위한 미래 인터넷 제조, 제품, 서비스	2009~2016	9,300만

(출처: 김은, 2014)

아우토노믹 4.0 사업의 과제 리스트

구분	과제명
기술개발과제	(1)코코스, (2)컬트랩3D, (3)이노사이퍼, (4)인벤트에어리 (5)FTF 아웃 오브 박스, (6)오파크, (7)르앱 (8)스마트 페이스, (9)스마트 사이트, (10)스마트 팩토리
복합과제	(11)앱시프트, (12)인사, (13)마누서브, (14)모션EAP, (15)제미니

(자료: http://www.autonomik40.de)

에 관한 연구, 기술의 부작용을 최소화하는 인문사회학적 연구가 중심이다.

코코스

코코스CoCoS는 '사이버물리제조시스템을 구축하기 위한 상황인지 및 서비스 인프라Context-Aware Connectivity and Service Infrastructure for Cyber-Physical Production Systems'의 약자이다. 공장을 구성하는 모든 요소가 상황 변화를 스스로 인지하고 인근 설비와 상호 소통함으로써 최적의 의사결정을 하는 서비스 플랫폼을 구축하는 과제이다.

기존 공장에서 의사결정은 중앙에서 현장으로 명령을 하달하는 체계였다. 전사적 자원관리ERP 시스템이 공장단위의 생산관리시스템MES 및 프로그램 가능 논리 제어 장치PLC로 명령하는 구조로 대기업의 피라미드식 의사결정 구조가 공장 내부에서도 그대로 적용되었다. 하지만 미래에는 공장 안에 있는 모든 반제품, 완제품, 설비에 독자적인 정보처리 및 통신장치가 있기 때문에 외부환경에 변화가 있을 경우에 상부의 명령을 기다리기 전에 인근 장치와 상호 소통하고 현장에서 최적의 의사결정을 내릴 수 있다.

공장 안의 밸류체인은 '소재구매-부품가공-제품조립-제품유통'으로 구성된다. 코코스 과제의 목표는 생산라인이 자율의사결정을 손쉽게 하기 위해 '플러그 앤드 프로듀스Plug & Produce' 인프라를 구축하는 것이다. 상호소통을 위해서는 설비 간 표준화가 필요하다. 하지만 실제 현장에는 다양한 메이커들의 설비들이 있다. 개별 설

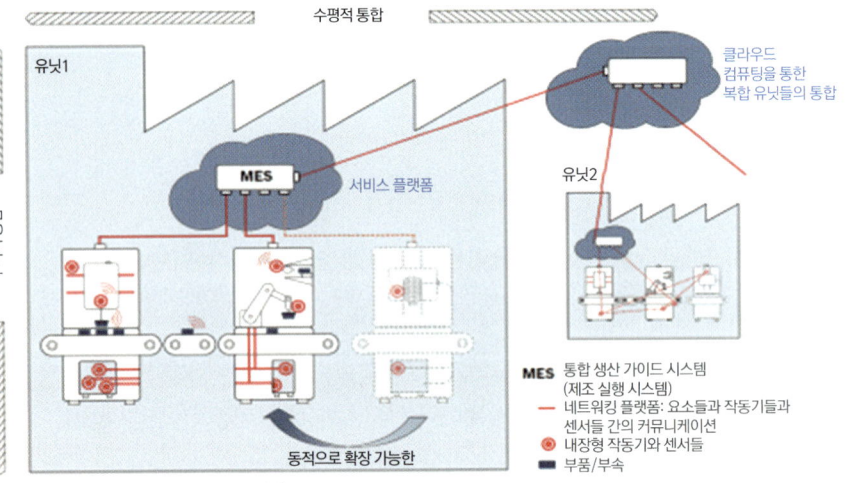

(출처 : www.CoCoS-Project.de)

비들은 메이커들이 선택한 운영체계와 소프트웨어로 구동되기 때문에 서로 정보를 소통하고 상황을 공유하는 것은 매우 어려웠다. 하지만 공장 내 모든 생산요소에 스마트 센서가 부착되고 표준화 과정이 이뤄진다면 까다로운 고객주문이 접수되거나 직전 공정에서 문제가 발생하는 등 외부환경이 아무리 급작스럽게 변하더라도 현장은 생산성을 유지한 채로 안정적으로 조업을 지속할 수 있다.

코코스를 통해 기존 생산 환경을 크게 바꾸지 않고 이종 생산설비 간에도 상호소통이 가능한 제조 서비스 플랫폼이 구축될 수 있다. 과제에서는 공장 내의 모든 생산설비, 이송장치, 부품소재와 완제품에 무선자동 정보인식장치RFID를 부착하고 와이파이 및 산업 이더넷 등을 연결함으로써 사물인터넷 공장 테스트베드를 구축했다. 소프트웨어 및 솔루션은 자율구성, 자가탐지 및 치료, 가상화 및 보안 분야를 중심으로 개발되고 있으며 클라우드 환경에서도 서비스되는 모델을 구상하고 있다. 이를 통해 다품종 소량생산 주문에도 대응할 수 있고 언제 어디에서든지 클라우드를 통해 접속할 수 있는 스마트 팩토리 환경의 레퍼런스 모델이 나올 것으로 기대된다.

과제의 주관사는 보쉬사이며 '플러그 앤드 프로듀스' 환경을 위한 커넥터와 하우징을 개발하고 있다. 협력사로 프라운호퍼 제조엔지니어링 및 자동화 연구소 MEA는 가상 제조환경을 위한 버추얼 포트녹스 Virtual Fort Knox 기술을 개발하고 있고 독일인공지능연구소 DFKI는 테스트베드를 가동하고 있다.

컬트랩3D

컬트랩3D CultLab3D은 국가 문화재를 3D 디지털 기술로 스캐닝하고 데이터베이스에 저장하는 과제이다. 3D 저장 및 복원기술을 통해 소중한 문화유산들이 지진, 화재, 전쟁 등으로 파손되어도 완벽하게 복원될 수 있다. 뿐만 아니라 디지털 도서관 등의 콘텐츠 등 다양한 교육자료로도 활용될 수 있다. 특히 이 과제에서 획득한 요소기술은 단지 문화재 관리에만 사용되는 것이 아니라 공정설계 도면과 생산공정 등의 정보를 3D로 저장하고 가상공간에서 구현하는 데 쓰일 수도 있다. 이러한 가상현실 기술은 사이버물리시스템 구축을 위한 기반이 될 것이다.

주관사는 프라운호퍼 가상현실 연구소이며 정보처리, 3D 스캔, 로봇 관련 다양한 벤처기업이 협력사로 참여하고 있다.

컬트랩3D 과제

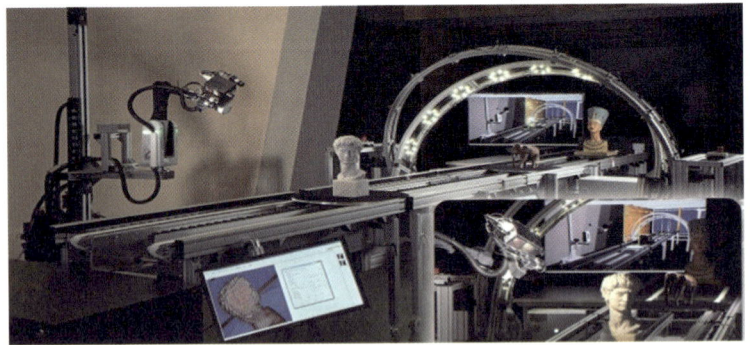

(출처 : www.cultlab3d.de)

이노사이퍼

이노사이퍼InnoCyFer는 생산관리 혁신에 개미의 집단 의사소통 방식을 접목한 과제이다. 개미들의 의사소통은 중앙집중이 아니라 분산제어 방식이기 때문에 미래 생산방식을 설계하는 데 도움을 줄 수 있다.

개미들이 먹이를 발견했을 때 동료에게 어떻게 위치를 전달하는지, 경로상에 장애물이 생길 때 어떻게 이동경로를 수정하는지, 동료와 어떻게 정보를 공유하는지 등을 파악하고 컴퓨터 알고리즘으로 만들 수 있다고 가정해보자. 이 과제에서는 '디지털 냄새 추적 Digital Scent Trails' 시스템을 구축하고 고객주문이 바뀌거나 특정 설비가 고장이 날 경우 어떻게 개별설비들이 서로 의사소통을 하고 최선의 선택을 하도록 프로그래밍되어야 하는지 연구하고 있다.

과제는 '고객주문-제품디자인-부품조달-제품생산-고객배송'이라는 생산의 전 공정을 파악할 수 있는 웹 기반 플랫폼 구축에서부

이노사이퍼 과제

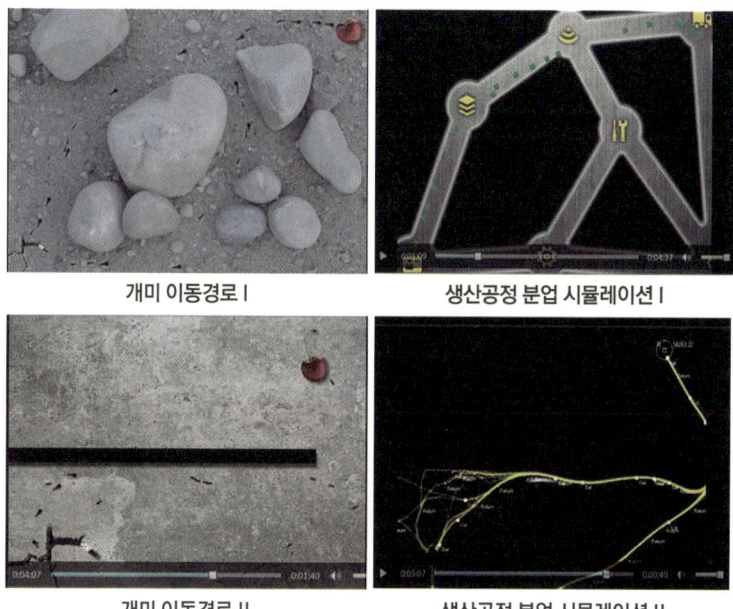

개미 이동경로 I   생산공정 분업 시뮬레이션 I

개미 이동경로 II   생산공정 분업 시뮬레이션 II

(자료 : www.innocyfer.de)

터 시작한다. 플랫폼은 갑작스러운 문제에 다양한 전문가들이 즉각 대응할 수 있는 개방형 모델로 구축된다. 예를 들면 다양한 소프트웨어 개발자들을 위한 툴킷, 다양한 생산원가와 가공시간을 적용하고 최적 생산경로를 시뮬레이션할 수 있는 시스템, 고객주문이 갑자기 폭증하는 등 예상치 못한 돌발 상황이 발생했을 때 스트레스 테스트 환경, 급작스런 환경변화에도 안정적으로 생산이 가능한 온-오프라인 연동 제조 서비스 플랫폼을 구축하는 것이다.

뮌헨 기술대가 주관하고 있으며, 보쉬, 지멘스, 페스토 등 생산기술 분야 글로벌 기업과 프라운호퍼 기계설비 및 소재가공 연구소 IWU 등이 참여하고 있다.

인벤트에어리

인벤트에어리InventAIRy는 스마트 센서를 부착한 드론을 개발하고 물류창고에서 활용해 생산성을 높이는 과제이다. 드론들은 정해진 영역을 돌며 실시간으로 재고변화를 파악하고 인근 드론들과 정보를 공유하게 된다. 기존 물류창고에서는 바코드 또는 무선자동 정보인식장치RFID 시스템을 통해 재고가 관리되었다. 작업자가 물류창고 전 구역을 돌아다니며 재고품의 바코드를 일일이 스캔해야 했기 때문에 생산성이 좋지 않았다. 무선자동 정보인식장치RFID가 도입되면서 이러한 문제가 상당히 해결되었지만 제품을 가지런히 쌓지 않거나 주변 온도와 습도가 변할 때에는 인식률이 떨어졌다. 작업자들의 근무 태만과 잦은 인력 교체 문제도 생산성을 저해했다.

인벤트에어리의 미션은 네 가지이다.

첫째, 기존 재고관리 시스템이 바코드 및 무선자동 정보인식장치RFID 기반일 때에도 최소한의 비용으로 시스템을 업그레이드하는 것이다. 드론을 활용하는 것이 아무리 생산성이 높더라도 기존 시스템을 완전히 교체해야 한다면 전혀 경제적이지 않기 때문이다.

둘째, 비행능력이 뛰어나고 스마트한 드론을 개발해야 한다. 우선 비행 중에 장애물과 충돌해도 파손이 적어야 한다. 환경변화에도 위치감지 능력이 뛰어나야 하기 때문에 초음파 센서, 3D 카메라, 레이저 스캐너 등의 기술이 접목되어야 한다. 2개 이상의 드론을 사용할 경우, 주변 드론의 비행경로를 예측하고 에너지 소비를 최소화하는 프로그램도 필요하다.

인벤트에어리 과제

좌측 자율비행로봇 시뮬레이션이고 우측 자율비행로봇 외관이다. (자료 : www.inventairy.de)

셋째, 다양한 산업에서 응용가능한 솔루션이 개발되어야 한다. 자동차 산업의 경우 재고관리 시스템은 완제품보다 협력사인 부품소재업체에 적용될 때 상대적으로 효과가 크다. 그 외에도 섬유산업, 부품소재, 유통산업 등 다양한 산업에서 확대 적용이 가능한 솔루션 개발이 중요하다.

넷째, 중소기업을 위한 저렴한 시스템을 개발해야 한다. 대다수 중소기업들은 드론을 활용한 재고관리 시스템이 효과적일 것이라고 생각한다. 하지만 시스템 설치와 유지보수에 많은 비용이 소요되기 때문에 실제 도입하는 것은 주저한다. 본 과제는 핵심기능 중심으로 시스템을 압축하고 미들웨어 개발을 통해 기존 시스템과 최소의 비용으로 연동되는 저가 보급형 시스템을 개발하고 있다.

주관사는 프라운호퍼 물류연구소IML이다. 독일정부는 인더스트리 4.0 구상을 완성하기 위해 유통 및 물류 부문의 혁신을 강조하고 있다.

FTF 무인지게차 테스트

(출처 : www.ftf-out-of-the-box.de)

에프티에프

에프티에프FTF의 목표는 스마트 지게차, 현장 작업자와 협업하는 무인 지게차 시스템을 구축하는 것이다. 스마트 지게차는 사람이 목소리와 손짓으로 소재와 부품을 옮기라고 지시할 경우 정확히 인지하고 작업을 수행할 수 있다. 이를 위해 3D 카메라, 고도의 음성인식, 광학기술 등이 접목된 지게차가 개발되었다. 특히 지시자의 컨디션에 따라 목소리 및 손짓 상태가 명확하지 않은 경우가 있는데 스마트 지게차는 머신러닝과 인공지능 기술을 통해 그런 비정상적인 작업지시에도 최적으로 대응할 수 있는 솔루션이 내장되어 있다.

기계산업 외에 식품산업 등 물류와 유통이 중요한 산업이라면 다양하게 적용될 수 있도록 유연한 지게차 시스템이 개발되고 있다. 숙련인력 한 명만 있다면 다수의 무인지게차를 운영할 수 있기 때

오파크 증강현실 엔지니어링

(출처 : www.opak-projekt.de)

문에 중소기업은 재고관리 비용을 현저히 줄일 수 있다.

주관사는 지게차 제작업체인 융하인리히사이며 스캐너 및 카메라 제작업체인 바슬러와 통합생산관리시스템 개발을 주력으로 하는 프라운호퍼 IPH 등이 참여하고 있다.

오파크

미래공장이 다품종 소량생산에 대응하기 위해서는 다양하고 가변적인 생산공정이 갖춰져야 한다. 하지만 이러한 공장을 짓기 위해서는 높은 엔지니어링 비용을 감내해야 한다. 오파크OPAK의 목표는 3D 기반 엔지니어링 플랫폼을 구축하는 것이다. 다양한 고객 니즈에 대응하기 위해 컨베이어 벨트를 어떻게 배치해야 하는지, 주문이 바뀔 때마다 기계 설비들은 어떤 순서로 가동해야 하는지 등 다양한 시나리오를 시뮬레이션할 수 있다.

총 4개의 플랫폼이 테스트베드 형태로 운영되고 있다. 에이시스 그룹과 페스토사가 부품 이송기, 컨베이어 벨트, 압축 실린더 등 간단한 설비로 구성된 생산라인을 구축하고 고객주문이 바뀔 때마다 생산방식이 어떻게 바뀌는지 3D 가상현실을 통해 시뮬레이션 하는 플랫폼을 구축했다. 오스트베스트팔렌대와 페스토 디댁틱사는 '플러그 앤드 프로듀스Plug and Produce'가 가능한 레고블록 조립 방식을 차용한 스마트 팩토리를 운영하고 있다.

르앱

르앱ReApp의 목표는 오픈소스를 기반으로 한 로봇 운영 시스템 ROS, Robot Operating System을 개발하는 것이다. 기존 산업용 로봇은 중소기업이 도입하기에는 경제성 문제가 있었다. 따라서 중소기업도 무리 없이 사용할 수 있는 산업용 로봇 플랫폼을 구축해야 한다. 우선 로봇에 대한 전문적 지식이 없더라도 새로운 보급형 로봇을 현장에 직접 적용했을 때 어떤 효과가 발생되는지 쉽게 시뮬레이션할 수 있는 플랫폼이 필요하다. 이러한 플랫폼에는 다른 공장에서 효용성이 검증된 중고 로봇과 솔루션에 대한 정보도 공유된다. 이미 산업용 로봇 시스템을 운영 중이라면 신형모델을 도입할 경우 기존 시스템과 호환되도록 지원하는 다양한 미들웨어 및 소프트웨어 개발, 표준화 부품에 대한 라이브러리 및 개발 툴킷도 제공된다.

플랫폼은 세 개의 테스트베드에서 운영되고 있다. 첫째, 자동차 부품업체를 위한 플랫폼이다. 고객층이 다양해지면서 완성차 업체

르앱 완성차 업체 테스트베드

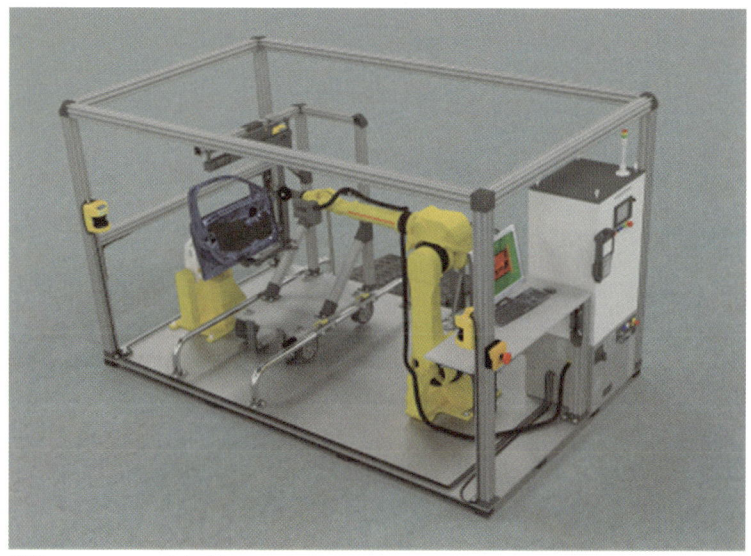

(출처 : www.reapp-projekt.de)

가 부품업체에 요구하는 주문들이 점차 까다로워지고 있다. 부품업체들은 플랫폼을 통해 새로운 솔루션을 손쉽게 다운로드하고 기존 산업용 로봇의 작업방식을 손쉽게 업데이트할 수 있다. 둘째, 완성차 업체를 위한 플랫폼이다. 차종에 따라 도어조립 방식도 다양한데 산업용 로봇이 플랫폼을 통해 도어 부착, 용접, 조립 이후 불량조사 등 고객주문과 작업방식을 다운로드하고 유연하게 작업을 수행할 수 있는지 연구하고 있다. 셋째, 전자 부품업체를 위한 플랫폼이다. 회로기판을 제작하는 업체도 향후에는 다양한 설계주문에 대응해야 한다. 설계도면을 다운로드하고 최적의 작업방식을 선택할 수 있도록 지원하는 플랫폼이 개발되고 있다. 프라운호퍼 생산기술자동화연구소IPA가 주관사이며 완성차 업체인 BMW 외에 다양한 기계 및 전자 부품업체들이 참여하고 있다.

스마트 페이스 분산생산제어시스템

(출처 : www.smartfactoryplanning.de)

스마트 페이스

스마트 페이스Smart Face는 예상치 못한 시점에 주문이 소량으로 들어왔을 때도 생산모드를 신속하게 변경하고 생산성을 극대화하는 분산생산제어시스템을 구축하는 과제이다. 인공지능 기반 프로그래밍을 한 상태에서 갑작스럽게 주문을 변경하고 작업순서를 바꿔야 하는 상황을 만들어놓고 개별설비들이 어떻게 판단하고 소통하고 업무를 배분하는지, 네트워크로 연결된 생산설비들이 전사 최적 관점에서 어떻게 의사결정을 하는지 모니터링하는 것이다.

자동차 조립 공정에서 테스트되고 있고 분산제어를 위한 요소기술인 스마트 센서, 네트워크 시스템, 인공지능 연구 등이 동시에 추진되고 있다. 프라운호퍼 물류연구소IML에서 분사한 벤처기업인 리노지스틱스Linogistix사가 주관하고 있으며 폭스바겐 등 자동차업체 외에 물류 및 자동화업체들이 참여하고 있다.

스마트 사이트

스마트 사이트Smart Site는 고속도로 포장에 필요한 모든 공사장비를 네트워크로 연결하고 최적의 작업환경을 서비스하는 개방형 플랫폼을 구축하는 과제이다. 통상 업계에서는 재료불량 및 작업오류를 사전에 파악하지 못하고 고속도로 건설에 드는 비용의 5% 이상을 보수공사에 쓰고 있다. 스마트 사이트의 개방형 플랫폼을 통해 이러한 비용을 얼마나 절감할 수 있는지를 테스트하고 있다.

우선 작업차 롤러에 센서와 통신모듈을 부착하고 아스팔트의 온도와 밀도 등 도로상태와 관련된 정보를 취합한다. 그리고 플랫폼을 통해 작업현장의 기온, 강수, 풍량 등 외부환경 데이터는 물론 작업현장 주변의 교통상황, 주택 소유자의 불만사항 등에 대한 정보도 취합되고 이를 종합적으로 반영한 최적의 솔루션이 제안된다.

스피드 팩토리

패션 및 스포츠 산업에서 '나만을 위한 제품 주문'이 빠르게 증가하고 있다. 스피트 팩토리는 이러한 변화에 대응하기 위한 테스트 베드이다. 아디다스사는 2004년 '마이 아디다스' 프로젝트를 통해 맞춤 운동화 제조사업을 시작했다. 하지만 고객이 직접 매장을 방문해야 했고 주문에서 배송까지 6주 이상이 소요되었다. 특히 맞춤 제작의 범위가 외피의 컬러와 디자인 일부를 변경하는 정도였기 때

아디다스 스피드 팩토리 사업

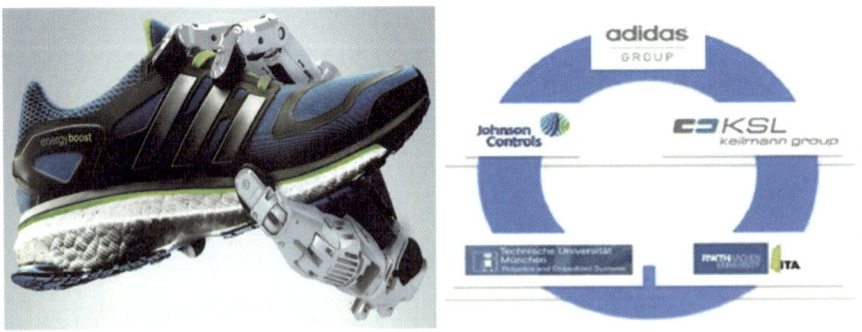

왼쪽은 스피드 팩토리에서 만든 아디다스 운동화이고 오른쪽은 스피드 팩토리 추진체계이다. (자료 : www.fortiss. org, www.adidas-group.com/adidas_speedfactory)

문에 제작기간이 길어도 수작업으로 완벽한 맞춤 운동화를 만들던 중소업체와 비교했을 때 경쟁력이 떨어졌다.

2013년부터 아디다스사는 스피트 팩토리 사업을 시작하면서 이러한 한계를 극복하고 있다. 온라인 주문을 통해 나만의 기호에 맞는 '배치 사이즈 1 Batch Size 1' 생산체계를 구축한 것이다. '배치 사이즈 1' 생산을 하겠다는 것은 한 건의 고객주문에도 대응하겠다는 의미이다. 통상적으로 배치 사이즈가 감소할수록 생산모드가 자주 바뀌기 때문에 단위 생산비용이 상승한다. 하지만 아디다스사는 인더스트리 4.0 기술을 결합할 경우 다품종 소량생산 체계에서도 수익성이 있는 스피드 팩토리를 구축할 수 있다고 믿고 있다.

스피드 팩토리에서는 외관의 색상 및 디자인 패턴뿐만 아니라 제품의 갑피, 안감, 뒷굽, 끈, 깔창 등 신발의 대부분의 소재까지 취향대로 선택할 수 있다. 주문에서 배송까지도 며칠 정도만 소요된다. 주관사는 아디다스사이고 4개의 산학연 기관이 소재가공 및 조립 공정의 자동화 분야에서 협력하고 있다.

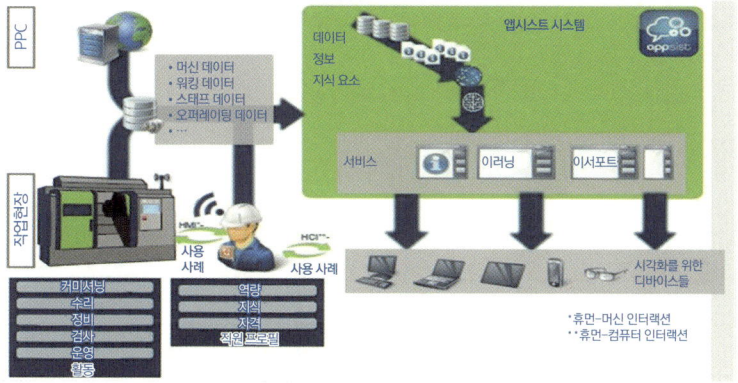

디지털 도제 프로젝트 개요. (출처 : ruhr-universitat bochum, 2014)

앱시스트

앱시스트APPsist는 숙련 근로자의 노하우를 디지털 정보로 데이터베이스화하고 디지털 도제시스템을 구축하는 과제이다. 사이버물리제조시스템CPPS 및 분산제어시스템DCS을 완벽히 구현하기 위해서는 현장 근로자의 노하우가 어떤 방식으로든 시스템에 디지털화되어야 한다. 이러한 디지털 도제 플랫폼이 구축될 경우, 미숙련 신임 작업자가 숙련 근로자의 노하우를 이전받고 즉시 작업을 수행할 수 있다.

숙련 근로자의 노하우는 가상현실VR, 증강현실AR, 웨어러블 디바이스 등 다양한 디지털 매체를 통해 데이터베이스화되고 있다. 그리고 공장운영을 위한 다양한 노하우들, 예를 들면 시운전, 유지보수, 검사 관련 솔루션 등을 손쉽게 습득할 수 있도록 다양한 교육용 소프트웨어가 개발되고 있다.

주관사는 산업용 자동화 기업인 페스토사이다. 공구제작사와 엔지니어링 업체 메서슈미트-뵐코브-블롬MBB과 브라반트 앤 레네르트Brabnat&Lehnert 외에 근로자 대표로 강성노조인 금속노조에서도 참여하고 있다.

인사

로봇이 사람과 협업하는 데 가장 큰 걸림돌은 안전문제이다. 실제 산업용 로봇은 작업자의 안전을 위해 방어벽으로 둘러싸인 공간에 고정된 채 작동된다. 인사InSA는 작업자와 로봇이 협업제조를 할 때 안전 및 생산성 문제를 동시에 해결하기 위해 서로의 행동패턴을 인식하는 프로그램을 개발하는 과제이다.

특정 작업자와 로봇이 짝을 이뤄 일정 기간 특정작업을 수행하게 하고 사람의 행동 정보를 로봇에 입력하는 작업을 반복함으로써 파트너가 비정상적인 행동을 하는 등 작업불량 가능성이 높을 때 최적의 행동으로 대응하게 하는 것이다. 예를 들면 작업자로부터 위험신호가 포착될 경우 용접 등을 수행하는 로봇은 스스로 속도를 줄이거나 작동을 한시적으로 멈추고 인근 로봇에 남아 있는 작업을 명령하는 등의 의사결정을 수행한다.

이 과제에서는 현재 구축된 시스템을 훼손하지 않는 범위 내에서 어떻게 로봇과 작업자가 최소한의 비용으로 협업제조가 가능한지를 연구하고 있다. 조립라인 일부에서 신형 협업로봇을 도입할 경우 작업자가 기존에 일하는 방식을 크게 바꾸지 않고 어떻게 로봇과 업무를 분담할 것인지, 반대로 로봇이 작업하는 공간에 사람이

인사 과제

(출처: www.insa-projekt.de)

추가로 투입될 경우 업무는 어떻게 분담할 것인지에 대한 솔루션이 제시된다. 뉴스타 모바일 솔루션사가 주관사이며 티센크루프 엔지니어링과 브레멘대학 등이 참여하고 있다.

마누서브

마누서브MANUSERV는 산업용 로봇의 사용자와 개발자를 연결하는 플랫폼을 구축한다. 플랫폼에서 사용자들은 자사에 어떤 로봇이 필요하며 한 대를 도입할 때마다 어느 정도 생산성이 향상되는지를 가상환경에서 시뮬레이션할 수 있다. 플랫폼에서는 신형 로봇을 추천하고 추가로 어떤 하드웨어와 소프트웨어를 사야 하는지도 서비스된다. 개발자들을 위해서는 디지털 카탈로그를 작성할 수 있는 툴킷이 제공되며 고객사에 자신의 로봇 솔루션이 어떻게 생산성 향

마누서브 과제

작업자와 로봇과의 협업 시뮬레이션. (출처 : www.manuserv.de)

상에 기여하는지를 홍보하는 마케팅 채널도 제공한다.

  총 세 개의 테스트베드가 가동되고 있다. 첫째, 가전제품 조립라인에서 한쪽은 수작업을 시키고 다른 쪽은 로봇과 협업하게 한 후에 생산성을 서로 비교하고 있다. 둘째, 로봇으로 페트병을 제작하게 하고 다양한 작업방식을 어떻게 프로그래밍할 수 있을지 테스트하고 있다. 셋째, 제조업이 아니라 목장과 같은 1차 산업에서도 협업로봇이 활용될 수 있는지 테스트하고 있다. 현재 테스트베드는 젖소목장에 도입되어 방목에서부터 축사 청소, 착유 등의 업무에 서비스 로봇이 어떻게 기여할 수 있는지를 점검하고 있다.

  도르트문트대의 기술이전연구소RIF가 주관하고 있으며 농업기술 전문 지이에이팜GEA Farm 테크, 페트병 글로벌 제작업체 KHS 등이 참여하고 있다.

모션EAP 테스트베드

모션EAP 시뮬레이션 테스트베드. (출처: www.motioneap.de)

모션이에이피

모션이에이피motionEAP에서는 작업공간에 다양한 카메라와 센서를 설치하고 작업자의 행동패턴과 생산성과의 상관관계를 분석한다. 작업자가 비정상적인 행동을 보일 때마다 불량 발생으로 연결될 가능성이 어느 정도인지 계산하고 작업자에게 위험을 경고하는 시스템을 개발하고 있다. 이를 위해서는 작업자의 심리상태를 파악하는 것이 중요한데 표정인식 기술 등을 접목해 작업자의 심리상태를 예측하는 연구도 병행되고 있다. 예를 들면 고령직원이나 장애등급이 있는 작업자를 채용할 경우 다양한 여건이 20~40대 일반 작업자와 다르기 때문에 이러한 차이를 반영한 인간공학 연구가 필요하다. 또한 업무가 너무 과다하거나 불량발생 가능성이 높다는 이유로 너무 잦은 경고 메시지를 보낼 경우 작업자의 스트레스가 어떻게 증가하는지, 작업자의 사생활이 모니터링되는 것이 윤리적인 측면에서 어떻게 예상치 못한 부작용을 야기하는지, 이를 최소화하기 위해서는 어떤 접근이 필요한지 등 다양한 복합연구가 수행되고 있다.

총 네 개의 테스트베드가 운영되고 있다. 첫째, 조립라인에 3D 카메라와 센서를 부착해 위험상황을 대상자에게 통보하고 나타나는 반응을 연구하고 있다. 둘째, 조립라인에서 주문을 수시로 바꿀 경우 작업자들이 어떠한 행동을 보이고 어떻게 대응하고 있는지를 점검하고 있다. 셋째, 작업자에 다양한 주문을 주되 순서에 구애받지 않고 조립작업을 수행하게 할 경우 생산성이 감소하는지를 조사하고 원인이 무엇인지 파악하고 있다. 넷째, 바로 옆의 작업자에게 다른 작업을 수행하게 했을 때 발생되는 심리적 변화를 파악하고 있다. 아우디사가 주관사로 참여하며 공구제작사 베세이툴, 에슬링겐 공과대, 슈트트가르트대 등이 참여하고 있다.

제미니

제미니GEMINI는 인더스트리 4.0을 통해 개발된 기술을 어떤 비즈니스 모델로 사업화할 것인지를 연구하는 과제이다. 총 다섯 개의 기술개발 과제를 대상으로 연구되고 있다. 비즈니스 모델에 대한 논의는 온라인상의 오픈 플랫폼(www.innovations-wissen.de)에서 진행 중이다. 아우토노믹 사업 참여자 외에 다방면의 전문가들이 참여하고 경험과 노하우가 공유되고 있다. 주관사는 파더보른대이며 프라운호퍼 생산기술전문연구소IPT와 IT 솔루션 업체 등이 참여하고 있다.

아우토노믹 4.0의 시사점

첫째, 진정한 제조혁신을 이루기 위해서는 기술개발뿐만 아니라 인문, 사회, 경영학 관점의 다양한 연구도 동시에 진행되어야 한다. 독일의 아우토노믹 4.0 사업에서 기술개발 과제는 10개이며 나머지 5개 과제는 인간공학, 노동패턴, 심리학, 비즈니스 모델 연구 등으로 구성되어 있다.

둘째, 정부는 명확하고 일관적인 목표를 제시하고 다양한 방식으로 문제를 해결하는 다양한 현장의 접근법을 존중해야 한다. 예를 들면 분산제어 시스템을 개발하기 위해 아우토노믹 4.0 사업에서는 '스마트 페이스' 과제를 통해 자동차 및 기계공학 관점에서 추진되고 있다. 동시에 '이노사이퍼' 사업을 통해 생물학적 관점에서도 접근되고 있다. 물류혁신 연구를 위해 '인벤트에어리' 사업에서는 드론을 대상으로 진행되고 있지만 '에프티에프' 사업에서는 지게차를 대상으로 테스트 중이다.

셋째, 프라운호퍼라는 국책연구소의 역할도 주목해야 한다. 프라운호퍼 연구소는 아우토노믹 4.0의 15개 사업 중 7개 과제에 참여하고 있으며 3개 과제에서는 주관업체이다. 민간기업으로부터 자금을 조달하고 사업화 가능성이 있는 아이템을 중심으로 연구를 주도하고 있는 그들의 운영체계와 리더십은 참고할 만하다.

마지막으로 노조를 참여시키고 대화하는 방식이다. 제조 노하우의 디지털화가 목표인 '앱시스트' 과제에는 독일 강성노조 중 하나인 금속노조IGM가 참여하고 있다. 제조업의 디지털화는 프라이버시 문제와도 연결되어 있기 때문에 노사 간 합의를 이끌어내는 것이 중요하다. 사업추진이 지연되더라도 공감대를 이끌어낸 후 전진하겠다는 의지는 본받을 만하다.

Industrie 4.0

2
산업용 사물인터넷과 제조업의 변화

"산업용 사물인터넷으로 촉발된 4차 산업혁명은 인터넷을 통해서 서로 연계되는 사람들, 지능형 제품, 프로세스, 그리고 스마트 서비스 세상의 도래를 약속하고 있다. 특히 이러한 산업용 사물인터넷이 제조 기업에 적용되면 자원 배치, 생산 프로세스, 자재 관리, 생산 인력 관리 업무를 개선하는 가장 혁신적인 방법이 될 것으로 확신한다."[1]

제조사들은 산업용 사물인터넷IIoT, Industrial Internet of Thing이 실현시켜주는 더 큰 가시성, 더 효율적인 데이터의 활용, 기간 시스템들과의 긴밀한 통합으로 인해 생산 효율을 높일 수 있게 될 것이고 운영 인력을 유연하게 활용할 뿐만 아니라 제품의 품질 또한 향상시킬 수 있게 될 것이다. 마침내 산업용 사물인터넷은 새로운 수익원을 만들어내는 제품을 세상에 내놓을 수 있게 되고 디지털 기술을 이용한 혁신적 프로세스를 현장에 적용시킬 수 있을 것이다. 또한 스마트한 제품과 스마트한 프로세스를 연결한 새로운 형태의 스마트 서비스를 제공하며 지금까지 경험할 수 없었던 새로운 사업 모델로의 전환이 가능하게 될 것이다.

더불어 고객을 위해 훨씬 더 좋은 결과를 만들어내는 것과 같이 완전히 새로운 형태의 사업 모델을 만들어낼 것이다. 실제로 우리는 미디어와 소프트웨어 분야가 이미 오래전부터 해왔던 것과 같이 디지털로의 전환을 통해 산업용 사물인터넷이 세계 생산량[2]의 약 3분의 2 정도에 해당하는 산업에 혜택을 줄 수 있다고 생각한다. 2030년까지 산업용 사물인터넷을 통한 최적화된 생산 프로세스는 세계 경제에 수조 달러의 이익을 더해줄 수 있다. 이른바 온쇼어링 On Shoring 현상과 같이 자국으로 다시 제조업을 회귀시키는 등 장기적 차원에서의 고용 증가[3]에 상당한 개선을 가져다줄 것이다.

물론 이 모든 것은 하루아침에 일어날 수 있는 일은 아니다. 최근 1,400개 이상의 글로벌 비즈니스 리더를 대상으로 한 액센츄어의 설문조사 결과 응답자 중 84%는 산업용 사물인터넷에서 새로운 수익 흐름을 창출할 수 있다고 자신 있게 답했다. 그러나 이렇게 대답했음에도 불구하고 73%는 그렇게 할 구체적인 계획을 아직 세우지 않았으며 단지 7%가 산업용 사물인터넷 투자[4]에 대한 포괄적인 전략을 개발했음을 알 수 있었다. 잘 다듬어진 상세한 계획이 스마트 팩토리로의 전개를 가속화하겠지만 진행 속도는 제조기업마다 크게 달라질 수 있다.

우리의 경험으로 볼 때 상세한 초기 계획만으로 신기술로부터 성공적으로 가치를 창출해내는 회사는 없을 것이다. 성공적인 회사들은 상황이 변경될 때마다 대체 경로로 변경해 최종 목표에 도달할 유연한 로드맵을 추구하고 있다. 분산된 제조 환경, 고도의 자동화, 수요 기반 공장 운영 등으로 요약될 수 있는 대규모의 스마트 팩토리는 아직도 먼 미래다. 그러나 스마트 제조로 나아갈 기본적인 요소들은 이미 현실화돼 있다.

제조 기업들은 임베디드 센서와 제어 메커니즘을 통해서 생산 공정에 대해 시의적절하고 지속적인 가시성을 확보하게 되고 생산관리시스템MES이 생성하는 데이터에 고급 분석 기술을 적용해 성능상의 병목 현상을 예측 확인함으로써 생산 프로세스의 전반적인 효율성을 향상시키고, 인력과 공급망에서의 리스크를 관리하고, 제품 설계 프로세스를 개선하는 등 지금보다 바람직한 의사결정을 내릴 수 있게 된다.

앞으로 제조 기업들은 산업용 사물인터넷을 통해서 자재와 부품들이 스마트한 생산 설비와 자동으로 상호 작용함으로써 제품 조립 과정을 비용 효율적으로 컨트롤하는 고도로 자동화된 엔드 투 엔드 통합 생산 과정을 통해서 더 큰 보상을 얻게 될 것이다. 제품과 서비스의 연계를 강화할 수 있는 새로운 제품과 지금까지 없었던 새로운 서비스들이 새로운 수익을 창출할 것이다. 또한 강화된 연결성이 고객과의 관계를 괄목할 만한 수준으로 향상시킬 것이다.

스마트 팩토리를 염두에 둔 모든 회사는 다양한 모습으로 자신들만의 여정을 수립하고 도식화해야 한다. 하지만 우리는 스마트 팩토리 추진 계획을 수립할 때 여섯 가지 핵심 관점을 필수적으로 고려해야 할 것을 권고한다. 여섯 가지 핵심 관점은 설비 또는 장비, 노동력, 자재와 공급망, 비즈니스 프로세스, 플랫폼, 그리고 환경에 대한 고려이다. 각 여정은 어쩌면 대부분의 제조업의 지금 현재 상태일 수도 있는 수작업과 정적인 작업 환경에서부터 인더스트리 4.0의 스마트 팩토리 비전에서 이야기하는 수요 기반Demand Driven, 다이내믹한 환경에서 스스로 구성할 수 있는 공장으로 이행하기 위한 여러 단계를 포함하고 있다.

첫 번째 단계는 전통적인 수작업과 연결되지 않은Largely Manual and Unconnected 단계이다. 현장에 센서를 통해서 데이터가 모이기는 하지만 연결된 상태가 아니라 수작업에 많이 의존하는 단계라고 할 수 있다.

두 번째 단계는 자동화된 모니터링과 연결된Automated Monitoring and Connected 단계이다. 자동화 시스템이 도입되고 전형적인 생산 관리 시스템과 자재 추적 시스템을 통해서 모니터링이 가능한 상태이다. IT와 OT가 결합해 풍부한 데이터를 만들어내고 확인할 수 있는 상태가 이 단계라고 할 수 있다. 지금 대부분의 선진화된 공장들이 이 단계에 해당한다.

세 번째 단계는 지능화되고 예측할 수 있는Intelligent and Predictive 단계로 정의한다. 각종 시스템은 자동화되고 센서 장비와 생산 시스템은 회사의 기간 시스템과 연결돼 최적화 관점에서 운영된다. 산업용 사물인터넷과 연결돼 만들어지는 엄청난 숫자의 디지털 데이터는 플랫폼을 통해서 분석과 예측이 가능한 상태로 활용될 수 있고 사람과 기계가 생산 현장에서 조화롭게 일할 수 있다.

네 번째 단계는 역동적인 생태계 기반Dynamic and Eco-system Driven 제조업의 모습이다. 3D 프린터가 가장 소비자와 가까운 곳에서 생산을 담당하고 제조 생태계가 수요 기반으로 역동적으로 운

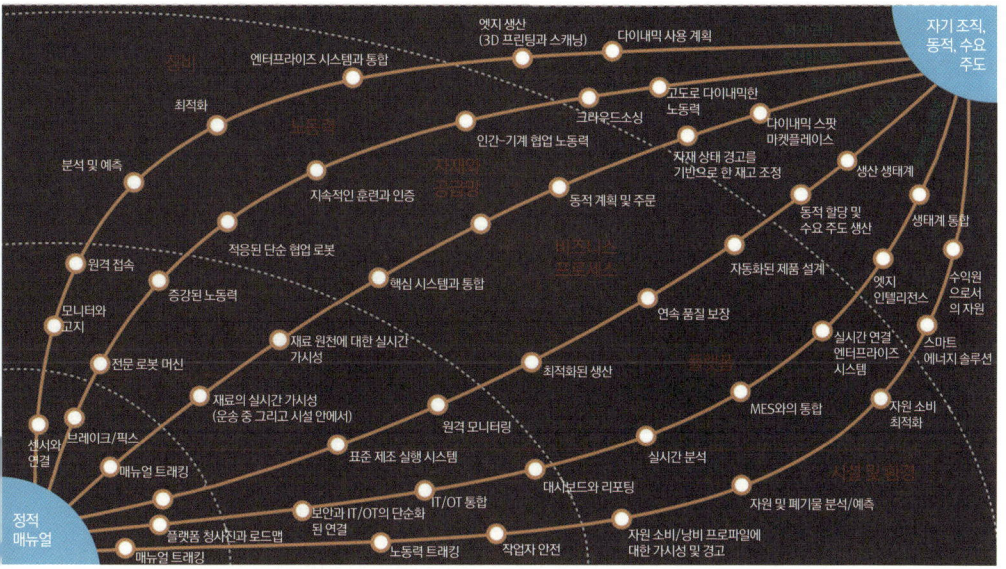

스마트 팩토리 추진을 위한 여섯 가지 핵심 관점

영되는 환경, 즉 자동화를 넘어서 자율화 단계로 넘어가서 궁극의 스마트 팩토리가 완성된다. 모든 제조업의 모습이 네 번째 단계로 변화하는 것은 먼 미래의 일이라 할 것이다. 하지만 전 세계의 제조업은 모두 궁극의 스마트 팩토리의 모습을 염두에 두고 가장 밑바닥부터 한 걸음씩 나아가고 있다.

여기에서 제시하는 여섯 가지 핵심 관점은 스마트 팩토리의 미래 모습을 고민하고, 그것을 실현해 가기 위한 길잡이로서 역할을 충분히 할 수 있을 것이다. 스스로가 나는 어디에 있고 내가 적용하고자 하는 기술이 어느 모습을 지향하는지, 다음 순서는 어떤 것을 이루어 내야 하는지 등의 결정 사항을 여섯 가지 핵심 관점별로 각 발전 단계와 비교해가는 것은 큰 의미가 있을 것이다.

장비

 산업용 사물인터넷 도입의 첫 번째 여정은 설비끼리 또는 사람과 연결되지 않은 설비로 구성돼 고장이 발생한 이후에나 수리할 수밖에 없고, 공장의 부하 또는 생산계획과 무관하게 유지 보수 계획이 수립되는 공장에서 시작될 수 있다. 이러한 예측하기 어려운 설비 자산은 재무적 측면과 업계 인지도 측면에서 큰 비용을 발생시키고 심하게는 손해를 입을 수도 한다. 따라서 설비를 스스로 관리Self-Manage 가능하도록 지능화하고 회사의 제조 관련 시스템들과 연계시킴으로써 전반적인 신뢰도를 올릴 수 있고 예측력을 향상시킬 수 있으며 최적화 추진이 가능하다. 설비 측면에서의 진화 단계는 모니터와 통보, 분석과 예측, 최적화, 수요 기반 생산으로 이야기할 수 있다.

모니터링 및 통보

 설비에 센서를 부착함으로써 설비 상태에 대한 가시성을 높이고 이상 현상을 감지하도록 하여 설비에 대한 사전 유지 보수 계획을 수립할 수 있다. 진동 측정과 분석, 적외선 열 감지, 윤활유와 마찰에 대한 분석, 초음파 모터의 전류 분석 같은 기술이 모든 설비에 적용 가능하다. 또한 설비 유지 보수 담당자와의 인터뷰를 통한 작업자들의 인사이트 역시 설비의 상태와 조건들을 인지하는 데 도움이 될 것이다. 이렇게 장착된 센서는 네트워크와 연결돼 원격 모니터링이 가능하도록 하며, 이를 통해 제조기업은 자원 최적화와 문제 상황에 대한 사전 예방이 가능하게 된다.

분석 및 예측

설비 모니터링과 분석 기술을 통해서 제조 기업은 현재와 과거 데이터 간의 상관관계를 파악해 잠재적 설비 고장을 예방하고 완화시킬 수 있다. 예를 들어 유럽의 대형 전력 기업에서는 센서와 분석 기술을 사용해 실시간으로 파이프 라인 누출을 예측하고 있다. 이를 통해서 예상치 못한 가동 정지 시간을 줄이고 긴급하게 부품을 교체하거나 계획하지 않은 유지 보수 때문에 발생되는 높은 비용을 감소시키고 최적화된 유지 보수 일정 수립이 가능하다.

최적화

생산 설비들이 자율적으로 운영될 수 있거나 다른 시스템과의 협업이 가능할 수 있는 수준으로 지능화되면 제조기업은 전반적인 신뢰도를 향상시키고, 예측을 통한 관리가 가능하며, 그렇게 함으로써 전체 최적화를 추진할 수 있다. 스케쥴링 최적화를 위한 방안으로 예방 정비 데이터와 전사적 자원관리 ERP 시스템이 통합하여 생산 라인 가동을 최적화된 상태로 운영함으로써 제조 기업은 장비의 비가동을 최소화할 수 있다. 예를 들면 탈레리스 Taleris 는 이러한 기술을 사용해 항공기 결함을 예측하고 적기에 보수함으로써 운항 지연을 최소화하고 있다.[5]

첨단 설비를 통한 생산

3D 프린팅과 같은 첨단 설비는 유지 보수용 부품을 필요한 시점에 수요에 맞추어 만들 수 있게 함으로써 가동 중단과 유지 보수용 부품의 재고 감소에 도움을 줄 수 있다. GE의 오일 앤 가스 사업부

는 가스터빈의 금속 연료 노즐에 대한 3D 프린팅 파일럿 생산을 시작할 준비를 하고 있다.[6] 또한 자동차 메이커 포드는 실린더 헤드, 브레이크 로터, 시프트 노브, 벤트와 같은 자동차 부품의 시제품 생산을 위해 3D 프린팅 기술을 활용하고 있다. 이러한 사례들은 디지털 기술을 통해 개인 맞춤형 제품의 생산과 지연전략 Postponement 이 이제는 가능하다는 것을 보여준다.[7]

노동력

중국과 같은 전통적인 저임금 국가들조차도 임금인상 등의 문제로 자동화나 기계와의 협업(생산 자동화 및 차세대 로봇기술 포함)을 통해 프로세스와 노동력의 효율성 향상에 노력을 집중하고 있다. 고객 요구를 고려하지 않고 정해진 스케줄에 따라 작업하는 방식은 느리고 큰 비용을 써야 하므로 이제는 뒤처질 수밖에 없다. 이것은 특히 유연성의 제한 때문에 더욱 두드러질 것이다. 따라서 우리는 작업자와 기계가 서로 조화를 이루는 노동력이 그렇지 못한 노동력보다 탁월한 결과물을 만들어낼 수 있다고 생각한다. 이러한 새로운 형태의 노동력 향상을 위한 고민의 핵심은 세 가지이다. 첫째, 어떻게 가상현실 기술을 활용해 노동력을 높일 것인가. 둘째, 어떻게 사람과 로봇이 함께 일하는 환경을 만들어낼 것인가. 셋째, 어떻게 노동력을 다이내믹하고 민첩하게 사용하도록 할 것인가이다.

가상기술을 활용한 작업

다크리 Daqri 사의 스마트 헬멧이나 스마트 워치와 같은 웨어러블 기기와 스마트폰을 이용한 작업 환경을 만들고 있다. 이러한 스마트한 작업 환경은 작업자의 상태, 경고 사항의 전달, 작업 지시 등 작업자에게 필요한 정보를 실시간으로 제공함으로써 공장 내 작업자들의 업무 효율을 향상시킬 수 있다. 또한 이러한 기술은 경험 많은 현장 기술자들에게 원격 비디오 기술을 통해서 각 현장의 작업 현황을 실시간으로 파악할 수 있도록 하고, 상황에 맞는 작업 지도를 전달하는 것과 같이 새로운 차원의 협업 기능을 제공한다. 제조 기업들은 새로운 업무를 직원들에게 빠르고 다이내믹하게 할당할 수 있고 필요한 시점에 적절한 트레이닝을 제공할 수 있게 된다.

인간과 기계의 협업

사람과 협력하며 아주 쉽게 학습할 수 있도록 설계된 차세대 로봇들은 노인 간호나 손님 접대 또는 안내 서비스에 이미 사용되고 있다. 이제 이 로봇들을 기존의 용접, 페인팅, 작업물 이동 등과 같이 사람들만이 작업할 수 있었던 간단하고 반복적인 작업이지만 사람의 지적 능력과 판단 능력이 필요한 제조 현장 작업에서 활용할 수 있게 되었다. 이러한 로봇의 가격은 계속 하락하고 있는 중으로, 예를 들어 현재 뱅가드 플라스틱Vanguard Plastics사에서 분류와 선별작업을 수행하는 리싱크 로보틱스Rethink Robotics사 제품인 백스터 로봇Baxter robot의 가격은 대략 1만 5,000달러 정도이다.[8] 아마존 창고에는 선반을 사람이 패킹하는 곳으로 이동하는 작업을 수행하는 수천 개의 로봇이 움직이고 있다.[9]

역동적인 생산자원 운영

로봇과 사람이 조화를 이룬 작업환경을 가진 제조 기업은 더욱더 다이내믹하고 민첩하게 운영될 수 있다. 작업자와 기계 자원을 통합해서 활용할 수 있으며 자원 할당을 최적화할 수 있다. 동적 스케줄링 시스템은 설비 자산 가동률 저하, 납기 지연, 예상치 못한 가동중지shutdown 등으로 인한 손실을 회피할 수 있도록 지원할 것이다. 아울러 실시간 스케줄링, 신속한 작업지시, 갑작스러운 변화에 대응할 수 있게 함으로써 그렇지 않은 경쟁사 대비 차별화된 경쟁우위를 제공할 것이다.

자재와 공급망

이미 많은 제조 기업들은 적시생산방식JIT 재고와 공급망Supply Chain 관리 기법을 사용해 엄청난 재고 비용을 줄이고 있다. 또한 산업용 사물인터넷을 통해서 자재관리 역량을 끌어 올려서 공장뿐만 아니라 공급 파트너의 재고관리에도 추가적인 효율을 얻을 수 있도록 하고 있다. 미래의 공장은 최적화된 시스템을 통해서 실시간 자재 수요에 대응할 수 있어야 하며, 이를 위해 통합성과 신속성을 갖춘 효율적인 자재 관리 프로세스가 필요하다. 이러한 수요 기반 시스템 수준에 도달하기 위해서는 세 가지 핵심단계가 있다.

실시간 자재 가시성 확보

무선자동 정보인식장치 태그는 물류와 공급망 관리 분야에서 파트너를 연결하고 조직의 경계를 넘는 물품의 이동에 사용돼왔다.

또한 공장 내 재공품의 추적 관리, 자재의 효율적인 경로 선정, 필요한 제품의 공급, 적시생산방식 보충 관리, 자산의 유용성과 활용성 관리를 위해 사용되기도 한다. 자재와 관련된 데이터들이 공장에서부터 최종 고객에게까지 흘러들어 갈 때 무선자동 정보인식장치 태그와 관련된 트래킹Tracking 메커니즘은 원자재에서 완제품까지의 효율적이고 정확한 프로세스를 공장 작업자에게 제공한다.

핵심업무 시스템과의 통합

전사적 자원관리ERP 시스템과 전체 공급망에 걸친 자재의 실시간 가용성 데이터를 통합함으로써 제조 기업들이 정확한 생산 스케줄을 수립하고 적절한 인력을 배치할 수 있도록 하여 자재 가용성 정보를 신속하게 공유하고 반영함으로써 불필요한 작업 중단 및 지연을 최소화할 수 있다.

분석 및 예측

다음 단계로 제조 환경에 영향을 미칠 수 있는 모든 데이터, 예를 들어 기상 조건, 가격 변동성, 교통 상황, 잠재적인 파업과 같은 추가적인 외부 데이터를 확보하고 활용하는 제조 기업들은 생산 실행 계획과 연계해 어떤 자재가 언제 정확하게 필요한지 확인하고 예측할 수 있다.

비즈니스 프로세스

이미 많은 제조기업이 정적이고 수동으로 관리하는 방식 대신에 인력, 자재, 작업, 제품 등과 연관된 비즈니스 프로세스를 최적화시키고 실시간으로 동적인 시스템을 활용해 생산 현장을 관리함으로써 품질과 능률을 지속적으로 향상시키고 있다. 예를 들어 생산관리시스템MES은 모든 재공품을 관리하고 모니터링함으로써 일련의 생산 작업들이 원활하게 진행될 수 있도록 지원한다. 또한 실시간으로 자재를 추적할 수 있게 하고 작업 흐름을 관리할 수 있도록 하여 조기에 결함이 있는 생산품이나 공정에 대해서 효율적이고 정확한 조치를 할 수 있도록 한다.

제조기업들은 전사적 자원관리ERP 시스템과 생산관리시스템MES을 통합함으로써 작업이나 자원에 대한 요구에 효과적으로 대응할 수 있다. 하지만 원가 경쟁력과 품질 수준을 유지하면서도 고객 요구 사항의 변화에 더 신속하고 효과적으로 대응할 수 있는 역량 확보가 필요하다. 다음의 세 가지 단계를 통해 어떻게 제조기업들이 비즈니스 프로세스를 변화시켜야 하는지 살펴보고자 한다.

지속적인 품질 보장

다양한 데이터 흐름을 연계시키고 분석하여 더 적은 시간과 비용으로 품질 보증 업무를 수행할 수 있는 새로운 기술들이 속속 나오고 있다. 예를 들어 '사이트 머신Sight Machine'*의 실시간 솔루션은 시각화된 이미지의 공장 프로세스와 기타 데이터의 통계적 프로세스 제어 기법을 통합적으로 활용하고 있다. 이를 통해서 외관 테스트 결과는 몇 시간 내에 자동 작성되고 원격으로 업데이트가 가능하다. 테스트 결과는 다양한 보고서를 통해 분석되고 품질 추이 정

---

* http://sightmachine.com

보는 업계 선도 사례와 비교해 분석될 수 있다.[10] 이와 같은 방법으로 품질 문제를 생산 완료 전에 파악하고 대처할 수 있도록 한다.

자동화된 제품 설계

스마트 팩토리의 개념은 생산 현장 그 자체보다 확대 적용될 수 있다. 지능형 제품은 고객들의 제품 사용 패턴을 설계자와 기술자에게 알려줌으로써 신속한 제품 개선을 지원한다. 또한 자동화된 설계 소프트웨어를 활용해 설계 일정을 단축할 수 있다. 예를 들어 오토데스크Autodesk사는 드림캐처Dreamcatcher라는 시스템을 업무에 활용한다. 설계자가 기능 요구 사항을 입력하면 시스템이 혁신적 알고리즘을 활용해 최적의 옵션을 제안하고 실물 프로토타입을 제작하기 전에 가상 환경상에서 점검할 수 있는 기능을 제공한다.[11] 3D 프린팅과 기술이 연계된 지능적이고 목표 지향적인 디자인을 통해서 아주 빠른 속도로 새롭고 높은 수준의 맞춤화된 제품 출시가 가능하게 될 것이다.

동적 할당 및 수요 기반 생산

제품 수요 변화에 따른 조정 대응 역량을 확보하기 위해서는 생산 규모의 증감을 신속하게 반영할 수 있는 프로세스로의 개선을 위한 투자가 필요하다. 개인화된 생산 프로세스를 통해 제조 기업은 고객의 고도로 전문화된 주문 제작 요구사항을 충족시킬 수 있게 될 것이다.

플랫폼

제조기업의 IT와 OT 간 통합이 쉽도록 지원해주는 플랫폼 운영 역량은 얼마나 신속하게 산업용 사물인터넷을 활용한 스마트 팩토리로 전환할 수 있는지를 결정짓는 핵심 요소이다. 플랫폼은 센서 및 디바이스로부터 수집된 산업용 사물인터넷 데이터를 클라우드 기반의 앱을 통해 중앙 집중화된 데이터 분석과 의사 결정에 활용할 수 있도록 하는 환경을 제공한다. 그러나 조만간 생산 현장의 최일선에 위치한 지능형 산업용 사물인터넷 디바이스와 클라우드 환경의 전사 앱 간의 분산 의사 결정 환경으로 플랫폼은 진화하게 될 것이다. 플랫폼 영역은 다음과 같은 발전 단계로 구성된다.

보안과 IT·OT의 단순화된 연결

오늘날 비즈니스 담당자는 인프라 전반에 걸친 운영 리스크에 대해 종합적으로 파악하고 있지 못하고 있다. 보안정보, 이벤트 관리 SIEM, 침입 탐지 시스템 IDS 같은 전통적인 보안 솔루션은 IT 또는 OT의 단일 도메인 환경에서 운용되며 전자 서명과 보안 규칙을 통해 악의적인 활동을 감지할 수 있다. 그러나 점차 지능화돼 가는 공격으로 인프라 모니터링에 대한 어려움은 점차 커지는 상황이다. 수많은 센서와 디바이스를 효율적으로 운영하고 검증하여 다양한 이벤트를 분석하고 가시화해야 한다. 또 도메인 사이 또는 이기종 인프라 사이에서 발생하는 이벤트들의 상관 관계 분석이 필요하다. 또한 비즈니스에 필수적인 산업용 사물인터넷 시스템의 안정적 유지를 위해 실시간 감지와 대응 기술 개발이 요구되고 있다.

실시간 분석

거대한 양의 데이터를 끊임없이 생성하는 수많은 지능형 디바이스로부터 산업용 사물인터넷 플랫폼은 적시에 의미 있는 인사이트를 제공하고 거의 실시간으로 운영을 지원하기 위해서 데이터를 수집하고 제공하는 기능, 연산 능력, 데이터 저장과 예측 분석 기능 제공이 필수적으로 필요하다. 예를 들어 실시간 파이프라인의 유출 분석을 위해서는 몇 초 단위로 실행 가능한 인사이트를 도출할 수 있는 분석 플랫폼이 필요하다.

네트워크 주변 기기들의 지능화

IT·OT 통합을 위해서는 먼저 산업용 사물인터넷 데이터의 진보된 프로세싱과 분석을 위해 클라우드로 이관하는 것이 필요하다. 다만 제한된 네트워크 대역폭, 에너지 가용성 및 보안 관련 사항을 고려해 분석 및 의사결정 기능을 엣지 디바이스Edge Devices에 위임하는 방향으로 발전시키는 것이 바람직하다. 이를 통해 독립적으로 프로세싱과 분석 작업을 수행하면서 태스크 수행을 위하여 필요한 경우 다른 디바이스와 통신함으로써 더 나은 정확도와 개선된 성능을 확보하게 될 것이다.

엣지 컴퓨팅Edge Computing을 통해 시스템은 독립적으로 작동하거나 의사 결정권자에게 더 빠르고 신속하게 정보를 제공할 수 있다. 이를 통해 제조기업은 더욱더 스마트하게 될 것이다. 분석과 의사 결정은 이제 백오피스back-office 영역에서만 지원되는 기능이 아니다.

시설 및 환경

환경 친화적 제조 시설을 활용함으로써 작업자와 자연환경에 미치는 나쁜 영향을 최소화할 뿐 아니라 원자재나 천연자원을 가장 효율적이고 생산적으로 사용할 수 있게 된다. 공장 운영자의 최우선 순위 업무는 직원의 안전을 보장하는 것이지만, 제조 과정의 자원 소비를 최적화하도록 조치하는 것도 중요하다. 또한 생산 프로세스에 대한 이해도가 증가함에 따라 환경에 미치는 영향을 최소화하기 위해 제조 공정을 최적화할 수 있을 뿐 아니라 그 과정에서 추가 수익 창출을 기대할 수도 있다.

작업자 안전 최우선

공장 운영자들은 항상 위험한 환경에 노출된 공장 안의 작업자들에게 안전한 피난처를 제공하고 효과적인 비상 대응책을 마련하는 것이 디지털 기술과 관련된 플랜트 솔루션의 중요 요소라고 강조한다. 그 예로 엑센츄어는 에어로스카우트AeroScout, 시스코, 인더스트리얼 사이언티픽Industrial Scientific사와 함께 가스 누출을 감지해 안전 사고정보를 플랜트 매니저에게 실시간으로 제공하는 혁신적 기술을 개발했다.[12]

자원 사용의 가시화

플랜트 레벨에서의 에너지 소비, 폐기물의 관리나 폐기 등에 관련된 비용을 가시화함으로써 플랜트 운영자는 생산량과 에너지 소비량을 최적화할 수 있다. 또한 관련 시스템과 개선된 모델링 방법, 스케줄링 도구와 자동화된 환경 제어 등과 같은 다양한 스마트 솔루션을 통해 사용량을 모니터링하고 피크 타임을 예측할 수 있다. 보통 공장 설비가 정지 상태일 때도 막대한 에너지가 손실된다. 자동차 공장의 차체 레이저 용접 설비 관리 기술은 비활성화 파트를 자동 정지시킴으로써 가동 정지 동안에 90% 정도의 에너지 소비를 줄이고 전체적으로는 12% 감소를 달성할 수 있다.[13] 이러한 접근 방식은 에너지, 폐기물 관리뿐만 아니라 수자원 관리에도 적용될 수 있다.

자원 사용의 최적화

자원 사용 경보 및 사용 패턴 변화에 대응하기 위해서는 고도화되고 신속한 제조 프로세스가 필요하다. 또한 자원 사용에 대한 시뮬레이션과 분석을 위해 전기 공급사와의 협력도 필요하다. 이를 통해 설비를 정지시키고 재조정하는 워크플로우를 기반으로 하여 피크타임 시의 설비 가동을 최소화할 수 있다. 에너지 사용과 자원 공급망의 통합을 통해 제조기업은 이른바 에너지 '프로슈머'가 될 수 있다. 즉 에너지 그리드에 에너지를 돌려줌으로써 부가적인 수익을 창출할 수 있다는 의미이다.

스마트 생산의 가속을 위한 핵심 요소

앞서 스마트 팩토리로의 변화를 위해서 어떤 분야에 어떤 목표와 어떤 과정을 거치는 것이 바람직한지 설명했다. 그렇다면 이러한 스마트 생산으로의 변화를 가속화하기 위해서 제조 기업들이 고민해야 할 5가지 핵심 요소를 다음과 같이 제시한다.

투자 수준

모든 변화는 결국 비용을 고려할 수밖에 없다. 설비의 현대화나 개조는 비용투자를 수반하기 때문이다. 새로운 설비의 도입 또한 마찬가지이다. 따라서 경쟁사 또는 선진 업체들이 실제 어떻게 적용하고 활용하는지 다양한 사용 사례를 확인할 필요가 있고, 견고한 투자 시나리오와 투자 대비 효과를 분석할 수 있는 비즈니스 케이스를 수립하고 투자 수익률을 손쉽게 측정 가능하도록 하는 것이 성공의 열쇠가 될 것이다.

OT와 IT의 긴밀한 연계

OT와 IT 연계 프로세스를 시작한 제조 기업들은 스마트한 기술들을 활용할 수 있는 유리한 고지를 선점할 것이다. 하지만 통합하기 쉬운 기술들로 구성된 IT 시스템을 도입한 기업들도 시스템 운영Operation, 계획Planning, 설계Engineering 등으로 각각 별개로 구성해 프로세스를 통합하는 데 어려움을 겪고 있는 것이 사실이다.

또한 기존의 OT 시스템들은 특정 솔루션사에 종속적이고 폐쇄적이었기 때문에 방대하고 개방된 IT 생태계에 많은 이들이 참여하도록 하기 위해서는 거대한 투자가 필요하다. 마지막으로 강조하고 싶은 것은 프로세스 초기 OT와 IT에 대한 거버넌스(특히 보안 정책) 정의 또한 매우 중요한 요소이다.

기술적 변화에 대한 친밀감

산업용 사물인터넷 활용 효과를 거두기 위해서 제조기업들은 신기술과 프로세스 변화를 폭넓게 수용할 수 있어야 한다. 클라우드 서비스는 새로운 형태의 앱과 애드온Add-on 서비스 제공을 가속화할 것이다. 연결된 장비, 디바이스, 웨어러블 기기들은 새롭고 차별화된 방식으로 사람과 기기가 상호 작용하며 함께 일할 수 있도록 한다. 따라서 새로운 기술과 변화를 신속하고 쉽게 수용하는 제조기업들은 경쟁에서 앞서나갈 것이라고 단언한다.

신속한 인력 재교육

설비의 개발, 운영, 유지보수에 필요한 더 복잡한 스킬에 대한 수요가 증가할 것이다. 또 신기술은 제조 기업들이 인재를 글로벌화하고 끊임없이 양성하도록 요구할 것이다. 이러한 직원들에 대한 재교육 역량은 제조기업들의 신기술 수용 속도에 대해 결정적인 역할을 할 것이다. 업무 영역별 전문가들이 자신들의 높은 경험 수준을 활용해 원격으로 작업 가이드를 줄 수 있는 웨어러블 기기와 같은 작업자 전용 기기들의 사용이 늘어날 것으로 예상한다.

산업 보안 솔루션 배치의 신속성

산업 환경이 오픈 프로토콜, 무선 센서와 커넥티드 오퍼레이터로 전환되고 OT와 IT 시스템이 통합됨에 따라 보안 이슈들이 더 중요한 문제가 됐다. 기존 솔루션에 소프트웨어 패치를 적용하는 정도로는 해결할 수 없는 보안 이슈가 점차 늘어가고 있다. 따라서 이 문제를 해결할 방안으로 기존에 생산 현장에서 활용하던 기기들이 더욱 정교한 솔루션들로 교체될 필요가 있다. 정보 보안에 대한 보다 철저한 대비가 무엇보다 중요해지고 있다.

기회의 포착

솔직히 말하자면 산업용 사물인터넷의 적극적 활용은 매우 도전적인 과제임이 분명하다. 게다가 대부분의 제조 기업들이 이를 적용할 준비가 돼 있지 않은 것도 현실이다. 하지만 우리는 산업용 사물인터넷의 가능성과 산업용 사물인터넷이 스마트 생산을 어떻게 촉진하는가를 설명해왔다. 그리고 그러한 노력은 계속돼야 한다고 생각한다. 우리는 또한 여섯 가지 핵심 고려 사항을 제안했고 스마트 생산의 진행을 가속화할 수 있는 주요 요인들을 설명하고자 노력했다. 제조 기업들은 어떠한 프로세스 옵션을 선택할 것인가에 대한 어려운 선택에 직면할 것이다. 바로 지금이 그 고민을 시작해야 할 시점이다.

5장

스마트 팩토리

현용탁
㈜세메스 연구소 미래기술 랩장
서울대학교 기계설계학과 및 동 대학원 졸업 후 서울대학교 제어계측신기술연구센터에서 근무하며 생산자동화 분야의 다양한 산학협력 연구를 했다. 독일 아헨공대 기계공학과에서 공작기계 및 생산기술 관련 선행 연구와 ISO 국제표준 연구를 수행하고 박사학위를 받았다. (주)두산인프라코어에서 지능화 기술 선행 연구와 스마트 팩토리 기획 및 구축 활동을 수행했다. (주)일진에서 자동차 섀시 부품의 생산기술 고도화를 추진했고 현재 세메스에서 반도체 제조 설비의 핵심 미래기술 개발을 담당하고 있다. 독일과 한국에서의 첨단 생산설비기술, 생산자동화기술 및 ICT 융합 지능화 분야의 연구 개발 경험에 기반을 둔 스마트 팩토리 전문가로서 다양한 연구 개발 활동에 참여하고 있다.

Industrie 4.0

1
제조업은 왜 혁명할 수밖에 없었는가

독일에서 출발된 인더스트리 4.0은 차세대 산업의 포괄적인 비전을 제시한다. 그렇다면 4차 산업혁명의 가장 큰 특징은 무엇일까? 바로 스마트 팩토리가 전체 산업의 변혁을 혁명적 수준으로 이끌어낸다는 것이다. 여기서 스마트 팩토리는 사이버물리시스템 CPS 기술이 전면적으로 도입된 미래의 공장이다. 스마트 팩토리가 무엇이길래 독일뿐만 아니라 미국, 유럽, 일본, 중국과 같은 제조업 선진국의 많은 리더가 주목하는 것일까?

국내에서도 4차 산업혁명에 관한 관심이 뜨겁다. 그리고 스마트 팩토리에 대한 다양한 관점의 접근과 해석이 많이 있다. 이러한 다양한 접근이 필요한 것이기는 하지만 가장 근간이 되는 개념을 확실하게 다지는 것이 전반적인 통찰력을 얻는 데 중요하다. 따라서 독일의 주요 연구들에서 바라보는 정의와 내용을 중심으로 스마트 팩토리에 대해 개괄적으로 살펴보고자 한다. 먼저 제조업의 당면 과제들에 대한 간략한 고찰을 통해 스마트 팩토리의 등장 배경을 살펴본다. 이어서 사이버물리시스템 기술을 포함한 스마트 팩토리의 기술적 배경과 주요 특징들을 살펴본다. 끝으로 미래를 준비하는 데 필요한 과제들에 대해 개괄적으로 살펴보고자 한다.

제조업의 새로운 도전

산업혁명 이후에 제조업은 지속해서 발전해왔다. 이것은 시장의 요구에 적합하도록 생산 방식의 변화를 추구해 지속적인 경쟁력을 확보하기 위한 노력의 과정이었다. 1970년대에 컴퓨터와 자동제어에 기반을 둔 자동화가 제조 현장에 도입되기 시작했다. 이것이 소위 3차 산업혁명의 시작이다. 지금도 제조 현장은 3차 산업혁명의 근간을 유지하며 지속적인 발전을 거듭해오고 있다. 하지만 지금 태동하는 새로운 시장의 변화는 이제까지와는 한 차원 다른 새로운 도전인 4차 산업혁명을 요구한다. 이에 제조업의 당면한 과제와 극복 방안으로서 스마트 팩토리가 태동한 기술적 배경과 미래 제조 시스템의 요구사항에 대해 살펴본다.

제조업의 당면 과제
스마트 팩토리의 발전 방향을 이해하기 위해 먼저 지난 30여 년간의 제조 시스템의 변화를 돌아보자. 1980년대까지는 중앙집중식의 제조 관리 방식이 일반적이었다. 많은 사람이 1980년대 초중반에 개인용 컴퓨터와 제어 기술의 눈부신 발전을 체감했다. 이때

3차 산업혁명 시대에서의 제조업의 변화 방향

대량 생산(1980~2000)		맞춤형 생산(2000~)
컴퓨터통합생산CIM • 가치사슬 전체에 대한 IT 시스템의 지원 • 중앙집중식 컴퓨터 기반 정보 프로세싱 • 목적: 완전한 자동화와 무인화	**문제점** • 계획 수립의 복잡성 • 현장의 동적 변동 • 구축의 복잡성 • 요구 변동에 대한 낮은 유연성 • 높은 운용/유지보수 비용 • 완전 자동화/무인화는 비실제적임 • 기술적 미성숙	**자율성과 유연성의 확대** • 자율생산 시스템 • 지능형 생산 시스템 • 린 생산 시스템 • 유비쿼터스 제조 시스템 • 디지털 팩토리

의 경험은 모든 것을 관장하는 뛰어난 능력을 지닌 중앙 서버가 출현해 모든 것을 관리하고 통제할 수 있다는 긍정적 기대를 주기에 충분했다. 중앙집중식 방식이 제대로 동작하기 위해서 중요한 점은 최대한 정확하게 계획하고 그대로 실행해야 한다는 것이다. 컴퓨터 기술의 신속한 발전은 많은 희망을 불러왔다. 완전하게 자동화된 공장이 원가와 품질 문제를 동시에 해결하면서 사람이 개입할 필요 없는 완전 무인화된 공장을 실현해주리라는 것이다. 컴퓨터통합생산CIM, Computer Integrated Manufacturing은 이러한 비전과 관련된 연구 개발 노력의 중심 역할을 하는 개념이었다.

하지만 이러한 기대가 실망으로 변하는 데는 오랜 시간이 걸리지 않았다. 컴퓨터통합생산에서 추구됐던 중앙집중 방식의 제조 관리는 정확한 계획 수립이 지나치게 복잡하고 현장의 동적 상황 변화로 인해 계획한 바 그대로 실행될 수 없어 실패할 수밖에 없었다. 컴퓨터통합생산 시스템은 구축 자체가 매우 복잡했다. 그럼에도 다양한 제조 요구사항 변화를 반영한 계획 변경 등에 대응할 수 있는 유연성은 높지 않았다. 또한 컴퓨터통합생산 시스템의 운용과 유지

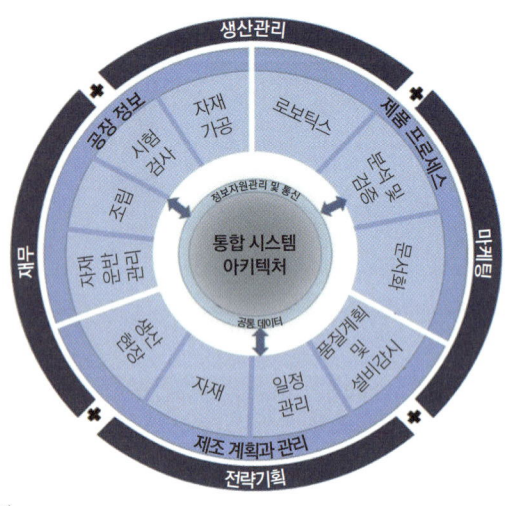

(출처: CASA/SME)

보수에 많은 노력이 투입됐지만 기대한 바의 무인화는 점점 더 멀어져 갔다. 관련 기술들은 아직 충분하게 성숙되지 못했으며 너무 많은 기대를 했던 사람들은 실망을 맛보았다.

컴퓨터통합생산 개념이 널리 확대됐던 20세기 후반의 시장환경에서는 대량 생산이 여전히 매우 중요했다. 하지만 최근의 제조업은 점점 더 새로운 요구에 직면해 있다. 바로 지속적으로 변화하는 고객의 다양한 요구사항에 맞춘 제품을 신속하고 정확하게 생산해서 적시에 출시해야 한다는 것이다. 많은 제조업의 전문가들은 이러한 요구를 충족하기 위해서는 제조 기업 내부의 '자율성'과 '유연성'이 확장돼야 한다고 믿는다. 이것은 컴퓨터통합생산으로 대표되는 중앙집중식 관리 방식의 실패로부터 확실하게 배운 것이다.

자율성과 유연성이라는 인식의 전환 속에 제조 시스템을 다른 방향으로 발전시키고자 하는 일련의 연구 개발 노력이 계속됐다.

1990년대 이후에 등장한 자율생산 시스템, 지능형 생산 시스템, 유비쿼터스 제조 시스템, 린 생산, 디지털 팩토리 등이 이러한 예들이다. 주목할 만한 점은 도요타의 린 생산 방식은 매우 간단한 생산원리만으로도 실제 생산현장에서 큰 효과를 봐왔다는 것이다.[1] 오늘날의 자동차 업종을 비롯한 많은 제조업 현장에 린 생산 방식이 적용되고 있다. 이것은 복잡한 시스템적 접근들이 제조 현장에 도입되기에는 충분하지 않았음을 나타낸다.

21세기 시장 환경 변화의 중요점을 꼽는다면 고객 지향적 가치 창조와 이에 따르는 제품수명주기의 단축을 들 수 있다. 불과 10년 사이에 널리 전파된 스마트폰은 이러한 시장의 변화를 바로 보여준다. 고객들은 누구나 외형 디자인 측면과 아울러 다양한 앱들을 통해서 자신만의 전화기를 만들 수 있다. 제조업체들은 제품이 업그레이드될 때마다 그러한 유연성을 어떻게 한층 더 높일 것인지를 끊임없이 추구하고 경쟁한다. 이러한 경쟁은 스마트폰의 제품 수명주기를 2~3년으로 단축시켜 놓았다. 고객 맞춤형으로 제조되는 제품의 사례들은 더 많이 있다. 아디다스와 나이키는 개별 맞춤 주문 스포츠 신발을 경제적인 가격으로 제조하는 것을 이미 실행하고 있다. 자동차 산업은 같은 차종에도 다양한 주변장치 옵션들로 고객의 개성에 맞춰 맞춤형 구성을 할 수 있도록 하고 있다. 미래의 경쟁력 우위는 원가와 품질 외에 요구 지향적으로 고객의 개별 특성에 대응할 수 있는 공급자들이 차지할 것이다.[2]

고객의 요구에 맞춘 소규모 생산이 되려면 제조 현장에서는 다양한 로트 크기에 대해 유연하게 대응해야 한다. 하지만 전통적인 생산 시스템들은 이러한 로트 크기의 유연성을 지원하기에는 한계가 있다. 특히 자유무역협정 체결 등으로 글로벌 경쟁 환경이 심화되면서 제조업체들은 거대한 혁신과 원가의 압력하에 놓여 있다. 따라서 최신 제조업은 유연성을 높이고 시장의 요구에 더 잘 대응하기 위해서 공급구조를 진화시키고 있다. 생산의 개별화, 글로벌화, 제품 라인업의 확대, 틈새시장 제품의 제공 등이 그 진화의 방향이다.

스마트 팩토리의 기술적 배경들

1차 산업혁명 이후의 지난 200여 년을 되돌아보면 우리는 일상에서 수많은 신기술의 혜택을 누리고 있다. 특히 지난 수십 년 동안 일상에서 점점 더 많은 정보통신기술의 혜택을 누리고 있다. 스마트폰은 전화의 기능을 새로운 차원으로 확대해 사진, 음악, 네비게이션, 쇼핑 등 다양한 영역의 기능을 제공한다. 스마트 컨버전스는 자동차를 바퀴 달린 컴퓨터로 변화시키고 있으며 영화 속에 나오는 스마트 홈의 도래를 앞당기고 있다.[3]

일상생활의 도구뿐만 아니라 정보통신기술은 산업에도 적용되며 전통적인 제조 기술과 끊임없이 상호 영향을 주고받아 왔다. 앞에서 살펴보았듯이 디지털 팩토리의 기술적 요소들은 20세기 후반부로부터 시작돼 지난 30여 년간 개발돼왔던 선행적 연구들 덕분에 초석이 마련돼 왔다고 볼 수 있다. 대표적인 주제들을 꼽는다면 다음과 같다.[4]

지능형 생산 시스템IMS: 인공지능과 기계학습 등의 지능적 요소가 부각된 제조 시스템

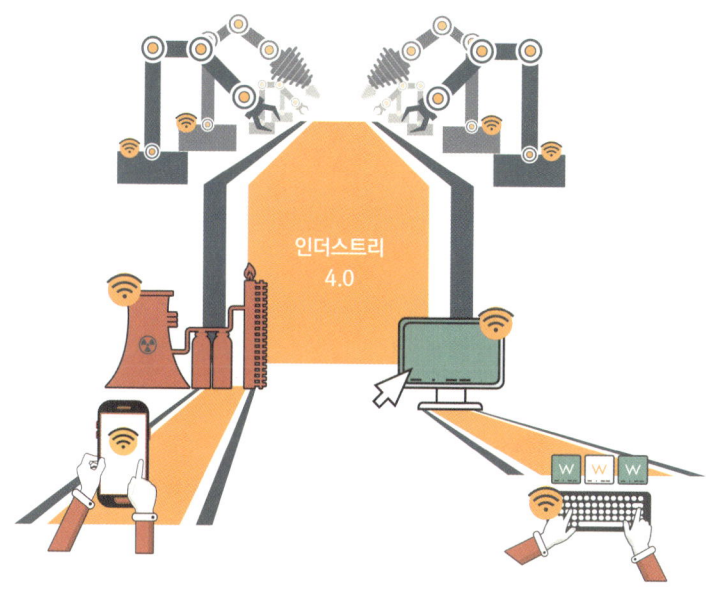

생물학적 제조 시스템BMS: 자기성장, 자기운용, 적응과 진화와 같은 생물학적 특성에 영감을 얻은 아이디어들에 기반함

재구성 생산 시스템RMS: 재구성 가능한 기계와 제어기로 구성돼 시스템의 유연성을 특히 강조함

디지털 팩토리DF: 기업 내의 모든 혹은 대부분의 사업적, 기술적 프로세스들을 디지털 세계로 맵핑하고 저장하고 교환함

홀로닉 제조 시스템HMS: 자율과 협동의 특성을 가지는 개체들로 구성된 에이전트 기반의 제조 시스템

스마트 팩토리를 향한 기술적 발전의 핵심 요인을 꼽는다면 컴퓨터와 소프트웨어의 발전에 따르는 디지털화이다. 제품 설계는 컴퓨터 지원설계CAD, Computer Aided Design에 의해 지원되고 생산 계

획도 컴퓨터 지원설계CAD 데이터로부터 수립되도록 발전하고 있다. 설계 단계에서 활발하게 활용되는 컴퓨터 이용 공학CAE, Computer Aided Engineering 시뮬레이션 기법은 이제 생산 과정에 대한 전반적인 시각적 표현과 시뮬레이션으로 확대되고 있다. 설계를 위한 전문가 시스템들은 인공지능적 기능이 확대되고 있다.

인공지능은 공장 레벨로까지 확대돼 현장에서 발생하는 오류의 조기 인지와 수정 및 예방을 가능하게 하고 있다. 제품 설계와 제조 생산을 전반적으로 디지털화해 엔지니어링과 생산 관리를 통합한다. 스마트 팩토리는 부분과 전체의 지능과 자율성이 높아진 하나의 거대한 디지털 전문가시스템의 구축으로 진화하고 있다.

새로운 제조 시스템의 요구조건

그럼 제조업의 당면과제를 해결하고 기술적인 배경들로부터 얻은 유산을 계승하고 활용하기 위해서는 어떻게 해야 할까? 새로운 형태의 생산 개념이 필요하다. 새로운 생산 시스템은 품질Quality, 원가Cost, 납기Durability와 같은 기본적인 목적들 외에 추가로 다음과 같은 세 가지의 목적들을 만족해야 한다.[5]

첫째, 변환성, 유연성, 적응력. 생산장비들은 정지시간의 최소화와 원가절감의 관점에서 수시로 개조될 변환력을 가지고 있으며 모듈 방식으로 구축된다. 신속하고 적은 노력으로 가동되며 생산의 요구조건이 변화돼도 신속하고 효과적으로 적응한다.

둘째, 개별화된 대량생산. 제조해야 할 제품들이 개별화돼 다양한 측면에서 변동될 때 생산장비들은 각각에 맞는 최적화된 경제적인 제조가 가능하도록 제어된다. 즉 대량생산과 동일한 조건으로 작은 로트 크기의 제조가 가능하다.

  셋째, 공장 내부 및 외부 환경과의 글로벌 네트워크. 네트워크 통신 능력을 가진 제품들과 생산장비들은 신속하고 적은 노력으로 IT-시스템들에 연결된다. 가동되는 생산 프로세스들을 언제 어디서나 투명하게 모니터링할 수 있다. 또한 문제가 발생하면 이의 해결과 프로세스의 최적화를 위해 원격으로 개입할 수 있다.

  지금까지 살펴본 제조업의 글로벌 시장 변화와 새로운 요구조건에 대응하기 위해서 스마트 팩토리가 태동했다. 이것은 지난 30여 년간 지속해왔던 연구 개발의 연장선상에서 시도돼왔던 기술들을 아우르는 가장 진보된 최신의 비전을 제시하고 있다. 이 비전은 인더스트리 4.0의 개념을 통해 연속적인 변화의 수준을 넘어 하나의 혁명적이고 파괴적인 진화의 모습인 4차 산업혁명으로 그려진다.

2
사이버물리제조시스템이란 무엇인가

　스마트 팩토리에 대한 설명을 할 때 '스마트Smart'라는 의미를 사전적으로 해석해 더 지능적인 공장이라고 폭넓게 이해할 수도 있다. 그러나 이럴 경우 주관적이고 다양한 형태의 스마트 팩토리의 개념이 발생할 수 있다. 실제로 많은 전문가와 솔루션 공급자들은 자신이 속해 있는 환경과 전문 분야에 맞춰 스마트 팩토리를 정의하고 적용한다.

　하지만 여기서는 인더스트리 4.0에서 정의한 스마트 팩토리의 의미에 좀 더 충실하게 설명하고자 한다. 인더스트리 4.0 개념하에서는 4차 산업혁명을 가능하게 하는 핵심기술이 사이버물리시스템 CPS이라는 점을 명확하게 하고 있다. 그리고 사이버물리시스템이 제조산업에 구현된 결과물이 바로 '스마트 팩토리'이다. 이 개념에 따르면 '보다 지능적인 공장'과 같은 모호한 설명을 벗어나 훨씬 더 명료한 정의가 가능해진다. 사이버물리시스템이 없는 공장은 스마트 팩토리라고 할 수 없다. 그리고 스마트 팩토리가 없다면 인더스트리 4.0이 아니다. 두 가지가 빠진 '보다 지능적인 공장'은 3차 산업혁명 시대의 연장선상의 어디쯤 놓여 있을 가능성이 많다. 따라서 스마트 팩토리에 대해 이해하기 위해서는 먼저 사이버물리시스템에 대해 살펴보고 이해할 필요가 있다.

사이버물리시스템 기술은 제조업 외에도 다양한 분야에 적용될 수 있는 일반적인 기술 개념이다. 생산 제조 분야에 적용되는 사이버물리시스템은 특별히 사이버물리제조시스템으로 구분해 설명된다. 본 장에서는 사이버물리시스템의 정의로부터 출발해 사이버물리제조시스템CPPS, Cyber-Physical Production System 기술의 주요 사항에 대해 설명한다.

사이버물리시스템의 정의와 구성

사이버물리시스템은 문자적인 의미로 보면 가상세계와 물리적 실체가 연동된 시스템이다. 사이버물리시스템이라는 단어는 2006년 무렵 미국 국가과학재단NSF이 만들었다.[1] 사이버물리시스템에 대한 일반적이고 보편적으로 명확한 정의는 존재하지 않고 실제로는 다양한 의미로 정의되고 있다. 컴퓨터 공학적인 접근에 따르면 사이버물리시스템은 협동하는 컴퓨팅 객체들로 이루어진 시스템이라고 정의한다. 이 객체들은 주변의 물리적 세계 및 그들과 실시간 연동된 프로세스들과 강력하게 연결돼 있다. 이러한 연결을 통해 인터넷상에서 무한한 데이터로의 접근이 가능해진다. 이로부터 데이터를 처리해 서비스를 제공하거나 혹은 서비스를 사용하는 것이 가능하다. 달리 말하면 사이버물리시스템은 물리적 객체들을 제어하는 상호 협동하는 컴퓨팅 요소들로 이루어진 시스템이다. 사이버물리시스템은 가상의 영역에 속하는 컴퓨팅, 통신, 제어를 실제 물리적 세계와 통합한다.[2]

　사이버물리시스템을 이러한 학문적이고 추상적인 접근에 의한 정의만으로 간단하게 이해하기는 쉽지 않다. 전통적인 생산기술 분야나 자동화에 종사하는 전문가들에게조차 생소한 개념으로 다가온다. 자동화 시스템 분야에 종사하는 사람들은 자동화의 연장선으로 파악한다. IT 업계에 종사하는 사람들은 제품수명주기관리PLM, 전사적 자원관리ERP 시스템, 생산관리시스템MES 등이 중심이 되는 개념으로 생각한다. 컴퓨터 알고리즘 전문가는 인공지능의 역할을 강조한다. 이들 모두가 연관돼 있지만 전문 분야에 따라서 특정한 측면을 더 확대해서 보는 경향이 있다.

　따라서 사이버물리시스템의 사례를 통한 이해가 도움된다. 최근 들어서 스마트폰이 웨어러블 형태로 진화하고 있다. 여기서 웨어러블 스마트폰은 컴퓨팅과 통신 기능이 있고 물리적 세계인 인간과 한몸이 된다. 따라서 스마트 웨어러블 기기로 무장한 사람은 하나의 사이버물리시스템으로 여겨질 수 있다. 이 사이버물리시스템은 실제로 생명공학과 결합해 물리적 세계인 육체의 건강을 실시간으로 체크하고 관리하는 기능이 있다. 또한 인터넷을 통해 외부 세계의 무한한 데이터에 접근되고 SNS를 통해 사회적 네트워크와 결합해 다른 사이버물리시스템들과 커뮤니케이션 할 수 있다.

　사이버물리시스템의 기술적 특징을 살펴보면 다음과 같다.

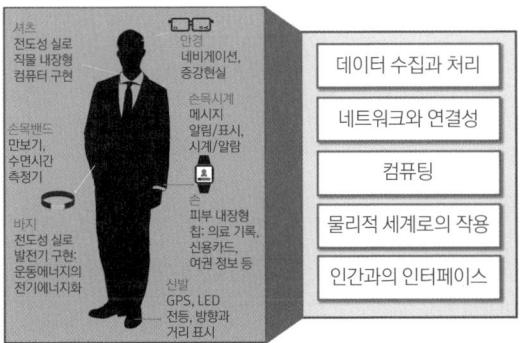

데이터의 수집과 처리
- 센서를 통한 물리적 데이터의 직접 수집
- 센서를 통한 환경과 다른 객체들의 인지
- 데이터 평가 및 저장

네트워크와 연결성
- 디지털 통신 기술을 통한 네트워크 (무선·유선, 지역·글로벌)
- 전세계적으로 가용한 데이터와 서비스의 사용

컴퓨팅
- 임베디드 프로세싱을 통해 기계적 행동을 제어하는 컴퓨팅

물리적 세계로의 작용
- 액추에이터를 통한 물리적 세계로의 작용
- 액추에이터를 통한 환경과의 상호작용 수단 제공

인간과의 인터페이스
- 멀티 모드의 인간-기계 인터페이스 사용(터치 디스플레이, 언어 인식 제어, 제스처 제어 등)

위와 같은 특징과 기능들을 가지는 개별적인 디바이스, 장치, 기계, 시스템은 모두 사이버물리시스템이 될 수 있다. 또한 위의 특징을 모두 갖출 수도 있고 일부만 갖출 수도 있다. 미래형 스마트 팩토리를 구현하는 기술로는 위의 특징들을 대부분 갖추는 더욱 고도의 기능을 갖는 사이버물리시스템을 지칭하는 것으로 받아들이는 것이 적절하다.

고도의 사이버물리시스템은 임베디드 시스템이나 피드백 제어 기능을 갖춘 메커트로닉스 시스템과의 유사성이 매우 높다는 것을 알 수 있다. 가장 큰 차이점을 든다면 디지털 네트워크를 구현하는 사물인터넷 기술과 자율적 판단에 의한 제어 및 기계학습을 수행하는 인공지능적 요소가 접목된다는 것이다. 이해를 돕기 위해서 간략화된 도식적인 표현을 사용하자면 아래와 같다.

사이버물리시스템 = 물리적 객체 +
       임베디드 시스템(스마트 센서 및 액추에이터 포함) +
       디지털 네트워크(유무선, 로컬·글로벌) +
       자율적 판단에 의한 제어와 기계학습
       (인공지능 포함)

사이버물리시스템은 컴퓨터 기술, 네트워크, 그리고 물리적 프로

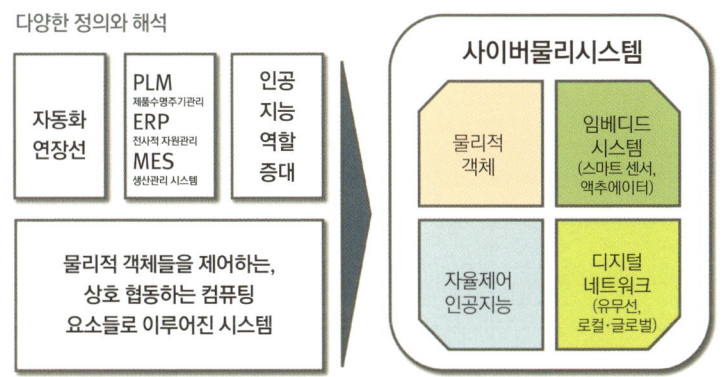

(참조: L Monostori, 2014; Wan, 2011)

센서들이 함께 연동돼 일하는 기능에 기반하고 있다. 임베디드 컴퓨터와 네트워크는 물리적인 프로세스들을 모니터링하고 제어한다. 물리적 프로세스로부터 나온 센서 데이터는 컴퓨팅에 영향을 미치며 이를 통해 일종의 피드백 루프를 형성한다.[3]

사이버물리시스템의 적용과 영향

사이버물리시스템을 통해 새로운 비즈니스 모델들과 새로운 서비스들의 개발이 기대된다. 이것은 일상생활의 여러 가지 측면을 변화시킬 것이다. 자율주행자동차, 로봇수술, 지능형 빌딩, 스마트 그리드, 스마트 제조, 그리고 임플란트 의료 기기들은 이미 출현되는 실용적인 예들이다.[4] 사이버물리시스템의 접근방법들을 통해 스마트 도시, 생산, 통신, 물류, 에너지, 바이오, 엔터테인먼트 시스템들이 도래할 수 있다. 사이버물리시스템이 적용된 모습을 거시적으로 확대하면 사이버물리사회CPS, Cyber Physical Society의 개념이

사이버물리시스템 영역별 구분과 주요 기능들

영역 구분	크기	기능
스마트 제조 Smart Manufacturing	중간	제품 생산 혹은 서비스 제공에 있어서 생산성의 최적화
비상 대응 Emergency Response	중간	공공 안전에 대한 위협에 대응하고 자연과 중요 사회기반시설을 보호
항공 운송 Air Transportation	중간·대형	항공 시스템의 운용과 운항 관리
주요 사회기반시설 Critical Infrastructure	중간	물, 전기, 가스, 오일과 같은 일상 생활에 필요한 자원의 분배
건강 관리 및 의약 Health Care and Medicine	중간	환자들의 건강 상태의 모니터링과 필요한 치료 관리
지능형 운송 Intelligent Transportation	중간·대형	실시간 정보 공유를 통한 교통 관리에서의 안전, 상호 조정, 서비스의 개선
서비스 로봇 Robotics for Service	소형·중간	인간의 복지를 위한 서비스 수행

될 수 있다. 물리적이며 사이버적인 공간 속의 인간, 사회, 문화적 영역들을 함께 포함한다.[5]

한편 사이버물리시스템은 매우 광범위한 연구 주제들과 연관돼 있고 차세대의 대표적인 기술들이 고려돼야 한다. 귀네스Gunes는 사이버물리시스템 연구 분야를 일곱 가지로 나누어 설명했다. 현재 각각의 분야에서 다양한 연구 개발 활동이 이루어지고 있다.[6]

사이버물리제조시스템

사이버물리시스템이 제조 생산 분야에 적용된 것이 사이버물리

제조시스템이다. 따라서 사이버물리제조시스템은 사이버물리시스템이 가진 특징에 더해 제조 생산 분야의 요구조건과 환경에 따른 추가적인 특징들을 가져야 한다. 그러므로 사이버물리제조시스템은 한편으로 컴퓨터 사이언스 및 정보통신기술과 다른 한편으로 제조 과학기술 분야의 최신 발전으로 규정된다. 포인트너Pointner는 사이버물리제조시스템을 다음과 같이 정의했다. "사이버물리제조시스템은 스마트 기계들, 로지스틱스 시스템들, 제조 설비들로 이루어진 기술이다. 여기서는 전통적인 제조 기술과 IT 기술이 결합돼 기계들과 제품들이 사물인터넷을 활용해 상호 커뮤니케이션할 수 있다."[7]

사이버물리제조시스템은 종래의 제조 생산 분야에 널리 자리 잡아 왔던 자동화 피라미드의 개념과의 단절을 의미한다. 기존의 제조 생산 시스템들은 전반적으로 프로세스상에서의 수직적인 역할 구분을 중심으로 설계되고 구현돼왔다. 이와 달리 사이버물리제조시스템에서는 우선 독립적이고 분산적인 요소들로 구성되고 네트워크로 연결돼 유기적인 협력을 수행하는 전체 시스템을 구성하게 된다.

사이버물리제조시스템에서 실제적 공간은 제조 생산 시스템의 구체적인 객체들을 포함한다. 이것은 공급자, 엔지니어링, 생산, 고객, 자원, 제품, 설비, 시설 등을 말한다. 그리고 사이버 공간은 추상적인 부분으로서 생산 시스템을 관리하고 평가하는 데 사용되는 모든 모델과 지표가 될 수 있다. 예를 들면 설비, 부품, 제품, 공장의 3D 모델링, 고장, 품질, 납기, 자원, 에너지 소모, 가용성, 생산성, 수율, 에너지 공급 등을 말한다.

개별적인 사이버물리제조시스템은 실제적 요소와 가상적 요소가 상호 강하게 결합돼 있다. 즉 인간, 설비, 제품, 소재와 같은 실제적 요소가 고장, 품질, 납기, 자원, 에너지, 생산성 들과 같은 가상적 요소와 상호 간에 연결돼 있다. 연결은 유무선 통신을 통해 사이버물리제조시스템 상호 간에도 이루어진다. 인간과 설비, 설비와 제품, 고객과 공급자들 사이에도 네트워크가 연결된다. 이러한 연결을 통해 데이터를 수집하고 처리할 수 있으며 특정한 임무를 스스로 제어하고 기계-인간 인터페이스에 의해 인간과 상호작용할 수 있다.

사이버물리제조시스템은 궁극적으로 자율적이고 협동적인 요소들과 부분 시스템들로 이루어진다. 이들은 1) 상황에 의존적인 방식으로 2) 생산의 모든 수준의 내부 및 경계를 넘어서서 3) 프로세스들로부터 기계를 거쳐 생산 및 물류 네트워크까지 상호 연결된다.[8]

사이버물리제조시스템이 이러한 수준이 될 정도의 완전성을 가지기 위해서는 기술적인 발전이 계속돼야 한다. 현재 활발하게 이루어지는 중요한 연구 개발 주제들은 다음과 같다.[9]

1. 맥락에 적응하는 자율 시스템의 실현

맥락에 적응하는 자율 시스템을 실현하기 위해서는 다음의 네 가지가 필요하다. 첫째, 포괄적이고 연속적인 맥락의 인지 방법. 둘째, 객체들, 시스템들, 그리고 사용자들의 계획과 의도에 대한 인지, 분석, 해석 방법. 셋째, 응용 분야와 도메인에 대한 모델 생성. 넷째, 자신의 상황, 상태 및 액션 옵션들에 관한 자기인지를 위한 방법들이 개발돼야 한다.

2. 협력적 제조 시스템

협력적 제조 시스템의 실현을 위해 합의 도출, 협력적 학습, 분산된 인지를 위한 효과적인 알고리즘들의 개발이 요구된다.

3. 동적 시스템의 인식과 예측

동적 시스템의 인식과 예측의 실현을 위해 기존의 식별과 예측 방법들의 발전이 필요하다. 이를 위해 동적 시스템과 변동 프로세스의 복잡성을 단순화된 가정들의 집합으로 적용할 수 있는 새로운 방법들이 요구된다.

4. 견실한 스케줄링 도구

계획된 스케줄이 실행되는 중간에도 새롭게 발생한 변화들을 언제든지 다룰 수 있는 견실한 스케줄링 도구가 필요하다.

5. 실제와 가상 시스템들의 융합

실제와 가상 시스템들의 융합을 위해 가상과 실제의 생산 서브시스템들을 기술하는 레퍼런스 아키텍처들과 모델들이 필요하다. 또한 1) 가상과 실제 모듈들의 동기화 방법 2) 그들의 특정한 역할에 적합한 상호 작용 방법 3) 맥락에 적응하고 자원 효율성이 최대화된 생산 현장의 제어 방법이 필요하다.

6. 인간과 기계의 공존

인간과 기계의 공존을 위해서 근접한 거리에서 발생할 수 있는 안전사고가 방지돼야 한다. 또한 인간의 창의적 영역이 중요한 업무와 기계의 물리력과 속도 및 반복성이 중요한 영역이 상호 보완적으로 작용할 방법에 대한 연구가 필요하다.

주요 연구 분야들 외에 효과적이고 효율적인 사이버물리제조시스템의 구현을 위해서는 다음과 같은 특징들에 주목해야 한다.

첫째, 연구실에서 연구 개발되는 사이버물리시스템에 비해 산업현장에서 적용되는 사이버물리제조시스템은 더 높은 신뢰성과 견실성을 요구한다.

둘째, 주어진 명령을 수행하는 것이 아니라 자율운용, 자율주행, 자율보존, 자율진단 등 스스로 판단하고 결정하는 스마트한 지능을 보유해야 한다.

셋째, 유무선 네트워크의 장착을 통해서 원격 모니터링과 진단이 가능하다.

넷째, 실시간 데이터 처리 능력을 통해 실시간 제어가 가능하다.

다섯째, 모든 프로세스 단계에서 데이터가 취합되고 어떤 수직적·수평적 단계에도 공유될 수 있는 투명성을 가지고 있다.

여섯째, 예지력을 가지는 알고리즘을 통해 시스템의 반응과 거동이 예측 가능하다.

일곱째, 어떤 환경과 상황에서도 최적의 솔루션을 유지할 수 있는 효율성을 가지고 있다.

여덟째, 실제 세계로부터의 데이터의 지속적인 피드백을 통해 모델의 정확성과 최신성이 유지된다.

사이버물리제조시스템 사례와 설계 고려사항

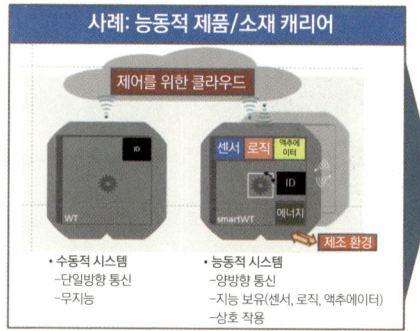
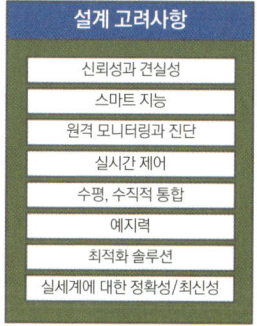

(출처: 프라운호퍼 IPA)

3
스마트 팩토리란 무엇인가

스마트 팩토리는 기술을 지칭하는 용어이기보다는 사이버물리제조시스템 기술이 적용된 미래의 지능화된 제조 공장이라고 하는 비전을 나타내는 것이다. 이것은 독일의 인더스트리 4.0의 개념 안에서 4차 산업혁명을 유발하는 가장 중요한 동력원이다.

최근에 스마트폰으로 시작된 '스마트'라는 수식어가 다양한 분야에서 사용돼 스마트 컨버전스, 스마트 카, 스마트 그리드 등으로 확대되고 있다. 스마트 팩토리는 지능적이고 자율적인 공장을 지칭하는 것이라고 할 수 있다. 실제에서는 다양한 관점에 따라서 조금씩 다른 스마트 팩토리의 정의들을 찾을 수 있다. 더욱 기술적인 용어인 사이버물리시스템에 비해 좀 더 일반적인 용어로 여겨지는 스마트 팩토리는 다양한 개념으로 정의될 수 있다. 이 점을 고려해 여기서도 몇 가지 다양한 정의들을 소개한다.

사이버물리시스템, 스마트 팩토리, 인더스트리 4.0의 상호관계

첫 번째 정의는 인더스트리 4.0의 선행연구 주자인 스마트 팩토리KL SmartFactoryKL*에서 제시한 것이다. 여기서는 무선 통신 인프라 스트럭처를 활용한 사물인터넷에 기반한 스마트 팩토리에 초점을 두고 있다. 작은 디바이스들까지 포함해 모든 디바이스들은 지능을 가지고 있고 무선 네트워크에 의해 상호 연결돼 있다.[1]

독일 슈트트가르트 공대에서는 스마트 팩토리를 "사람과 기계가 수행하는 임무를, 문맥인지 능력을 갖춘 시스템들이 도와주는 공장"이라고 정의하고 있다.[2] 문맥 인지 시스템은 예를 들면 객체의 위치와 상태와 같은 문맥적 정보를 고려하는 시스템이다. 이들 시스템은 물리적 및 가상적 세계로부터 전해지는 정보를 기반으로 임무를 수행한다. 예를 들면 물리적 세계의 정보는 공구의 위치와 조

---

* 스마트 팩토리KL은 산학 협력에 의해 인더스트리 4.0과 관련된 연구 개발을 수행하는 독일의 비영리 협회이다. 공식적인 이름은 '기술 이니셔티브 스마트 팩토리 KL 협회Technologie-Initiative SmartFactory KL e.V.'이다. 독일 서남부에 있는 카이저스라우테른Kaiserslautern 시에 위치하고 있다. 카이저스라우테른공과대의 생산자동화 연구소 데트레프 주엘케Detlef Zühlke 교수의 주도로 2005년 7개 기관으로 설립되었다. 대표적 협력 기관으로 독일인공지능연구소DFKI와 카이저스라우테른공과대가 있다. 전세계에서 최초로 스마트 팩토리 모델 공장을 만들어 운용하면서 다양한 혁신적인 기술들을 적용하고 검증하고 있다. 독일의 4차 산업혁명 관련 비전 제시와 연구 개발의 진원지이다. 현재는 50여 개 회원이 참여하고 있다.

건 등이 될 수 있고 가상적 세계의 정보는 전자문서, 도면, 시뮬레이션 모델 등이 될 수 있다. 문맥인지 시스템은 다른 시스템과는 다르게 자신의 환경과 통신하고 상호작용할 능력이 있다.

독일의 위키피디아에서는 다음과 같이 스마트 팩토리를 정의하고 있다. 이 정의는 독일에서 주창되고 활발하게 진행돼왔던 스마트 팩토리 분야의 다양한 초기 연구들의 기본에 입각한 적절한 정의라고 할 수 있다.

"스마트 팩토리는 제조 장비와 물류 시스템들이 인간의 개입 없이 폭넓게 자율적으로 조절되고 운용되는 공장이다. 스마트 팩토리의 기술적인 기반은 사물인터넷의 도움으로 상호 커뮤니케이션하는 사이버물리시스템들이다. 이 미래 시나리오의 중요한 부분은 제품(혹은 재공품)이 제조 장비와 커뮤니케이션한다는 것이다. 제품은 자신의 제조 정보를 스스로 보유하고 제조 장비로 전달한다. 이 정보에 기반해 제조 공정과 제조 장비를 포함하는 제품의 다음 공정 흐름이 자율적으로 제어된다."[3]

이상의 정의들을 종합해볼 때 다음과 같은 간략화된 도식화가 스마트 팩토리의 이해에 도움을 준다.

스마트 팩토리 = 자율운용공장
            = 사이버물리시스템들 + 상호 커뮤니케이션 (제품·설비 사이 및 수직·수평적 부문 사이)
            = 물리적 객체 + 임베디드 시스템
            + 디지털 네트워크 + 자율 제어 및 기계학습
            + 상호 커뮤니케이션

여기서의 상호 커뮤니케이션은 디바이스, 제조 설비, 근로자와 같이 공장 내부의 사이버물리제조시스템들이 해당하는 수평적 부문에만 국한된 것이 아니다. 제품 개발, 생산관리, 생산기술, 서비스 등 가치창출사슬에 수직적으로 관련된 부문들에 산재하는 사이버물리제조시스템들을 포함하는 개념이다. 이와 같은 개념은 독일기계설비산업협회VDMA의 장학재단인 임펄스 재단IMPULS-Stiftung이 발간한 보고서에도 살펴볼 수 있다.

"스마트 팩토리는 지능적이고 네트워크로 연결된 공장의 개념을 나타낸다. 공장 내의 제조 설비들은 생산관리시스템MES, 전사적 자원관리ERP 시스템, 공급망관리SCM와 같은 상위의 IT 시스템뿐만 아니라 스마트 제품과 직접적으로 통신한다. 모든 제조 프로세스의 상호 연결과 자율적인 조정을 통해 가치창출사슬 전체의 디지털화가 폭넓게 구현된다."[4]

이러한 개념에 따르면, 스마트 팩토리는 공장 레벨에서의 임무에만 국한된 것이 아니라 제조기업에서의 전체 가치창출 사슬의 디지털화로 확대되고 있다. 그것은 마케팅으로부터 시작해 제품의 개발과 구성, 공정 계획, 생산, 영업과 사용, 폐기와 리사이클링을 포함한다.

스마트 팩토리의 구성요소들과 범위

스마트 팩토리에서는 사이버물리제조시스템들을 통해 지능화된 스마트 요소들이 자율적으로 최적화된 생산에 필요한 활동들을 수행해 나아갈 것이다. 지능형 기계, 시설, 창고, 물류 시스템들은 독자적으로 정보들을 보유하고 교환할 수 있다. 이를 통해 상호 교류하며 스스로 주변 환경에 적응시켜 자율적으로 제어한다.[5] 공장을 이루는 모든 장치, 운송수단, 운송도로, 생산설비, 물류 및 관리 프로세스 등의 모든 요소는 사이버물리제조시스템이 될 수 있다. 필요하다면 전세계적으로 가용한 데이터와 서비스들을 글로벌 네트워크를 통해 사용할 수 있다.

스마트 팩토리에서는 고객과의 연결 수단도 구성요소가 될 수 있다. 한국에 있는 고객이 컴퓨터 앞에 앉아서 독일의 슈트트가르트에 있는 A 공장의 세번째 구역 다섯 번째 기계에서 내 자동차에 사용할 알루미늄 휠을 가공해 달라고 하는 특별한 주문이 가능해진다. 물론 품질이나 사양 등 그 기계에서 가공한 휠만의 특별한 차별점이 있고 그러한 특성을 고객이 맞춤형으로 원할 때 이러한 주문이 의미가 있다. 스마트 팩토리에서는 이렇게 주문이 고객으로부터 직접적으로 기계로 전달되고 이어서 부품 공급자까지 실시간으로 전달될 수 있다. 이러한 방식으로 신속하게 고객의 특별한 요구에 빠르게 반응할 수 있다.

광의의 스마트 팩토리에서 사이버물리제조시스템은 제조 활동뿐만 아니라 생산활동에 영향을 미칠 수 있는 모든 가치창출 사슬과 연동돼 있다. 예를 들면 제조 고려 설계Design for Manufacturing의 개념을 통해 알고 있듯이 제품의 설계 단계에서는 생산 단계에서 발생하는 품질과 원가의 문제를 반영해야 한다. 영업과 마케팅의 상황과 수요 예측에 따라서 제조 생산 용량이 유연하게 대응돼야 한다. 고객의 사용과 폐기 정보는 제조 생산의 품질 제고와 신제품의 개발에 매우 유용하게 활용될 수 있다. 이와 같이 제조 생산과 그것을 둘러싼 모든 활동들은 디지털 데이터의 상호교환을 매개로 해 하나의 거대하고 고등한 지능적인 시스템이 되는 것이야말로 스마트 팩토리의 궁극적인 모습이다.

　이러한 광의의 스마트 팩토리는 제조 생산과 기업 운용이 유기적으로 연동되는 이상적인 모습을 나타낸다. IT 시스템 관점에서 본다면, 최근 20여 년 동안 지속적으로 확대돼 온 기업 운용을 위한 IT 시스템들과 생산관리시스템MES과 컴퓨터 지원설계CAD/컴퓨터 사용 제조CAM, Computer Aided Manufacturing 영역의 통합을 지향하고 있다고 볼 수 있다. 반대로 자동화 시스템 관점에서 본다면 각각의 디바이스와 설비들이 지능과 네트워크를 갖춰서 상위 시스템과 연결된다.

　이상을 종합하면 스마트 팩토리의 구성요소는 제조업의 가치창출사슬과 수평적 수직적으로 연결된 일부 혹은 모든 것들이 될 수 있다. 한 제조업의 한 라인만이 스마트 팩토리가 될 수도 있고, 혹은 특정 지역의 공장만 스마트 팩토리가 될 수도 있다. 글로벌 기업이라면 전세계의 분산된 생산거점의 공장들이 모두 연결될 수 있고, 제조 비용과 물류 비용을 거의 실시간으로 비교해 최적의 생산을 수행할 수 있을 것이다. 인터넷의 속성이 그렇듯이 상호 연결된 것들이 많을수록 스마트 팩토리의 도입 효과는 커질 것이다. 대규모 기업이 아니라고 하더라도 산업 전반에 스마트 팩토리가 도입된다면, 즉 산업 생태계의 변화가 이루어진다면 스마트 팩토리를 통한 생산성과 이익이 극대화될 것이다.

스마트 팩토리의 요소기술

많은 혁신들은 고객의 요구와 기술 발전의 상호작용에 의해 이루어져 왔다. 고객의 요구는 새로운 기술 개발의 동력이 됐고, 반대로 새로운 기술의 발명은 인지하지 못했던 새로운 고객의 만족과 추가적인 요구를 가져온다. 스마트 팩토리를 태동시킨 고객과 시장의 요구 사항을 간단하게 이야기하면 고객 맞춤형 제품을 신속하고 정확하게 제공하는 것이다. 여기에서는 이러한 고객의 요구와는 별개로 스마트 팩토리를 가능하게 하는 신기술 요소들에 대해서 설명한다.

현재 제조기업에서 많이 사용되는 정보통신기술은 제품수명주기관리PLM, 생산관리시스템MES, 산업 자동화이다. 실제 지멘스 암베르크 공장의 스마트 팩토리의 구현 사례에서도 이러한 세 가지 기술을 통합한 것이 주요 성공의 요인으로 여겨진다.[6] 그렇지만 그것만으로 충분한 것은 아니다. 새로운 변혁을 추구하기 위해서는 기존의 기술 프레임을 벗어난 확대된 시야가 필요하다.

스마트 팩토리를 실현 가능하게 해주는 3대 신기술은 사이버물리제조시스템, 사물인터넷, 빅데이터이다. 이들은 다시 스마트 센서, 인공지능, 무선통신, 증강현실, 자율협동로봇과 같은 세부적인 요소 기술들에 기반하고 있다. 앞에서 상세하게 소개한 사이버물리제조시스템을 포함해 주요한 10가지 요소 기술에 대해 스마트 팩토리 관점에서 간략하게 소개한다. 모든 제조업이 이들 요소 기술들을 모두 갖출 필요는 없고 각각의 수준과 환경에 맞춰 조합해 적용할 필요가 있다. 궁극적으로 성숙된 이상적 수준의 스마트 팩토리에서는

사이버물리제조시스템들은 제조 기계나 기기 등 제조의 내부 구성요소들이 인터넷으로 상호 연결돼 있고 스마트 자재와 상호 통신한다.

어느 한 분야도 배제할 수 없는 기술들이다.

사이버물리제조시스템

사이버물리제조시스템들은 제조 기계나 기기 등 제조의 내부 구성요소들이 인터넷으로 상호 연결돼 있고 스마트 자재와 상호 통신한다. 스마트 자재는 생산 과정에 있는 재공품 혹은 부품이 될 수 있다. 스마트 자재는 자신의 품질, 가공 계획 등의 특성을 무선자동정보인식장치RFID와 같은 데이터 저장 장치에 기록한다. 기록된 정보는 기계나 기기에 의해 인식돼 필요한 공정과 다음 공정 경로가 동적으로 자동 결정되도록 한다. 스마트 자재는 이를 통해 자신의 생산 공정을 자율적으로 제어한다. 이러한 형태로 스마트 팩토리에서 생산된 지능형 제품은 첫째, 명확하고 고유하게 인식될 수 있다. 둘째, 언제든지 위치를 파악할 수 있다. 셋째, 자신의 제조 히스토리

를 알 수 있다. 넷째, 현재의 상태와 목표 상태로 이르는 다양한 대체 루트들을 알 수 있다.[7]

사물인터넷

사물인터넷은 각종 사물에 센서와 통신 기능을 내장해 인터넷에 연결하는 기술이다. 인터넷이 태동하던 시기인 1980년대에 이미 이러한 용어와 개념이 나타나기 시작했다. "사물인터넷은 사람과 프로세스와 기술이 연결 가능한 디바이스들과 센서들을 통해 통합되는 것이다. 이를 통해 원격 상태 모니터링, 조종, 평가들이 가능해진다."[8]

최근에는 이러한 사물인터넷의 산업적 관점에서의 활용성이 부각되면서 사이버물리제조시스템과 스마트 팩토리의 구현에 반드시 필요한 기술적 기반이 되고 있다. "사물인터넷은 네트워크 인프라를 통해 객체들이 센싱되고 원격으로 제어되는 것을 가능하게 한다. 이것은 물리적 세계가 컴퓨터 기반의 사이버 시스템으로 더 직접적으로 통합될 수 있는 기회를 만들어 준다. 이를 통해 효율과 정확도와 경제적 이익의 증대를 가져올 수 있다."[9]

스마트 팩토리에서 사물인터넷은 제조에 관여하는 4M인 사람, 기계, 자재, 방법을 연결시켜주는 인프라 스트럭쳐의 역할을 한다. 이를 통해 공장 내 데이터와 정보의 초고속 교환이 가능해지고 제조 운용의 효율성과 유연성이 극대화될 수 있다.

스마트 센서

스마트 센서는 물리적 환경으로부터 입력을 받고 마이크로 프로세서로 구현된 내장형 컴퓨터를 사용해 사전에 정의된 기능을 자체적으로 수행하는 디바이스이다.[10] 종래의 센서들은 물리적 측정 값들을 전달하는 기능에 치중했다. 반면에 스마트 센서의 중요한 차이는 측정된 데이터를 자체적으로 처리해 필요한 정보를 추출하는 지능적인 기능이 내장돼 있다는 것이다. 센서, 마이크로 프로세서, 통신 장치는 스마트 센서를 구성하는 최소한의 구성 요소들이다. 조금 더 발전된 스마트 센서는 여기에 더해 변환기, 증폭기, 아날로그 필터와 보상기 등을 비롯해 데이터 변환, 디지털 프로세싱과 같은 소프트웨어 기능들이 탑재된다.

독일에서는 많은 전문가들이 스마트 팩토리의 구현에 가장 중요한 역할을 하는 분야로 센서 기술을 꼽는다. 스마트 팩토리는 다양한 데이터를 취합하고 그에 기반한 자율적 의사결정을 하는 사이버물리시스템들로 구성된다. 스마트 센서는 이러한 데이터 취합의 시작점이기 때문이다.

빅데이터와 분석방법

다양한 센서로부터 수집되는 기계와 자재와 주변환경 상태와 관련된 실시간 변동 데이터들은 기존의 데이터베이스 관리도구로는 수집, 저장, 관리, 분석될 수 없는 대용량의 데이터들이다. 따라서 이 데이터들은 빅데이터 기술을 활용해 실시간으로 처리돼야 한다. 빅데이터는 분석적 평가방법을 통해 크고 작은 의사결정을 지원한다. 그리고 현재 상태에 대한 즉각적인 개입이나 예상되는 미래의 문제점에 대해 대응할 수 있게 해준다.

스마트 팩토리에서의 빅데이터 활용에 대한 가장 잘 알려진 예로

스마트 팩토리에서 제조 설비나 장치들은 매우 작은 요소까지도 일정한 정도의 내장형 지능을 가져야 한다.

서 설비의 예지정비가 있다. 다양한 센서를 통해 설비의 상태를 측정하고 비정상적인 패턴이 발생할 경우에 기계의 유지 보수 조치를 선제적으로 대응한다. 이를 통해 최고의 생산 수율과 품질 상태를 유지할 수 있다. 이러한 빅데이터 기반의 최적화를 위해서 많은 데이터 저장 용량과 고도의 연산 성능을 가진 IT 인프라의 구축은 스마트 팩토리 구현에 절대적으로 필요하다.

인공지능

스마트 팩토리에서 제조 설비나 장치들은 매우 작은 요소까지도 일정한 정도의 내장형 지능을 가져야 한다.[11] 이것은 전문가 시스템의 개발과 확대의 사례에서 보아왔던 중앙집중형 인공지능과는 반대로 분산된 형태의 인공지능을 말한다. 제조 설비는 스마트 기계로 발전되고 측정기기와 주변장치들도 스마트 디바이스로 진화한다. 인공지능은 제품에도 장착될 수 있다. 예를 들면 제품은 자신의 과거 역사를 알고 앞으로의 공정 루트를 알고 있다. 이를 통해 공장 내의 물류를 크게 단순화하는 것뿐만 아니라 제품의 전 수명 주기에서의 데이터를 활용한 지속적인 제품과 비즈니스 개선에 활용될 수 있다.

최신의 자동차들은 자동차의 검사와 부품의 교환 주기를 자동으로 계산해 운전자에게 제공하는 등 스마트 제품의 모습을 갖추어 가고 있다. 차대 번호를 읽으면 그 자동차가 생산됐던 히스토리를 완전하게 추적해 알 수 있다. 주요 부품의 고장이 발생하면 그 부품이 생산된 장소와 시간과 설비를 추적해 고장 원인에 대한 분석에 활용할 수 있다. 또한 대체 부품의 주문을 고장 발생 직후에 신속하게 수행할 수 있다.

무선통신

무선통신 기술 중에서 주목받는 기술은 무선자동 정보인식장치 RFID이다. 이것은 전파의 주파수를 이용해 원거리에서 정보를 인식하는 기술이다. 무선자동 정보인식장치RFID가 점점 더 많이 활용되는 이유는 ID를 인식하는 데 사용되는 기존의 바코드 기술에 비해 많은 장점을 가지고 있기 때문이다. 비접촉으로 작동하고 먼 거리에서도 읽을 수 있다. 무선자동 정보인식장치RFID 태그와 판독기 사이에 장애물이 있어도 송수신이 가능하다. 또한 반영구적으로 사용할 수 있고 다수의 태그 정보를 동시에 인식하는 것도 가능하다.

무선자동 정보인식장치RFID 외에도 스마트 팩토리에는 환경과 목적에 따라서 블루투스, 무선 랜, 와이파이 등 다양한 무선통신 기술이 사용될 수 있다. 사물인터넷의 개념에서 공장 내의 모든 객체가 네트워크에 연결될 때 연결 포인트는 지수적으로 증가한다. 이러한 복잡성으로 기존의 유선통신 방식은 더 이상 사용될 수 없다. 따라서 현재의 공장 환경에서 아직은 신뢰성의 문제가 제기되는 무선통신 기술이 한 단계 더 높은 신뢰성을 확보하는 것이 필요하다. 신뢰성 있는 무선통신 기술은 사물인터넷에 기반을 둔 스마트 팩토리의 구현에 필요한 옵션이 아니라 절대적인 전제조건이다.

증강현실

증강현실AR은 가상현실VR의 한 분야로 실제 환경에 가상 사물이나 정보를 합성해 원래의 환경에 존재하는 사물처럼 보이도록 하는 컴퓨터 그래픽 기법이다.[12] 몇 년 전까지만 해도 멋진 장난감으로 여겨지던 기술이 제조 환경에 도입될 수 있는 수준이 됐다. 증강현실용 디스플레이로 특수 안경이나 스마트폰 등이 많이 활용되고 있다.

증강현실은 제조 환경에서 프로세스 효율을 크게 높일 수 있다. 프로세스 효율을 떨어뜨리는 요인 중에 인간의 실수와 유지보수 활동에 발생하는 비효율이 차지하는 비중이 크다. 증강현실은 그래픽 정보를 통해 인간의 기억력을 대신해주고 정확하게 프로세스에 개입하는 것을 도와준다. 가상현실 기술에 비해 증강현실이 사람과 프로세스의 성능을 올리고 비용을 낮추는 데 효과적이라는 것이 다양한 연구를 통해 증명됐다. 효율이 50% 이상 올라갔다는 결과도 있다. 증강현실은 제조환경에서 운전조작, 유지보수, 교육, 품질 관리, 설계 가시화, 물류 등 다양한 분야에 활용될 것이다.[13]

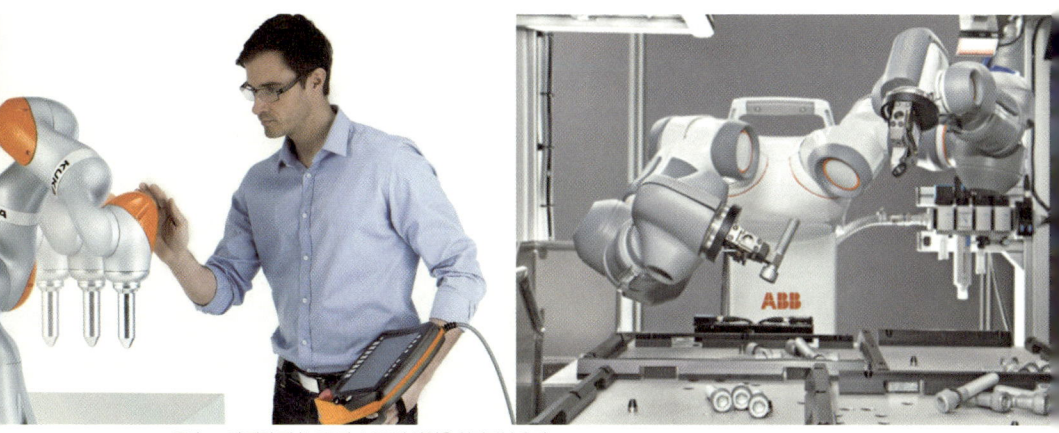

쿠카Kuka의 경량로봇 LBR과 ABB의 산업용 양팔로봇 유미YuMi

자율협동로봇

로봇은 스마트 팩토리를 실현하는 중요한 도구이다. 1990년대 이후 로봇 기술은 생산성, 유연성, 다양성, 안전성, 협동성 등에서 많은 발전이 있었고 이미 다양한 환경과 기능을 위해 사용되고 있다. 21세기에는 모든 사람의 가정과 직장과 사회적 인프라에 전파될 것이다. 스마트 팩토리에서는 산업용 로봇이 기계를 만드는 시대가 되는데 인간이 배제된 완전한 무인화를 추구하지 않는다. 인간과 로봇이 협업하는 하이브리드 팀워크를 지향한다. 이들 로봇은 많은 센서를 장착하고 무게가 가벼워서 인간과의 충돌을 회피하거나 충돌이 발생하더라도 부상의 위험이 없다.

이러한 로봇의 예로서 쿠카Kuka의 경량로봇 LBR과 ABB의 산업용 양팔로봇 유미YuMi가 있다. 이들 로봇을 사용하면 더 이상 로봇의 작업구역을 안전 장벽으로 구분할 필요가 없다. 인간과 로봇의 경제적이고 생산적인 협동이 가능해진다. 단순하거나 큰 힘이 필요한 일은 로봇이 담당하고 복잡하고 창의적인 일은 인간이 담당하는 것은 스마트 팩토리에서 당연한 모습이 될 것이다.

적층가공

적층가공Additive Manufacturing은 쾌속조형Rapid Prototyping부터 시작돼 점차 그 적용 영역을 넓히고 있다. 초기에는 플라스틱 소재만 사용 가능했고 만들어진 물체의 기계적 특성과 온도적 안정성이 제한적이었다. 최근에 3D 프린터 붐이 일어나면서 다양한 연구 개발이 전 세계적으로 활발하게 일어나고 있다. 현재는 매우 다양한 파우더 소재가 개발됐다. 포토폴리머, 고무, 세라믹, 시멘트, 금속합금, 종이 등이 있다. 소재 개발과 레이저 열원의 발전, 형상 정밀도 및 생산성의 개선에 따라서 직접 제품의 생산에 적용되는 비중이 증대되고 있다.

스마트 팩토리에서는 원하는 부품을 신속하고 유연하게 생산하는 기계가 중요하다. 3D 프린터를 사용하면 프로토타입의 개발이 필요 없고 금형도 줄이는 등 설계 데이터를 부품으로 바로 전환해 신속하게 만들어내는 장점이 있다. 따라서 고객 맞춤형 생산을 위한 좋은 도구가 될 수 있다.[14]

스마트 물류

스마트 팩토리에서는 내부 및 외부 공급망에 대한 가시성을 더 확보할 것이다. 내부 소재, 부품, 재공품의 흐름에 대한 정보는 모바일 로봇, 스마트 피킹, 스마트 빈, 모바일 선반, 스마트 라벨 등의 장치를 통해 수집되고 추적된다. 부품 부족을 막고 적정한 재고가

키바 로봇. 아마존은 키바 로봇을 이용해 주문처리 시간을 13분 정도까지 줄였다. 또 조명이나 냉난방을 하지 않아도 돼 센터 유지비도 줄였다. 연평균 물류비용의 40%를 절감했다.

유지되고 외부의 주문에 대한 진행 상황은 항상 추적 가능해진다. 제조 스케줄은 더 치밀하게 조립 공정과 연동되고 과도한 생산은 최소화된다.

모바일 로봇은 제조 공정들 사이의 재료와 부품의 흐름을 신속하고 원활하게 수행한다. 최신 기술은 모바일 로봇과 피킹 시스템이 통합된 로봇 시스템 등 다양한 형태의 자율 주행 로봇을 구성하는 것이 가능하다. 아마존이 2012년에 키바Kiva 로봇을 인수하면서 경쟁력을 크게 높인 것은 스마트 물류의 중요성을 보여준다.[15]

스마트 팩토리의 주요 특징

스마트 팩토리는 기존의 공장에 대비해볼 때 다음과 같은 특징들을 가지고 있다. 이러한 특징들은 스마트 팩토리로의 전환 혹은 신규 도입을 고려할 때 현재 수준에 대한 점검과 구현 목표 설정을 위해 참고해야 할 방향성을 제시한다.

첫째, 자율화. 스마트 팩토리를 통해 제조기업의 공장은 극도의 자율 조직화Self-organization와 자율 최적화Self-optimization 특성을 갖게 된다. 자율성은 생산현장의 변화나 고객의 요구가 변동하더라도 생산 시스템이 스스로 적응하기 때문에 재조정 혹은 구조 변경에 소요되는 시간과 비용을 최소화하게 된다. 자율화로 이행할 수 있으려면 스마트 팩토리를 이루는 개별 사이버물리시스템들에 포함된 의사결정 시스템이 각각의 역할에 필요한 만큼의 최소한의 지능을 갖추어야 할 것이다.

둘째, 분권화. 자율화는 필연적으로 분권화를 동반한다. 스마트 팩토리의 자율적인 구성요소들은 중앙집중 서버로부터의 정해진 실행 명령을 절대적으로 수행하는 것을 거부한다. 제조 현장의 부분 시스템에서 발생하는 이벤트들에 대한 최적의 대응 방안은 해당 부분을 담당하는 자율적인 사이버물리시스템이 결정한다.

셋째, 디지털화. 스마트 팩토리를 구성하는 가장 중요한 요소인 사이버물리시스템은 가상의 시스템이 물리적 시스템을 완전하게 표현할 수 있는 수준에 근접한 모델과 데이터를 가질 때 성립된다. 가상의 시스템은 오늘날 디지털화된 정보만을 처리할 수 있는 컴퓨터에 의해 구성되고 있으므로 사이버물리시스템의 확대는 필연적으로 광범위한 디지털화를 통해서만 가능하다. 프로세스 내부에 남아있는 아날로그적 요소들은 한 기업의 스마트 팩토리의 적용 수준을 결정할 것이다.

넷째, 네트워크화. 사물인터넷의 구현을 통해 사람과 기계와 자재와 제품은 모두 네트워크로 연결된다. 관리자 혹은 관련자는 필요할 때는 언제든지 특정한 재공품이 어떤 장비에 머물고 있는지 알 수 있다. 이러한 정보는 심지어 고객에게도 제공될 수 있다. '주문하신 자동차의 엔진이 울산 A 공장의 B 기계에서 가공 중입니다.'라는 안내 문자가 발송될 수도 있다. 이와 반대로 기계나 자재가 스스로의 상태에 이상이 발생했을 때 관리자에게 알람을 알릴 수 있다. 공장 내 연결된 통신 포인트의 숫자는 한 공장의 스마트화 수준을 가늠할 수 있는 중요한 지표가 될 것이다.

다섯째, 모듈화와 표준화. 지능형 기계, 제품, 주변장치들은 모두 모듈화돼 환경 변화에 맞춰 유연한 조합이 가능하도록 변화될 것이다. 오늘날 고객의 기호와 같은 시장 환경과 협력사의 공급망과 같은 비즈니스 환경이 동적으로 변화하고 있다. 이러한 가운데 제조의 경쟁력을 유지하기 위해서는 시스템 내부의 모든 요소가 적은 비용으로 신속하게 변경될 수 있어야 한다. 모듈화는 필연적으로 표준화를 수반한다. 하나의 모듈을 다른 제품의 제조에도 사용할 수 있도록 하기 위해서 모듈 간의 연결 혹은 인터페이스가 표준화돼야 한다.

여섯째, 수평 수직 협업. 사이버물리제조시스템들은 공장 및 기업 내의 여러 가지 비즈니스 프로세스들과 수직적으로 연결되고 분산된 다른 사이버물리제조시스템들과 수평적으로 연결된다. 이것은 수직적인 커뮤니케이션이 더욱 강조되는 기존의 운용 방식과는 매우 다르다. 이벤트가 발생하면 상위 서버에 알리고 조치를 기다리기보다는, 주변의 기계와 장치에 자신의 상태를 알리고 필요한 도움을 스스로 받도록 하는 것이 우선시될 것이다.

일곱째, 전사적으로 일관된 엔지니어링. 주문에서 납품까지 그리고 그 이후 고객의 사용 정보까지 통합돼 디지털 데이터로 관리됨으로써 전체 가치창출 사슬을 관통해 일관되게 적용되는 엔지니어링을 가능하게 한다.[16] 설계에 의해 생성된 3D 형상 데이터에 컴퓨터 이용 공학CAE 구조해석의 결과가 더해지고 다시 제조를 위한 데이터가 추가된다. 공정 단위의 가공과 조립 데이터, 중간 조립품의 시험 데이터, 사용자의 서비스 데이터까지 모두 한꺼번에 통합 관리될 수 있다. 극단적으로 발전되면 고객의 서비스 데이터에 대한 분석으로부터 자동적으로 설계 대안들이 검토될 수도 있다. 이러한 디지털 데이터 기반의 일관된 엔지니어링은 전사적인 데이터 기반 의사결정을 가속한다.

여덟째, 고객 중심 제조. 기존의 제조 시스템에서는 품질, 원가, 납기 등에 주요 초점이 맞춰져 있었다. 따라서 고객에게 추가적인 만족을 줄 수 있는 성능이나 기능 등이 도입되는 데 장애물이 됐다. 개인 맞춤형 제품을 대량 생산 수준의 비용으로 생산 가능한 스마트 팩토리에서는 개별 고객의 만족을 극대화시킬 수 있게 된다. 이것은 종래의 제품 중심에 일종의 서비스 개념이 더해지는 양상으로 전개된다. 스마트폰에 다양한 앱을 거래할 수 있는 앱 마켓도 함께 제공함으로써 핸드폰을 개인화된 서비스가 더해진 제품으로 만들어준다.

이러한 방식은 하나의 공장에서 다양한 제품을 생산하는 형태로 구현될 수 있다. 또 다른 형태는 전 세계적인 제조 공장의 네트워크를 통해 특정 제품에 특화되어 제품을 가장 효과적이고 효율적으로 생산할 수 있는 공장으로 주문이 이루어지는 방식이 될 수 있다.

Industrie 4.0

4
스마트 팩토리가 바꿀 미래

이제 미래의 가능성과 기대효과에 대해서 살펴보자. 독일은 세계적으로 제조업의 경쟁력을 갖춘 산업국가이다. 전통적으로 강한 기계 및 장치 산업에 더해 산업용 소프트웨어 분야의 IT 경쟁력 및 자동화 분야에 축적된 기술과 노하우들을 가지고 있다. 이에 기반해 미래에도 더욱 확실한 제조업 경쟁력을 갖춰 나아가고자 하는 비전이 인더스트리 4.0의 추진으로 나타나게 됐다.[1]

2005년도에 많은 학교 연구소와 산업체의 공동 발의로 시작된 스마트 팩토리[KL] 프로젝트에서는 모델 공장을 통해 미래 공장에 필요한 기술들의 개발 및 데모 운용이 수행됐다.[2] 이를 기점으로 해 독일에서는 현재 대대적인 산학연 협력하에 실제 기업에서 활용될 수 있는 스마트 팩토리의 구현을 앞당기기 위한 연구 개발이 활발하게 진행되고 있다.

지멘스, 보쉬 등 스마트 제조 솔루션과 자체적인 대형 공장을 가진 업체들을 중심으로 초기 단계의 솔루션과 모델 공장이 이미 제시되고 운용되고 있다. 또한 독일은 스마트 팩토리의 선도적인 솔루션들을 제공하는 많은 중견 기업들을 보유하고 있다. 이것은 독일이 가진 정보통신기술과 전통적인 제조생산기술과 기계산업의 강점을 결합함으로써 가능하다. 독일은 이제 전 세계를 대상으로 새로운 제품과 기술들을 선보이고 주도적으로 시장을 개척하려고 노력하고 있다.

스마트 팩토리에 대한 관심이 크게 증가됐고 초기의 연구 개발과 모델 공장들이 완료됐다. 하지만 고도화된 스마트 팩토리의 실현을 위해서 해결해야 할 연구 과제들은 아직도 많이 남아 있다. 대표적인 다섯 가지 분야를 소개한다.

첫재, 표준화 및 아키텍처. 기업 내부의 그리고 기업을 뛰어넘는 네트워크와 통합을 위해서는 공급자 중립적으로 사용되는 공통의 표준이 필요하다. 전체 가치창출사슬로의 수직적·수평적 통합을 위해서는 특정한 브랜드의 기계나 제조 분야를 뛰어넘는 수준의 레퍼런스 아키텍처(참조 모델)가 필요하다.[3] 하지만 오늘날 존재하는 많은 표준들은 수직적·수평적 가치창출사슬에 필요한 규정들을 충분하게 갖추고 있지 못하다. 따라서 공급자나 사용자들은 독자적인 방식으로의 확장된 표준을 개발해야 할 필요성에 직면하고 있다.[4] 앞으로 스마트 팩토리의 발전에 따라 표준의 확장 가능성은 무궁무진하다. 디바이스의 하드웨어 및 소프트웨어, 통신 표준들에 더해 설계와 제조에 관련된 표준들도 필요하다. 독일공학한림원에서 조사한 인더스트리 4.0의 주요 과제 중에서 표준화는 가장 중요한 도

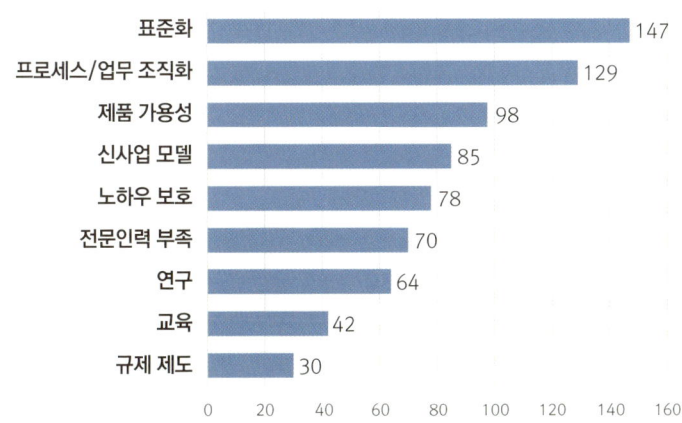

(출처: Acatech, Industrie 4.0 Working Group, 2013)

전 과제로 인식된다.

둘째, 시스템 모델링. 적절하게 기능하는 사이버물리제조시스템의 구현을 위해 물리적 세계를 잘 추상화해주는 모델링이 중요하다. 이를 위해 물리적 세계의 파라미터들과 다양한 성질 등이 모델에 포함돼야 한다. 자율성과 유연성을 갖춘 제조 시스템과 제품들은 점점 더 복잡해질 것이다. 이를 극복하는 기본적인 방법이 적합한 모델들을 적용하는 것이다. 이러한 적용의 사례들로서 사이버물리제조시스템의 운용 모델, 기능적 및 시각적 시뮬레이션, 엔지니어링 해석들이 포함된다. 수평적, 수직적 협력이 강조되는 스마트 팩토리에서는 이들 세부 모델들 사이의 통합이 더욱 중요해질 것이다.

셋째, 광대역 인터넷. 스마트 팩토리를 위한 사물인터넷의 구현을 위해서는 제조 산업 전체의 통신을 감당할 수 있는 광대역 인터넷이 요구된다. 기존의 IP 주소 체계로는 머지않은 미래에 기술적 한계에 도달하게 되므로, 차세대 인터넷 프로토콜인 IPv6와 같은 새로운 체계가 필요하다.[5] IPv6는 128비트의 IP 주소 공간을 가지고 있다. 따라서 현재 널리 사용되는 32비트 주소 공간을 가지는 IPv4에 비해 거의 무한대의 주소를 가질 수 있다. 광대역 인터넷이 확대 적용되기 위해서는 통신 인프라의 확산, 통신 장비의 개발, 관련 서비스의 개발, 사용 촉진 등 다양한 측면의 추진 전략이 필요하다.

넷째, 빅데이터 인프라. 스마트 팩토리에서는 수많은 사이버물리 제조시스템들이 독자적으로 상호 커뮤니케이션하게 되므로 기업 내부의 데이터 처리량을 기하급수적으로 증대시킬 것이다. 또한 마케팅과 영업 및 서비스로부터 연동되는 데이터들도 많이 증가하게 된다. 이들 데이터를 제대로 활용하기 위해서는 거대한 규모의 데이터 저장, 처리, 정보 검색, 정보 표현을 위해 제조 환경에 적합한 클라우드 시스템 등 적절한 인프라의 구축이 선결돼야 한다. 최근 빅데이터에 대한 관심이 급격하게 증대하면서 다양한 소프트웨어 도구들이 개발되었다. 하지만 데이터 처리 기술 및 전문인력은 아직 많이 부족하고 유효한 데이터의 확보도 부족하다. 매킨지의 분석에 따르면 미국의 빅데이터 인력은 2018년에 14만 명이 부족하다.

다섯째, 안전과 보안. 제조 현장에 증가된 네트워크는 외부로부터의 허가되지 않은 접근에 대한 노출 위험을 크게 증대시킨다. 바이러스의 침투로 발생되는 제조 현장의 오작동은 심각한 경제적 손실과 인적 사고를 초래할 수 있다. 통합된 보안 아키텍처들의 개발과 접속 권한 관리에 대해 명백하게 안전한 시스템을 구현할 수 있는 기술이 발전돼야 한다.[6] 더욱이 다양한 인공지능과 자율제어적 요소들이 도입된 미래 공장에서 소프트웨어의 오류는 가장 큰 손실

유발 요인이 될 것이다.

스마트 팩토리에 적용된 모든 기술은 실험실이 아닌 산업적 환경에서의 안정성과 신뢰성이 확실하게 확인돼야 한다. 신뢰성이 부족한 무선통신 기술은 유선통신 기술을 대체하지 못할 것이다. 스마트폰이 사용의 편의성을 갖추고 있긴 하지만 제조 현장에서의 제어와 모니터링을 위한 용도로 사용되려면 지속적인 발전이 필요하다.

스마트 팩토리를 통한 산업과 경제의 발전 가능성은 무궁무진하다고 할 수 있다. 미래의 산업 생산은 세 가지 측면을 특징으로 한다. 첫째, 매우 유연한 생산의 조건을 등에 업고 제품들의 개별화가 강화될 것이다. 둘째, 고객의 요구가 신속하고 정확하게 비즈니스와 부가가치 프로세스에 반영됨으로써 고객과 공급자들 사이의 강한 유대관계가 유지될 수 있다. 셋째, 이러한 개별화와 고객 관계의 발전은 제품과 서비스의 강한 연동을 지속적으로 발전시킬 것이다.

이러한 세 가지 측면을 잘 활용하면 새로운 가치창조의 형태에 적합한 비즈니스 모델들이 발생할 것이다. 스타트업들은 현재는 존재하지 않는 새로운 서비스들을 개발하고 제공할 기회를 발굴할 수 있다. 여기에 더해 스마트 팩토리는 자원과 에너지 효율, 도시의 생산과 인구 변화와 같은 현재의 중요한 사회적 문제들을 극복하는 데 이바지할 것이다.[7]

어떤 사람들은 스마트 팩토리의 보급으로 제조업에서의 사람의 역할은 축소될 것이라고 우려한다. 일시적으로 특정한 성격의 업무들은 사이버물리제조시스템들이 대체해 나아갈 것이다. 하지만 사람의 역할은 더욱 긍정적인 방향으로 나아갈 것이다. 이것은 지난 수 세기 동안의 산업혁명 과정에서 이미 증명됐다. 기술의 발전으로 사람의 역할이 지속적으로 줄어들어 왔다면 지금 세계는 200년 전과 비교해 훨씬 더 높은 실업률을 가지고 있을 것이다. 하지만 지금은 오히려 생산활동에 필요한 인구의 부족을 염려하고 있다. 스마트 팩토리를 통해 근로자들은 지능형 보조시스템들 덕분에 창의적이고 가치 창조적인 업무에 좀 더 집중할 수 있고 일상적이고 반복적인 과제들에서 벗어날 수 있을 것이다. 유연한 근로 조건들은 직업 및 개인 생활의 적절한 배분과 지속적인 재교육의 강화를 통해 일과 삶의 균형Work & Life Balance을 높이게 해줄 것이다.[8] 그리고 이러한 발전은 또다시 5차 산업혁명을 이끌어낼 창조적인 발전의 원동력이 될 것이다.

한편으로 스마트 팩토리는 전체 생산 시스템의 복잡성을 매우 증가시킬 가능성도 가지고 있다. 스마트 팩토리라고 하는 비전의 구현은 산업의 규모와 형태를 고려한 현실성 있는 구현 방식으로의 접근이 필요하다. 효율적인 스마트 팩토리는 사이버물리제조시스템, 사물인터넷, 빅데이터와 같은 신기술을 적절하게 활용하고 제조설비, 정보 시스템, 그리고 인간의 동기화되고 조화로운 협력을 통해서만 달성될 수 있다.

비전문가들의 눈에는 스마트 팩토리를 위해서 아직 어떤 기술이 얼마나 성숙되는지 확실하게 다가오지 않을 수 있다. 하지만 조금만 관심을 기울이면 전 세계적으로 매우 많은 파일럿 프로젝트가 진행된다는 것을 알 수 있다. 따라서 적어도 제조산업의 리더들에게는 지금이 스마트 팩토리에 대한 준비를 시작해야 할 적기이다.

현재 스마트 팩토리가 필요로 하는 모든 기술들이 충분하게 성숙된 것은 아니다. 하지만 이러한 이유로 도입 준비를 미루게 된다면 선도업체와 추격할 수 없는 큰 격차를 갖게 될 것이다. 스마트 팩토리는 이미 마련된 기술과 솔루션 전체를 시장에서 구매할 수 있는 성격이 아니다. 스마트 팩토리는 특정한 제조업 분야의 환경과 특성에 맞는 시스템을 정의하고 한 단계씩 발전적으로 구축하는 과정으로 달성되며 그러한 노력 속에서 차별화된 경쟁력이 완성될 것이다.

이 글에서는 21세기 제조업의 당면 요구사항으로부터 시작해 새로운 스마트 팩토리의 정의와 특징들 그리고 기술적 요소와 도전과제들에 대해서 개괄적으로 알아보았다. 이러한 기본들에 대한 고찰은 산업 분야 혹은 개별 기업에서 스마트 팩토리의 구현 방안을 찾는 데 좋은 길잡이가 되어줄 것이다. 스마트 팩토리에 대한 접근 방법은 단순하게 정보통신기술을 공장에 도입하는 것이 아니라 산업 생태계와 특성, 기술과 사람 및 비즈니스에 대한 동시적이고 종합적인 고려가 필요하다.

제조 산업에 스마트 팩토리가 널리 도입될 때 비로소 우리의 일상은 네 번째 혁명을 통해 산업 사회가 주는 유익을 누리는 단계로 발전하게 될 것이다. 스마트 팩토리를 향한 노력은 지속될 것이고 머지않은 미래에 실현될 것이다.

6장

스마트 서비스

조호정
삼성경제연구소 글로벌 연구실 수석연구원
이화여자대학교 사회학과를 졸업했고 서울대학교 국제대학원에서 국제학(유럽지역 전공) 석사학위를 받았고 동 대학원에서 박사 과정을 수료했다. 2007년부터 2016년 5월까지 현대경제연구원에서 유럽과 독일 경제에 대한 다양한 분석보고서를 작성했다. 또한 2013년 10월에는 국내 최초로 독일 인더스트리 4.0을 소개하는 보고서를 발표했다.
현재는 삼성경제연구소 글로벌 연구실의 수석연구원으로서 유럽 지역을 담당하고 있다. 산업부, 미래부, 법무부 등 다양한 정부 과제에 참여했고 2015~2017년까지는 저출산고령사회 지속발전분과의 자문위원 등을 비롯한 다양한 자문역을 맡았다.

Industrie 4.0

1
스마트 서비스로 연결되는 세상

4차 산업혁명은 사람과 사물 모든 것들이 네트워크에 연결되는 초연결사회Hyperconnected Society에 기반을 둔다. 세계 최대의 네트워킹 하드웨어 기업인 시스코는 2014년 만물인터넷IOE,Internet of Everything이라는 용어를 최초로 사용하여 초연결사회를 정의하기도 했는데 점점 현실화되고 있다. 2015년 기준 네트워크에 연결된 디바이스는 약 250억 개에 달하고 2020년에는 그 수가 500억 개로 두 배 증가할 것으로 예상된다. 세계적인 IT 리서치 그룹 가트너도 전세계 사물인터넷IoT 수가 2015년 약 49억 개에서 2020년 약 208억 개로 약 3배 이상 늘어날 것으로 전망했다. 이는 2020년이 되면 인구 1인당 인터넷에 연결된 사물의 개수가 2.7개에 달한다는 것을 의미한다.

초연결사회의 진전으로 우리의 산업 환경은 크게 변화할 것이다.

6장 스마트 서비스 275

전 아디다스 CEO 헤르베르트 하이너. 그는 "아디다스 스피드 팩토리는 디자인과 기술력의 완벽한 결합으로 자동화와 유연한 생산을 가능하게 할 것입니다. 이 시스템은 기존 업계의 제품 생산 장소, 제조 방법, 시간 등의 경계를 모두 허물 수 있는 혁신적인 방법입니다."라고 설명했다.

제조업은 물론 서비스업의 스마트화가 촉진[1]되는 것이다. 4차 산업혁명이 대두되면서 사물인터넷, 인공지능, 빅데이터, 센서 등 최첨단 기술을 제조와 서비스에 융합해 디지털화를 촉진함으로써 새로운 부가가치를 창출하는 것은 가장 중요한 미래성장 동력으로 떠오르고 있다. 그렇다면 상품을 생산하는 미래 공장은 어떤 모습일까? 최근 아디다스의 스피드 팩토리는 미래 도심형 공장이 제조업의 패러다임을 어떻게 변화시킬 수 있는지를 잘 보여준다.

아디다스는 2015년 말 독일 본사 부근의 도시 안스바흐에 로봇 생산 기반의 자동화 시스템을 갖춘 스피드 팩토리를 설립했고 2016년 상반기부터 약 500켤레를 생산하는 콘셉트 운동화가 다양하게 출시되고 있다. 전 아디다스 CEO이었던 헤르베르트 하이너Herbert Hainer는 "아디다스 스피드 팩토리는 디자인과 기술력의 완벽한 결합으로 자동화와 유연한 생산을 가능하게 할 것입니다. 이 시스템은 기존 업계의 제품 생산 장소, 제조 방법, 시간 등의 경계를 모두 허물 수 있는 혁신적인 방법입니다."라고 설명했다. 2016년 8월 아디다스는 미국 조지아주 애틀랜타에 두 번째 스피드 팩토리를 설립한다고 밝혔다. 이 공장은 2017년 하반기부터 연간 5만 켤레의 신발을 생산할 계획이지만 고용 인력은 관리 인력 위주 약 160명에 불과하다.

아디다스는 기존에 중국이나 베트남 등 아시아 공장에서 저임금 노동자를 고용해 신발과 의류 등을 제조하고 미국, 유럽 등 전세계 소비 시장으로 배송하고 판매했다. 그러다 보니 높은 물류비용, 제품 출시의 장기화, 낮은 이익률 등이 문제로 제기됐다. 그러나 스피드 팩토리를 활용하면 소비자들의 거주지와 가까운 각 지역 거점으로 생산 시설을 옮기고 로봇 기반으로 생산함으로써 생산 비용은 기존과 같이 낮게 유지하면서 시장 변화에는 빠르게 대응할 수 있게 됐다. 스피드 팩토리가 성공적으로 정착하면 이러한 제조 생산 방식의 변화는 단지 신발 생산에 머무르지 않고 다양한 소비재로 빠르게 확대될 것으로 전망된다.

- 빠른 생산속도(운동화 한 켤레 생산에 5시간 소요),
- 로봇 활용으로 고품질의 기술력과 완성도 구현
- 신상품 개발에서 출시까지 소요되는 약 18개월의 기간은 획기적으로 축소
- 생산성 향상과 비용 절감으로 마케팅과 기술 개발 등에 투자 확대 가능

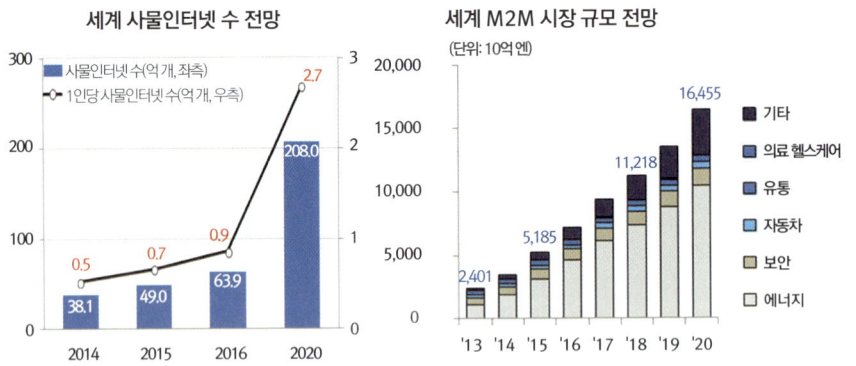

(출처: 가트너, 주: 2015년 말 기준, 전세계 총 인구 대비임) (출처: 野村総合研究所, IT ナビゲーター 2015년版, 2014년 12월 4일.)

　스마트 팩토리의 가장 중요한 요소로는 가상세계와 실제세계를 연결하고 자율적으로 통제할 수 있는 사이버물리시스템이 제대로 작동되어야 한다. 이외에도 로봇 또는 기계 간 자율적으로 통신하는 사물지능통신 M2M[2]도 확산이 필요하다. M2M을 통해 기계는 미리 분석된 데이터를 전달받아 소비자 니즈가 실시간으로 반영된 상품을 생산하기 위해 스스로 통신하고 정보를 전달함으로써 최적의 생산 공정을 수행하게 된다. 따라서 스마트 팩토리의 주요 구성요소들의 전세계 시장 규모도 빠르게 확대될 것이다.

　M2M 시장 규모는 2015년부터 2020년까지 약 3배 이상 확대될 전망이다. IC 인사이트는 제조 공정 과정에서 정보를 읽고 교환하는 센서와 액추에이터 시장도 2014년 99억 달러에서 2018년에는 151억 달러로, 개수도 동 기간 124억 개에서 205억 개로 늘어날 것으로 전망했다. 세계적인 시장예측 기관인 마켓앤마켓은 「2016년 세계 로보틱스 보고서」에서 전세계 산업 로봇 시장이 2016년부터 2022년까지 연평균 11.9% 성장해 약 800억 규모에 달할 것으

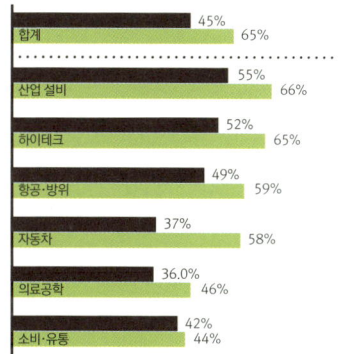

로 전망하고 있다.

　제조업이 스마트 팩토리를 기반으로 변화한다면 서비스업은 어떨까? 최근 기업에게 서비스의 중요성은 계속 커지고 있다. 독일기계설비산업협회VDMA가 2015년 기계 및 플랜트 엔지니어링 기업을 조사한 결과를 보면 매출액은 기계 판매가 80%, 판매 후 서비스 부문이 20% 차지한다. 그러나 이익은 판매 후 서비스가 약 60%, 제품 판매가 40%로 서비스가 기업 이익 창출에서 더 중요한 것으로 나타났다.

　한편 영국 경제 전망 기관 옥스퍼드 이코노믹스는 글로벌 기업의 약 45%가 서비스 부서를 독립적으로 운영하고 있고 3년 내 이 비중은 65%로 높아질 것으로 전망했다. 산업별로 보면 산업 설비 기업의 55%가 서비스 부서를 독립적으로 운영하고 있으며 3년 내 66%로 상승할 것으로 전망된다. 하이테크 산업은 52%에서 65%, 항공·방위 산업은 49%에서 59%, 자동차 산업 37%에서 58%, 의료 공학도 36%에서 46%로 약 10%p 이상 높아질 것으로 예상했다. 반면 소비·유통 부문은 42%에서 44%로 거의 변화가 없을 것으로 전망됐다.

이와 함께 4차 산업혁명 시대의 서비스업은 기존 사후적이고 대면 중심에서 스마트 제조가 제대로 구현될 수 있도록 지원하는 제조 기반 스마트 서비스가 발전할 것이다. 독일이 인더스트리 4.0의 후속 프로젝트로서 추진 중인 스마트 서비스 벨트 2025가 향후 스마트 산업화 과정에서 서비스의 역할 변화를 제시하고 있다.

이처럼 4차 산업혁명 시대에는 제조업과 서비스업이 모두 네트워크에 연결되고 인더스트리 4.0의 기술 요소[3]들인 자율적 로봇, 시뮬레이션, 클라우드, 빅데이터와 분석 등과 결합될 것이다. 이에 따라 스마트 서비스를 통해 제조 공정, 서비스 방식, 비즈니스 모델 등이 모두 디지털화되면서 경제와 사회 모든 분야에 다양한 변혁을 불러올 것으로 보인다.

Industrie 4.0

2
스마트 서비스란 무엇인가

스마트 서비스라는 용어는 2005년 『하버드 비즈니스 리뷰』에 처음 등장했다. 그 당시 정의[1]에 따르면 스마트 서비스는 기존 서비스와는 완전히 다르며 사후적이거나 사전적이 아닌 선제적인 특징을 지닌다. 특히 스마트 서비스는 우리 생활의 불편함을 제거할 뿐만 아니라 완전히 새로운 가치를 창출할 수 있다고 설명했다.

당시에 소개된 주요 스마트 서비스로는 하이델베르크사의 인쇄기 원거리 고장 감지, 티센크루프의 엘리베이터 고장 및 정비 감지, 지멘스의 가스 터빈 고장 감지 등이 있다. 이들은 기계나 장비에 센서 등을 부착해 고장이나 애프터서비스가 필요한 사항을 원거리에 위치한 중앙 통제 시스템에 직접 알려줌으로써 서비스를 신속하게 제공할 수 있었다.

그러나 이후 스마트 서비스는 영화 등 미디어, 금융 거래, 온라인

2000년대 스마트 서비스

티센크루프 엘리베이터 / 지멘스 가스터빈 / 게아 착유기 사업

쇼핑 등에 집중되어 발전해 왔다. 대표적으로 인터넷 또는 모바일 기반의 서비스들이 있으며 최근 가장 핵심적 비즈니스 모델로 떠오른 O2O Online to Offline 서비스도 대표적이다. 우버나 에어비앤비 등이 대표적인 O2O 기반 스마트 서비스의 성공 사례로 자주 언급되고 있다. 최근에는 스마트 홈, 가정용 서비스 로봇, 자율주행자동차 관련 기술의 발달에 따라 적용 분야가 더욱 확대되고 있다.

앞에서 언급한 바와 같이 스마트 서비스는 독일의 스마트 산업화 전략에서 재차 강조되고 있다. 독일은 2013년 이후 인더스트리 4.0을 추진하고 있는데 스마트 팩토리의 완전한 구현을 위해서 적시적소에 스마트 서비스가 제공되는 것이 중요하다고 보고 있다. 독일은 향후 디지털 인프라의 확대로 개개인들이 온라인에서 상품과 서비스가 결합된 번들형으로 구매하고 활용하는 스마트 서비스 벨트 Smart Service Welt로 변화[2]해 나갈 계획이다. 한편 독일이 정의한 스마트 서비스는 물리적 서비스와 디지털 서비스가 결합된 웹 기반 서비스로 빅데이터를 정제한 스마트 데이터를 기반으로 각 밸류 체인과 수요자 니즈에 들어맞는 서비스를 제공하는 것[3]이다.

이와 같이 스마트 서비스 개념은 미국에서 먼저 시작됐지만 최근 독일에서 그 중요성이 재부상하고 있다. 이에 기존 연구에서 논의됐던 스마트 서비스의 개념과 전략들에 대해 살펴보고 독일에서의 논의점들도 구체적으로 살펴보자.

유타 알멘딩어Jutta Allmendinger는 2005년 『하버드 비즈니스 리뷰』에서 전 세계적으로 핵심 제품시장의 공급 과잉이 포화 상태에 이르렀고 경쟁 격화에 따라 제조업의 수익성도 악화되고 있다고 지적했다. 이에 글로벌 기업들은 서비스를 통해 새로운 가치를 창출하고 성장을 추구하는 경향이 보편화되고 있다. 기업들이 새로운 가치를 창출하는 방법은 기존의 제품과 서비스로 구분했던 시장을 고객 활동과 편의성 등에 따라 재정의하고 스마트 서비스를 제공하는 새로운 전략도 필요하다.

스마트 서비스는 '기계 인텔리전스Machine Intelligence'에 기반을 두는데 나노세컨드 사이에 수십억 건의 데이터를 처리해 반응하고 통제할 수 있다. 이에 서비스의 제공도 제품 판매 이후 필요에 따른 애프터서비스 제공에서 제품수명주기상에서 고객 핵심활동의 각 부문에 서비스를 제공하고 제품과 고객의 인접한 범위 내에서 새로운 서비스를 추가함으로써 새로운 부가가치를 창출하게 된다. 또한 핵심활동과 인접활동에 대한 종합적인 시각에서 서비스를 제공할 경우 새로운 사업기회로도 연결될 수 있다고 주장했다. 그러면서 그는 스마트 서비스를 구현하는 전략을 제조사의 입장에 따라 네 가지로 구별했다. 네 가지 전략은 스마트 서비스를 활용하는 방식에 따라 내재된 혁신가Embedded Innovator, 해결사Solutionist, 수

스마트 서비스의 4가지 전략의 특징

제품 → 내재된 혁신가 → 해결사 → 수집가 → 시너지스트

	내재된 혁신가	해결사	수집가	시너지스트
사업 방향	• 제품판매가 목적	• 제품을 많이 팔기 위해 서비스 제공	• 제조자가 제품 전체 PLC 관점에서 제품과 관련이 있는 분야로 서비스 확대	• 수집가가 다수의 협력사 정보를 수집해 분석 가공해 재분배	• 다수의 벤더가 협업을 통해 각자 제공 서비스를 부가 가치화함
특징	• 제품	• 제품 지능화 • 커뮤니케이션 • 원격모니터링	• 내재된 혁신가 • 고객업무프로세스 개선, 타 협력사와 협업 등 복합서비스 제공	• 수집가 중심으로 정보가 수집되고 가공 • 네트워크가 폐쇄적	• 협력사 각각이 정보수집, 공통공유, 각자 사용 • 오픈형 네트워크
파트너십	• 단독	• 제조기업 단독	• 제조+협력기업(주종관계)	• 제조(수집가)+다수 • 수집가와 협력사 간 주종관계	• 제조(시너지스트)+다수 • 수집된 정보 공유해 각자 서비스 제공 수집가와 협력사 간 동등관계
대표 사례	• 제조기업 대부분	• 하이델베르크 인쇄기	• HR 프린터 사업(프린터+토너+카트리지+종이) • GE MRI	• 이턴 전기 심장박동 서비스 • 가드너 덴버	• 필립스 조명+지능형빌딩시스템IBS

(출처: 알멘딩어, 2005 외 재구성)

집가Aggregator, 시너지스트Synergist로 분류된다.

스마트 서비스 네 가지 전략은 다음과 같다.

첫째, 내재된 혁신가는 제품이 중심이 되고 판매 확대를 위해 서비스를 제공한다. 제조기업은 단독으로 제품의 지능화와 네트워크화를 통해 원격 모니터링이 가능하므로 다양한 서비스로 연결할 수 있다.

둘째, 해결사는 제조사가 제품의 전주기 관점에서 제품과 관련이 있는 분야로 서비스를 확대하는 것이다. 제조사와 협력기업이 공동으로 고객업무프로세스 개선, 타 협력사와 협업 등의 서비스를 복합적으로 제공한다.

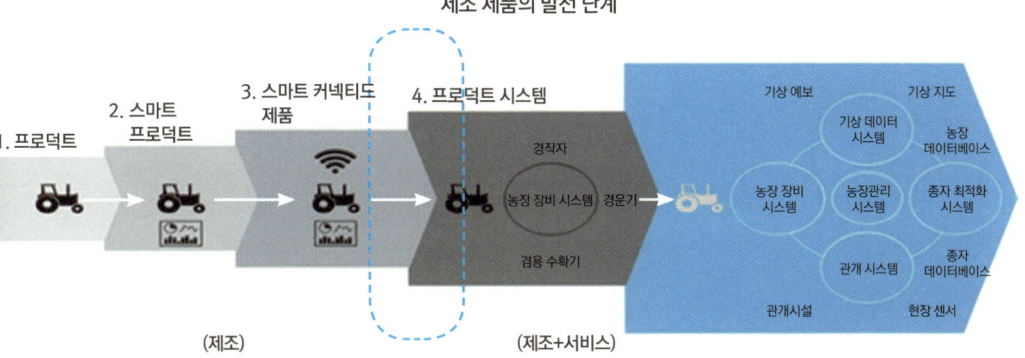

(출처: 마이클 포터, 2014)

셋째, 수집가는 제조사가 다수의 협력사 정보를 수집해 분석 및 가공하고 재분배함으로써 정보 기반의 서비스로 연결한다. 제조사와 다수의 협력사 간에 폐쇄적 네트워크를 통해 주종관계가 형성된다.

넷째, 시너지스트는 다수의 벤더가 협업을 통해 특화된 서비스를 제공함으로 부가가치를 극대화하는 전략이다. 시너지스트는 협력사 각각 오픈형 네트워크상에서 필요한 정보를 수집해 공유하거나 개별적으로 이용하는 동등한 관계이다.

다이아몬드 모델을 활용한 경쟁 전략 분야의 대가인 마이클 포터도 2014년과 2015년 두 차례의 『하버드 비즈니스 리뷰』 보고서를 통해 디지털 디바이스인 스마트 커넥티드 제품이 경쟁과 기업을 어떻게 변형시킬 수 있는지 보여주었다. 마이클 포터는 2015년 스마트 커넥티드 제품이 새로운 서비스의 기반이 되고 기업의 사업과 경쟁 환경 자체를 변화시킨다고 주장했다. 앞으로 제품은 단순히 제품 그 자체에서 스마트 커넥티드 제품으로 발전될 것이다. 스마트 커넥티드 제품은 물리적(기계, 부품), 스마트(센서, 소프트웨어), 연

스마트 커넥티드 제품의 기능

모니터링	제어	최적화	자율화
① 센서와 외부 자료 소스를 통해 다음 사항에 대한 종합적인 모니터링이 가능하다. • 제품 상태 • 외부 환경 • 제품의 운영과 사용 모니터링을 바탕으로 변화에 대해 경고와 알림	② 제품 내장 혹은 제품 클라우드 소프트웨어로 다음 기능이 가능하다. • 제품 기능 제어 • 사용자 환경 개인화	③ 모니터링과 제어 기능은 제품 운영을 최적화하는 알고리즘 작동으로 다음 기능이 가능하다. • 제품 성능 향상 • 예방 진단, 예방 서비스와 예측 수리	④ 모니터링, 제어, 최적화 조합으로 다음 기능이 가능하다. • 자율적인 제품 운영 • 다른 제품 및 시스템과의 작업(운영)을 위한 자체 조정 • 자동화된 제품 개선 및 개인화 • 자체 진단 및 서비스(수리)

(출처: 마이클 포터, 2014)

결성(포트, 프로토콜) 요소로 구성된다. 스마트 커넥티드 제품은 생산 시스템과 제품의 인접 활동과 연관된 시스템에 연결됨에 따라 다양한 서비스들을 복합적으로 제공할 수 있다.

마이클 포터는 스마트 커넥티드 제품은 센서, 내장, 또는 클라우드 소프트웨어와 결합되어 모니터링, 제어, 최적화 및 자율화의 기능을 수행함으로써 다양한 서비스로 연결될 수 있다고 설명했다. 우선 스마트 커넥티드 제품은 제품 상태, 외부 환경, 제품의 운영과 사용 등을 종합적으로 모니터링하여 변화 등을 경고하고 알려줄 수 있다. 둘째, 내장됐거나 제품 클라우드 소프트웨어를 통해 제품 기능을 제어하고 사용자 환경 등도 개인화시킬 수 있다. 셋째, 모니터링과 제어 기능은 최적화라는 알고리즘을 통해 제품 성능을 향상시키고 예방 진단, 예방 서비스, 예측 수리 등의 예지 서비스로 연결된다. 마지막으로 모니터링, 제어, 최적화의 조합으로 제품은 자율적으로 운영되고 다른 제품 및 시스템과의 작업을 위해서 자체 조정되며 자동화된 제품 개선 및 개인화, 자체 진단과 수리 서비스 등을

스마트 커넥티드 제품 확대에 따른 기업 가치 사슬 변화 방향

제품개발	제조	물류	마케팅과 영업	애프터 서비스	보안	인적자원
• 정비용 제품 변동성 • 지속성 있는 디자인 • 새로운 사용자 인터페이스와 증강현실 • 진행형 제품관리 • 커넥티드 서비스 • 뉴 비즈니스 모델 등	• 스마트 공장 • 간소화된 부품 • 조립 프로세스 변화 • 지속적인 제품 작동	• 위치와 위치 이력 • 온도, 제품 상태, 주변환경 정보 제공	• 고객 분류 및 요구에 대응한 새로운 방법 및 고객관계 • 뉴 비즈니스 모델 • 전체 시스템에 초점	• 원스톱 서비스 • 원격 서비스 • 예방 서비스 • 증강현실 서비스	• 데이터 및 제품 안전 • 기업의 보안 제공 능력이 핵심 경쟁력	• 새로운 기술 인력 필요 • 업무타입 변화 • 문화 규범 및 조직 변화

(출처: 마이클 포터, 2015 재구성)

수행할 수도 있다.

또한 스마트 커넥티드 제품은 제품 개발부터 제조, 물류, 마케팅과 영업, 애프터서비스, 보안 및 인적자원에 이르기까지 제품의 생산과 서비스와 관련된 모든 활동을 변화시키고 가치 사슬의 변화도 이끌어낼 것이다.[4] 우선 제품 개발은 저비용으로 제품 변동성을 높이는데 소프트웨어 중심으로 변화하면서 지속성 있는 디자인 등도 추구하게 된다. 제조 단계에서는 제품을 스마트 공장에서 제조하고 제품의 출고 이후에도 현위치와 위치 이력, 제품 상태, 주변 환경 등의 정보가 꾸준히 모니터링 된다. 제품의 판매 시에는 고객의 요구에 대응한 새로운 고객 대응 방법 등이 시도되고 서비스도 원스톱, 원격, 예방, 증강현실 등으로 다양화되며 새로운 비즈니스 모델 등이 창출된다. 또한 제품과 서비스 과정에서 발생하는 데이터 등에 대한 보안이 강화되고 새로운 기술, 업무 타입 변화, 조직 변화 등에 대응한 인적자원의 교육과 확보도 중요해진다.

위와 같이 기존에 등장했던 스마트 서비스의 개념은 네트워크에 연결된 스마트 제품이 늘어나면서 서비스도 원격, 실시간, 예지적 관점으로 변화되고 더 많은 부가가치가 창출될 수 있다고 설명되었다.

3
'스마트 서비스 벨트 2025' 전략

　최근 스마트 서비스의 중요성이 크게 주목받는 곳은 독일이다. 독일은 인더스트리 4.0, 스마트 서비스 벨트 2025 등 국가 차원의 이니셔티브를 통해 스마트 산업화와 디지털 생태계 구현을 추진하고 있다. 독일 정부는 2013년 제조업 진화 전략인 인더스트리 4.0의 추진 목표를 구체화했고 후속 프로젝트로서 2015년 3월 스마트 서비스 벨트 2025 전략을 발표했다. 특히 보고서에는 "스마트 서비스 벨트 2025 비전은 제조에 집중한다"고 설명하고 있다. 그 이유는 "제조 분야가 인더스트리 4.0 비전에 직접적으로 접목되고, 독일이 이 분야에서 특히 좋은 출발 조건을 갖고 있기 때문이다."라고 강조한다.

　2015년 이후 독일은 스마트 서비스 관련 기술 및 인프라에 대한 연구 개발 투자를 지속적으로 확대해가고 있다. 우선 독일연방 경

독일 스마트 서비스 관련 연구 개발 프로젝트와 내용

프로그램	주요 연구 부문
테세우스 Theseus	- 데이터를 정보 또는 스마트 데이터로 변환시키는 시멘틱 기술을 주로 연구 - 펀드 규모: 2007~2011년까지 정부 1억 유로, 민간 1억 유로로 총 2억 유로가 지원 - 성과: 20개의 표준화, 20개의 개발 파트너십, 30개의 연결 프로젝트, 130개 이상의 프로토타입, 800개 이상의 학술 논문 등
트러스티드 클라우드 Trusted Cloud	- 혁신적, 안정적, 합법적인 클라우드 컴퓨팅 솔루션 연구 - 펀드 규모: 2011~2014년까지 3년간 1억 유로 지원
스마트 데이터 Smart Data	- 빅데이터를 스마트 데이터로 변환하는 연구 - 펀드 규모: 2014~2017년까지 5,500만 유로 지원 예정
산업 데이터 공간 Industrial Data Space	- 오픈 데이터 공간의 포괄적 크로스 산업 연결을 구축 - 데이터 제공자와 사용자 간의 안전한 교환 등을 연구 - 레퍼런스 아키텍처 모델 개발 및 파일럿 사례 적용 연구 - 독일연방교육연구부BMBF의 연구자금 지원하에 프라운호퍼에서 수행

(출처: 독일공학한림원, 2015 외 자료를 활용해 재정리)
* 테세우스는 서비스 인터넷 관련 연구 개발 프로젝트임

제에너지부BMWi는 2014년부터 2019년까지 스마트 서비스 벨트 2025에 약 5,000만 유로를 투자할 계획이다. 또한 테세우스[1], 트러스티드 클라우드, 스마트 데이터, 산업 데이터 공간 등 서비스 인터넷과 스마트 서비스 플랫폼 구축을 위한 다양한 연구 개발 프로젝트들이 완료됐거나 진행 중이다.

독일의 스마트 서비스 벨트 2025는 인더스트리 4.0의 스마트 팩토리의 실현과 함께 개인 맞춤형 제품의 생산을 위해 전체 가치사슬의 스마트화를 추진하는 것이다. 스마트 팩토리는 각 생산 공정과 생산 요소들의 네트워크화와 동시에 사이버물리시스템으로 자동 제어됨으로써 생산을 최적화[2]한다. 이를 위해서는 축적된 빅데

(출처: 독일공학한림원, 2015)

이터의 정제를 통해 얻어진 스마트 데이터를 적재적소에 제공할 수 있는 스마트 서비스의 역할이 중요하다. 따라서 향후에는 제조와 서비스로 양분됐던 비즈니스 모델도 상품 개발에서 생산, 판매 등에 이르는 전체 밸류 체인에서 스마트 서비스를 활용해 제조+서비스 일체형으로 변화되고 최종 소비자를 대상으로 하는 스마트 서비스 모델들도 등장할 것[3]이다.

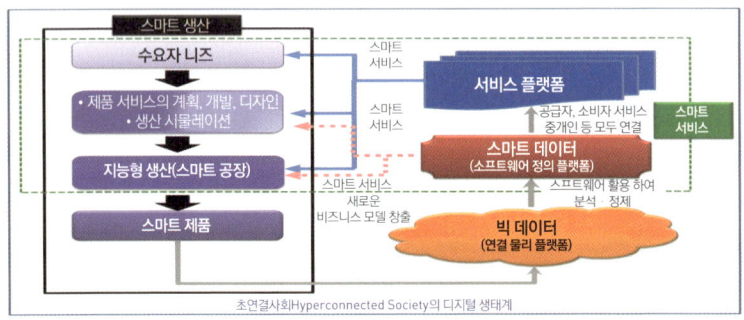

(출처: 독일공학한림원, 2015 재구성)

독일은 스마트 서비스 벨트 2025를 통해 스마트 산업화의 구현을 위해 필요한 데이터 기반의 스마트 서비스 플랫폼을 가장 핵심 과제로 인식하고 있다. 즉 빅데이터를 정제한 스마트 데이터를 통해 각 밸류 체인과 수요자 니즈에 부합한 서비스를 제공하는 것이다. 다만 스마트 서비스의 확산을 위해서는 데이터 분석 역량과 스마트 인재에 기반을 둔 디지털 플랫폼 구축 역량이 무엇보다 중요하다.

독일 정부는 스마트 제조 서비스 2025 구현을 위해서는 기계, 공장 설비 등이 플러그 앤 유즈Plug&Use 방식으로 디지털 플랫폼에 연결한다. 이를 통해 수집된 데이터는 분석해 스마트 서비스 수출, 선도 플랫폼 구축, 모듈과 이네이블러Enabler 선택 및 중소기업과 스타트업을 위한 기회들이 창출할 수 있다. 한편 경쟁력 있는 디지털 플랫폼 구축을 위해서는 스마트 인재의 보유 및 육성도 필요하다. 독일은 경쟁력 있는 디지털 플랫폼이 구축되고 풍부한 스마트 인재를 보유하게 된다면 새로운 비즈니스 모델, 클라우드 커뮤니티, 완전히 자동화된 마켓 플레이스, 최적화, 다양한 번들 서비스 등이 확산될 수 있다고 주장한다.

최근에는 GE의 프레딕스Predix, 지멘스의 마인드스피어Mind-Sphere와 같이 글로벌 제조 기업을 중심으로 다양한 기업들이 참여해 스마트 서비스를 제공하고 받는 서비스 플랫폼들이 속속 등장하고 있다.

스마트 서비스 벨트 2025의 핵심: 디지털 플랫폼

스마트 서비스로 연결되는 세상이 되기 위해서는 스마트 서비스를 창출하는 디지털 플랫폼이 구축되어야 한다. 디지털 플랫폼은 아래와 같이 3단계로 구성된다.

스마트 서비스를 창출하는 3단계 플랫폼은 스마트 공간이라는 기술 인프라 상위에 우선 네트워크화된 스마트 제품들을 통해 빅데이터를 생성하는 '연결된 물리 플랫폼Networked Physical Platform'이 구축돼야 한다. 그 위 층위에는 생성된 빅데이터를 알고리즘 등 분석 소프트웨어를 통해 수요 맞춤형 스마트 데이터로 전환시킬 수 있는 '소프트웨어 정의 플랫폼Software-defined Platform'이 필요하다. 마지막 가장 상위에는 제품, 공급자, 서비스 제공자와 고객이 모두 연결돼 다양한 스마트 서비스 모델을 창출하는 '서비스 플랫폼'이 위치하게 한다.

소프트웨어 정의 플랫폼[4]

소프트웨어 정의 플랫폼은 하드웨어 기반의 기술 인프라와 연결된 물리 플랫폼의 상위에 형성되는 기술 통합 층위이다. 소프트웨어 정의 플랫폼은 스마트 서비스를 엔지니어링하기 위한 소프트웨어를 적용하는 기술 컴포넌트들로 구성된다. 소프트웨어 정의 플랫폼의 핵심 원리는 가상화이며 응용 솔루션의 완전한 가상화를 통해 높은 유연성, 적용 가능성, 견고함 등을 갖춘 서비스 모델을 만들어낼 수 있다. 가상화된 정보 구조는 구조화되지 않은 대량의 데이터 또는 고도로 가치화된 스마트 데이터 패키지까지도 실시간 공정 또

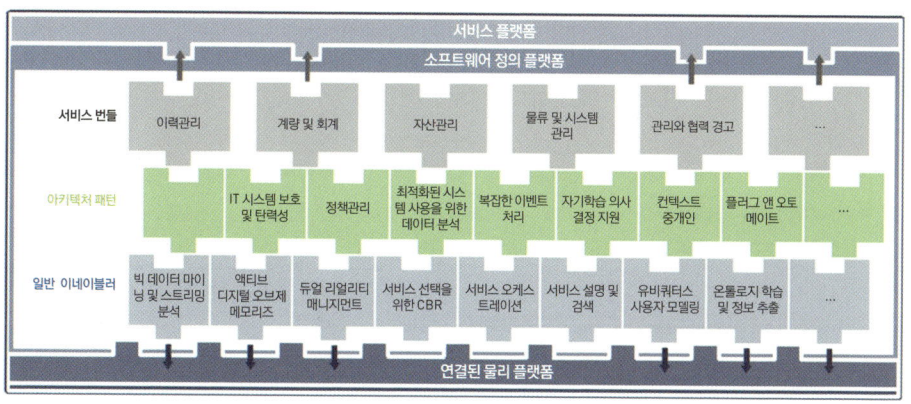

(출처: 독일공학한림원, 2015)

는 저장할 수 있다. 특히 실시간 공정 또는 저장에는 하나HANA, 테라코타Terracotta, Apache Flink 등의 클라우드 컴포넌트들이 활용된다.

소프트웨어 정의 플랫폼의 기술 구조는 일반 이네이블러Enabler, 아키텍처 패턴 및 서비스 번들의 세 가지로 구성된다. 일반 이네이블러는 시멘틱 서비스 설명, 기술 서비스 조합, 자기 학습 방법, 사례 기반 추론, 빅데이터 스트림 분석 등을 수행한다. 아키텍처 패턴은 일반 이네이블러들을 포함한 상호 작용하는 컴포넌트 간 복잡하게 구조화된 조합 체계로 플러그 앤드 자동화 방식, 데이터 보호 기준에 따른 정보 공정의 정책 관리, IT 시스템의 보호와 회복력을 높이는 패턴으로 조합된다. 그리고 서비스 번들에서는 상품 공급자가 서비스 제공자로 전환되는 과정에서 필요한 서비스들을 제공한다. 이력관리Track&Trace, 자산 관리, 물류 및 시스템 관리 등이다. 예를 들어 독일의 캐져콤푸레셔의 주요 사업 분야는 압축기 판매였지만 압축기 공기 판매로 사업 전략을 수정함에 따라 기업이 제공하게 될 서비스도 압축기 수리 서비스에서 기계가 제공하는 기능을 보완하는 것으로 변화가 필요하다.

서비스 플랫폼

서비스 플랫폼은 다양한 혁신적 비즈니스 모델을 위한 기회를 제공하는 비즈니스 통합 층위이다. 서비스 플랫폼은 소프트웨어 정의 플랫폼과 네트워크 연결 플랫폼의 상위에 위치한다. 아래 두 개 플랫폼이 '어떻게'의 기술적 층위라면 서비스 플랫폼은 고객에게 '무엇'을 제공할지에 대한 단계이다. 서비스 플랫폼은 새로운 파트너와의 협력, 자동화된 공정, 풍부한 데이터 소스에 기반을 둔 스마트 서비스와 서비스 번들을 제공하는 비즈니스 모델들을 조성한다. 또한 서비스 플랫폼에서는 소프트웨어 정의 플랫폼에서 데이터 공정

서비스 플랫폼의 구조

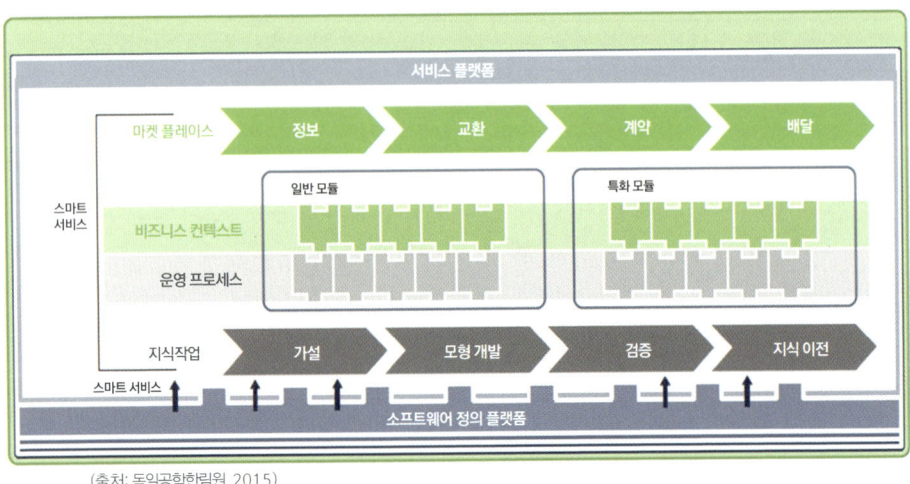

(출처: 독일공학한림원, 2015)

을 통해 얻어진 스마트 데이터에 대한 마켓 플레이스도 조성될 수 있다. 서비스 플랫폼의 마켓 플레이스는 정보 생성, 교환, 계약, 배달 과정 등과 관련된 스마트 서비스들이 구현될 수 있다.

서비스 플랫폼의 자세한 구조를 살펴보면 일반 모듈과 특화 모듈로 구성된다. 일반 모듈은 다양한 비즈니스 모델에 공통으로 적용되는데 I.D 및 접근 관리, 지불, 가격 책정, 계약 초안 작성, 규제와 규칙, 조직과 통합 서비스, 프로젝트 관리, 커뮤니케이션, 앱 스토어, 포탈, 계약 관리, 물류, 보험 등이 해당된다. 특화 모듈에서는 한 개 비즈니스 모델에만 특화돼 적용 응용되는 것으로 공정 툴 킷Process Toolkit, 데이터 분석, 성과관리 지표KPI suite, 모델 개발Model Builder 등과 같이 특정한 서비스로 구현될 수 있다.

스마트 서비스의 유형

스마트 서비스는 분석된 데이터를 활용하며 사후적이 아닌 선제적 서비스가 일반화된다. 또한 현장 서비스의 효율성도 높아져 서비스를 통해 더 많은 이익이 생겨난다.[5] 스마트 서비스는 스마트 제품에서 수집된 정보를 알고리즘 등 소프트웨어를 적용해 다양하게 분석함으로써 기계 기반 산업에서 예지적 서비스 제공이 가능하다. 또한 원격 서비스 작업자가 미리 데이터를 분석해 필요한 서비스 내용, 작업 방법 등을 현장 작업자에게 전달해 줌으로써 서비스도 효율화된다. 이를 통해, 기업은 서비스를 통한 매출액을 증대시키고 이익률도 높일 수 있다.

앞서 설명한 대로 스마트 서비스는 주로 금융, 쇼핑, 미디어 중심

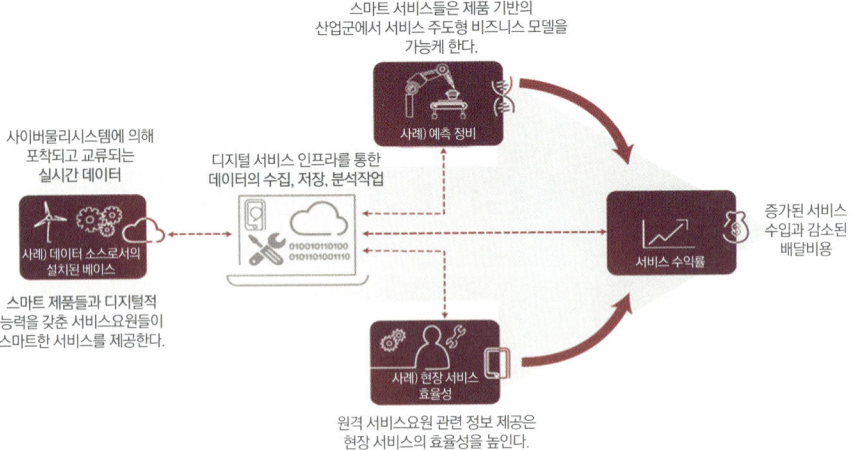

(출처: 캡제미니 컨설팅Capgemini Consulting, 2014)

으로 확대돼왔지만 향후 디지털 비즈니스 성숙도[6]가 낮은 제조업, 물류, 에너지, 농업, 의료 등으로 확대될 전망[7]이다. 분야별로 보면 제조업은 제조 공정의 디지털화를 통해 생산성을 높이고 소비자 니즈 등도 정확히 파악할 수 있도록 정보를 제공하는 마켓플레이스와 같은 새로운 비즈니스 모델들이 활발해질 것이다. 물류 산업도 디지털 데이터의 실시간 분석을 통해 중량 화물의 운송까지도 최적화하는 스마트화가 진행될 것이다. 에너지, 농업 및 의료 분야에서도 데이터 분석을 통해 수요자 중심의 다양한 스마트 서비스 비즈니스 모델들이 나타날 것으로 기대된다.

그중 독일의 「스마트 서비스 월드 2025」 문서에서 제시된 스마트 생산 서비스의 사례를 간략히 살펴보자. 오늘날 생산 서비스는 제공자, 생산자, 소비자가 각각 생산 운영자와 연결돼 있으며 서비스도 문제 발생 시 사후적으로 대응하는 게 일반적이다. 그러나 스

산업별 스마트 서비스의 적용 유형

분야		주요 내용
제조업	스마트 제조 서비스 I	- 디지털 생태계 내의 생산성 향상 • 데이터 분석으로 고객 니즈를 정확히 파악하고 반영 • 제조 생산성 향상
	스마트 제조 서비스 II	- 기술 데이터 마켓플레이스 • 고객 니즈를 분석하는 데이터 마켓 플레이스 사업 창출
물류	스마트 물류 서비스	- 항구와 중량화물의 최적 운송 • 실시간 분석기술 적용으로 항구 인프라 최적화 시현 • 중량화물 이동 등도 최적화
에너지	스마트 에너지 서비스	- 에너지 전환 앱 스토어의 감지 제공 • 에너지 및 에너지 관련 서비스 판매 및 구매 사업
농업	스마트 농업 서비스	- 네트워킹을 통한 생산성 증대 • 네트워크 연결로 농업 생산성 향상 모델 구축
의료	스마트 의료 서비스	- 환자 중심의 케어 • 의사·환자·보험사가 정보 공유로 환자 중심의 요양 제공

(출처: 독일공학한림원, 2015 재구성)

마트 생산 서비스가 구현되면 서비스 제공자, 생산자, 소비자 정보가 소프트웨어 정의 플랫폼과 서비스 플랫폼에서 분석되고 이를 바탕으로 비즈니스 모델화된 마켓 플레이스에서 정보와 지식을 활용해 생산 운영자가 필요로 하는 서비스들이 사전적으로 제공될 수 있다. 이를 통해 생산 공정을 최적화할 수 있다.

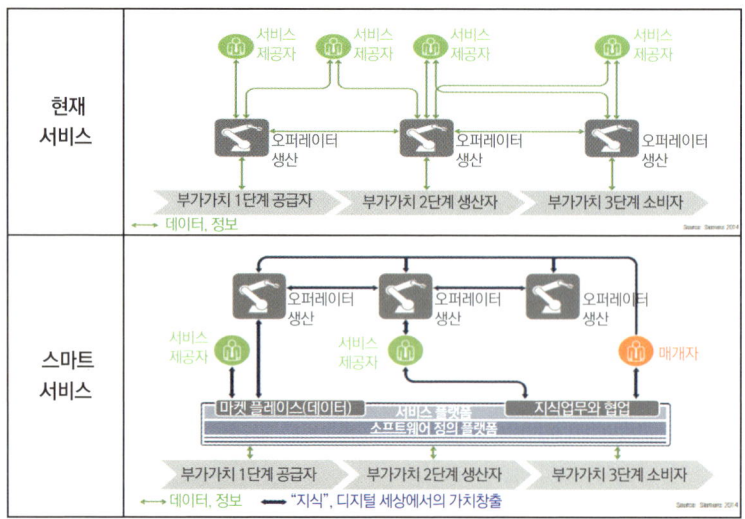

(출처: 독일공학한림원, 2015)

4
스마트 서비스는 데이터가 핵심이다

프라운호퍼는 2016년 인더스트리 4.0의 완전한 구현과 스마트 서비스의 확산을 위해서는 수집된 데이터를 스마트화하고 안전하게 교환할 공간을 구축하는 것이 매우 중요하다고 강조했다. 최근 독일에서는 데이터의 중요성이 주목받고 있다. 데이터는 인더스트리 4.0과 스마트 서비스의 연결 고리로 제품과 서비스의 명백한 구분을 모호하게 만들 것이고 데이터 그 자체를 경제적 자산으로 인식할 필요가 있다고 주장된다.

스마트 서비스가 제대로 구현되기 위해서는 네트워크에 연결된 스마트 제품에서 생성된 데이터(가치 생산 체인과 공공 부문을 모두 포괄)가 알고리즘 분석 등을 통해 스마트 데이터로 정제돼야 한다. 데이터는 제조 공정의 전 단계에서 활용되는데 제품과 서비스의 이네이블러이자 제품 그 자체로 인식될 것이다. 데이터는 개별 데이

스마트 데이터 관리 모형

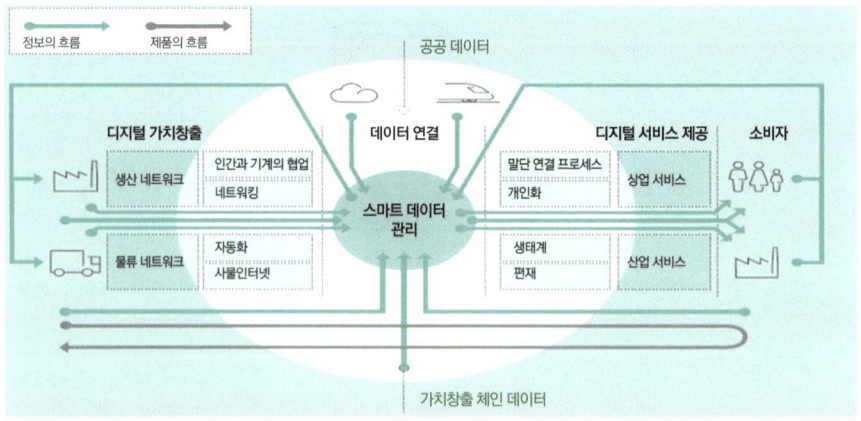

(출처: 프라운호퍼, 2016)

터Private data, 집합 데이터Club data[1], 공공 데이터Public data의 세 가지 형태로 구분된다.

독일은 스마트 산업화를 위해서는 데이터의 안전한 교환이 꼭 필요하다는 점을 인식하고 산업 데이터 공간 이니셔티브를 발표했다. 산업 데이터 공간 이니셔티브는 2015년 10월부터 독일연방교육연구부BMBF의 지원하에 36개월간 프로젝트로 진행되고 있다. 해당 프로젝트에는 독일 전역의 12개 프라운호퍼 연구기관들, 보쉬, 스마트 센서 기업 씨크SICK, 폭스바겐, 티센크루프 등 18개 사용자 협회가 참여하는데 프로젝트 결과의 표준화 등을 지원하게 된다.

산업 데이터 공간 이니셔티브의 목적은 데이터 제공자와 사용자 간에 데이터가 더 안전하고 간단히 교환될 수 있도록 역할을 규정하고 레퍼런스 아키텍처 모델 등을 개발하고 설명하는 것이다. 이를 위해 산업 데이터 공간의 여덟 가지 핵심 요소와 다섯 가지 역할에 대해 정의하고 있다. 우선 산업데이터 공간은 여덟 가지 핵심 요소로 구성된다.

첫째, 데이터 주권으로 데이터 사용의 계약 조건을 데이터 소유자가 지닌다.

둘째, 안전한 데이터 교환은 데이터가 전체 밸류 체인에 걸쳐 안전하게 교환되는 보안 개념이다.

셋째, 비중앙식 접근법은 데이터 관리에 대한 중앙집권적 관리 개념은 없으며 산업데이터 공간에 연결되는 모든 최종 연결점으로 구성된다.

넷째, 데이터 거버넌스는 분산형 아키텍처에 기반을 두며 중앙 감독기관이 없고 게임의 법칙에 따라 거버넌스가 구성된다. 이러한 법칙은 사용자의 필요성에 따라 제기되고 데이터의 권리와 의무가 결정된다.

다섯째, 플랫폼과 서비스 네트워크는 데이터 제공자가 개별 기업에서 사물과 개인뿐만 아니라 데이터 플랫폼, 데이터 마켓 플레이스로 다양하다.

여섯째, 규모의 경제와 네트워킹 효과는 안전한 데이터 교환 서비스, 데이터 연결 등을 통해 스마트 서비스 용이성을 높일 수 있는 인프라 구축에서 중요하다.

일곱째, 오픈 접근법은 산업 데이터 공간 이니셔티브 수요자 중심으로 참여 개발 과정을 통해 구조화한다.

여덟째, 신뢰는 모든 데이터 제공자와 사용자들이 인증된 소프트웨어를 통해 산업 데이터 공간에 접속하고 활용하는 데 필수 요소이다.

산업 데이터 공간이 제대로 작동하기 위해서는 데이터 제공자,

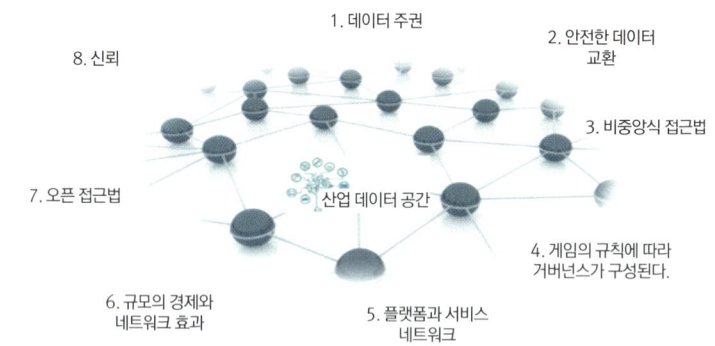

(출처 프라운호퍼, 2016)

  데이터 사용자, 앱스토어 운영자, 브로커, 인증기관의 다섯 가지 역할도 필요하다. 데이터 제공자는 데이터 소스에 대한 자세한 설명 제공, 산업 데이터 공간에서 이용할 수 있는 내부 시스템에서 데이터 선별, 특정 계약자들이 요청한 데이터 형성 및 데이터 서비스 앱 등을 제공한다. 데이터 사용자는 특정 계약자나 데이터 서비스 앱에서 데이터를 받거나 다양한 소스로부터 데이터를 선별하고 통합해 특정 데이터 모델로 변형한다.

  브로커는 데이터 교환 거래를 기록하고 관리하며 데이터 소스 서치를 위한 리포트를 제공하고 데이터 교환의 불안정 및 결함으로 말미암은 거래 되돌림 등을 지원한다. 앱스토어 운영자는 소프트웨어 개발자들이 데이터 서비스를 설명하는 기능, 참여자들이 데이터 서비스를 다운로드 및 검색할 수 있는 기능, 데이터 서비스의 비용 및 지불 기능들을 제공한다. 마지막 인증 기관은 인증 요청부터 승인·거절의 전체 인증 과정을 감독하고 인증서 발간, 평가서의 호환성 보장 등을 수행하게 된다.

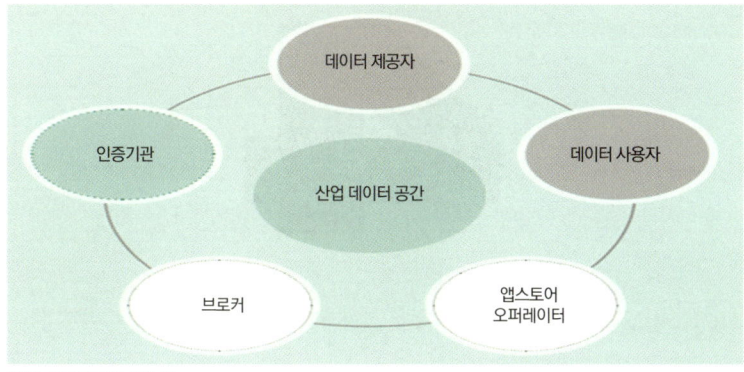

(출처: 프라운호퍼, 2016)

    또한 산업 데이터 공간의 구조는 비즈니스, 보안, 데이터와 서비스, 소프트웨어 아키텍처 네 가지로 구성된다. 비즈니스 아키텍처는 데이터의 경제적 가치, 데이터의 질, 적용 가능한 권리와 의무 및 데이터 관리 과정 등의 의문을 설명하는 구조이다. 보안 아키텍처는 응용 소프트웨어의 안전한 수행, 데이터의 안전한 이전, 데이터 오남용 방지 등의 의문이 해결될 수 있는 구조를 지닌다. 데이터와 서비스 아키텍처는 응용 및 기술 독립적 형태로서 현재의 기준에 따라 데이터 서비스 등 산업데이터 공간의 기능을 특화시킬 수 있도록 구조화된다. 마지막으로 소프트웨어 아키텍처는 현존하는 기술을 가능한 범위에서 사용해 산업 데이터 공간의 파일럿 테스트에 필요한 소프트웨어 구성요소를 갖추도록 만들어진다.

    이렇듯 인더스트리 4.0과 스마트 서비스 벨트 2025가 제대로 작동하기 위해서는 데이터를 안전하게 교환하고 부가가치를 창출할 수 있도록 산업 데이터 공간에서 필요한 역할과 구조들이 제대로 구조화되어야 한다.

5
스마트 서비스의 특징과 기대 효과

스마트 서비스의 특징

스마트 서비스는 선제적 특징을 지닐 뿐만 아니라 소비자가 제품을 소비하는 생애 주기 관점에서 제공되고 맞춤형과 신속성 등의 특징을 지닌다. 우선 스마트 서비스의 특징은 엔드 투 엔드 고객 프로세스 관점, 개인화, 정보 투명성 및 편재성의 네 가지를 들 수 있다.

스마트 서비스는 소비자가 제품을 소비하는 한 시점이 아닌 제품의 선택, 구매, 소비, 폐기, 재활용 등 제품의 전주기적 관점에서 고객에게 필요한 서비스를 제공하는 엔드 투 엔드 관점으로 서비스를 제공한다. 그리고 스마트 서비스는 개별 소비자에게 특화된 개인화된 서비스를 제공하고 제품부터 서비스의 모든 단계에서 발생하는 데이터에 기반하는 만큼 정보의 투명성도 매우 중요하다. 이외에도

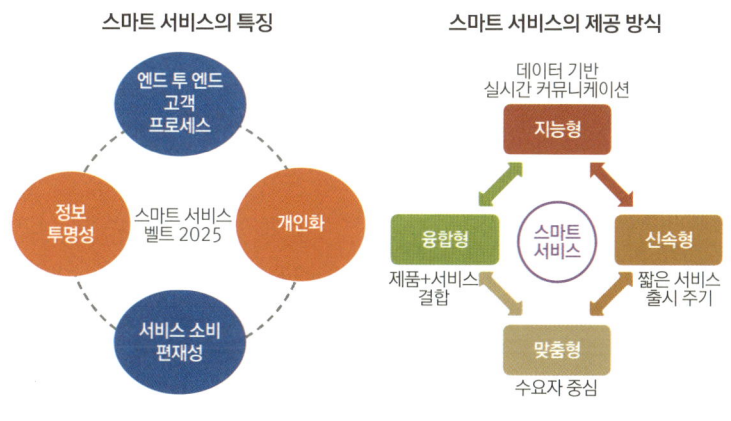

(출처: 프라운호퍼, 2016 재구성)   (출처: 독일공학한림원, 2015 재구성)

스마트 서비스는 고객이 필요로 하는 시점에 언제든지 제공되고 선택될 수 있기 때문에 편재성을 지니게 된다.

한편 스마트 서비스는 지능형, 맞춤형, 융합형으로 신속하게 소비자에게 제공[1]된다. 지능형이란 기존 서비스와는 달리 제품, 소비자 등과 실시간 커뮤니케이션을 통해 축적된 데이터를 분석 활용하는 특성이다. 맞춤형은 기존의 서비스가 공급자 관점에서 제공됐다면 스마트 서비스는 수요자 관점에서 재화와 서비스를 제공하게 된다. 또한 스마트 서비스는 제조와 서비스가 결합해 범 산업적 차원의 서비스를 제공하는 융합형의 모습을 띠며 지속적인 변화를 통해 고객 요구에도 빠르게 대응하기 위해 서비스 출시 주기 또한 짧아져 신속성까지 갖출 수 있다.

스마트 서비스의 기대 효과

　스마트 서비스 시장의 본격 확대는 소비자와 서비스 제공자 간 관계, 비즈니스 환경, 기술 기반 등에서 많은 변화를 일으킬 것이다. 첫째, 소비자와 서비스 제공자 간 신뢰 관계가 강화될 것이다. 스마트 서비스 제공을 위해서는 소비자에 대한 많은 정보(지식) 공유가 필요한 만큼 소비자와 서비스 제공자 간에는 더 높은 신뢰 관계를 형성하는 것이 매우 중요해진다. 둘째, 비즈니스 환경 및 기술 기반도 빠르게 변화될 전망이다. 비즈니스 환경은 고객 참여의 제품 개발 확대, 제조 공정과 서비스 간 연계성 강화, 특화된 기업이 등장하고 기업 간 협력 강화 등이 선망된다. 마지막으로 사물인터넷, M2M 등 인더스트리 4.0 기술 기반이 지속적으로 확대되면서 소비자 보안을 강화할 수 있는 기술과 관련 논의도 발전될 것이다.

　스마트 서비스는 우리 경제 환경에도 큰 변화를 일으킬 것으로 보인다. 새로운 비즈니스 모델의 확산과 이를 통한 일자리 창출, 서비스업 생산성 제고, 서비스 관련 수출 확대 등이 예상된다. 독일은 스마트 서비스가 확산되면 다양한 비즈니스 모델을 창출하게 되고 일자리가 확대될 것으로 전망했다. 또한 서비스업의 생산성 증대에도 긍정적으로 작용할 것으로 기대했다. 보스턴 컨설팅에 따르면 독일은 인더스트리 4.0 추진으로 제조업 일자리가 약 61만 개 줄어들겠지만 데이터 분석이나 연구 개발 등 고부가 서비스 일자리가 96만 개 늘어나 전체 신규 일자리 35만 개가 증가할 것으로 전망됐다. 특히 독일 서비스업의 실질부가가치 증가율은 제조업보다 낮은데[2] 스마트 서비스를 통해 제조에 서비스가 결합됨으로써 서비스업의 생산성도 제고시킬 수 있을 것으로 보고 있다.

스마트 서비스의 확산은 다양한 신 직업의 창출 계기로도 작용할 것이다. 세계경제포럼은 4차 산업혁명에 따라 기존 제조업 분야의 일자리는 감소하겠지만 IT나 연구 개발 분야 등에서 새로운 직업들이 생겨나고 일자리 수요도 확대될 것으로 전망했다. 앞으로 일자리가 확대될 주요 직업으로는 디지털 비즈니스 개발자, 데이터 최고 경영자CDO, 데이터 과학자, 웹 통합자, 사용자경험 디자이너, 콘텐츠 큐레이터 등이 새롭게 등장할 것으로 예상하고 있다.

또한 서비스 스마트는 서비스의 수출 동력화에도 크게 이바지할 수 있다. 세계 서비스 수출 증가율은 2014년 4.8%로 상품 수출의 0.8%보다 높은데 서비스의 스마트화가 촉진된다면 서비스 수출 시장은 더욱 빠르게 확대될 수 있다. 특히 세계 클라우드 컴퓨팅 서비스 시장, 웨어러블 디바이스 시장 등[3]의 빠른 성장세가 전망되고 있어 스마트 서비스의 수출 산업화는 더욱 빨라질 것[4]이다.

스마트 서비스 확산을 위한 과제[5]

스마트 서비스가 확산되기 위해서는 다양한 주체들의 참여를 촉진시킬 수 있는 규제, 표준화, 보안 강화, 스마트 인재 육성 등이 무엇보다 선행돼야 한다. 스마트 서비스는 범 산업적·융합형의 특성을 지닌다. 그만큼 다양한 분야의 협력과 통합이 확산될 수 있도록 규제와 표준 마련이 중요하다. 스마트 서비스 부문에서는 스마트 서비스 플랫폼 구축을 위한 표준화에서 제조업자, 정보 및 서비스

스마트 서비스 플랫폼 구축을 위한 과제

보완 정책 분야	내용
규제 및 표준화 증진	- 표준화된 관리 체계 도입으로 개별 주체의 참여 증대 - 표준화를 통해 플랫폼의 글로벌 경쟁력도 확보
IT 보안 및 개인정보 보호 강화	- 주로 오픈형 플랫폼인 만큼, 보안과 안전에 있어 제 3의 기관에 안전 여부를 평가받는 '상대적' 개념 도입 - IT 시스템의 회복력 증대, 개인 프라이버시 보호 등 논의도 지속
스마트 인재 육성	- 데이터 분석 및 관리, IT 기반의 보안 전략, 스마트 제품의 메모리 프로그램 및 분석 등 훈련 과정을 도입 - 이외에도 개인의 지속적 경력개발 과정도 필요

(출처: 독일공학한림원, 2015 재정리)

제공자 등 모든 개별 주체들이 통합돼 상업적으로 새로운 가치를 창출할 수 있어야 한다.

또한 오픈형 플랫폼이 구축되고 대량의 데이터가 교환돼야 하는 만큼 IT 보안, 개인 정보 보호 강화도 중요하다. 문제 발생 시에는 빠른 복구가 가능한 회복력을 갖추는 것도 필요하다. 스마트 서비스는 주로 오픈형 플랫폼에 기반을 두므로 100% 안전할 수는 없지만 '상대적 안전성Relative safety[*]' 도입 등을 통해 보안 문제에도 효과적으로 대처해 나가야 한다. 또한 IT 보안 솔루션도 예기치 못한 사이버 공격이나 네트워크 문제에 따른 정보 손실 등에 대비해 유연하고 빠르게 복구될 수 있는 회복력을 갖춰야 한다.

한편 스마트 데이터를 활용해 스마트 서비스를 창출하고 제공할 수 있는 스마트 인재 육성을 위한 교육 프로그램 등도 체계화돼야 한다. 새로운 비즈니스 모델들이 스마트 제품과 서비스의 결합으로

---

[*] 제3의 기관을 통해 안전성 여부를 평가받는 장치

창출될 수 있는 만큼 실제 세계와 디지털 상의 서비스를 잘 연계할 수 있는 스마트 인재를 육성하고 확보하는 것이 우선 과제이다. 독일은 스마트 인재 육성을 위해서는 데이터 처리 지식, 소프트웨어 활용 지식, 디지털 환경하에서의 커뮤니케이션과 정보 전달 능력 배양을 위한 전문 교육 등이 제공돼야 한다고 지적하고 있다.

3부

4차 산업혁명 시대의 정보보호와 표준

7장

정보보호

김범수
연세대학교 정보대학원 교수, 바른ICT연구소 소장, OECD 정보보호 부의장

미국 텍사스 오스틴 주립대학교에서 정보시스템 박사학위를 받았고 시카고 일리노이 주립대학에서 조교수로 재직했다. 한국정보시스템감사통제협회ISACA Korea 회장, 연세대학교 IT 정책전략연구소 소장 등을 역임했다. 정보가치, ICT 과의존, 정보보호 등의 연구를 통한 인간중심의 ICT 확산과 실질적 가치 증대를 위하여 '바른ICT연구소'를 설립하고 소장을 맡고 있다. 국제기구 OECD 정보보호 부문 부의장, APB 포럼Asia Privacy Bridge Forum 의장을 맡고 있다. 정보보호, 효과적 프라이버시보호, 개인정보보호 법과 정책, 정보시스템 정책과 전략 관련 연구와 교육 활동을 통하여 보다 안전하고 신뢰할 수 있는 ICT 사회 만들기에 기여하고 있다.

이애리
상명대학교 경영학부 교수

카이스트에서 테크노 경영 전공으로 경영학 석사학위를 받았고 연세대학교에서 정보시스템 박사학위를 받았다. KT에서 경영전략 수립과 신사업 연구개발 업무를 담당했다. 또한 현대전자에서 정보시스템 기술기획 업무를 수행했다. 현재는 상명대학교 경영학부 MIS 분야 교수로 재직 중이다. 주요 연구 논문들이『인간 행동과 컴퓨터Computers in Human Behavior』『글로벌 정보 매니지먼트 저널Journal of Global Information Management』『한국정보보호학회 저널 Journal of The Korea Institute of Information Security & Cryptology』등의 학술지에 발표됐다.

Industrie 4.0

1
인더스트리 4.0 구현을 위한 정보보호 및 보안의 중요성

『인더스트리 4.0 구현 전략 보고서』에 따르면 정보보호 및 보안 Security은 인더스트리 4.0의 가치 네트워크Value Network 구현을 위한 '이네이블러Enabler, 가능자' 역할을 한다. 기존의 전통적인 선형 Linear 가치체계를 네트워크형으로 변환하는 것이 개발 과정에 필수적 변화 요소 중 하나이다. 효율성 및 생산성 향상을 위해서는 가치 네트워크에 참여하는 파트너들끼리 서로 민감한 생산물과 프로세스 데이터를 교환할 수 있어야 한다. 이 과정에 정보보호 및 보안이 전제되어야 한다. 정보보호가 제도적으로 갖추어져야 빠르고 유연할 뿐 아니라 안전하고 신뢰할 만한 가치 네트워크에 더 많은 참가자가 참여할 수 있고 더 깊이 있고 넓은 범위에서 협력과 통합이 이뤄질 수 있다.

사무 및 생산 시스템의 보안이 보장되지 않으면 민감한 커뮤니케이션 프로세스에 대한 신뢰가 부족해 인더스트리 4.0이 구현되기 어렵다. 또한 인더스트리 4.0 환경에서는 사용하기 쉽게 설계해야 고객 간의 수용을 보장하고 생산과정에서 고객과의 협조가 가능하다. 고객과 밀접한 B2B 및 B2C 커뮤니케이션이 합법적으로 안전하지 않으면 계획된 비즈니스 모델을 구현하기 어려워진다. 따라서 보안은 인더스트리 4.0에서 가치 네트워크 형성을 위한 요구사항을 충족하는 기반이 된다.

인더스트리 4.0에서의 보안은 '물리적 영역과 디지털 영역 간의 커뮤니케이션과 각 프로세스를 포괄하는 보안'이어야 한다. 한쪽 영역에서 격리된 방식으로만 구현되는 보안은 생산성 및 효율성을 저해할 수 있다. 또한 보안 관리는 내부적으로나 외부적으로 다차원적인 분석과 관리가 이루어져야 한다. 인더스트리 4.0에서는 모든 영역에서 엔드 투 엔드End-to-end, 최단말간의 지속적인 위험 및 보안 관리가 필수적이다. 다양한 참여자가 연계된 가치 네트워크 구조에서는 한 회사가 홀로 보안을 관리할 수 없다. 가치 네트워크상 다수 인터페이스가 공격 지점으로 사용될 수 있다. 또 고객 참여와 공급 업체와의 긴밀한 관계 때문에 고객 및 공급 업체의 보안 관리 또한 회사의 정보보호 수준에 영향을 미칠 수 있다. 결과적으로 인더스트리 4.0에서 정보보호 및 보안은 보안담당자뿐 아니라 생태계의 모든 참여자가 함께 공감하고 적극적으로 참여해 책임져야 할 업무이다.

인더스트리 4.0 환경의 보안은 '움직이는 표적'과 같아서 매우 역동적이고 변화하는 위협에 대응해야 한다. 움직이는 표적의 역동성은 보안이 기술, 사람, 그리고 프로세스를 통합적으로 연결하고 특정 사례별 현장 분석에 기반을 둔 상황에 맞는 보안 관리가 이루어져야 함을 뜻한다. 이제 보안은 '한번 설정하고 잊어버리는 것'이 아니라 보안 수준 및 조치를 반복적으로 재확인하고 재평가해야 한다. 인더스트리 4.0 가치 네트워크를 둘러싼 동적인 보안 환경은 이전보다 효율적이고 상황에 따라 다르게 적용 가능한 보안 리소스의 활용을 요구한다. 회사 경영진들은 지속적인 위험 관리를 통해 상황에 따라 필요한 조치의 조합을 구현할 수 있어야 한다. 보안과 관련된 명료성은 보안을 위해 무엇이 확보되어야 하는지, 자원 요구사항은 무엇이지, 무엇이 필요한지에 기초한다. 보안의 평가 결과는 모든 다른 조치에 대한 가이드라인을 제공하며 정기적으로 검토되어야 한다.

이처럼 보안은 인더스트리 4.0 구현의 필수요소이다. 인더스트리 4.0의 향후 아키텍처와 모델에 대한 개념은 처음부터 보안 측면을 고려해야 한다. 『인더스트리 4.0 구현 전략 보고서』를 참조하여 인더스트리 4.0에서 보안과 관련하여 예상되는 정보보호 현상을 정리하면 다음과 같다.

인더스트리 4.0 환경에서 예상되는 정보보호 이슈

가치 네트워크 자체가 잠재적인 보안 공격의 축으로 사용된다.

회사 자체는 커뮤니케이션 및 생산 수준에서 다양한 수단으로 보호할 수 있다. 하지만 만약 공급자망 및 고객 서비스와 관련된 네트워크가 효과적으로 보호되지 않으면 보안이 매우 취약해질 수 있다. 현재 IT와 네트워크가 활성화된 현장에서도 공급자, 외주업체,

대리점 등의 네트워크와 시스템을 활용한 해커의 공격이 가장 빈번한 공격 경로로 활용되고 있다. 가치사슬이 더욱 자동화되고 고도화된 시스템으로 운영되는 인더스트리 4.0 환경에서는 외부 파트너 시스템을 활용한 공격이 발생할 수 있다. 더 이상 보안은 한 기업의 내부통제하에 있는 영역에 대한 내부 보호와 분석만으로 충분하지 않다. 특히 공급자 파트너가 변경되는 경우 적절한 주의사항, 보안 조정 및 감사활동이 비즈니스 계약 및 관계 정의 부분에 포함되어야 한다. 이를 위해 보안 예방 조치에 관한 상호 계약 합의 등이 필요하다.

안전 기능이 점점 취약해질 수 있다.

산업 생산의 모든 단계에서 네트워킹의 중요도가 높아짐에 따라 조작 및 방해 행위의 기회와 횟수가 증가할 수 있다. 또 기계의 작동 기능 제어에 대한 무단 접근과 통제 활동이 점차 늘어날 수 있다. 인더스트리 4.0에서의 디지털 네트워크화로 기계 및 시스템(예: 비상 차단, 클램핑 시스템 등 연결과 고정 장치 보호, 전기적 차폐 등)의 안전 관리 기능들도 원격에서 주요 기능을 제어할 수 있다. 그 결과 안전 시스템 및 장치에 관련된 공격에 더욱 취약해질 수 있다. 인더스트리 4.0 환경에서의 네트워킹은 이제 더 많은 기술적 인터페이스와 안전장치 및 다른 장치 사이의 접점을 만든다. 따라서 시스템은 이론적으로 외부에서의 접근이 더 쉬워진다. 이는 보안 관련 사건(예: 해커에 의한 외부 공격)이 발생할 경우 안전 관련 사건(예: 금속 프레스와 같은 기계의 클램핑 및 파쇄 보호 시스템의 장벽 제어 조작)이 유발될 수 있다는 것을 뜻한다. 인더스트리 4.0에서는 지금까지 존재해온 안전 및 기타 시스템의 의도적인 분리 또는 캡슐화가 사라지게 된다. 즉 외부에 오픈된 네트워크상에서의 유연성 확보를 위한 결함 없는 작동이 점점 어려워질 수 있다. 결과적으로 지금까지는 주로 시스템 분리를 통해 이뤄졌던 안정성 측면에서 표준화된 분야에 대한 보호 개념 적용의 필요성이 점점 증가될 수 있다.

보안과 관련된 탐지 및 대응 역량은 필수적인 요소가 된다.

인더스트리 4.0에서 보다 다양해지는 보안 이벤트를 분석하는 것이 중요하다. 최근 잠재적인 공격자들의 보안 관련 연구 및 전문 기술 수준이 향상되면서 기존의 보안 조치로는 탐지되지 않는 경우가 늘고 있다. 또한 전통적인 공격 및 사이버 범죄와 관련한 능력 수준 또한 증가하고 있다. 따라서 보안 관련 사건들을 감지하고 대응하고 가능한 빨리 해결할 수 있는 기능을 사용할 방안이 필요하다. 즉 예방적 조치와 대응 조치(탐지 역량 포함) 간의 상호작용으로서의 보안 수단의 견고성은 인더스트리 4.0의 보안을 위한 결정적 요소가 된다. 앞으로 전문적인 외부 공격을 기업 홀로 신속하게 탐지하기는 어려워질 수 있다. 특히 중소기업들은 외부 보안 침해 및 새로운 형태의 공격에 대한 대비 및 학습이 이뤄져야 한다. 탐지 및 대응 역량 강화를 위해서는 지능형지속위협APT, Advanced Persistent Threat 공격이 발생하는 동안 또는 발생 후 지능형지속위협 공격을 탐지하거나 적어도 사후 공격의 피해 범위와 위험 수준을 정확하게 분석하고 대응 조치들이 개선되어야 한다. 기업들은 더 많은 것을 감지해야 할 뿐 아니라 보다 효과적이고 비용 효율적인 방식으로 대응할 수 있어야 한다.

사무 영역의 보안 탐지 기능은 생산 영역으로 확대 개발되고 활용될 수 있어야 한다.

현재는 보안의 초점이 주로 사무 영역의 커뮤니케이션 시스템 보호에 맞춰져 있다. 이는 공격 벡터 및 취약점이 사무 시스템(예: 운영체제, 브라우저, 인터넷 기반 통신, 데이터 저장장치 등)과 관련되어 있기 때문이다. 기존의 보호 조치는 사무 영역의 바이러스 스캐너, 전자 메일 및 하드드라이브 암호화, 데이터 트래픽 모니터링 및 데이터 액세스 등에 중점을 두고 있다. 따라서 현재의 침입 탐지 시스템의 구현은 생산 도메인과의 산업 통신을 위해서는 취약한 편이다. 따라서 사무 영역뿐 아니라 생산 영역에서의 전문성을 보호하기 위해 회사는 관련 정보를 얻고 조처하는 데 상당한 관심을 기울여야 하며 보안 지도상의 사각지대를 식별하고 체계적으로 해결해야 한다. 특히 조직적, 인력자원HR, 기술적 보안 투자가 현재까지 고려되지 않은 분야에서 이루어져야 할 것이다.

인더스트리 4.0에서의 분산 데이터 저장과 처리는 보안 측면에서 주요한 도전 과제가 될 수 있다.

인더스트리 4.0에서 빅데이터, 예측 분석, 지능형 센서의 적용을 통해 많은 새로운 서비스들이 등장할 수 있다. 또한 데이터 전문가 및 분석 프로그램에 의해 효율성이 더욱 향상될 수 있다. 이러한 분석을 위해서는 매우 구체적인 프로세스와 기계 및 시스템에 대한 전문 지식이 필요하다. 즉 운영자들은 그들의 데이터를 외부 서비스 공급자나 제조사에게 제공할 수 있고 인터페이스를 통해 데이터 트래픽 안에서 통합하여 분석할 수 있다. 클라우드 컴퓨팅 플랫폼 및 기타 데이터 플랫폼은 위치-독립적인Location-independent 산업 제어 및 생산을 가능하게 한다. 이제 데이터 생성, 전송 및 처리 과정은 디지털 방식으로 수행되며 외부 플랫폼을 사용할 수 있다. 사업자들이 기술적 문제와 보안 관련 법적 문제에 점점 직면하게 될 수 있음을 시사한다. 회사는 필요 시 추가적인 핵심 인프라를 사용하고 추가적인 외부 참여자를 참여시키며 데이터에 대한 참가자의 영향을 제한적으로 제어할 수 있어야 한다. 만약 데이터 플랫폼 제공 업체가 회사의 사법 관할권을 넘어서는 경우(예: 해외 데이터 플랫폼 제공 사업자 등) 계약 조항 및 제재를 이행하기가 더 어려워질 수 있다. 특히 개방형 가치 네트워크 구현을 위해 요구되는 데이터 플랫폼의 기술적 접근성 때문에 보안과 관련한 다수의 잠재적인 공격 가능성이 증가하게 된다. 따라서 데이터 보호 및 정보 보안이 철저히 보장되지 않으면 인더스트리 4.0에서의 분산된 데이터 저장과 처리를 실현하기 어려울 수 있다.

위와 같은 인더스트리 4.0 구현을 위한 정보보호 및 보안의 원칙들은 회사의 시스템 이전Migration 전략과 회사의 초기 상황에 맞게 구현되어야 할 것이다. 또한 다양한 시스템 및 구성요소에 걸쳐 설계 시부터 보안을 검토하는 '진행중인 보안Security-by-Design' 접근법으로 변화해야 한다. 인더스트리 4.0 시대를 맞아 다양한 빅데이터 생성과 지능형 센서 등의 발전은 앞으로의 정보보호 및 보안 조치 방안에 대한 새로운 차원의 도전과 이슈를 제공하고 있다.

인더스트리 4.0을 이끄는 정보통신기술 요소와 정보보호 이슈

　인더스트리 4.0 시대에는 생산 기기와 제품이 지능화되고 만물이 인터넷 네트워크로 연결되어 자가 학습 강화가 가능한 구조를 갖추게 된다. 인더스트리 4.0이 구현되기 위해서는 사물인터넷을 통해 기기와 기기, 기기와 사람 간의 상호 소통 체계를 구축하고 스마트 센싱 및 딥 러닝이 가능한 인공지능 기술이 뒷받침되어 제품과 상황에 따라 능동적으로 작업 방식을 결정할 수 있도록 전 생산과정이 최적화되어야 한다. 또한 수많은 사물과 다양한 파생 서비스로부터 생성되는 대량의 빅데이터를 신속하게 처리하고 적절히 활용할 수 있어야 한다. 따라서 인더스트리 4.0을 지원하는 대표적인 정보통신 기술 요소로는 사물인터넷, 빅데이터 분석, 인공지능을 들 수 있다.

　사물인터넷, 빅데이터, 인공지능 기술을 통해 수집되고 이용되는 정보의 종류가 점차 다양해지고 정보를 유통하고 처리하는 환경이 변화하고 있다. 초연결 스마트 사회로 진화하면서 새롭게 수집되는 정보의 양과 범위가 기하급수적으로 확대됨에 따라 정보 유출 및 프라이버시 침해와 보안 사고 발생 가능성 증가 등 '정보보호 및 보안에 대한 이슈'가 필수적으로 검토해야 할 주요 과제로 대두됐다. 따라서 사물인터넷, 빅데이터, 인공지능 등과 관련된 정보보호 및 보안 이슈를 우선으로 고려해야 한다. 이를 통해 안전한 인더스트리 4.0 구현에 대한 신뢰와 공감대를 형성하고 산업 발전과 자연스러운 서비스 확산이 가능하도록 한다. 더불어 인더스트리 4.0 확산에 따른 부작용을 줄이고 더 안정적인 발전과 성과의 실현을 기대할 수 있다.

Industrie 4.0

2
사물인터넷과 정보보호

사물인터넷 활용 스마트 서비스

사물인터넷은 고유하게 식별 가능한 사물이 만들어낸 정보를 인터넷을 통해 공유하는 환경으로 기존의 유선 및 무선 인터넷보다 진화된 단계의 상호연결성을 제공한다. 사물인터넷은 "각종 센서와 통신 네트워크를 통해 우리 주위의 사람과 사물이 다양한 방식으로 연결되어 정보 교환 및 상호작용을 하고 이를 통해 새로운 가치를 창출하는 것"으로 정의될 수 있다.[1]

사물인터넷은 다양한 서비스 분야로 활용될 수 있다. 아서 D 리틀Arthur D. Little은 사물인터넷 활용 분야를 스마트폰과 태블릿 PC 등 모바일 기기 분야, 스마트 미터와 스마트 그리드 등 에너지 분야, 보안과 감시가 강화된 빌딩 자동화 분야, 커넥티드 카와 항공기 등을 포함한 이동 물체 분야, 산업 운영 및 소매 유통 분야, 의료 및 헬스케어 분야로 구분했다. 가트너는 2013년 보고서에서 사물인터넷 구성 요소를 수평적인 기술 요소 시장과 수직적인 사업 영역으로 구분하여 전체 관련 생태계를 거시적으로 분류했다. 수평적으로는 산업, 교통, 유틸리티, 헬스케어, 스마트 시티, 물류, 스마트 홈, 농업 등으로 분류했고 수직적으로는 반도체, 하드웨어, 운영체제, 미들웨어 및 보안 소프트웨어, 기반시설, 커뮤니케이션 서비스, 데이터센터 서비스, IT 전문 서비스 등으로 구분했다.

주요 분야별 성장 전망을 살펴보면 홈 가전, 지능형 빌딩, 유틸리티, 자동차, 헬스케어 분야가 전체 사물인터넷 연결 디바이스의 92%를 차지할 것으로 예측되고 있다.[2] 이러한 사물인터넷 서비스의 특징을 살펴보면 사용자에게 서비스를 제공하기 위해 수많은 기기를 통해 사용자들의 다양한 정보가 생성, 수집, 공유될 수 있다는 것이다. 일례로 스마트 미터의 경우 사용자의 전력사용 패턴, 가전기기 정보 등이 생성, 수집, 공유된다. 이러한 정보는 프로파일링을 통해 사용자의 상태 정보와 프라이버시를 알 수 있어 개인에 대한 정보보호 이슈를 불러올 수 있다.[3]

한편 사물인터넷 서비스에서는 스마트 폰, 스마트 홈, 스마트 그리드 등과 같이 '스마트Smart'라는 용어가 많이 사용된다. 이는 사물인터넷에서는 '스마트 기기'를 바탕으로 기본적인 서비스들이 제공되기 때문이다. 스마트 기기란 '네트워크 기능이 탑재되어 인터넷 접속이 가능하며 운영체계os 플랫폼을 통해 제공되는 다양한 기능 및 서비스를 이용할 수 있는 기기'를 말한다.[4] 따라서 사물인터넷에서의 '스마트'는 '컴퓨팅과 통신 기능을 갖추고 네트워크에 연결 가능함'을 의미한다. 이러한 사물인터넷 활용 분야 중 시장에서의 서비스 비중이 높아지리라 예상되는 동시에 사물인터넷에서 정보보호와 관련된 문제 발생 가능 분야를 총 다섯 가지 서비스 분야로 구분할 수 있다.

첫째, 스마트 커뮤니케이션 디바이스. 커뮤니케이션을 중심으로 부가적인 콘텐츠 제공 기능을 포함하는 것으로서 스마트폰, 태블릿 PC, 스마트 안경, 스마트 시계 등이 있다. 아이폰과 삼성과 LG의 스마트폰, 구글 글래스, 애플 와치, 삼성 기어와 VR 등이 이에 속한다.

둘째, 커넥티드 카. 자동차 분야의 사물인터넷 서비스로서 무선통신을 통해 차량과 내외부 네트워크가 연결되어 운전자의 편의성을 높일 수 있는 인포테인먼트형 서비스를 제공한다. GM의 온스타 OnStar와 현대자동차의 블루링크 BlueLink 등이 있다.

셋째, 스마트 홈. 가전제품 분야의 사물인터넷 서비스로서 가전에 네트워크 기능을 연결하고 서비스 제어 기능을 탑재하여 홈 가전제품이 자동으로 상황에 맞는 최적의 서비스를 제공하도록 한다. 스마트 TV, 스마트 냉장고, 스마트 청소기 등이 이에 속한다.

넷째, 스마트 헬스케어. 의료 및 건강관리 분야의 사물인터넷 서비스로서 대표적으로 웨어러블 헬스케어 서비스가 있다. 일일 활동 및 수면 모니터링 기기인 핏빗 Fitbit, 프로테우스의 복용 알약에 부착된 스마트 센서 헬리우스 Helius, 코벤티스의 심박동 모니터링 기기인 뉴밴트 앰씨티 NUVANT MCT 등이 이에 속한다.

다섯째, 스마트 인프라. 스마트 인프라는 스마트 시티, 스마트 빌딩, 스마트 그리드를 포괄하는 개념이다. 스마트 시티는 사물인터넷을 통해 도시 행정의 효율과 거주민의 삶의 질을 향상시키는 서

사물인터넷 서비스 종류

(출처: 이애리, 김범수, 장재영, 2016)

비스를 제공한다. 스마트 빌딩은 건축, 통신, 오피스 자동화 및 빌딩 자동화 등 시스템을 유기적으로 통합하여 건물 내 첨단 서비스를 제공한다. 스마트 그리드는 기존 전력망에 지능화된 정보기술을 결합함으로써 효율적인 전력망을 구축하여 차세대 전력 관리 서비스를 제공한다.

사물인터넷상에서의 정보보호 이슈

가트너의 2015년 자료를 보면 인터넷에 연결된 사물의 수가 2020년까지 약 208억 개로 확대될 것이라고 한다. 사물인터넷 환경에서는 사람들이 알아챌 수 없는 다수의 사물이 자율적으로 수집한 데이터들이 네트워크를 통해 서로 결합되고 공유될 수 있다. 이로 인해 정보보호 측면에서 전통적인 환경 대비 다양한 도전 이슈들이 존재할 수 있다. 사물인터넷에서는 수많은 기기로부터 개인정보가 수집되고 이용될 수 있다. 이는 기존 대비 양적인 측면의 증가뿐만 아니라 수집 가능한 정보의 종류도 다양해져 개인의 취향, 습관, 이동 경로 등 민감하고 세밀한 개인정보들이 포함될 수 있다.

특히 사물인터넷 확산에 따라 다양한 정보 원천으로부터 수집된 데이터들이 서로 결합되고 빅데이터 분석 등을 통해 개인별 프로파일링과 추적이 쉬워져 정보보호 및 프라이버시 침해에 대한 위험이 증가할 수 있다. 따라서 사물인터넷 환경에서는 개인들이 원하지 않거나 비합법적인 데이터 처리가 일어날 가능성이 높아진다. 또 사물인터넷 서비스 사업자들이 데이터 수집에 대해 일일이 사용자에게 사전 동의를 받거나 알리기가 쉽지 않을 수 있다. 이러한 정보보호 관련 이슈들은 데이터 수집에서부터 저장과 관리, 이용, 파기까지의 라이프사이클에 따라 존재할 수 있다.

사물인터넷의 발전은 개인정보 및 프라이버시 보호와 관련하여 새로운 도전 과제를 제기할 수 있다. 사물인터넷 환경에서 데이터가 제대로 보호되고 통제되지 못하면 정보 유출 및 보안에 대한 염려가 증가하게 된다. 또 신규 서비스를 개발 제공하는 사물인터넷 사업자들은 자칫하면 정보보호 측면에서 불법적인 형태의 서비스를 제공할 수 있다. 그러면 사물인터넷 환경에서의 건전한 정보 활용이 저해되고 서비스 발전 및 확산이 지연될 수 있다.

사물인터넷에서 수집되는 정보 종류와 잠재적 위협 요인

현행 개인정보보호법상에서 보호되어야 할 개인정보는 '해당 정보만으로 특정 개인을 알아볼 수 없더라도 다른 정보와 쉽게 결합하여 개인을 알아볼 수 있는 정보'도 포함된다. 이러한 관점에서 사물

전통적인 IT 환경 대비 사물인터넷 환경에서 발생 가능한 정보보호 이슈

데이터 라이프사이클	전통적인 IT 환경	사물인터넷 환경
수집	- 데이터 수집 시 사용자에게 사전 동의를 받음(옵트 인 형태)	- 사물인터넷 디바이스의 자율적 수집으로 인해 정보주체(사용자)로부터 사전 동의를 받는 데 제한적임
저장·관리	- 주로 사업자 내부 망에 있는 서버에서 개인정보가 저장·관리됨	- 센서 등 디바이스에서 개인정보가 저장될 수 있어 관리 포인트 증가 - 저장·관리되는 개인정보 양 증가
사용	- 주로 국내에서 이용·제공됨 - 개인정보의 목적 외 이용 금지	- 개인정보 해외 이전 빈번 - 빅데이터 활용 등을 통해 개인정보가 목적 외 이용될 가능성 증가
삭제	- 개인정보처리자에 의해 정보 파기	- 서비스별 협업 증가로 개인정보 공유가 빈번하고 개인정보 파기 주체가 모호해져 파기 관리가 소홀해질 수 있음
기타 공통	- 개인정보처리자 정의가 비교적 명확함	- 개인정보처리자 유형 및 책임이 다양해짐

(출처: 이애리, 손수민, 김현진, 김범수, 2016)

정보는 그 자체로는 개인을 식별하는 정보가 될 수는 없으나 데이터 간 연계되면 개인정보가 될 수 있다. 따라서 사물 정보 중 사물의 식별과 인증에 사용되는 정보인 IP 주소, MAC 주소, 단말의 유심USIM 번호, 국제단말기인증번호IMEI 등은 결합을 통해 특정한 개인이 식별될 가능성이 있기 때문에 개인정보로서 보호되어야 한다.

사물인터넷 서비스는 각종 단말 센서를 통해 개인의 위치정보와 사용 행태 정보 등 사생활 관련 정보가 수집 가능하고 항시적인 네트워크 접속과 차별화된 서비스 제공을 위해 각종 개인정보가 활용될 수 있다. 예를 들어 커넥티드 카 서비스인 GM의 온스타 서비스는 상당히 많은 정보를 수집한다. 온스타 서비스는 차량 사고 시

실시간 응급 구조 및 도난 차량 추적, 감속 등의 서비스를 제공하고 GM의 중앙 콜센터와 통신하여 차량 위치 알림, 무선 도어 잠금 알림 등 원격 제어가 가능하도록 한다.[5] 온스타 서비스는 차량 내 다양한 센서들을 탑재해 필요한 정보를 수집하고 모바일 네트워크를 통해 서비스 플랫폼으로 정보가 전달된다. 또한 해당 서비스 가입 시 개인신상정보, 차량 정보, 대금 처리를 위한 결제정보 등이 수집되고 이러한 정보를 기반으로 서비스가 제공된다. 온스타에서 수집되는 정보 종류를 정리하면 아래와 같다.

- 사물인터넷 단말(센서)에서 수집되는 개인정보
위치정보, 이동 및 운전습관 정보(주행일자, 이동경로, 거리, 운행시간, 평균속도, 야간·주간 운행 정보, 브레이크 밟는 빈도 등), 취향 및 생활습관 정보(통화 이력, 온라인 쇼핑, 음악 취향 정보, 자주 방문하는 목적지 등), 차량상태 정보(시동 온·오프, 고장 및 사고 정보 등)
- 사물인터넷 네트워크 단에서 수집되는 사용자 식별 가능 네트워크 정보. 모바일 식별번호MEID, Mobile Equipment Identifier, 국제이동가입자 식별번호IMSI, International Mobile Subscriber Identity, 블루투스Bluetooth의 스펙 IDSpecification ID 등
- 서비스 플랫폼에서 수집 관리되는 개인정보
개인신상정보(이름, 주소, 전화번호, 이메일 등), 서비스 관련 정보(차량식별번호, 서비스 사용 로그 등), 금융·결제정보(신용카드 정보 등)

위 사례를 통해 알 수 있듯이 사물인터넷 환경에서는 다양한 정보가 수집 가능하며 이러한 정보가 오용되거나 유출되면 그 피해

가 심각해질 수 있다. 실제 온스타와 같은 커넥티드 카 서비스 사용 시 중간자공격Man-in-the-middle attack 등을 통한 정보 해킹, 비 허가된 차량 기계 접근, 개인정보 유출에 따른 계정 탈취 및 명의도용 위험 등 보안 취약성이 보고되고 있다.[6] 이러한 커넥티드 카를 예시로 단말, 네트워크, 서버 단에서 발생 가능한 보안에 대한 위험 요인을 정리하면 다음과 같다.

- 단말 단에서의 보안 위협

차량 단말의 컴퓨터 기기 및 차량과 연결되는 스마트폰 앱에 접근하여 단말 단에 저장된 정보 유출, 정보 조작, 해커 등 외부인의 불법적 기기 제어에 의한 개인 안전문제 초래 가능

- 네트워크 단에서의 보안 위협

주행 중 핸즈프리 형태로 손쉽게 인터넷에 연결할 수 있게 제공되는 무선 네트워크의 보안 취약성(보안 프로토콜 미비 등)을 이용해 차량 네트워크에 침입해 3G, 4G, 블루투스 네트워크 스니핑 등을 통해 통신되는 정보 유출 가능

- 서버 단에서의 보안 위협

해당 사물인터넷 서비스를 위해 서버 플랫폼에 저장된 개인정보(운전습관정보 등)에 대한 목적 외 사용에 따른 프라이버시 침해 가능성, 서버 시스템 공격을 통한 정보 유출 등

사물인터넷에서 다양해지는 개인정보처리자 유형

사물인터넷상에서 정보를 수집, 이용, 제공, 처리, 분석 등 일련의 과정을 통해 사용자에게 서비스를 제공하는 데 있어 다양한 유형의

개인정보처리 참여자 유형들이 존재한다. 개인정보보호법에서는 정보 주체와 개인정보처리자의 관계를 설정하고 정보 주체인 사용자의 권리를 보장하기 위해 개인정보처리자를 규율하고 있다. 사물인터넷 환경에서 개인정보보호 관련 이슈 및 개선점을 파악해보자. 그러기 위해 우선 사물인터넷 가치 사슬에 참여하는 개인정보처리자 유형을 살펴볼 필요가 있다. EU의 제29조 데이터 보호 작업반(2014)의 사물인터넷 발전에 따른 의견서를 참조해 개인정보처리자 유형을 다음과 같이 구분할 수 있다.

첫째, 디바이스 제조자. 사물인터넷 환경에서 디바이스 제조자는 서비스 이용자 또는 다른 회사에 관련 기기나 제품을 판매하는 것 이상의 역할을 할 수 있다. 디바이스 제조자는 단순히 사물인터넷 기기 제품의 제조를 넘어 사물의 운영체계를 개발하고 수정할 수 있고 기기에서 센싱되어 수집되는 정보 종류와 빈도 설정 및 전송 등에 대한 전반적인 기능을 가진 소프트웨어를 탑재할 수 있다. 예를 들어 스마트 헬스케어 디바이스 제조사의 기기 추적 장치에 의해 기록된 개인의 건강 데이터를 기반으로 사용자에 대한 보험 가격을 측정할 수 있다. 이 같은 경우 보험사에 사용자의 신체 건강과 관련된 민감한 정보를 제공하게 될 수 있다.

둘째, 소셜 플랫폼 서비스 제공자. 사물인터넷 서비스 이용자들이 자신의 데이터를 공개하거나 다른 이와 공유할 때 더욱 활발히 이용될 수 있다. 특히 사물인터넷 서비스 이용자는 자신이 속한 커뮤니티 그룹에서 자신의 원하는 이미지를 형성하고 자기표현을 하기 위해 소셜 네트워크상에서 개인정보를 공유할 수 있다. 또한 사용자가 소셜 네트워크 서비스의 설정을 바꾸지 않는 이상 일반적으로 디바이스 제조자가 제공하는 앱 속에서 정해진 표준 세팅을 따르게 되어 사용자의 정보가 자동으로 공유될 수 있다. 따라서 사물인터넷 기기 제품과 연계된 소셜 네트워크 서비스 사업자는 방대한 개인정보를 수집하고 처리할 수 있어 정보보호에 대한 책임이 발생하게 된다. 예를 들어 스마트 헬스케어 기기 이용자는 카카오스토리, 페이스북, 인스타그램, 트위터와 같은 소셜 네트워크 서비스나 디바이스 제조사가 별도 제공하는 소셜 플랫폼 서비스 등을 통하여 커뮤니티 내 특정인들과 건강 관심사를 교환하고 경쟁의 목적으로 자신의 건강 정보를 공유할 수 있다.

셋째, 앱 개발자. 이용자는 별도의 앱이나 소프트웨어를 사물인터넷 서비스 기기에 설치할 수 있다. 앱 개발자는 이러한 앱을 운영하면서 사물인터넷 디바이스 센서로부터 수집되는 정보를 모으고 처리할 수 있게 된다. 이러한 앱이나 소프트웨어는 대게 사용자로부터 사전 동의를 받는 옵트인opt-in 기반으로 탑재된다. 사물인터넷 환경에서 앱 개발자들이 정보 주체인 사용자에게 충분한 고지와 동의를 구하기 위해 적절한 정보와 적합한 메커니즘을 제대로 제공하는지에 대한 우려가 존재한다.

넷째, 사물인터넷 데이터 플랫폼. 사물인터넷 데이터 운영의 표준화와 상호호환성이 미흡하면 참여자들 각각은 자신만의 인터페이스와 데이터 형태를 보이게 된다. 이 경우 데이터는 같은 표준 환경이나 폐쇄된 환경 속에서만 전송되어 기기 간의 효과적인 데이터 연결이나 조합이 어려워질 수 있다. 관련해서 사물인터넷 데이터 관리의 집중화와 단순화를 위해 서로 다른 기기를 통해 수집되는 데이터를 호스팅할 수 있는 새로운 유형의 플랫폼이 개발되고 발전하고 있다. 이들 데이터 플랫폼 제공자는 다양한 사물인터넷 센싱 기기로부터 수집되는 수많은 개인정보를 보유하고 처리할 수 있다. 따라서 사물인터넷상의 정보보호 측면에서 관심을 둬야 할 개인정보처리자가 될 수 있다.

다섯째, 기타 참여자. 디바이스 제조자나 앱 개발자 이외에 또 다른 제3의 참여자가 사물인터넷 기기를 통해 개인정보를 수집하고 처리할 수 있다. 예를 들어 건강보험업자는 계보기(만보기)를 고객들에게 나눠주고 얼마나 자주 운동하는지 모니터링한다. 이를 기반으로 보험 프리미엄을 산정할 수 있도록 개인별 데이터를 확보할 수 있다. 이러한 제3의 참여자들은 다른 개인정보처리자와 달리 사물에 의해 수집된 개인정보를 통제할 권한은 없다. 그러나 설정한 특정 목적에 따라 사물인터넷 기기에 의해 생성된 개인정보를 수집하고 저장하도록 처리할 수 있다.

사물인터넷 개인정보처리자 관련 정보보호 이슈

개인정보처리자는 개인정보보호법 제2조 정의에 따라 '업무를 목적으로 개인정보파일을 운용하기 위하여 스스로 또는 다른 사람을 통하여 개인정보를 처리하는 공공기관, 법인, 단체 및 개인 등'을 말한다. 다섯 가지 유형의 개인정보처리자들은 모두 자신의 업무를 목적으로 사물인터넷 센서로부터 수집 및 처리되는 정보와 정보의 집합 파일을 운용하는 자로서 개인정보보호법상의 개인정보처리자에 해당한다. 단 사물인터넷 환경에서 이들 개인정보처리자는 이전의 전통적인 IT 환경에서의 법적인 의무와 책임을 기반으로 규율하고 통제하기 어려울 수 있다. 사물인터넷상에서 야기될 수 있는 개인정보처리자와 관련된 주요 논점은 다음과 같이 정리할 수 있다.

첫째, 다수의 개인정보처리자 간 역할 구분 불명확.

개인정보보호법 제3조 5항에서 '개인정보처리자는 개인정보의 처리에 관한 사항을 공개하고 열람권 등 정보주체(사용자)의 권리를 보장해야 함'을 명시하고 있다. 사물인터넷상에서 하나의 서비스를 제공하는 데 여러 개인정보처리자가 동일한 개인정보를 처리해야 할 경우는 이중 어떤 정보처리자가 정보주체(사용자)의 권리를 보장하는 역할을 담당해야 하는지가 명확하지 않을 수 있다. 또한 다수 사물인터넷 디바이스를 통해 수집된 개인정보를 여러 개인정보처리자가 공유하는 경우 누가 개인정보 유출 통지에 대한 의무를 담당할 것인지에 대해 혼선이 생길 수 있다. 이 때문에 개인정보보호법 제34조상 정보 주체에게 통지되어야 할 사항(유출된 개인정보 항목, 유출 시점 및 경위, 피해 신고 접수 담당 부서 및 연락처 등)과 통지 시점, 피해 최소화 및 대응조치 등이 제대로 처리되는 데 문제가 생길 수 있다.

둘째, 새로운 유형의 유사 개인정보처리자 등장.

사물인터넷 서비스 확산에 따라 개인정보처리자 역할을 하는 새로운 유형의 '유사 개인정보처리자'가 등장할 수 있다. 예를 들어 구글 글래스와 같이 착용형 영상정보 기기는 기기 이용자 주변의 다른 사람의 정보 또한 수집할 수 있다. 실제 영국 정보보호위원회ICO에서는 2014년에 구글 글래스를 통해 사용자가 사전 허가 없이 다른 이의 영상과 사진을 촬영하면 프라이버시를 침해할 수 있다고 지적했다. 이 경우 사물인터넷 기기 이용자가 다른 이에 대한 정보를 수집하는 경우이다. 이때 사물인터넷 기기 이용자를 개인정보처리자라고 할 수 있는지 생각해볼 필요가 있다. 구글 글래스 사용자가 개인적인 공간 내 정보만을 수집해 사용할 경우는 개인정보보호법의 적용을 받지 않지만 마케팅 지원 등의 사업적 목적으로 활용될 경우는 해석이 달라질 수 있다. 구글 글래스나 드론 등 영상 촬영이 가능한 이동형 사물인터넷 기기가 확산되고 있다. 이런 기기 사용자들에 대한 올바른 통제가 이뤄지지 않으면 개인정보가 수집 공유되어 프라이버시 침해 사고가 발생할 수 있다.

사물인터넷 환경에서 정보주체(사용자) 권리 약화 및 보호 이슈

첫째, 정보의 편재성으로 정보주체의 자기통제권 상실 가능성.

사물인터넷은 편재성Ubiquity의 특징을 가지고 있다. 편재성이란 모든 곳에 존재하는 옴니 프레즌스Omni-presence의 개념이다. 이는 사물인터넷 서비스가 겉으로 드러나지 않고 스며드는Pervasive 형태의 편재된 서비스로 제공되어 정보 주체인 사용자 자신이 인지하지 못하는 사이에 개인정보가 수집될 수 있다. 이로 기존 대비 사물인터넷 환경에서는 정보주체의 권리(예: 본인의 개인정보처리에 대한 정보를 제공받을 권리, 개인정보 처리에 대한 동의 여부와 동의 범위를 선택하고 결정하는 권리 등)를 적절한 수준으로 보장하기 어려울 수 있다. 또 원치 않는 개인정보 유통과 과도한 프라이버시 노출에 대한 위험이 증가할 수 있다. 결과적으로 편리하고 개인화된 사물인터넷 서비스가 제공되는 환경의 이면에는 정보주체 자신이 본인과 관련한 정보 공개와 유통을 스스로 결정하고 통제할 수 있는 개인정보 자기통제권의 상실 가능성이 높아질 수 있다.

둘째, 본래의 정보 제공 목적 외 이용 가능성 증가.

사물인터넷 센서로부터 수집된 수많은 정보가 개인정보처리자에 의해 정해진 최초 수집 목적과 다른 방향으로 활용되거나 다른 의미를 추론하는 데 사용될 가능성이 있다. 예를 들어 사물인터넷 환경에서 사용자의 상황을 인지하는 센서나 웨어러블 디바이스들은 사용자들의 움직임과 같은 단순한 데이터를 수집하는 기초적인 센싱을 하지만 수집된 데이터들을 종합 분석하면 개인들의 습관, 생활 패턴, 신체 정보와 같은 민감한 정보가 추출될 수 있다. 최초 서비스 이용 시 기기 사용자가 특정 목적에 대한 개인정보 사용을 허락했다 하더라도 본래와 다른 목적을 위한 2차적 개인정보의 처리는 원하지 않을 수 있다. 따라서 사물인터넷상의 개인정보처리자가 이용자에게 알리는 최초의 처리 목적에 해당하는 개인정보만 이용하도록 제한하고 관리할 필요가 있다.

셋째, 사물인터넷 환경에서 사전 동의 제도의 한계.

대부분 이용자는 특정 사물에 의해 수집된 정보 처리에 대해 명확하게 인지하지 못해 개인정보보호법에서 규정하는 유효한 동의를 입증하는 데 어려움이 있을 수 있다. 개인정보보호법 제15조 2항에 의하면 개인정보처리자는 정보 주체에게 해당 개인정보의 수집 이용 목적, 수집 항목, 보유 및 이용기간, 수집 동의 거부 시 불이익 내용 등을 알려야 한다. 이 중 어느 하나가 변경되는 경우 알리고 동의를 받아야 함을 명시하고 있다. 또한 개인정보보호법 제22조에서 개인정보처리자는 정보주체의 동의를 받을 때는 동의가 필요한 개인정보를 구분하여 정보주체가 명확하게 인지할 수 있도록 알리고 각각 동의를 받아야 함을 명시하고 있다. 개인정보보호법 시행령 제17조에 따르면 개인정보처리자는 동의의 결과로 정보주체의 동의 표시가 서면 등의 방법으로 확인돼야 한다.

사물인터넷 환경에서는 각종 센서 기기들에 대한 개인정보의 수집 및 이용목적, 수집 항목, 보유 및 이용기간 등을 정보 주체에게 명확하게 제시하기 어려울 수 있다. 설령 해당 내용을 제시했다 하더라도 수집된 개인정보를 통해 새로운 서비스를 구현할 가능성이 높다. 또한 사물인터넷 서비스의 개인정보처리자가 수집된 개인정보들을 활용해 신규 부가 서비스 제공 등의 변경사항이 생기면 모든 정보주체로부터 새로운 동의를 구하기가 매우 어려울 수 있다. 따라서 기존의 사전 동의 메커니즘을 사물인터넷 환경에 적용하는 데 한계가 있을 수 있다. 또한 기존의 법과 제도를 그대로 사물인터넷 환경에 적용하면 오히려 저품질의 동의가 남발되는 문제가 발생할 수 있다.

넷째, 사물인터넷 서비스를 통해 국경 간 개인정보 공유 확대에 따른 국외 이전 이슈.

사물인터넷의 확산은 인터넷을 통해 국가 간 경계를 넘어 다양한 형태의 국제적 비즈니스를 촉진해 사용자의 거주지와 상관없이 개인정보가 국외로 이동될 가능성이 높아진다. 글로벌 서비스 제공으로 개인정보 유통은 새로운 이슈를 가져올 수 있다. 이는 정보보호 수준이 국가별로 서로 달라 개인정보의 국외 이전 시 보호가 잘 이뤄질 수 있는지에 대한 문제이다. 개인정보처리자들이 국내에만 존재한다면 동일한 개인정보보호 제도하에서 통제될 수 있다. 그러나 사물인터넷 환경에서는 수집된 개인정보가 국내만이 아닌 국외의 클라우드 서버에 저장 활용될 수 있다. 또 한 가지 사물인터넷 서비스에 관련된 디바이스 제조자와 다른 국적의 앱 개발자가 혼재되어

서비스를 제공할 수 있다. 사물인터넷 환경에서 개인정보의 국외 이전에 대한 이슈는 더욱 확대될 수 있다.

사물인터넷 환경에서 미래 정보보호 추진 과제

정보보호 강화를 위해 추진되어야 할 과제는 다음과 같다.

첫째, 사물인터넷 환경에서는 여러 유형의 개인정보처리자가 존재하게 된다. 개인정보처리자가 속한 산업이나 정보처리 유형에 따라 정보를 처리하는 업무와 그 정보 운용 방법이 서로 다를 수 있다. 따라서 이들 유형에 따른 정보보호 가이드라인을 개발하여 제공할 필요가 있다. 예를 들어 개인정보처리자 유형 중 디바이스 제조사는 사물인터넷 디바이스 제조사가 직접 수집 및 처리하는 정보뿐만 아니라 다른 정보와 결합되어 처리되는 정보까지 개인정보 처리 방침에 포함하도록 한다. 그리고 사물인터넷 디바이스에서 사용자가 제어할 수 있도록 '데이터 수집 방지'와 '위치 추적 방지' 옵션을 갖추도록 한다. 앱 개발자는 사물인터넷 관련 앱에서 작동하는 센서가 개인정보를 수집하고 있음을 사용자에게 수시로 고지 또는 경고할 수 있도록 설계한다. 또한 소셜 플랫폼 서비스 제공자는 사물인터넷 기기에 의해 제공되는 소셜 플랫폼상의 개인정보가 검색엔진 등을 통해 검색, 공개, 색인화되지 않도록 하는 기능을 제공할 필요가 있다.

둘째, 사물인터넷 특수성을 반영한 사용자 친화적인 고지 방안 마련이 필요하다. 사물인터넷 환경에서는 많은 소형 사물인터넷 센서 기기들이 사용자 주변에 존재하게 된다. 개인정보취급방침에 대한 고지를 기존의 방식으로 제공하는 데 한계가 있다. 따라서 새로운 사용자 고지 방법을 고안할 필요가 있다. 예를 들어 사용자가 소지한 스마트폰과 같은 스마트 커뮤니케이션 기기의 앱을 통해 사용자 주변의 사물인터넷 센서 기기들이 자동 검색되어 사용자에게 소리, 메시지, 이미지 등의 형태로 알려줄 수 있다. 또한 고지되는 정보보호방침 관련 내용을 사용자가 좀 더 쉽게 인지할 수 있도록 텍스트 기반의 어려운 법률 용어 나열이 아닌 멀티미디어나 인포그래픽 등의 다양한 시각적 기법을 활용하도록 한다. 사용자가 사물인터넷상에서의 정보 수집 및 처리 현황과 그 고지 내용을 쉽게 알 수 있도록 해 프라이버시 침해 사고를 줄일 수 있다.

셋째, 국경 없는 사물인터넷 서비스 증가와 그로 말미암은 편익 증대가 예상되는 가운데 국가 간 서로 다른 정보보호 수준과 집행 방식의 차이로 국외 이전 개인정보에 대한 보호와 안전 강화 방안이 필요하다. OECD의 2013년 프라이버시 가이드라인을 보면 데이터의 위치에 상관없이 개인정보처리자가 관리하는 모든 개인정보에 대해 책임을 갖고 보호하도록 권고하고 있다. 즉 OECD의 책임성Accountability 기본 원칙에서는 개인정보의 국외 이전 위험에 대한 책임을 정보처리자가 감수하고 처리해야 함을 강조하고 있다. 사물인터넷 환경에서의 국경 간 이전에 대한 책임성 이행을 위해서는 국외 이전에 대한 표준계약제도 도입이 검토될 수 있다. 표준계약제도는 개인정보수출자와 개인정보수입자 간의 의무사항을 계약을 통해 상호 이행하도록 하는 제도이다. 감독기구나 정부가 의무사항을 자국의 법에 맞추어 규정하고 개인정보수입자가 계약을 통해 이행할 수 있도록 하는 제도적 방안이다.

넷째, 사물인터넷 서비스 제공을 위해서는 사전에 정보보호 관련 평가를 시행토록 한다. 서비스 설계 단계에서부터 위험을 평가하고 점검해 미리 예방 장치를 마련하는 것이 필요하다. 따라서 사물인터넷 사업자는 제품 및 서비스의 초기 설계 단계부터 개인정보 및 프라이버시 보호를 고려하는 개념인 '프라이버시 중심 디자인Privacy by Design'과 '기본 설정으로 프라이버시 보호Privacy by Default'를 의무적으로 적용할 필요가 있다. 또한 사물인터넷 생태계에 참여하는 모든 개인정보처리자는 자사의 제품과 서비스에 대해 주요 위험 요소를 식별하고 요소별 위험 수준과 그 영향력을 평가할 수 있어야 한다. 궁극에는 위험 평가결과에 따른 대처방안이 검토되어야 한다.

다섯째, 정보 유출 등의 사고를 예방하기 위해서는 사업자만이 아니라 사용자의 보안의식 고취를 위한 이용자 개인들의 정보보호 교육이 필요하다. 특히 사물인터넷 서비스는 개인의 일상생활에 밀착된 서비스로서 수집되는 개인정보의 종류와 범위가 넓다. 반면 기술적으로 복잡한 사물인터넷 메커니즘을 사용자가 이해하기 어려울 수 있다. 따라서 사용자가 알기 쉬운 방식으로 정보보호 교육이 제공되어야 하며 보안 인식 고취를 위해서는 평생 한 번만 가르치는 것이 아니라 반복적인 교육이 수행되어야 한다. 이를 위해 사물인터넷 사업자 및 관련 기관은 온오프라인 매체를 적절히 활용하여 이용자에게 다양한 교육을 수시로 제공할 수 있도록 해야 할 것이다.

예를 들어 정보보호 지원 포털 사이트에 사물인터넷에 대한 메뉴를 만들어서 주요 서비스별 수집 가능한 개인정보에는 무엇이 있는지 설명하고 정보보호를 위한 개인들의 생활 수칙 및 피해 예방 가이드와 관련 문의처 등에 대한 교육을 온라인을 통해 제공할 수 있다. 필요하면 오프라인 교육과 연계할 수 있도록 한다. 또한 사물인터넷 서비스 사업자들은 자사 서비스의 개인정보 수집 및 이용에 대한 사항을 이용 고객이 쉽게 알 수 있도록 하고 개인정보 관련 사고 예방을 위한 이용자 교육 서비스를 수시로 제공하도록 한다.

3
빅데이터 분석과 정보보호

빅데이터 분석의 활용 확대

　정보통신기술 사용이 일상화된 스마트 시대에 소셜, 사물인터넷, 라이프로그Life-log 데이터 등이 다양한 센서와 디지털 기기로부터 생성되고 네트워크를 통하여 결합하면서 디지털 정보의 양이 기하급수적 증가하고 있다. 정보통신기술 융합의 발전으로 데이터 생산과 이용의 수요가 급증함에 따라 효과적인 서비스를 제공하기 위한 빅데이터 분석 활용의 중요성이 커지고 있다.
　최근 대량의 비정형 데이터로부터 가치를 추출할 수 있는 빅데이터 분석의 필요성이 높아지고 다양한 비즈니스 영역에서의 활용이 증가하고 있다.

비즈니스 영역별 빅데이터 활용 예

분야	빅데이터 분석 활용 사례
R&D	• 빅데이터 분석을 통한 고객 선호 특성(선호 기능·디자인·UI 등) 파악, 특정 제품 효과 분석 참조, 유망 기술 도출, 잠재고객·수요 추정 등 • 예) 스탯캐스트: 빅데이터 분석을 통한 수치화된 실시간 데이터 및 패턴 정보(구속, 타구 속도, 비거리 등)를 제공하는 새로운 야구 중계 서비스 연구 개발
SCM	• 빅데이터 분석을 기반으로 적정 재고량 결정, 물량 창고와 물류센터 위치 선정, 최적 공급 경로 선택 등 • 예) 자라: MIT와 함께 빅데이터 기반 재고분배시스템 개발/활용
마케팅	• 빅데이터를 활용하여 가격 결정, 판매촉진 목표 설정, 고객 맞춤형/개인화 마케팅, 효과적인 미디어 채널 선정, 매장 입지 선정 등 • 예) 릴펄스: 소셜 빅데이터 활용 개봉8주전 흥행 예측, 영화사 사전마케팅 전략에 활용. 신한카드 코드 9: 신한카드 2,200만 고객의 빅데이터 분석을 바탕으로 소비패턴 코드 개발. 이를 기반으로 고객 맞춤형 타깃 마케팅 제공
재무관리	• 기업 재무와 직간접적으로 연관된 각종 빅데이터 분석을 통해 재무성과 동인 파악, 성과평가지표 효율성 측정, 재무 예측 등 • 예) 더존비즈온: 빅데이터기반 회계관리, 회계처리를 위한 기업 상거래 자료 자동 수집·분석
생산관리	• 생산과 관련된 빅데이터 분석을 통해 결함 및 품질관리, 생산 프로세스 조정, 설비 예측 및 장비 최적화 관리 등 • 예) 두산중공업: 빅데이터 활용 발전소 고장징후 예측 및 예방
HRM	• 빅데이터 분석을 통해 신규 인력 채용 시기 및 채용 분야 결정, 이직 원인 분석 및 대응, 직원교육 효과 분석 등

빅데이터 분석 시대의 정보보호 이슈

빅데이터 분석 이용의 확산은 데이터 활용 가치 증대라는 긍정적인 측면이 있다. 반면 다양한 종류의 빅데이터를 활용하는 새로운 산업과 융합 기술 발전으로 정보의 오남용, 개인정보 침해 위험, 정보 유출 가능성 등 정보보호 및 프라이버시 보호와 관련한 염려 또

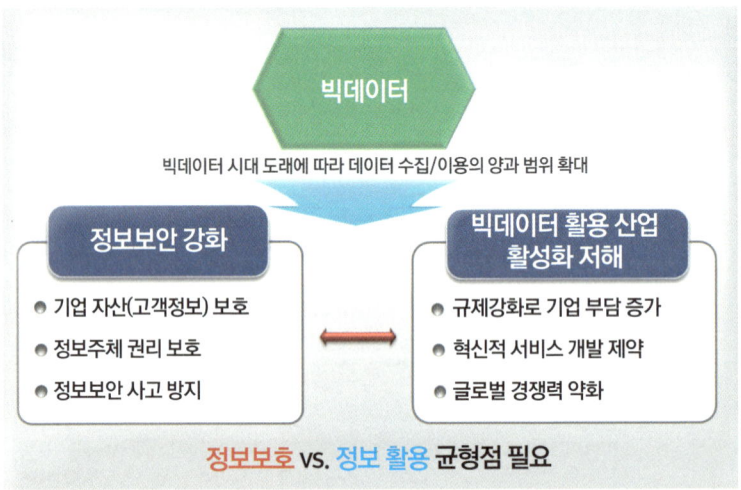

빅데이터 시대의 정보보호 관련 양면성

한 증가하고 있다. 다시 말해 많은 양의 데이터 수집과 활용이 전제되는 빅데이터 시대에는 증가한 기업의 지식 자산 및 고객 정보보호, 정보주체 권리 강화, 정보 보안 사고 방지 등이 필요해졌다. 한편 산업 발전 측면에서는 빅데이터를 활용한 가치 혁신이 기대되는 가운데 지나친 정보보호 규제로 빅데이터 활용 산업의 활성화가 저해될 수 있다는 우려 또한 존재한다. 따라서 빅데이터 시대에는 '정보보호'와 '정보 활용'의 균형점을 찾는 것이 매우 중요한 과제이다.

빅데이터 시대의 개인정보 비식별화

빅데이터 환경에서 정보보호 이슈 해결의 핵심은 개인정보 비식별화de-identification 제도 확산과 실효성 강화이다. 비식별화란 정보의 일부 또는 전부를 삭제 또는 대체하거나 다른 정보와 쉽게 결

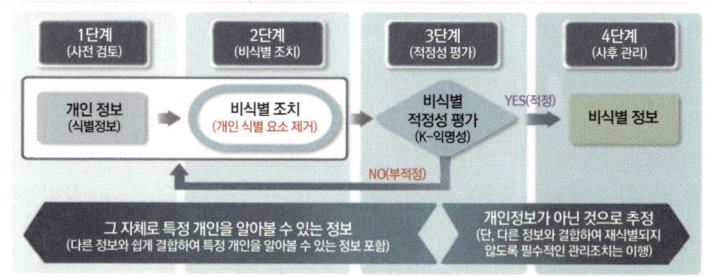

빅데이터 활용 및 정보보호를 위한 비식별 조치 및 사후 관리 절차

(출처: 개인정보 비식별 조치 가이드라인, 국무조정실 외, 2016)

합하지 못하도록 하여 특정 개인을 알아볼 수 없도록 하는 일련의 조치이다.

　최근 국내에서는 2016년 6월 30일 정부의 국무조정실, 행정자치부, 방송통신위원회, 금융위원회, 미래창조과학부, 보건복지부가 합동으로 '개인정보 비식별화 조치 가이드라인'을 마련했다. 이 가이드라인은 개인정보보호법 틀 내에서 정보보호와 안전한 빅데이터 활용 기반을 마련했다는 데 의의가 있다. 아직 시행 초기이므로 제도 정착 및 확산을 위한 실효성 강화와 개선 등의 노력이 있을 것으로 보인다.

　이러한 비식별화 조치와 관련한 주요 이슈와 빅데이터 환경에서의 개선 방향을 크게 법, 기업, 기술의 세 가지 측면에서 살펴볼 수 있다.

법 측면
1) 법적 주요 이슈
첫째, 개인정보 개념의 포괄성 때문에 이슈가 존재한다.

비식별화 가이드라인은 현 개인정보보호법에 기반을 두고 있어 개인정보의 정의 또한 해당 법에 기초한다. 현재 정의된 개인정보는 자체로는 개인을 식별할 수 없더라도 '다른 정보와 쉽게 결합하여 특정 개인을 알아볼 수 있는 정보'를 포함하고 있다. 하지만 빅데이터 환경에서는 데이터 간 결합의 용이성과 분석 기술의 발전에 따른 결합으로 말미암은 정보가 포함될 경우 개인정보의 범위가 무한대로 확장될 수 있다. 또한 개인정보로 규정되면 해당 정보 수집과 이용에 대해 사전 동의를 받아야 한다. 그런데 빅데이터 환경에서는 이러한 100% 사전 동의가 불가능하여 엄격한 사전 동의 원칙은 절차의 형식화를 가져올 수 있다.

둘째, 비식별화 가이드라인과 현 개인정보보호법 간 일부 해석이 상충할 가능성이 있다.

현재 제시된 비식별화 가이드라인에 의하면 '비식별화 처리된 것은 개인정보가 아닌 것으로 추정'한다고 했다. 이는 법적으로 엄밀히 검토하면 개인정보보호법과 상충할 여지가 있고 해석이 다소 모호한 부분이 있다. 즉 현재 '비식별화'라는 개념은 개인정보의 '재식별화' 가능성을 배제하지 않기에 재식별 가능성을 전제하고 있다고 볼 수 있다. 따라서 이 경우 비식별화된 정보라도 개인정보에 해당한다고 해석될 여지가 있다.

2) 법적 개선을 위한 방향

첫째, 현 개인정보의 정의상에 있는 '쉽게 결합'이라는 것을 '합리적 결합 가능성'으로 고려하여 개인정보보호법을 이해 또는 해석한다.

개인식별정보뿐 아니라 활동이나 특성에 대한 정보가 일정 수준 이상의 결합을 통해 식별자로 활용될 수 있다. 그럴 때 재식별을 위한 결합의 노력 정도를 일반적인 수준과 비교 판단해 재식별되더라도 고도의 노력과 시간이 들어가서 극소수의 사례가 확인되면 개인(식별)정보라고 인정하지 않겠다는 취지이다. 이러한 취지가 설득되거나 이해되지 않고 계량화된 수준을 법에서 명시하기를 기대하는 것은 법의 포괄적 적용 원칙에 미루어 과도한 보호 또는 제한으로 받아들여질 소지가 있다. 해당 법 조항의 직접적인 개정보다는 빅데이터 환경에서 개인정보 여부에 대한 일정 기준을 소개하고 구체적인 사례를 만들어 합리적인 결합 가능성에 대한 해석 기준을 좀 더 명확하게 제시할 필요가 있다. 그래서 빅데이터 시대의 개인정보 개념을 명확히 하고 보호해야 할 개인정보의 범위를 사업자들이 예측할 수 있도록 하여 산업 활성화에 걸림돌이 되지 않도록 해야 할 것이다.

둘째, 빅데이터 산업 활성화를 위해 정보 수집 및 이용 동의에 대한 옵트아웃Opt-out 방식(정보주체인 사용자 개인이 거부 의사를 밝히지 않는 한 사전 동의가 없더라도 정보 수집과 활용이 가능한 방식) 도입 등 사후 조치 및 규제를 강조하는 방안을 검토할 필요가 있다.

미국 등 해외의 비식별화 지침은 개인 식별성 최소화의 자율규제 원칙하에 사후조치를 강조하는 경향이 있다. 한국은 아시아에서 개인정보 관련 규제 수준이 가장 높은 국가로 평가되고 있다.[1] 빅데이터 환경에서 개선의 필요성이 제기된다. 따라서 빅데이터 환경에서 정보 가치 극대화를 위해 정보수집 및 활용에 대한 옵트아웃 방식 도입 등 사후 조치에 보다 초점을 둔 개선방안이 검토될 수 있을 것이다.

셋째, 빅데이터 시대에 대비하여 비식별정보에 대한 별도의 개념 정의를 고려하도록 한다.

현 개인정보보호법을 고수하고 개선하는 수준에서 검토해보자. 그럼 비식별화 조치는 법령상(개인정보보호법 제18조 제2항 제4조) '특정 개인을 알아볼 수 없는 형태의 개인정보'로 이해하고 이에 대한 규제를 완화할 수 있다. 그렇게 해서 빅데이터 시대로의 기술 발전에 따른 가이드라인을 유연하게 적용할 수 있다. 한편 빅데이터 환경 변화를 반영한 개인정보보호법 개정을 검토해볼 때 재식별화를 전제로 한 '비식별화' 개념 대신 '익명가공정보'와 같은 별도의 개념을 정의해 명백하게 개인정보와 구별되도록 검토해볼 수 있다. 참조로 일본에서는 '익명 정보 등 보호와 활성화를 위한 개인정보보호법 개정'(2015.9)을 통해 식별이 불가능하도록 가공된 '익명가공정보'는 개인정보에 해당하지 않는다고 규정하고 있다. 이렇게 정의된 익명가공정보는 본인 동의 없이 제3자에게 제공할 수 있도록 법이 개정되었다.

기업 측면

1) 기업의 주요 변화와 이슈

첫째, 기업에서 보안 인증 제도에 따른 부담이 점점 증가하고 있다. 기업이 빅데이터를 활용하기 위해서는 개인정보의 비식별화가 잘 처리되었는지 검토하는 '비식별화 적정성 평가'를 받아야 한다. 이 평가를 위해서는 평가단을 따로 구성하고 운영해야 한다. 적정성 평가 과정은 크게 네 가지 단계로 이뤄진다. 1단계, 기업은 평가를 위해 기초 자료를 제출하고 평가 대상 데이터의 개인 식별 요소 포함 여부, 데이터 이용 목적, 비식별 조치 기법 등에 대한 사전 검토를 받는다. 2단계, 이후 재식별이 시도될 가능성과 재식별 시 정보주체(사용자)에게 미칠 영향력을 분석한다. 3단계, 재식별화를 위한 평가 기준값 설정과 실제 계량 분석의 과정을 거친다. 4단계, 적정성 평가를 통해 비식별 조치가 적정하게 이루어졌는지 평가단으로부터 최종 평가를 받는다. 만약 최종 평가 결과 '부적정'으로 평가될 경우는 추가적인 비식별화 조치를 한 후 재평가가 이뤄져야 한다.

한편 현재 한국에서 시행되는 정보보안 관련 인증 및 평가 제도가 이미 다수 존재한다. 예를 들어 글로벌 정보보안 인증제도인 ISO 27001 인증, 정보보안관리체계ISMS, Information Security Management System 인증, 개인정보보호관리체계PIMS, Personal Information Management System 인증, 신용카드정보보안PCI DSS, Payment Card Industry Data Security Standard 인증 등이다. 따라서 기업 입장에서는 비식별화 적정성 평가는 또 하나의 보안 인증 제도가 추가된 것으로 인식할 수 있어 부담이 가중될 수 있다. 또한 다수 보안 인증 제도 간 중복된 항목이 일부 있어 비식별화 조치의 평가제도에 대한 효율성 이슈가 제기될 수 있다.

둘째, 빅데이터 활용을 위한 비식별화 처리를 통해 얻는 혜택보다 비용이 많이 들어 보일 수 있다. 비식별화 조치를 위해서는 비식별화 조치에 필요한 인력 및 기술력 확보와 보안 평가 및 심사 처리를 위한 비용이 발생한다. 반면 비식별화 조치 이후 빅데이터를 활용한 실질적인 기업의 혜택이 무엇인지에 대한 인식은 미흡하다.

기업 입장에서 비용 투자 대비 이익을 얻을 수 있는 서비스 개발 사례가 아직 부족하기 때문일 것이다.

2) 기업의 개선 방향

기업의 보안 인증 부담과 비용 발생 우려를 낮추기 위해서는 비식별화된 빅데이터 활용을 통한 기업 혜택 및 사회 복지를 높이는 사례를 발굴하고 적극 알려야 한다. 비식별화 처리된 빅데이터 분석 결과 및 데이터가 유통되면, 특히 상대적으로 데이터 수집과 분석이 어려운 국내의 중소기업과 신생 기업에서 유용하게 활용할 수 있다. 맞춤형 서비스에 적용할 뿐 아니라 새로운 사업을 기획하거나 마케팅 전략을 수립하는 데 빅데이터 분석 결과를 활용할 수 있다. 중소기업과 신규 창업자들은 자체적으로 대규모의 사용자를 모집하고 빅데이터를 수집하는 데 한계가 있을 수 있다. 비식별화된 빅데이터의 활용 방안이 제공되는 것은 기업 입장에서 분명 이득이 될 수 있다. 따라서 앞으로 빅데이터를 활용한 성공 사례 발굴과 홍보가 더욱 적극적으로 이뤄져야 할 것이다.

또한 빅데이터를 활용하여 사회적인 복지 증진을 위한 다양한 서비스 개발도 가능하다. 이러한 서비스에 대한 홍보와 사용에 대한 이해를 높여 잘 활용할 수 있도록 정부 및 관련 기관은 꾸준히 노력하고 지원해야 한다. 더불어 정보의 오남용을 막기 위해서 비식별 정보 활용에 대한 신중한 관리감독(예: 목적 외 이용 금지, 관리적 기술적 보호조치 점검 등)도 필수 요소이다.

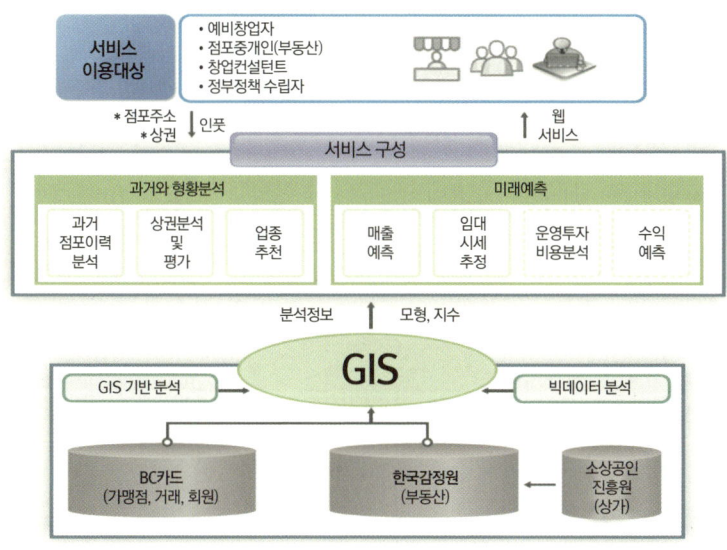

(출처: 빅데이터 활용을 위한 개인정보 비식별화 사례집, 미래창조과학부, 2014)

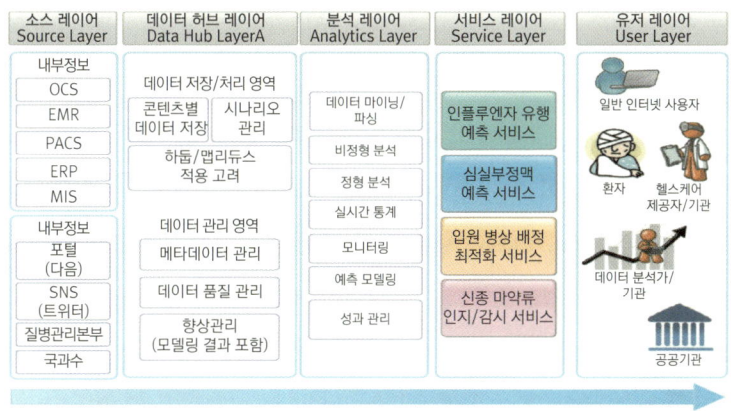

(출처: 빅데이터 활용을 위한 개인정보 비식별화 사례집, 미래창조과학부, 2014)

기술 측면

1) 기술의 주요 이슈

첫째, 비식별화 관련 기술 연구가 아직 초기 단계이다. 비식별화 관련 기술에는 비식별화 처리 기술과 적정성 검증 기술이 있다. 비식별화 처리 기술은 가명처리Pesudonymization, 총계처리Aggregation, 데이터 삭제Data Reduction, 데이터 범주화Data Suppression, 데이터 마스킹Data Masking 등이 있다. 비식별 적정성 검증 기술로는 프라이버시 보호 모델Privacy Protection Model 기반 기법인 k-익명성k-anonymity, l-다양성l-diversity, t-근접성t-closeness 기법이 있다. 현재 이러한 비식별화 관련 기술 연구는 아직 초기 단계이며 현재 제시된 비식별화 기술로 조치하면 고객 정보가 정말 안전한지에 대한 의문이 제기되고 있다.

둘째, 결합 기술 발전에 따른 보안사고 염려가 증가하고 있다. 즉 빅데이터 처리 기술 발전과 공개 데이터 확대에 따른 보안사고 증가가 우려되고 있다. 일례로 미국의 2006년 사례를 들 수 있다. 온라인 영화 대여 회사인 넷플릭스는 고객의 기호에 맞는 개인화된 영화 추천 알고리즘 정확성을 높이기 위해 경연대회를 개최했다. 이를 위해 공개된 넷플릭스사의 시청 이력 데이터와 영화정보 사이트IMDb, Internet Movie Database에 공개된 사용자 리뷰를 결합하여 개인들이 식별된 사례가 있다. 또한 기존 보안 제도의 인증을 받은 기업에서도 정보 유출 사고가 계속 발생해 비식별 보안 처리에 대한 기술적 완결성의 기대치는 점점 더 높아지고 있다. 빅데이터 활용을 위한 비식별화의 기술적 조치에 대한 신뢰감 부족과 함께 더 많은 정보 보안 사고 발생에 대한 우려가 증가하고 있다.

비식별화 적정성 검토 기법

기법	의미	설명
k-익명성	특정인 임을 추론할 수 있는지 여부를 검토, 일정 확률 수준 이상 비식별 되도록 하는 기법	동일한 값을 가진 레코드를 k개 이상으로 함. 특정인 식별할 확률은 1/k
ℓ-다양성	민감한 정보(신체 정보, 진료기록, 병력 정보, 특정소비기록 등)의 다양성을 높여 추론가능성을 낮추는 기법	레코드는 최소 ℓ개 이상의 다양성을 가지도록 하여 동질성/배경지식 등에 의한 추론 방지
t-근접성	민감한 정보의 분포를 낮추어 추론 가능성을 더욱 낮추는 기법	전체 데이터셋의 정보 분포와 특정 정보의 분포 차이를 t이하로 해 추론 방지

(출처: 개인정보 비식별 조치 가이드라인, 국무조정실 외, 2016)
* k, ℓ, t 값은 전문가 등이 검토하여 마련

2) 기술의 개선 방향

첫째, 비식별화 기술의 업그레이드를 위해 지속적 연구 개발이 추진되도록 한다. 공개 데이터 유형과 결합 기술 발전 추이를 반영하고 더욱 경량화된 암호화 기술 개발과 비식별 기술이 정교화되어야 한다. 또한 재식별 가능성이 있는지 지속적으로 테스트하고 k/ℓ/t 적정성 검증 수준이 어느 정도가 효율적이고 적합한지와 비식별화 적절성 향상을 위한 연구가 지속적으로 이뤄져야 한다.

둘째, 빅데이터 시대를 대비한 보안 인력 양성이 필요하다. 빅데이터 시대에 필요한 정보보안 인력 양성 교육 프로그램이 특화되어 개발돼야 한다. 또한 학교, 기업, 관공서 등에 이러한 교육 프로그램이 널리 보급돼야 한다. 그래서 빅데이터 시대의 보안 관련 신규 일자리 창출과 정보보호 강화 및 정보활용 활성화가 모두 달성될 수 있도록 한다.

셋째, 기술적 조치에 대한 사후관리가 강화되어야 한다.

비식별 기술 적용 후 데이터 안전성에 대한 우려와 관련해 데이터 처리자와 데이터 이용 기관 모두에게 기술적인 안전조치 이행에 대한 의무적인 점검이 시행되도록 해야 할 것이다. 또한 빅데이터 처리 과정에서 정보 유출이 발생할 때 이에 대한 배상을 위해 배상책임보험 가입 등을 도입하는 방안을 검토해볼 수 있다. 그럼으로써 배상책임 관련한 보험사에서 비식별화 모니터링 및 재식별 방지에 대한 감시 역할을 하도록 함으로써 비식별화에 대한 사후관리가 더욱 강화되는 효과가 있을 수 있다.

Industrie 4.0

4
인공지능과 정보보호

    인공지능의 개념은 1940년대부터 등장했지만 2000년대에 들어서 본격적으로 실제 생활에 적용되기 시작했다. 특히 머신 러닝, 패턴인식 기술, 딥 러닝 기술이 발전하면서 인공지능은 이제 인더스트리 4.0 구현을 위한 필수 요소가 되었다. 머신 러닝이란 인공지능의 한 분야로 컴퓨터 기계가 학습할 수 있도록 하는 알고리즘과 기술을 개발해 훈련 데이터를 통해 새로운 데이터에 대한 예측값을 제시하거나 주어진 데이터를 잘 설명하는 모델을 학습하는 기술이다. 패턴 인식과 귀납적 학습 등이 여기에 해당한다.

    딥 러닝은 다량의 데이터로부터 데이터의 특징을 가장 잘 설명하는 표현을 추출해 단순하고 낮은 수준에서 높은 수준의 개념을 학습함으로써 모델의 예측 성능을 높이는 방법론이다.[1] 이러한 인공지능 기술의 발전은 정보보호 및 보안 측면에서 기회 요인인 동시에 위협 요인이 될 수 있다. 즉 인공지능 활용을 통한 정보보호 강화 측면에서는 기회 요인이 될 수 있다. 하지만 발전된 인공지능 기술을 활용한 지능화된 해킹 등이 발생할 수 있어 보안 측면의 위협 요인으로 작용할 수 있다.

기회 측면: 인공지능 활용을 통한 정보보호 강화

머신 러닝이나 딥 러닝과 같은 인공지능 기술은 데이터를 분석하여 특성과 패턴 등을 발견하여 학습 모델을 구축할 수 있도록 지원한다. 따라서 인공지능 기술을 활용하여 최근 다양하게 나타나는 변종 패턴 분석과 침입탐지 및 공격 분석을 수행함으로써 정보보호 강화의 솔루션으로 활용될 수 있다. 인공지능이 정보보호 강화를 위해 활용될 분야를 정리해보면 다음과 같다.

악성코드 분석 및 유형화를 통한 효과적 대응
악성코드 변종 및 신종의 발생 및 확산 속도는 기존의 정적 알고리즘 및 자취Footprint를 이용한 대응에 이미 한계를 보여왔다. 머신 러닝을 통하여 복잡한 난독화 알고리즘과 정교한 구조를 가진 악성코드를 분석해 악성코드 유형 식별 및 대응이 더 효과적으로 진행될 수 있다.

소프트웨어 취약점 분석 및 사고 예방
소프트웨어 개발 프로젝트의 분석 단계에서부터 보안을 고려한 개발이 이루어져야 한다. 하지만 취약점 점검 및 분석에 새로운 방법이 적용될 수 있다. 프로그래밍 패턴을 식별하고 머신 러닝 수행을 통해 새로운 취약점을 찾아낼 수 있다. 이를 통해 소프트웨어의 취약한 부분에 대한 사전 대응과 보안 사고 예방 조치가 가능하다.

프로세스 진단으로 이상 행위 조기 감지 및 대응

인공지능 기술을 통해 데이터의 가치와 이용 형태를 학습하고 지속적으로 조사하고 점검해 예외적인 상황을 포괄하는 정상 화이트 프로세스 리스트를 비교적 효과적으로 구축할 수 있다. 즉 외부로부터의 비정상적인 접속 및 내부 정보 유출을 시도하는 비정상 행동을 보다 효과적으로 점검하고 확인할 수 있다. 또한 사람들의 네트워크 패턴 분석을 하고 이상 발견 시 바로 경보 발령 및 조치 작업과 연계하여 실질적 대응도 가능하게 할 수 있다. 재스크 트라이던트Jask Trident는 이러한 서비스를 정보보호 기본 플랫폼으로 제공하여 지속적인 보안의 효과를 다양한 기관에서 적용할 수 있도록 하고 있다.

디지털 포렌식 역량 업그레이드

머신 러닝을 이용해 많은 양의 데이터로부터 디지털 증거를 수집해 새로운 특성을 찾고 발굴할 수 있다. 특히 인공지능 기술을 통해 디지털 데이터로부터 특징 정보를 추출하거나 데이터의 변환 과정을 통해 부하를 줄인 뒤 적절한 학습 알고리즘을 사용하여 빠르고 정확하게 유효한 정보를 획득할 수 있다.

위협 측면: 인공지능 기술 발전에 의한 보안 위협 증가

인공지능 기술이 발전하고 소스 공개가 확산되면서 해킹 및 사이버 테러 등이 증가할 수 있다. 인공지능 기술을 활용한 정보 보안 위협 가능성을 정리하면 다음과 같다.

머신 러닝 및 딥 러닝을 활용하여 교묘하고 지능화된 해킹 가능
머신 러닝과 딥 러닝을 이용하여 블랙 해커들이 중요 시설의 보안 취약점으로 메인 시스템을 점령하거나 보안 장비에 알 수 없는 보안 취약점 코드를 자동 업데이트하는 기법 등이 더욱 지능화될 수 있다. 최근 딥 러닝을 활용한 해킹과 취약점 공격 형태가 나타나고 있다. 예를 들어 정보보안 전문가가 오랫동안 코드를 리뷰하더라도 발견하기 어려운 보안 취약점에 대해 정밀한 타깃팅으로 공격하는 해킹 공격의 빈도가 증가하고 있다.[2]

인공지능 기술의 공개에 따른 사이버 해킹 및 사이버 테러 비용 감소
최근 구글의 머신 러닝 프레임워크 텐서플로TensorFlow와 마이크로소프트의 인공지능 관련 기술인 머신 러닝 툴킷DMTK, Distributed Machine Learning Toolkit이 오픈 소스로 공개됐다. 그러면서 이와 같은 머신 러닝과 딥 러닝 기술에 대한 접근이 점차 쉬워지고 있다. 이러한 오픈 소스를 활용하면 해킹 공격을 위한 개발비와 해킹 모의를 위한 운영비 등이 줄어들 수 있다. 만약 이 같은 인공지능 기술이 사이버 테러의 목적으로 고도화되어 활용된다면 범국가적인 사이버 테러 발생이 가능하며 사이버 테러 투입 비용 또한 저렴해져[3] 사건 발생 건수가 증가하고 그 위협과 충격이 커질 수 있다.

생활 서비스에서 사용될 인공지능 기술의 취약점을 활용한 보안 위험 증가

구글의 자율주행자동차의 360도 장애물 자동 감지에 대한 인공지능 센서인 라이더LIDAR를 속이는 장치를 개발해 주행 불능 상태로 만든 테크홀릭 사례가 있었다. 앞으로 다양한 생활 속 서비스에서 응용되어 사용될 인공지능 기술의 보안 취약점을 파고든 안전사고 발생, 정보 유출, 기타 다양한 보안 사고에 의한 피해가 더 커질 수 있다.

지금까지 인더스트리 4.0에서의 정보보호 및 보안의 중요성을 살펴보았다. 또한 인더스트리 4.0 구현을 위한 필수 요소인 사물인터넷, 빅데이터, 인공지능 기술 발전과 이에 따른 정보보호 이슈 및 개선방안을 정리했다. 안전한 인더스트리 4.0 가치 네트워크 구축 및 참여자 확대를 위한 정보보호 강화가 이뤄질 수 있도록 하고 인더스트리 4.0 시대로 변화하기 위해 유의할 보안 요소들에 대한 이해도가 높아졌으면 한다. 인더스트리 4.0을 완성하고 확산한 이후에 정보보호를 고민하는 것은 이미 너무 늦은 것이다.

성공적인 인더스트리 4.0의 확산을 위해서는 지금까지 해왔던 것처럼 정보보호를 IT 및 산업의 발전을 저해하는 요소로 간주하고 혁신이 완성된 이후에 문제 해결을 위해 접근하는 수준에서 벗어나야 한다. 인더스트리 4.0에서 정보보호는 안전하고 신뢰할 수 있는 서비스와 플랫폼을 제공하는 데 필수불가결한 해결 과제이다. 혁신과 변화의 기로에서 정보보호 및 보안에 대한 올바른 이해와 적극적인 대응은 인더스트리 4.0이 신뢰받고 안전하게 확산하도록 하는 매우 중요한 기초 작업이다.

8장

표준과 기술적 프레임워크

김미정
용 컨설팅(주) 대표이사, 행정안전부 전자정부 민관협력 포럼 위원, 과학기술정보통신부 ICT 해외수출 위원

이화여자대학교 영어영문학과를 졸업했고 미국 뉴욕주립대학교에서 컴퓨터공학 석사학위를 받았다. 한국 IBM 금융산업부에서 IT 아키텍트 전문위원을 역임했다. 또한 IBM 벨기에 보험솔루션센터에서 보험산업모델 insurance Application Architecture을 개발하고 표준모델을 기반으로 국내외 보험사 아키텍처 및 차세대 시스템을 구축했다. 아프가니스탄 eNID 시스템 구축, 혁신 중심의 스마트 시티 모델, 세계전자정부도시협의체의 전략계획을 수행했다. 주요 역서로는 『애자일 아키텍처 혁명』(한국국방연구원, 2016)이 있다.

Industrie 4.0

1
레퍼런스 아키텍처 모델 인더스트리 4.0의 관점 및 구조적 특징

인더스트리 4.0은 제품과 제조 장비 간의 정보교환이 가능한 서비스를 제조산업 전반에 구현하는 것이다. 제조 기업들은 인터넷 기술의 발전과 함께 사물인터넷[1] 기술을 통해 사물과 사물끼리 통신하고 인간과 사물 간에 상호운영이 가능한 스마트 제조로 획기적인 전환을 맞게 된다.

사물인터넷과 스마트 제조 기술은-흔히 가전이나 자동차 광고에서 볼 수 있듯-비자율적인 기존의 사물이나 기기를 지능화 기기로 변신시키는 마법 같다. 어떤 기기를 갖다 대도 블루투스로 연결해 음악을 들려주고 부품의 설계부터 조립, 생산, 유지보수 및 사후관리까지 모든 과정 End-to-End을 자율적으로 수행할 수 있게 해준다. 이런 사물 간의 통신과 상호작용이 가능하기 위해서는 무엇이

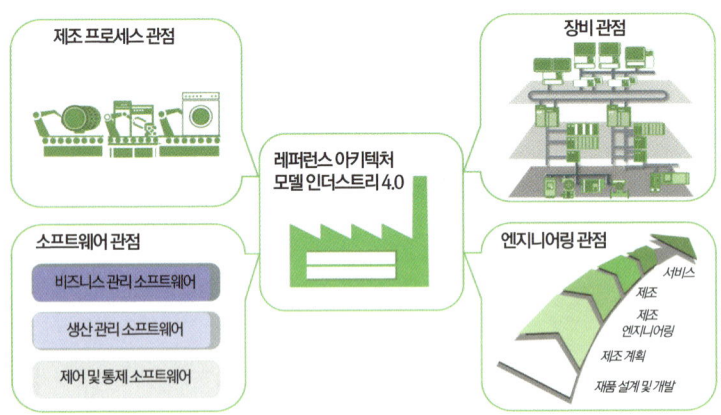

레퍼런스 아키텍처 모델 인더스트리 4.0의 4대 관점

(출처: 지멘스, 2013)

필요한가? 마치 사람들이 의사소통을 위해 약속된 몸동작이나 언어를 사용하는 것처럼 사물들도 상호 간 정보를 수집하고 전달하기 위해서 표준화된 신호와 공통 인터페이스가 필요하다.

레퍼런스 아키텍처 모델 인더스트리 4.0 RAMI 4.0, Reference Architecture Model for Industrie 4.0은 이러한 요구사항을 반영해 각 엔터티 간 통신이나 정보교환 등의 상호교환성을 지원하기 위한 기본 참조모델로 인더스트리 4.0의 구현에 필요한 솔루션의 로드맵을 제시하고 있다.

레퍼런스 아키텍처 모델 인더스트리 4.0의 주요 관점은 크게 네 가지로 구분된다.

- 제조 프로세스 관점: 제조 업무 기능 기능의 흐름을 수행하는 관점
- 장비 관점: 제조 시스템상 네트워크로 연결된 특정 장비 관점
  (예: 스마트 기기, 자동화, 모바일, 제어 기기 등)

- 소프트웨어 관점: 제조환경에서 기계 또는 프로세스에 의해 생성되는 데이터, 최적화, 기업 간의 인터페이스 등을 통합적으로 지원하기 위한 소프트웨어 애플리케이션 관점
-엔지니어링 관점: 제품의 설계로부터 생산, 운영 및 유지보수를 고려한 제품 라이프사이클 관리(Product Lifecycle Management/PLM) 관점

핵심은 제조산업에서 수요기업과 공급기업의 비즈니스와 정보통신기술을 결합해 제품의 설계, 생산, 조립 및 유지보수에 이르는 전체 라이프사이클에 엔드 투 엔드 엔지니어링End-to-End Engineering을 일관성 있게 제공하는 것이다.

제조 프로세스 관점에서 장비와 소프트웨어의 결합을 통해 한 생산 공정 내에서 수직적 통합이 발생하게 된다. 이러한 통합은 개별 공장의 조직뿐 아니라 공장 간 또는 다른 수요·공급 기업 간의 결합인 수평적 통합으로 확대된다. 예를 들어 자동차에 필요한 앞유리 와이퍼를 외부업체에 아웃소싱해서 조립하면 전반적인 공급망Supplier Chain의 관점에서 가치창출 흐름Value Stream이 형성되고 이 흐름에 따라 각 외부업체 및 공장 단위의 제조 계획 및 생산이 진행된다. 자동차 공장은 자체의 제조 흐름뿐 아니라 와이퍼를 생산하는 외부업체 및 다른 공장들이 생성한 업무 및 기술 데이터를 공유하게 된다.

개별 공장의 제조 현장Shop floor에서는 장비와 관리 시스템 간의 연동이 가능하게 된다. 장비는 자신이 누구이고 어떤 상태인지를 알리는 특정 신호를 보내고 이해하고 제어하는 비즈니스 룰에 따라 프로세스를 수행한다. 정보통신기술 소프트웨어를 활용해 유연한 장비 간의 제어, 생산, 자원 관리 등이 통합적으로 가능하게 된다.

따라서 레퍼런스 아키텍처 모델 인더스트리 4.0을 통해 제조기업은 동일한 표준을 활용하여 기업들 간의 부가가치 서비스 네트워크를 쉽게 형성할 수 있다.

레퍼런스 아키텍처 모델 인더스트리 4.0의 요구사항

인더스트리 4.0 컴포넌트는 사실상 종이나 문서에 작성하던 제품에 대한 설계, 생산, 유지보수와 관련된 마스터 데이터를 '디지털화' 한 것이다. 그렇다면 어떻게 복잡한 기술을 단순화하고 공통화하여 표준을 만들 것인가? 기본적인 원칙과 목표는 무엇인가? 현실적으로 적시에 효과적으로 표준을 만들고 공감대를 형성할 수 있는가?

레퍼런스 아키텍처 모델은 산업 전반의 업무기능 및 흐름을 관리 가능한 단위로 분해하고 표준화 이슈를 해결하기 위한 것이다. 기존에 수립된 표준을 검토하여 재사용 가능한 표준을 선택하고, 중복과 유사성을 제거하여 제조산업에 적합한 표준을 정의하는 것이다. 최

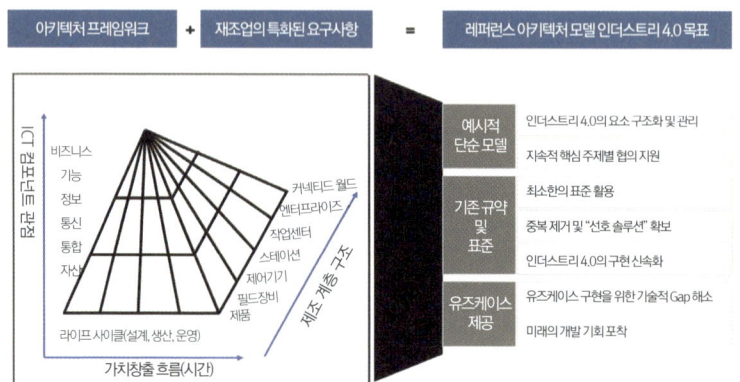

레퍼런스 아키텍처 모델 인더스트리 4.0 의 요구사항 및 목표

소한의 표준을 활용하여 이슈를 해결하는 것이 중요한 목표이다.

- 인더스트리 4.0 컴포넌트에 적합한 표준 및 구현 기술에 대한 컴플라이언스 검토
- 인더스트리 4.0의 구현이 쉬운 영역 파악
- 인더스트리 4.0 컴포넌트에 적합한 유즈케이스Use Case[2] 제공

초기에는 표준의 일부만 적용하고 오픈 솔루션을 통해 점진적으로 표준을 확대하는 방식을 통해 중소기업도 인더스트리 4.0을 쉽게 구현하도록 지원한다.

레퍼런스 아키텍처 모델 인더스트리 4.0의 구조 및 특징

레퍼런스 아키텍처 모델 인더스트리 4.0은 인더스트리 4.0 컴포넌트를 정의하기 위해 1개의 가로축과 2개의 세로축으로 구성된 3차원 모델이다.

시간 축에 해당되는 가운데 가로축은 '라이프사이클 및 가치창출 흐름' 축이다. 제품, 공장, 플랜트 등의 설계, 생산, 유지보수 과정에 걸친 라이프 사이클을 타입과 인스턴스로 구분하고 전체에서 발생하는 업무 데이터와 기술 데이터의 종합적인 수집 및 관리를 나타낸다.

공간 축은 정보통신기술 컴포넌트 관점의 층Layer과 제조 비즈니스 계층 레벨Hierarchy Levels, 두 개의 축으로 구성된다. 좌측 세로축 6개 층은 비즈니스, 기능, 정보, 통신, 통합, 자산으로 나뉜다. 우측 세로축은 제조 공장 내에서의 기능적 위치와 역할을 나타내는 계층 레

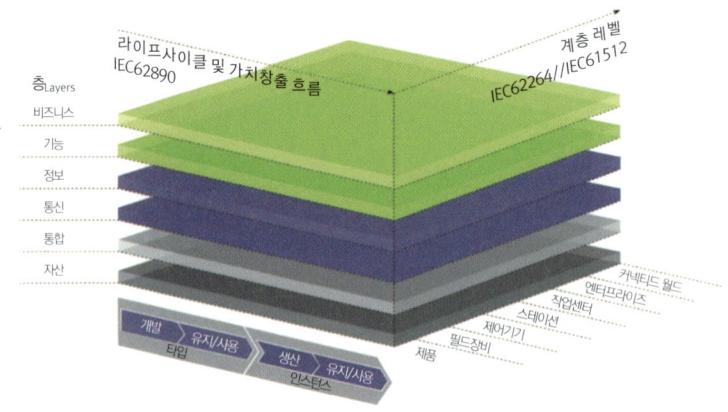

레퍼런스 아키텍처 모델 인더스트리 4.0 −3차원 구조

벨을 의미한다. 최하위 '제품'부터 최상위 외부 기업과의 연결을 의미하는 '커넥티드 월드Connected World'까지 7개로 구성되어 있다.

라이프사이클 및 가치창출 흐름 (가로축)

제품의 설계 또는 프로토타입 개발 단계에 해당하는 '타입'과 실제 제조공정을 실행하는 '인스턴스'로 구분한다. 타입은 최초 샘플의 설계 발주, 개발 및 테스팅과 프로토타입의 제조를 포함한 개발 시점의 초기 데이터로서 생성된다. 제품과 기계 등의 타입이 생성되고 모든 테스트와 검증이 끝나면 그 유형은 하나의 제조 과정이 된다. 인스턴스는 일반적인 제품 타입에 따라 제조된 제품이다. 즉 제조된 개별 제품은 해당 타입의 인스턴스이며 고유의 일련번호를 가진다. 타입이 인스턴스로 변환되는 것은 여러 번에 걸쳐 반복적으로 일어날 수도 있다. 판매 단계에서 개선 사항이 제조사에 보고되어 타입을 변경하기도 한다. 새로 변경된 타입은 새로운 인스턴스를 만든다. 반대로 개별 인스턴스에서 타입을 사용하거나 변경할지를 결정할 수도 있다.

가치창출 흐름은 제품에 대한 고객의 요구사항 수집부터 설계, 생산, 유지보수에 이르기까지 유기적으로 모든 정보를 교환하고 공유하는 인터페이스를 의미한다. 유통 관련 정보는 제품의 조립에 활용될 수 있다. 유통 지점 간의 정보공유를 통해 현황정보를 정확히 파악할 수 있게 된다. 구매팀은 재고를 실시간으로 파악하고 구매한 제품이 공급자로부터 어떤 배송 상태인지 언제든지 알 수 있게 된다. 고객은 주문한 제품의 제조 공정에서 진행 상태를 정확히 파악하게 된다.

구매, 발주 계획, 제품 조립, 유통 및 유지보수의 흐름을 연계하면 고객과 공급자 모두 개선의 여지를 쉽게 찾을 수 있다. 따라서 제품 라이프사이클은 부가가치를 만들어내는 프로세스와 함께 이해해야 한다. 즉 단일 공장 하나만 분리해서 볼 것이 아니라 고객에게 제품을 공급하기까지 관련된 모든 공장과 조직을 집합적으로 보아야 한다.

정보통신기술 컴포넌트 관점의 층 (세로축)

서비스 지향 시스템에서 IT 관점의 분해 단위이며 각 층Layer은 독립적인 역할을 가진다. 각 층Layer 간에는 느슨한 결합loose-coupled이 존재한다. 동일 층 또는 인접 층 간에는 이벤트에 의해서 정보 교환이 가능하다.

비즈니스 층Layer
- 가치창출 흐름 내 있는 기능의 통합성 보장
- 비즈니스 모델과 전체 프로세스의 매핑

- 법 및 제도적 프레임워크 환경
- 시스템에 적용할 규칙의 모델링
- 기능 층에 있는 서비스의 오케스트레이션
- 각기 다른 프로세스 간의 연결
- 비즈니스 프로세스를 수행하기 위한 이벤트 입수

기능 층 Layer
- 업무기능에 대한 설명
- 다양한 기능의 수평적 통합을 위한 플랫폼
- 비즈니스 지원을 위한 서비스의 모델링 환경과 실행 환경
- 앱 및 기술적 기능의 실행 환경
- 규칙 및 의사결정논리 구현

정보 층 Layer
- 데이터 의미에 따른 이벤트의 사전 처리
- 모델을 표현하는 데이터의 정합성과 영속성 보장
- 상이한 유형의 데이터 간의 지속적 통합
- 새로운 고품질 데이터의 확보(데이터, 정보, 지식)
- 서비스 인터페이스를 통한 구조화된 데이터의 규정
- 이벤트에 따라 기능 층에서 필요한 데이터로 변환 처리

통신 층 Layer
- 정보 층의 방향에 맞는 동일 데이터형식을 사용한 통신 표준화
- 통합 층의 제어를 위한 서비스의 설정

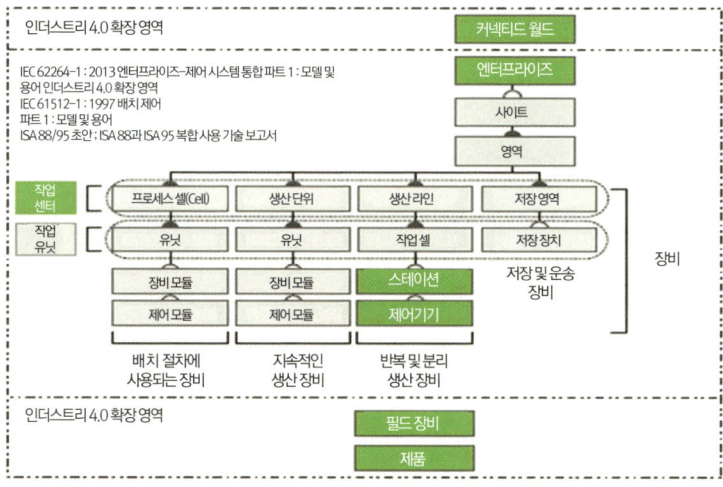

레퍼런스 아키텍처 모델 인더스트리 4.0 계층 레벨의 확장구조

통합 층Layer

- 자산(물리적 컴포넌트, 하드웨어, 문서, 소프트웨어 등)에 대한 전자적으로 처리 가능한 정보의 규정
- 기술적인 프로세스에 대한 컴퓨터 지원 제어
- 네트워크에 연결된 기기의 인터페이스(예: 무선자동 정보인식장치 리더, 휴먼 머신 인터페이스HMI, Human Machine Interface, 센서 등)

자산 층Layer

- 인간도 자산의 일부이며 통합 층을 통해 가상의 세계와 연결
- 통합 층에 수동적으로 연결되기도 함. (예: QR코드)

계층 레벨 (세로축)

인더스트리 4.0에서는 제조 공장 내에서 기능적인 역할의 분류

를 IT 및 제어 시스템의 표준(IEC62264)과 배치 제어 프로세스 표준(IEC61512)[3]을 기준으로 정의했다. 프로세스 산업부터 공장 자동화까지 다양한 섹터에 동일한 적용을 위해 공장 내에서의 기능 분류는 '엔터프라이즈' '작업 센터' '스테이션' '제어기기' 등의 용어가 사용되었다.

레퍼런스 아키텍처 모델 인더스트리 4.0의 기술적 배경

레퍼런스 아키텍처 모델 인더스트리 4.0 모델링 작업에는 정보통신 기술, 자동화 제어, 관련 협회(예: BitKom, VDMA, ZVEI), 표준 기관(IEC 및 ISO, 독일 국내표준기관 DKE, DIN)은 물론이고 프로세스 산업부터 공장 자동화 산업까지 참여했으며, 독일에서는 DIN 91345 2016-04으로 발표되었다

레퍼런스 아키텍처 모델 인더스트리 4.0은 서비스 지향 아키텍

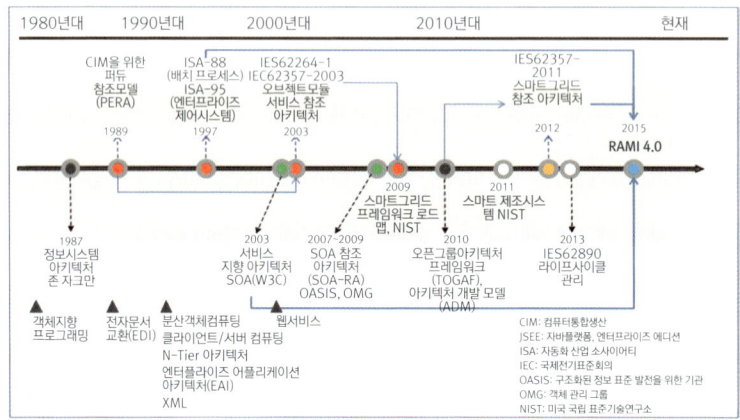

레퍼런스 아키텍처 모델 인더스트리 4.0의 핵심 아키텍처 및 표준의 배경

처와 스마트 그리드 아키텍처 모델SGAM, Smart Grid Architecture Model에 근간을 두고 있다. 전기 생산으로부터 전송 및 분배까지 전 과정을 다루는 스마트 그리드 모델의 기본 구조에 제조업의 요구사항을 추가하여 SGAM의 최하위에 있는 컴포넌트4 층을 자산 층Asset Layer으로 대체하고 통합 층Integration Layer을 추가했다. 통합 층은 가상화를 통해 '지능화'하는 역할을 한다.

라이프사이클 및 가치창출 흐름 축은 아키텍처의 기원이나 발표된 표준을 정확히 알 수 없다. 다만 2013년 이후 IEC62890 라이프사이클이 개발되고 있다.

> 타입을 개별적인 자산으로 모델링하고 제품과는 별도로 그 자체의 라이프사이클을 가지도록 한 것은 레퍼런스 아키텍처 모델 인더스트리 4.0의 설계 의사결정에 따른 것 중 하나이다. 이 사실을 강조하기 위해서 자산은 X축을 따라 '타입(제품 군)'과 '인스턴스(특정 제품)'로 구분된다. 이는 대략의 분류이기는 하지만 제품 타입의 개발을 실제 제품의 생산과 구별하고, 개별 제품의 라이프사이클 관리와 분리에 도움을 준다.

(출처: 2016 Status Report)

계층 레벨은 퍼듀 컴퓨터통합생산CIM 모델을 근간으로 한 ISA-95가 제조 정보시스템을 구성하는 업계의 표준으로 통용됐다. 이 표준은 0에서 4레벨로 제조정보시스템을 분류하고 있다. 전사적자원관리ERP는 4, 생산관리시스템MES은 3, SCADA는 2레벨로 정의한다. 레퍼런스 아키텍처 모델 인더스트리 4.0은 제품(사용자)과 생산장비(현장기기, 제어기기, 스테이션, 작업단위, 엔터프라이즈 및 커넥티드 월드)로 크게 분류한다.

Y-축의 순서는 아키텍처의 이해를 돕기 위한 직관적인 표현이다. 용어나 그룹핑의 단위가 특정 도메인에 맞지 않는 경우에는 계층 레벨을 조정할 수 있다.

(출처: 2016 Status Report)

층$_{Layer}$은 엔터프라이즈 아키텍처의 전통적인 주제이고, 현존하는 모든 아키텍처 프레임워크에서 사용된다.

층 축은 예를 들어, 기계의 가상적 매핑을 위해, 기계를 분해하여 그 속성을 층$_{Layer}$별로 설명하기 위한 것이다. 이러한 표현 방식은 복잡한 시스템의 속성을 공통화하여 층$_{Layer}$으로 구분하는 정보통신 기술로부터 비롯된 것이다.

(출처: 2016 Status Report)

Industrie 4.0

2
인더스트리 4.0 컴포넌트

사물에서 지능화된 '자산'으로

타입으로 개발되거나 인스턴스로 생산 및 유지보수된 모든 자산-실물 장비(부품, 기계, 센서, 플랜트) 및 작업 단위(문서, 아이디어, 회로도, 기록물)를 관리해야 한다.

제품의 라이프사이클 정보와 자산관리 정보는 '어드민 쉘Administration Shell'에 보관된다. 어드민 쉘은 설계, 생산, 유지보수 등 라이프사이클에 걸쳐 생성된 데이터를 일관된 형식으로 보관하는 중앙 데이터 창고이고 개별 자산에 대한 가상화 데이터와 상태에 대한 모니터링을 지원한다.

제품에 대한 설명이 기존의 도면이나 컴퓨터 작성 문서형태가 아니라 '디지털화'된 제품 마스터 데이터Product Master Data 형태로

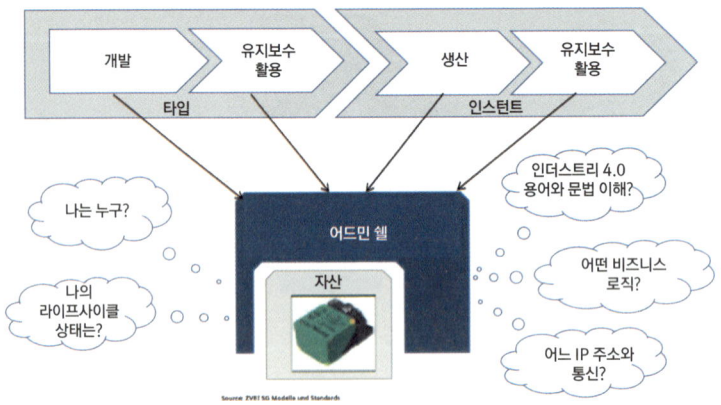

항상 액세스할 수 있도록 하는 것이 '지능화'된 인더스트리 4.0 컴포넌트이고 사이버물리시스템을 구현하는 핵심이다.

라이프사이클 데이터 관리

제조업에서는 제품의 설계, 생산, 유지보수에 이르는 전체 라이프사이클에서 생성되는 모든 데이터를 관리해야 한다. 설계 단계에서 '타입'을 개발하고 유지보수하고 해당 타입을 실제 공정을 통해 '인스턴스'로 생산하고 유지보수해야 한다.

예를 들어 새로운 밸브를 공급하려면 새 밸브의 타입을 설계 개발하고 이에 따라 부품을 주문하면 새로운 밸브의 인스턴스들이 생산되고 활용과 최적화 작업을 거치고 나서 공급된다. 공급된 부품은 계획된 기계의 타입에 맞게 다시 설계와 개발하는 과정을 거쳐 조정되고 최종적으로 주문한 타입의 기계제품, 즉 인스턴스가 생산된다.

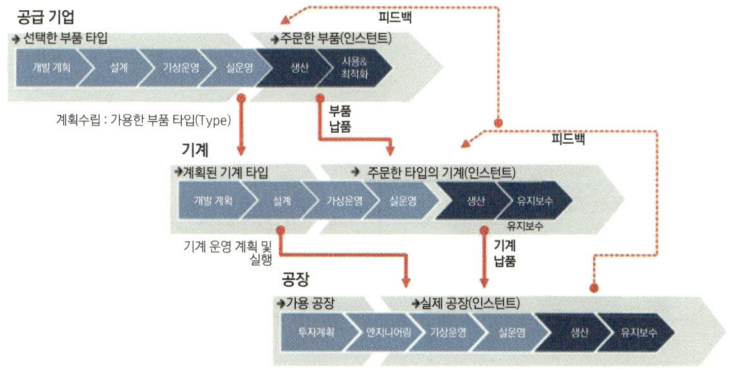

부품, 기계, 공장 간의 타입과 인스턴스 연계 라이프사이클

Source: ZVEI SG Modelle und Standards

마찬가지로 공장에서는 계획된 기계 타입에 맞춰 가용공장의 타입을 계획하고 엔지니어링 작업을 통해 배송된 기계를 설치하여 실제 공장 인스턴스로 가동된다. 초기 설치 전까지 구매 제품은 타입이지만 특정 시스템에 설치가 완료되고 나면 제품은 곧 인스턴스가 된다. 이처럼 제품은 설계, 생산, 유지보수 등 라이프사이클을 통해 타입과 인스턴스 상태를 반복적으로 가지게 된다.

인더스트리 4.0 컴포넌트와 정보통신기술 시스템

제조업의 IT 시스템에 지능화된 '자산' 인더스트리 4.0 컴포넌트를 접목하는 것은 기존의 서비스 지향SOA[1] 시스템의 확장선 상에서 쉽게 이해할 수 있다. 인더스트리 4.0 컴포넌트와 IT 시스템을 직접 연계하기 위해서는 '나는 누구인가?'를 데이터로 구조화하고 '나는 누구와 통신해야 하는가?'에 대한 기술적인 표준을 정의해야 한다. 전자는 매니페스트Manifest에서 하고 후자는 컴포넌트 관리

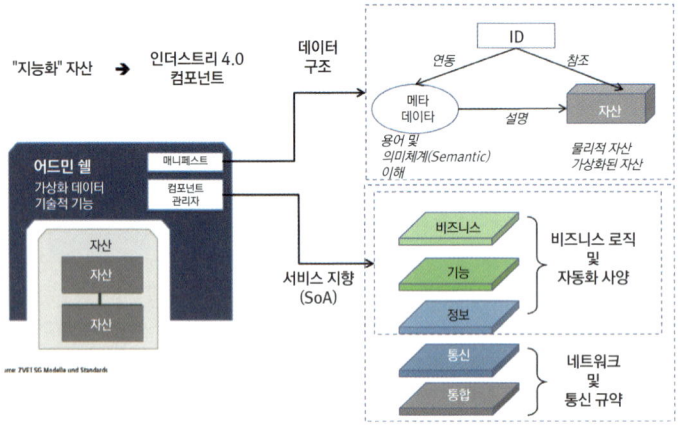

어드민 쉘을 통한 인더스트리 4.0 컴포넌트의 정보통신기술 시스템 연계

자[2]에서 한다.

매니페스트는 어드민 쉘의 특성을 정의하는 데이터로서 일종의 개별 데이터 콘텐츠의 디렉토리이다. 메타데이터Metadata[3]를 통해 인더스트리 4.0의 용어와 의미체계로 해석하는 역할을 한다.

컴포넌트 관리자는 네트워크 및 통신 규약에 맞춰 인더스트리 4.0 컴포넌트의 신호를 전달하여 제조 현장과 사무관리 현장의 프로세스를 능동적으로 연결한다. 자동화 수준은 정보통신기술 시스템의 비즈니스 규칙에 따라 규정된다. 기능 수행의 결과 데이터는 컴포넌트 자체 내에서 저장되거나 통신 인터페이스를 통해 외부로 전달되거나 정보통신기술 시스템 저장소Repository에 어드민 쉘로 저장된다. 컴포넌트 관리자는 컴포넌트 실행 시에 저장소로부터 컴포넌트를 분산 배포하여 외부로 제공한다.

작업 단위의 세분화 및 "커넥티드 월드"

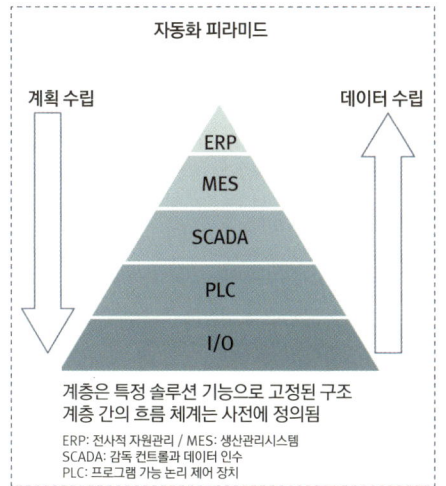
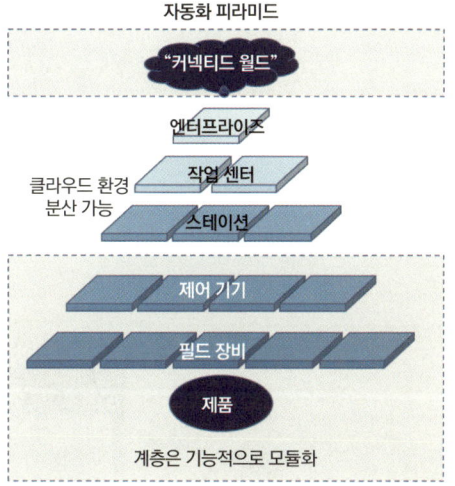

제조 작업단위의 세분화 및 커넥티드 월드

인더스트리 4.0 제조 비즈니스를 위해서는 계획수립, 가동, 유지보수를 유연하게 지원하기 위해 하드웨어와 기능의 유연한 조합이 가능하도록 지원하는 모듈화가 필요하다.

기존의 중앙집중식 공장관리 시스템의 자동화 피라미드 구조는 각 계층이 고정된 IT 환경의 제약을 받는다. 따라서 동일 계층 내에서 각기 다른 하드웨어들로 구성하기에는 어려움이 있었다. 인더스트리 4.0이 지향하는 클라우드 및 분산 IT 환경을 고려하여 계층은 상호 독립적으로 모듈화돼야 하고 기능적으로 유연하게 연동되는 구조를 가져야 한다. 이를 위해 작업 단위를 스테이션보다 하위 수준까지 세분화하고 스마트 센서와 같은 '필드 장비'의 기능 수준이 추가되었다.

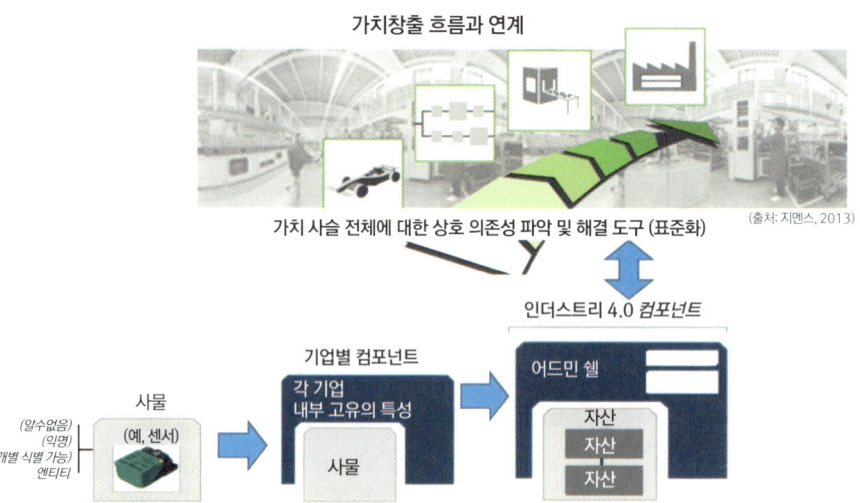

인더스트리 4.0 컴포넌트의 연계를 통한 미래의 가치창출 흐름

(출처: 지멘스, 2013)

인더스트리 4.0에서는 제품의 제조를 위한 플랜트나 공장만 중요한 것이 아니라 제품 그 자체도 중요하다. 제조 대상인 제품이 최하위에 위치하며 제조 설비와 동일한 수준의 상호작용을 수행하도록 했다.

또한 프로세스나 제조 기업 단위의 엔터프라이즈를 넘어 공장의 그룹, 외부 엔지니어링 회사, 컴포넌트 제공자 및 고객 등과의 협업 수준까지 확장되는 '커넥티드 월드'를 최상위 단에 추가하여 조직을 넘어선 수평적 통합의 영역을 정의했다.

가치창출 흐름

현재의 가치사슬Value Chain은 고객의 요구사항부터 제품의 설계 및 생산으로 구성된 고정적인 형태로 오랜 기간 유지되어왔다. 제조업체는 매우 비싼 유지보수 비용을 지불하면서도 생산 중인 제품에 대한 전체적인 흐름을 파악할 수 없었다. 따라서 고객의 선택에 따라 기능을 조합하여 제품라인을 변경하는 것은 불가능했다(비록 기술적으로는 가능하더라도).

인더스트리 4.0 컴포넌트의 가치창출 흐름은 고객의 요구사항부터 제품의 아키텍처 및 생산에 이르는 전체의 가치사슬을 구성하는 다양한 인터페이스의 상호의존성을 엔드 투 엔드 엔지니어링 도구를 활용하여 파악하고 해결할 수 있게 한다.

기본적으로 제품 개발 속도에 병행하여 개별 제품의 생산이 가능하게 된다. 따라서 고객은 제조업체가 지정한 사전에 정의된 제품의 범위가 아니라 개별 요구에 맞는 기능을 조합하여 제품을 정의할 수 있게 된다. 현재 설치된 시스템의 가치를 보존하면서 동시에 점진적으로 여러 단계를 거쳐 목표 모델로 이행할 수 있도록 한다.

인더스트리 4.0 컴포넌트의 구현 모습

자동차 산업, 프로세스 산업, 제조 산업에서 인더스트리 4.0 컴포넌트를 구현하는 시나리오[4]는 다음과 같다.

- 스마트 엔지니어링(제조)
- 원격지원: 공급자 네트워크 내의 제조 전문가 지원(온라인)
- 예지적 데이터 분석: 공급 가치사슬에 대한 이해 및 분석
- 메카트로닉 시스템 엔지니어링: 공급자와 엔지니어링 원칙 간의 워크플로

인더스트리4.0 컴포넌트를 활용한 셀프-최적화 시나리오

- 셀프 최적화: 생산라인에 느슨히 결합된 스테이션 간의 생산량, 가용성, 품질 최적화 방법
- 플러그-앤-제조: 대형 설비 중 복합 장비의 대체 및 유지보수
- 스마트 빅 데이터: 경쟁자 및 공급자 네트워크 상의 빅데이터 분석

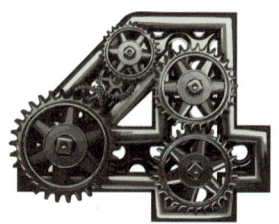

3
레퍼런스 아키텍처 모델 인더스트리 4.0과 산업인터넷 레퍼런스 아키텍처의 협업

디지털 인더스트리 움직임의 중심은 크게 두 개의 축으로 독일을 중심으로 한 인더스트리 4.0과 미국을 중심으로 한 산업인터넷 컨소시엄IIC, Industrial Internet Consortium이다.

이 결과 레퍼런스 아키텍처 모델 인더스트리 4.0과 산업인터넷 레퍼런스 아키텍처IIRA가 국제적인 표준으로 자리 잡기 시작했다. 산업인터넷 컨소시엄은 OMG(Object Management Group)에 의해 2014년 3월 설립되었고 산업인터넷의 방향성과 아키텍처 프레임워크를 정의하기 위해 AT&T, 시스코, GE, IBM, 인텔 등이 오픈 멤버십으로 참여했다.

산업인터넷 레퍼런스 아키텍처 모델은 ISO/IEC/IEEE 42010:2011에 기반을 두고 있다. 이 표준은 시스템, 소프트웨어,

인더스트리4.0과 산업인터넷 시스템의 영역

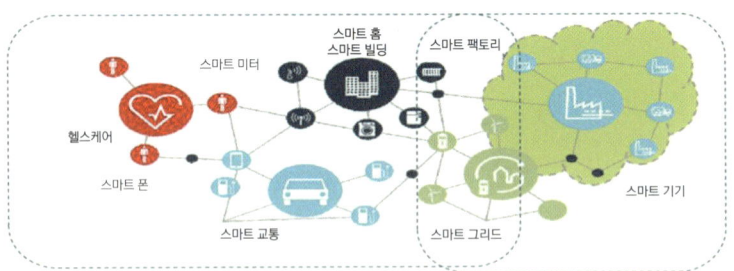

 엔터프라이즈 레벨 아키텍처의 요구사항을 큰 틀에서 정의하기 위한 것이다.

 레퍼런스 아키텍처 모델 인더스트리 4.0이 제조업에 집중되어 있다면 산업인터넷 레퍼런스 아키텍처는 사물인터넷 서비스와 관련된 에너지, 헬스케어, 제조, 공공, 교통 등 산업 전반에 걸쳐 상호 운영성을 증진하는 것이 목표이다.

 표준화 관점에서의 가장 큰 차이는 레퍼런스 아키텍처 모델 인더스트리 4.0은 표준을 직접 만드는 것이고 산업인터넷 컨소시엄IIC

산업인터넷 레퍼런스아키텍처의 산업별 포커스
기술 선택의 단순화 및 상호운용성 증진

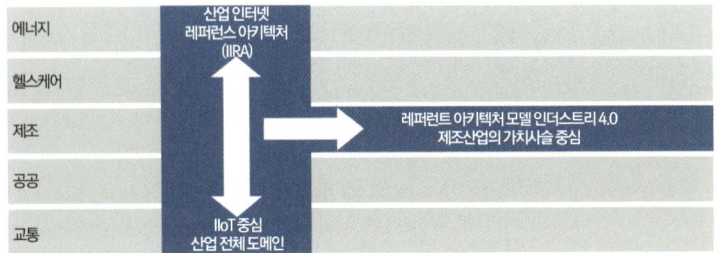

인더스트리 4.0과 산업인터넷 컨소시엄의 비교

	인더스트리 4.0	산업인터넷 컨소시엄
작업 주체	독일 연방 정부	대형 다국적 기업
주요 이해관계자	정부, 학교, 기업	기업, 학교, 정부
혁명의 분류	4차 혁명	3차 혁명
지원 플랫폼	정부 산업 정책	오픈 비영리 컨소시엄 멤버쉽
산업 영역별 초점	인더스트리	제조, 에너지, 교통, 헬스케어, 유틸리티, 시티, 농업
기술적 초점	SCM, 임베디드 시스템, 자동화, 로봇	디바이스 통신, 데이터 흐름, 기기 제어 및 통합, 예지적 분석(Predicative Analytics), 산업 자동화
전체 관점	하드웨어	소프트웨어, 하드웨어, 통합
지역	독일 및 독일 기업	글로벌 시장
기업	SME	전체
최적화	생산 최적화	자산 최적화
표준화	포함	표준화 기업에 대한 권고 제시
비즈니스 접근 방식	사후적(Reactive)	사전적(Proactive)

(출처: Kris Bladowski, MAPI(Manufacturers Alliance for Productivity and Innovation))

의 관심사는 미래의 표준이 될 수 있는 플랫폼에 대해 연구하여 표준 제정 기관에 권고하는 것이다.

산업인터넷 레퍼런스 아키텍처의 뷰포인트

산업인터넷 컨소시엄은 산업인터넷을 산업 활동에 필요한 사물, 컴퓨터, 인간이 비즈니스 결과를 혁신하기 위해 고도화된 데이터 분석을 통해 지능적인 오퍼레이션을 수행하는 인터넷으로 정의한다. 이는 센서 및 유비쿼터스 네트워크 연결, 정보시스템 산업, 제조 및 글로벌 산업 에코시스템의 융합을 포괄한다.

산업인터넷 레퍼런스 아키텍처는 이해관계자의 뷰포인트에서 시작하고 각 뷰포인트는 상호 독립적으로 문제를 분리하고 해결한다.

- 비즈니스 뷰포인트: 이해관계의 파악, 비즈니스 전략, 비전, 정

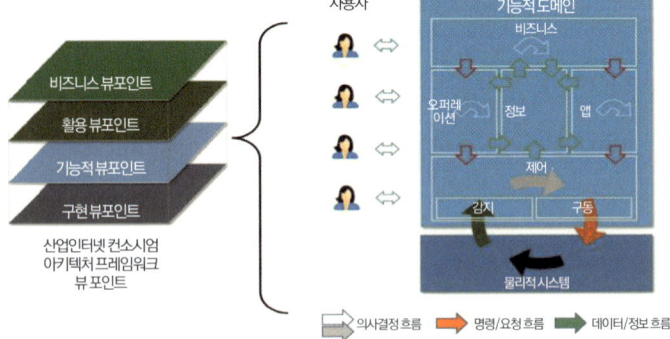

산업인터넷 레퍼런스 아키텍처 뷰포인트 및 기능 도메인

(출처: Industrial Internet Reference Architecture V1.7, June 2015)

책 및 제도적 제약 등 제품의 의사결정자, 생산관리자, 시스템 엔지니어의 관점
- 활용 뷰포인트: 예상되는 시스템의 활용 관점을 설명하며 시스템엔지니어, 제품관리자, 산업시스템의 사용자 관점
- 기능적 뷰포인트: 시스템의 컴포넌트 설계, 컴포넌트 간의 인터페이스, 상호 관계, 내외부 통합을 통해 비즈니스 기능을 수행하도록 하는 시스템 및 컴포넌트 아키텍트, 개발자, 시스템 통합 서비스 제공자의 관점
- 구현 뷰포인트: 비즈니스 기능을 구현하기 위한 기술적 역량을 의미하며 통신 방식, 라이프사이클 등에 대한 시스템 아키텍트, 개발자, 시스템 통합 서비스 제공자의 관점

기능적 뷰포인트를 도메인으로 분류하면 레퍼런스 아키텍처 모델 인더스트리 4.0의 층$_{Layer}$과 유사한 비즈니스, 오퍼레이션, 정보, 앱, 제어 영역으로 정의된다. 최하위에는 물리적 시스템이 존재

하고 상위의 영역 상호 간에 수평 또는 수직적으로 의사결정, 정보의 흐름, 명령과 요청 등의 흐름을 정의한다.

레퍼런스 아키텍처 모델 인더스트리 4.0과 산업인터넷 레퍼런스 아키텍처의 디지털 연계

2016년 3월 하노버 메세에서 이러한 양대 축이 '협업'이라는 키워드로 만나게 되었다. 패널은 궁극적으로 단일 플랫폼이 존재해야 하는지, 또는 여러 개의 플랫폼이 존재해야 하는지에 동의하지는 못했다. 하지만 사물이 기능을 수행하고 반드시 상호 운영성을 확보하도록 하는 방법을 이해하고 공통 관점을 공유한다는 필요성에 대해서는 동의했다.

레퍼런스 아키텍처 모델 인더스트리 4.0은 어드민 쉘을 활용해

산업인터넷 레퍼런스 아키텍처 기능 도메인과 레퍼런스 아키텍처 모델 인더스트리 4.0 연계

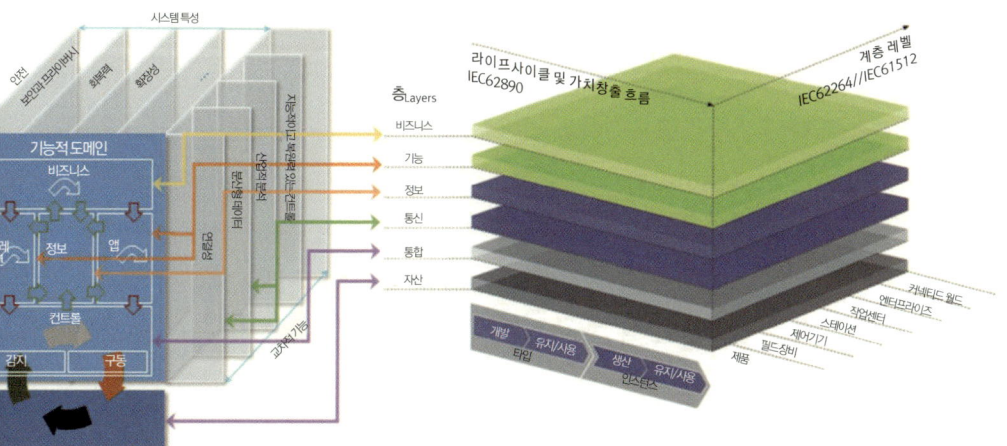

다른 모델, 산업인터넷 레퍼런스 아키텍처의 뷰포인트와 연계할 수 있다. 인더스트리 4.0 컴포넌트를 정의하는 기술적 프레임워크를 연계하면 각기 다른 엔드포인트에 있는 인더스트리 4.0 컴포넌트와 동일한 방식으로 디지털 연계가 가능하게 된다.

두 모델 간의 디지털연계는 기존 모델의 기술적 투자를 보호하고 제품, 시스템, 데이터 및 서비스의 연계 프레임워크를 통한 인더스트리 4.0 컴포넌트의 구현을 촉진하기 위한 것이다.

아키텍처 프레임워크 간 협업의 미래

상호 간의 운영성을 극대화하는 관점에서 레퍼런스 아키텍처 모델의 협업은 두 모델이 공통으로 뿌리를 두는 서비스와 서비스 지향 아키텍처SoA의 교훈을 고려해야 한다.

서비스라는 용어는 IT적 관점에서 서비스형 소프트웨어(SaaS), 서비스형 플랫폼(Paas), XaaS(Everything as a Service)에 이르기까지 다양하게 사용된다. 하지만 서비스 지향 아키텍처의 초점은 웹 서비스나 서비스 인터페이스와 같은 IT 기술적인 측면이 아니라 비즈니스 문제를 해결하기 위한 추상화된 서비스를 구현하는 것이다.

서비스 지향 아키텍처가 원래의 기대에 못 미쳤거나 미래에 대한 의구심을 갖게 한 데에는 여러 가지 이유가 있다. 하지만 성숙하지 못한 시장에서 특정 플랫폼 공급업체들의 마케팅 역설에 휩쓸려 생명력을 잃었던 점을 기억해야 한다.

인더스트리 4.0도 정부, 플랫폼 기업, 연구기관 및 협회의 워킹그룹을 통해 유즈케이스의 상세화, 구현 및 실행을 위한 구체적인 조치를 꾸준히 해 나가야 한다. 아키텍처 프레임워크는 폭넓은 공감대에 대한 노력 없이 생존할 수 없고 여러 표준의 장점을 선택하여 완성해가야 한다. 따라서 레퍼런스 아키텍처 모델 인더스트리 RAMI 4.0과 산업인터넷 레퍼런스 아키텍처 IIRA의 협업은 모델 간의 상호 운영성을 중심으로 구체화하고 인더스트리 4.0 솔루션을 통해 사용자에게 실질적인 이익을 제공해야 할 것이다.

4부

4차 산업혁명 시대의 인간에 부합하는 스마트 인사조직

9장
인간이 혁명의 주체이다

최동석
(주)블록체인OS 상임감사, 최동석인사조직연구소 소장, (사)아시아연구네트워크 인사조직혁신센터 센터장

성균관대학교 경영학과를 졸업했고 독일 기센대학교에서 경영학석사 및 박사학위를 받았다. 한국은행에서 20년간 근무한 후 인사조직컨설팅회사 대표와 교보생명보험(주) 부사장, 한양대학교 특임교수를 역임했다. 또한 중앙인사위원회 위원장 정책자문관, 한국은행 총재 자문역, 정보통신부장관 혁신자문위원, 외국계자산운용사 사외이사, KBS경영평가위원 등을 역임했다.

저서와 역서로는 『다시 쓰는 경영학』(2013), 『똑똑한 사람들의 멍청한 짓』(2014), 『셈코 스토리』(2006), 『성공하는 팀의 5가지 조건』(2006) 등이 있다.

Industrie 4.0

1
인간이 혁명한다

보편적 질문

　21세기 들어서면서부터 산업에 혁명적인 변화가 일어나고 있다. 많은 사람들이 이 새로운 현상을 4차 산업혁명 또는 인더스트리 4.0이라고 부른다. 인더스트리 4.0은 독일 산업계에서 제조 공장이 스마트하게 혁신되는 현상을 일컫는 용어이다. 이에 반해 4차 산업혁명은 생산방식의 혁명적 변화인 인더스트리 4.0에 의해 일상생활 전반에 미치는 커다란 변화를 일컫는 용어이다. 그러므로 4차 산업혁명은 인더스트리 4.0보다 조금 더 포괄적인 개념이라고 할 수 있다. 단순한 제조 공장의 변화를 넘어 정보통신기술ICT 융합에 따른 유통 및 교통, 일자리와 노동조합, 건강 및 의료, 인터넷과 에너지, 육아 및 교육, 토목 및 건축 등 산업계와 일상생활 전반의 근본

이제 인류는 인간의 의도적 명령이나 명시적 개입 없이도 부품, 기계, 설비들이 스스로 상호작용하는 시대를 맞이했다. 부품뿐만이 아니라 공장의 기계와 설비 자체가 하나의 사이버물리시스템으로서 기능하게 된다. 나아가 장기적으로는 공장과 지역사회가 커다란 사이버물리시스템들의 집합체처럼 변모할 것으로 예견된다.

적 변화를 가져오게 할 것이다.

이러한 모든 변화는 독일의 전통적인 제조 기반의 산업계가 추진하는 소위 스마트 프로덕트, 스마트 팩토리, 스마트 서비스, 스마트 물류 개념들이 주도하고 있다. 언론에서는 4차 산업혁명을 이야기하며 주로 인공지능$_{AI}$에 초점을 맞추어 선정적인 보도를 하는 경향이 있으나 제조 공장 생산방식의 근본적 변화가 출발점이다. 우리는 이 사실을 주목해야 한다. 생산방식의 혁신적인 변화는 사이버물리시스템$_{CPS}$이 주도하고 있다. 사이버물리시스템은 현실의 물리시스템을 사이버시스템으로 전환시켜서 모의실험을 통해 최적 상태를 추출해서 사이버시스템의 디지털 기술을 현실의 물리시스템에 적용하는 기술이다. 다시 말하면 디지털 기술을 활용해 사이버시스템과 물리시스템을 결합시키는 기술이다. 결국은 물리시스템을 사이버시스템처럼 움직이도록 하는 것이 목표이다.

이제 인류는 인간의 의도적 명령이나 명시적 개입 없이도 부품, 기계, 설비들이 스스로 상호작용하는 시대를 맞이했다. 부품뿐만이 아니라 공장의 기계와 설비 자체가 하나의 사이버물리시스템으로서 기능하게 된다. 나아가 장기적으로는 공장과 지역사회가 커다란 사이버물리시스템들의 집합체처럼 변모할 것으로 예견된다. 이런 변화는 제조 공장의 생산성뿐만 아니라 소비자의 일상생활에서 생산성과 만족도를 상당히 높이게 될 것이다. 그리고 그렇게 될수록 그에 비례해 노동자의 일자리는 점차 줄어들 수밖에 없다.

우리는 이러한 변화를 일으키는 기저에 깔린 사상 또는 기본 가정을 이해하지 않고서는 인더스트리 4.0에 의한 4차 산업혁명의 파고에 올라탈 수 없다. 전자혁명이라고도 불리는 3차 산업혁명까지 이루어진 컴퓨터화와 자동화의 과정을 배우고 따라 하는 것은 비교적 쉬운 편이었다. 완성제품이 가시적인 것이어서 원천기술에 기초한 조립공정을 활용해 부가가치를 높일 수 있었다. 하지만 사이버물리시스템에 의한 제조공정과 그 서비스화는 모방하기가 매우 어렵다. 제조공정과 그 디자인이 눈에 보이지 않으며 서비스가 스마트화될 경우 서비스 자체도 체험적일 뿐 비가시적인 것이 될 수 있다. 여기서 서비스 측면에서만 본다면 모든 주체가 수평적인 네트워크에서의 상호작용을 요구하기 때문에 계급적 상하관계에 익숙한 우리의 습속에는 들어맞지 않을 수 있다.

나아가 스마트 서비스를 받게 되면 그런 소프트웨어는 (SAP의 소프트웨어 패키지를 모방하기 어렵듯이) 기술적 모방이 쉽지 않으므로 그것을 그대로 수입해서 쓸 수밖에 없다. 이는 우리 산업계가 모든 스마트 제품과 스마트 서비스에서 종속된다는 것을 의미한다. '가장 중요한 것은 눈에 보이지 않는다'는 앙투안 드 생텍쥐페리Antoine de Saint Exupéry의 말대로 보편적인 사상과 철학은 눈에 보이지 않으므로 무시하게 되고, 겉에 보이는 수단이나 도구에만 관심을 기울이는 경향이 있다. 이것은 우리 산업의 장래를 위해 위험한 징조다.

4차 산업혁명을 소개하는 강의와 언론보도를 보면 어떤 기술이 어떻게 발전하기 때문에 앞으로 어떤 변화가 일어날 것이라는 표피적인 예측성 보도를 하고 있다. 때로는 매우 선정적인 내용이어서 보는 사람들에게 4차 산업혁명의 본질과 실체를 명확히 전달하지 못하고 있다.

4차 산업혁명을 촉발시킨 인더스트리 4.0의 핵심이슈 중에서 특히 인사조직 차원에서 어떤 변화가 있었는지 살펴보는 것이 중요하다. 즉 인더스트리 4.0으로 발전해 온 독일산업의 기저에는 어떤 사상과 철학이 있는지 알아야 한다. 다시 말하면 생산방식의 혁명적 변화를 추동하는 보편적 원리들이 무엇인지 알아야 우리 사회도 이런 변화를 추구해갈 수 있을 것이다. 그러나 우리 사회는 이런 기저의 근본적인 변화를 거의 거들떠보지도 않는 것처럼 보인다.

여기서 우리는 질문해야 한다. 우리는 왜 무엇을 위해 이런 혁신적인 기술과 아이디어를 필요로 하고 개발해야 하는가? 우리는 왜 지금까지 이런 기술과 아이디어를 창출하지 못하고 있었는가? 이런 근본적인 질문은 중요하다. 그저 모방하는 것은 이제 한계에 도달했기 때문이다.

조직혁신을 위한 기본모형

(기술, 구조)	무엇을?	수단·도구 (개별성)	직무 및 조직설계 – 역량에 의한 경영 – 성과책임에 의한 경영
(과학, 가치관)	어떻게?	방법론 (특수성)	인사론과 조직론 –인사관리론 –조직관리론
(철학, 문화)	왜?	존재 목적 (보편성)	인간과 조직에 관한 철학적 성찰 –인간의 존엄성 –조직의 수단성

변화를 위한 기본모형

우리 산업계와 정부는 이런 근본적인 질문은 하지 못한 채 4차 산업혁명 또는 인더스트리 4.0과 관련된 전시회를 따라다니면서 표피적인 기술 베끼기에 관심을 쏟고 있다. 심지어 정부의 보도자료를 훑어보면 몇 년 안에 몇 조 원을 투입해 스마트 팩토리를 몇 개 만들어내겠다는 식으로 접근하고 있다. 이런 발상은 우리 사회에 도움이 되지 않을 뿐더러 오히려 해악을 끼친다.

독일에서 추진하는 인더스트리 4.0의 출발점이자 1차적인 목표는 스마트 팩토리로 전환하는 데 있다. 이는 거액의 자금을 투입하거나 기술 모방을 통해 성취될 수 있는 것이 아니다. 스마트 팩토리와 같은 혁명적인 아이디어는 그런 아이디어를 산출해낼 수 있는 사상과 철학, 교육제도와 문화적 배경, 사회구조와 운영시스템 등이 서로 어우러져 자연스럽게 나오는 것이기 때문이다. 나아가 이런 사회적 시스템이 협력하면서 스마트 팩토리와 같은 아이디어를 실현해낼 수 있게 됐다. 다시 말하면 정치, 경제, 사회, 문화의 제반 조건이 서로 조화롭게 잘 맞물려 있었기 때문에 오늘날과 같은 혁신적인 과학기술 수준으로 올라설 수 있게 됐다. 이 점을 간과해서는 안 된다.

앞의 '조직혁신을 위한 기본모형'에서 보듯 혁신적인 아이디어가 산출되지 못하는 이유는 그 사회와 역사에 배어 있는 사상과 철학, 인간관과 교육관, 조직관과 조직운영시스템, 즉 조직운영을 위한 플랫폼에 문제가 있기 때문이다. 그러므로 우리는 인간 존재의 근원을 캐묻는 보편적 질문에서 출발해 그런 인간들의 집합체인 조직의 존재 목적이 무엇인지 깊이 성찰해야 한다. 이것은 현대문명이 인류사회에 던지는 보편적 요구다.

오늘날 이 보편적 요구에 대한 답변은 매우 간명하다. 인간은 존엄한 존재라는 것이다. 이런 인간의 존엄성을 존중하고 보호하는 것이 바로 조직의 존재 목적이다. 이러한 사상과 철학은 독일 기본법 제1조 제1항에 두 문장으로 명확히 정립돼 있다. "인간의 존엄성은 침해될 수 없다. 이것을 존중하고 보호하는 것은 모든 국가권력의 의무다." 이것은 조직이 인간의 수단일 뿐 그것이 목적이 돼서는 안 된다는 선언이다. 이런 성찰로부터 세계를 인식할 수 있는 방법론과 그 방법론을 실현할 수 있는 구체적인 플랫폼이 마련돼야 한다.

조직운영을 위한 플랫폼이란 조직구성원들이 자신의 재능을 맘껏 발휘할 수 있는 정신적, 경제적, 물리적 토대를 말한다. 이런 플랫폼에서 오랫동안 상호작용하는 구성원들에게는 창조적 에너지가 점차 응축된다. 그 응축된 에너지가 임계치를 넘어서면 혁명적으로 폭발하게 된다. 바로 21세기 들어서면서부터 독일인들에게 축적됐던 창조적 에너지가 폭발하고 있는 것이다.

'조직혁신을 위한 기본모형'은 현실을 인식하고 변화를 도모하기 위해서 우리가 해야 할 질문의 우선순위를 그림으로 표현한 것이다. 여기서 보듯이 맨 아래 층위가 가장 중요하다. 우리는 새로운 혁명적인 변화를 추구하는 궁극적인 목적, 즉 일반 시민과 나아가 인류의 보편적 요구가 무엇인지 가장 먼저 명확히 해야 한다. 무엇을 위해 그리고 누구를 위해 창조와 혁신을 해야 하는지 그 사상과 철학을 정립해야 하기 때문이다.

이 기초가 튼튼히 정립돼야 그 사상과 철학을 실현할 수 있는 다음 단계로 넘어갈 수 있다. 우리가 추구하는 궁극의 목적을 어떻게 실현할 것인가? 방법론을 선택하거나 만들어내야 한다. 이것은 우리가 추구하는 보편성을 성취하기 위해 특정한 방법론을 구성해야 한다는 의미다. 보편성에 기초해 우리에게 들어맞는 특수성을 확보해야 한다. 특수성은 항상 보편성 위에서 추구해야 한다.

어떻게 하기로 방법론이 결정됐다면 그 위에 무엇을 준비해야 하는지 생각해야 한다. 방법론을 실행할 수 있는 여러 수단 또는 도구를 찾아 정비해서 잘 활용해야 한다. 특정한 프로젝트를 수행하는 방법론에 부합하도록 수단과 도구들이 개별화돼 있어야 한다.

그런데 우리 사회는 어떤 문제에 부딪히면 다른 사람들이 어떻게 하는지 조사해서 그것을 베끼는 데 익숙하다. 그러니까 단순히 수단과 도구를 가져오고 그것을 실현하기 위해 방법론을 익히는 수준에 관심을 기울인다. 하지만 정작 중요한 것은 가장 기초가 되는 보편적 질문이다. 방법론과 툴박스에만 관심이 있을 뿐 그 기저의 사상이나 시민의 보편적 요구에 대해서는 외면하고 있다. 그러니

각종 기술전시회에 가서 보고 배운다고 해봐야 거의 다 방법론과 수단이나 도구들뿐이다. 철학과 문화에 대한 성찰은 거의 없다.

여기에서는 인더스트리 4.0의 방법론이나 수단을 검토하는 것이 아니라 가급적 기저에서 일어나는 사상과 철학에서 어떤 일이 벌어지고 있는지 인사조직 측면에서 검토해보려고 한다.

'조직혁신을 위한 기본모형'의 세 층위개념은 본래 MIT의 조직심리학자인 에드가 샤인Edgar Henry Schein이 조직구성원들의 심리 층위를 연구하기 위해 구별한 것이다. 이것을 조직심리학에서만 쓰는 것이 아니라 사회 전반에 대해 보편적으로 활용할 수 있도록 수정했다. 모든 사람이 이해할 수 있도록 보편성, 특수성, 개별성이라는 용어를 사용해 재구성한 것이다.

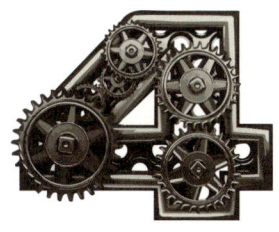

Industrie 4.0

2
인더스트리 4.0에 의한 4차 산업혁명

산업혁명은 엄청난 생산성 향상을 가져왔다

우선 산업혁명에 대해 알아보자.

1차 산업혁명은 18세기 후반 영국에서 시작됐다. 증기기관이 발명돼 방직 기계들을 만들어 거대한 공장을 지었다. 그때까지 인류는 수천 년 동안 인간의 근육을 이용해서 생산해왔고 기껏해야 동물의 근육을 활용하는 정도였다. 거대한 공장에서 찍어내는 면직물들은 인간의 근육으로 생산하는 것과는 비교할 수 없을 정도의 높은 생산성을 보였다. 이것을 1차 산업혁명이라고 부른다. 영국은 이 높은 생산성의 힘으로 세계를 제패할 수 있었다. 당연히 19세기는 영국의 세기였다.

20세기 초반에는 전기의 힘으로 공장에는 컨베이어 벨트가 설치

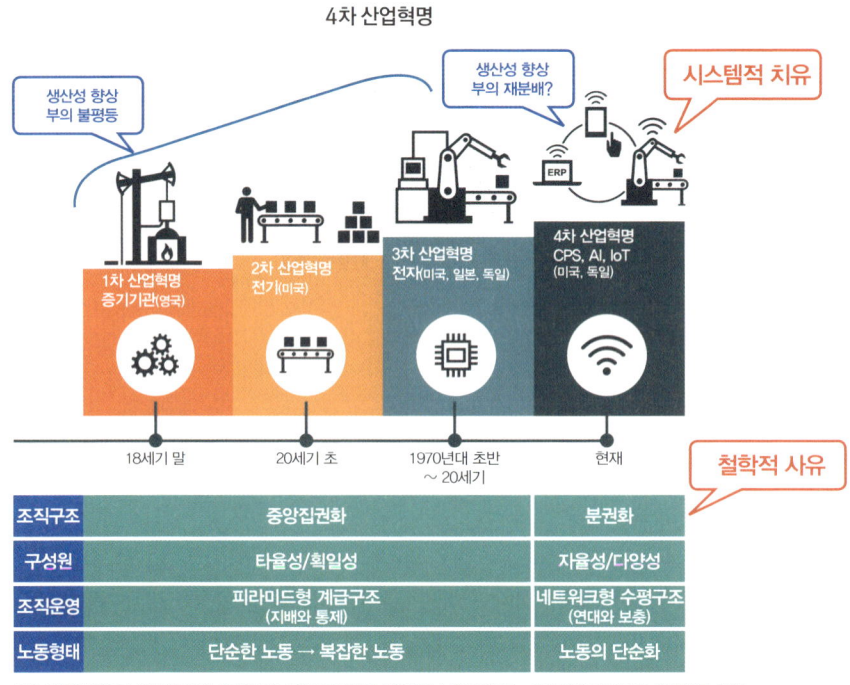

4차 산업혁명은 그 영향의 질적 측면에서나 양적 측면에서 이전의 산업혁명과는 근본적으로 다르게 전개되고 있다. 이전의 산업혁명에서는 자본권력이 중심이 되는 바람에 생산성 향상에 따른 부의 공정한 배분에서 실패했다는 공감대가 형성되었다. 따라서 4차 산업혁명은 인간의 존엄성을 존중하는 철학적 사유를 기반으로 하는 시스템적 치유가 이루어져야 할 것이다.

됐다. 이것은 미국에서 자동차 생산을 위해 발명된 획기적인 장치였다. 이에 따라 공장은 어셈블리 라인으로 채워졌고 노동의 분업화가 가속화됐다. 노동생산성은 기하급수적으로 올랐다. 이것을 2차 산업혁명이라고 부른다. 높은 생산성을 구현했던 미국이 20세기를 경제력으로 장악하게 된 것은 당연한 귀결이었다.

1970년대 초반부터 컴퓨터가 발명됐고 공장노동을 자동화하기 시작했다. 노동자들이 분업으로 작업하던 어셈블리 라인에는 로봇이 인간의 노동을 대체해 조립하게 됐다. 사전에 계획된 대로 컴퓨터의 명령에 따라 움직이는 중앙통제시스템으로 모든 것을 제어할 수 있게 됐다. 저 위대한 컴퓨터의 시대가 열린 것이다. 이것을 3차 산업혁명이라고 부른다. 패전한 일본과 독일은 다시 3차 산업혁명에 동참했다. 컴퓨터에 의한 자동화 시대에 적극적으로 명함을 내밀었다는 말이다. 컴퓨터와 자동화에 의한 노동생산성 증가는 미국, 일본, 독일이 20세기 후반을 좌우하기에 이르렀다.

인류는 이때까지의 산업혁명을 통해 어마어마한 생산성 향상을 경험했다. 그러나 그에 따른 부작용도 있었다. 생산성 향상에 따라 증가한 부가 매우 불평등하게 분배됐다는 점이다. 그동안 극심한 양극화 현상 때문에 인류의 건전한 발전이 불가능하다는 견해는 많이 있었다. 이와 같은 견해를 토마 피케티Thomas Piketty는 실증적인 연구결과로 보여주었다.[1]

서구 지성인들은 대체로 그의 견해에 동의하고 있다. 그런 점에서 4차 산업혁명의 생산성 향상에서 얻어지는 잉여는 지금까지와는 전혀 다른 방식으로 재분배가 이루어져야 할 것이다. 특히 4차 산업혁명으로 직업과 일자리가 급격히 줄어들 것이기 때문에 더욱 그러하다.

이제 인더스트리 4.0에 의한 4차 산업혁명이 시작됐다. 이것은 지금까지의 산업혁명과 아주 다른 양상을 보이고 있다. 인사조직 측면에서 보면 네 가지 특징으로 설명할 수 있다. 첫째, 중앙집중식 자동화에서 분권화로. 둘째, 타율성과 획일성에서 자율성과 다양성으로. 셋째, 피라미드형 계급구조에서 네크워크형 수평구조로. 넷째, 복잡한 노동의 단순화.

가장 눈에 띄는 점은 역시 분권화decentralization이다. 이것은 중

전통적인 제조공정의 어셈블리 라인에서는 주체와 객체의 엄격한 구분이 있었다. 어셈블리 라인에 배치된 기계 설비들이 공장의 주체가 되고 부품과 자재들은 주체에 의해 소비되는 객체로서의 역할을 했다. 이 패러다임은 이제 머지않은 장래에 서서히 사라지게 될 것이다.

앙통제시스템이 더 이상 유효하지 않게 됐다는 의미다. 명령과 통제, 지시와 복종이 먹히던 피라미드형 수직적 계급구조로는 생산성 향상을 더 이상 기대할 수 없게 됐다는 것이다.

지금까지는 중앙 집권형의 계획과 실행으로 이어지는 타율성과 획일성이 특징이었으나 새로운 혁명에서는 자율성과 다양성을 요구한다. 각 부품이 독자적인 기능과 목적을 가지고 다른 부품이나 기계 설비들과 상호작용하듯이 조직구성원들도 독립적이고 자율적인 주체로서 자신의 역할을 할 수 있도록 해야 한다. 이러한 역할 수행은 타율적인 명령과 통제에 의한 피라미드형 수직구조에서는 불가능하다. 네트워크형 수평구조 속에서 자신의 재능을 맘껏 발현할 수 있는 환경으로 바뀌어야 한다. 끝으로 일자리는 자연스럽게 축소될 것이다. 직업이 없는 사람들은 더욱 많아질 것이다. 이를 위

인더스트리 4.0의 기본 아이디어와 철학은 기존의 중앙 집중화된 제조과정을 분권화decentralization시키는 것이다. 개별 부품들이 마치 살아 있는 유기체처럼 움직이도록 사이버물리시스템을 내재화embedded시켜 부품과 부품, 부품과 기계 설비들이 상호작용함으로써 스스로 완성품이 되도록 한다.

해 사회적 해결책을 마련해야 한다.

지금까지와는 전혀 다른 상황이 도래할 때 안토니오 그람시Antonio Gramsci의 말대로 '옛것은 지나갔으나 아직 새로운 가치관과 조직운영 패러다임이 도래하지 않은 상태'에서는 무질서가 발생하며 급속히 생산성이 떨어지게 된다. 이럴 때 우리에게 인간과 조직에 대한 철학적 성찰이 필요하다. 그 성찰에 기초해 우리 사회의 시스템을 새롭게 정비해야 한다.

4차 산업혁명의 본질

4차 산업혁명은 독일에서 추진되는 제조 공장의 혁명적 변화에서 시작되었다. 그것은 100년 전 만들었던 포드 시대의 컨베이어 벨트와 같은 어셈블리 라인으로 채워진 공장이 해체된다는 것을 의미한다. 부품, 반제품, 기계 설비들이 스스로 상호작용하면서 완성품을

인더스트리 4.0의 1차적인 목표는 스마트 팩토리를 실현하는 것이지만 장기적으로는 공장과 공장, 공장과 물류, 물류와 소비자 간의 연결망도 사이버물리시스템으로 전환시킴으로써 사이버물리시스템을 기반으로 하는 사회를 구축할 수 있을 것이다.

만들어가는 방식으로 제조공장이 새롭게 창조되고 있기 때문이다.

공장의 핵심장치는 어셈블리 라인이다. 이 라인에 원재료와 각종 부품을 받아들여 조립해 완성품으로 내보낸다. 제조 공장의 이런 어셈블리 라인은 지난 100년 동안 한 번도 흐트러진 적이 없다. 다만 노동의 분업화에서 자동화의 정도에 따라 노동력 투입이 축소됐을 뿐이다. 어셈블리 라인에 배치된 기계 설비들이 공장의 주체가 되고 부품과 자재들은 주체에 의해 소비되는 객체로서의 역할을 했다. 이 패러다임은 이제 머지않은 장래에 서서히 사라지게 될 것이다.

스마트 팩토리에서는 공장의 어셈블리 라인은 사라진다. 부품들이 모두 하나의 사이버물리시스템으로서 공장 내에 있는 모든 부품이나 기계 설비들과 상호작용하면서 스스로 자신에게 필요한 서비스를 받으며 공장 내부를 순회한다. 이런 방식의 제조 공장을 상상하는 이유는 소비자들의 개별적인 취향이나 다양한 필요를 맞추기 위해서다. 지금까지 대량 생산했던 방식으로는 이런 소비자 개인의 독특한 소비행태에 부응할 수 없었다. 사이버물리시스템 기술의 진전으로 대량생산과 같은 수준의 비용으로 개별 맞춤형 생산이 가능하게 됐다. 개인 맞춤형 제품personalized production은 소비자가 원하는 제품의 개별적 특성에 들어맞도록 부품들이 기계 설비들의 지원을 받으면서 제조공정을 지나다녀야 한다. 그러니 스마트 팩토리가 될 수밖에 없다.

우리나라에서 4차 산업혁명을 제조공정의 자동화 수준을 고도화하는 것으로 이해하는 사람들이 있다. 이는 독일에서 추진하고 있는 인더스트리 4.0을 오해한 것이다. 인더스트리 4.0의 기본 아이디어와 철학은 기존의 중앙 집중화된 제조과정을 분권화decentralization시키는 것이다. 개별 부품들이 마치 살아 있는 유기체처럼 움직이도록 사이버물리시스템을 내재화embedded시켜 부품과 부품, 부품과 기계 설비들이 상호작용함으로써 스스로 완성품이 되도록 한다. 1차적인 목표는 스마트 팩토리를 실현하는 것이지만 장기적으로는 공장과 공장, 공장과 물류, 물류와 소비자 간의 연결망도 사이버물리시스템으로 전환시킴으로써 사이버물리시스템을 기반으로 하는 사회를 구축할 수 있을 것이다. 이렇게 되기까지는 상당히 많은 시간이 필요하리라 생각되지만 기술 발전 속도를 고려할 때 상상하는 것보다 훨씬 더 이른 시일 내 실현될 수도 있다.

독일 제조업의 특징은 무엇인가

20세기 후반 독일 중소기업들을 강소기업으로 소개하면서 소위 '히든 챔피언'에 대한 조명이 있었다. 그들이 소규모 고품질의 제품을 생산하면서 세계시장에서 챔피언의 위치를 점하고 있었기 때문이다. 이들 제조업의 생산성과 창의성에 대해서는 많은 연구가 있었지만 공통된 특성을 발견하지는 못했다.

인더스트리 4.0을 선도하는 제조업 중에서 우리에게 잘 알려진 지멘스(1847년 창업), 보쉬(1886년 창업), 다임러(1883년 창업), BMW(1916년 창업) 등과 같은 기업들은 오랜 전통을 가지고 있다. 이들이 높은 생산성과 창의성을 발휘하는 이유로 다음의 네 가지를 요약할 수 있다. 첫째, 플랫폼. 둘째, 모듈. 셋째, 네트워킹. 넷째, 산업생태계.

이 네 가지 특징을 한 문장으로 표현하자면 다음과 같다. 독일 기업들은 우선 장기적으로 활용 가능한 플랫폼을 설계한다. 이 플랫폼을 가장 잘 활용할 수 있는 모듈들을 만든다. 이 모듈들은 자연스럽게 수평적 네트워킹을 통해 상호작용한다. 사내외의 다양한 모듈 간의 네트워크를 통한 생태계를 형성한다. 이것이 공장설계 또는 조직설계의 기본모형이다.

이런 플랫폼에서 다양한 부품들과 기계 설비들이 모듈(사이버물리시스템)로서 네트워킹을 통해 상호작용을 일으키고 대내외적으로 산업생태계를 형성한다. 이런 생태계는 산업 자체의 생산성과 창의

왼쪽부터 지멘스 창업자 에른스트 지멘스, 보쉬 창업자 로버트 보쉬, 다임러 창업자 고틀립 다임러, BMW의 3인의 창업자 중 한 명인 프란츠 요세프 포포. 이들 기업이 창업 후 100년이 넘도록 지속 성장하며 높은 생산성과 창의성을 발휘할 수 있었던 데는 중요한 네 가지 요인이 있다. 바로 플랫폼, 모듈, 네트워킹, 산업생태계.

성을 높여주고 다시 각 개별기업의 플랫폼을 더욱 인간 중심적으로 시스템화하게 된다.

여기서 가장 중요한 개념은 플랫폼이다. 제조 공장의 경우, 플랫폼이란 각 모듈이 설계된 특성이나 능력을 최대한 발휘할 수 있는 물리적 토대를 말한다. 조직운영 플랫폼이란 앞에서 언급했듯이 구성원의 잠재력을 최대한 발휘할 수 있는 정신적, 경제적, 물리적 토대를 의미한다. 모든 구성원이 심리적으로 안정감을 느끼면서 서로 믿을 수 있을 정도로 조직운영 플랫폼이 굳건하게 만들어졌을 때 구성원들에게 직무몰입과 조직헌신을 기대할 수 있다. 생산성과 창의성은 바로 이런 환경에서 생긴다. 우리나라 기업들의 가장 큰 문제는 조직운영의 플랫폼이 근본적으로 잘못 설계되어 오랜 시간 노동하지만 결국은 낮은 생산성에 시달린다는 것이다. 이것은 국가운영에서도 마찬가지다.

독일 제조업 특징의 역사적 배경

독일은 어떻게 해서 조직운영에 인간 중심적인 플랫폼을 만들게 됐는지 그 역사적 맥락을 이해할 필요가 있다. 독일인들은 2차 세계대전의 폐허 위에서 장기적인 비전을 가지고 민주적인 정부를 운영해왔다. 독일인들은 승전국의 군사정부로부터 정부를 이양받았다. 그때가 1949년이었다. 독일연방공화국(서독) 정부를 수립한 중도우파의 기민당CDU은 1949년부터 1969까지 20년간 현대적 국가로서의 정체성과 국가운영의 민주적 원칙들을 정비했다. 경제적으로는 사회적 시장경제의 원리를 지속적으로 추진했다. 오늘날과 같은 복지국가의 기틀을 마련했다. 그러나 이 기간에는 동서냉전이 가속화되던 시기였다. 미군이 주둔해 있는 상황에서 서독 정부는 친서방 정책을 기본 노선으로 외교정책을 폈고 반공주의 이데올로기로 소련과 동구권을 적국으로 간주했다.

그러나 1960년대 후반이 되자 유럽 사회는 점차 민주화의 열망이 높아지기 시작했다. 특히 1968년 프랑스 파리를 중심으로 소위 68혁명이 일어났다. 이는 냉전시대의 억압적 권위주의에 저항하는 운동이었고 반전운동과 결합해 미국에서는 히피 운동으로 퍼져 나갔다. 이것은 유럽 대륙뿐만 아니라 미주대륙에까지 큰 영향을 끼쳤다는 의미다. 이렇게 변화를 추구하는 시대정신이 독일 사회에 커다란 영향을 끼쳤다. 이런 분위기는 1969년 중도좌파의 사민당 SPD 정부가 출범하는 계기가 됐다.

사민당은 1969년부터 1982년까지 약 13년간 서독 정부를 운영했다. 사민당 정부는 정치, 경제, 사회, 문화 등 모든 면에서 '보다 더 많은 민주주의 mehr Demokratie'를 실현할 수 있도록 했다. 빌리 브란트 Willy Brandt 총리²와 사민당 정부는 모든 분야에서 대내적으로는 강력하게 민주화를 추진했고 대외적으로는 동방정책 Ostpolitik 을 통해 냉전을 완화하는 정책을 펼쳤다. 그의 외교정책은 심화되고 있던 동서냉전의 갈등 분위기를 사과와 속죄, 용서와 화해, 교류와 협력의 분위기로 전환시켰다. 특히 폴란드 바르샤바를 방문해 유대인 추모비 앞에서 무릎을 꿇은 한 장의 사진은 세계인들의 마음을 울렸다.

당시 수행원들과 기자들은 브란트 총리가 현기증을 일으키는 줄 알았다고 한다. 그러나 그는 무릎을 꿇었고 눈에는 눈물이 맺혔다. 헌화와 사과의 묵념이 끝난 후 기자들이 "왜 무릎을 꿇었는가?"라고 물었다. 그는 "인간이 말로 표현할 수 없을 때 할 수 있는 행동을 했을 뿐"이라고 대답했다. 그러자 세계 언론은 '무릎을 꿇은 것은 한 사람이었지만, 일어선 것은 독일 전체였다'고 평가했다.

브란트는 아버지가 누군지 모르는 불우한 어린 시절을 보냈다. 젊은 시절에는 나치 정부에 대한 저항운동에 앞장섰다. 고등학교를 졸업하고 대학 진학을 포기한 채 노르웨이와 스웨덴으로 망명생활을 하면서 나치에 대항해 투쟁했다. 패전 후 베를린에 정착해 사민당에 가입하고 정치활동을 계속했다. 1961년 베를린에 동서를 가르는 장벽이 세워지던 시기에는 서베를린의 시장이었다. 1963년

1970년 12월 7일 폴란드 바르샤바 유대인 추모비에서 무릎 꿇은 빌리 브란트 총리. 기자들이 "왜 무릎을 꿇었는가?"라고 물었다. 그는 "인간이 말로 표현할 수 없을 때 할 수 있는 행동을 했을 뿐"이라고 대답했다. 그러자 세계 언론은 '무릎을 꿇은 것은 한 사람이었지만, 일어선 것은 독일 전체였다'고 평가했다.

미국 케네디 대통령을 베를린에 초대해 '나도 베를린 시민'이라는 유명한 연설을 하도록 이끌었다.

브란트는 1969년 서독 총리에 취임한 후 정부의 공식입장을 다음과 같이 발표했다. "우리는 더 많은 민주주의를 감행할 것입니다. 우리는 더 많은 자유를 제공하고 더 많은 공동 책임을 요구하는 사회를 원합니다." 사민당이 정부를 운영할 때 브란트는 어떤 사상과 철학을 가지고 있었는지 잘 알 수 있는 문장이 있다.

'나는 가능한 한 합의를 통한 업무 스타일을 실천하려고 노력했다. 이미 사전에 결정된 내 의견을 확인하기 위해서 단지 동의를 구하는 식의 토론을 하는 것은 내가 원하는 것이 아니었고 지금도 마찬가지다……. 사민당 지도부 회의에서 하나의 합의를 만들어가는 것이 더 생산적이다. 나에게 중요한 것은 어떤 문제에 대해 서로 의견이 다를 때도 인간적 결속을 유지하기 위해 애쓰는 것이었다.'

빌리 브란트와 사민당은 이렇게 합의의 원칙Kollegialprinzip을 존중하는 사람들이었다. 이 원칙은 의사결정을 특정인이 독점하지 못하도록 하는 것이다. 이 전통은 1976년 공동결정법Mitbestimmungsgesetz이라는 법률로 규정돼 지금까지 지켜지고 있다. 이렇게 사민당 정부는 민주화의 초석인 합의의 정신을 실천하도록 제도적 장치들을 만들었다. 이렇게 하게 된 동기는 여러 가지가 있었지만, 이런 합의의 정신이 곧 민주주의의 초석이 될 뿐만 아니라 국가 장래를 위한 장기적인 계획을 가능케 한다고 생각했기 때문이다.

이 공동결정법의 정신을 이해하지 못하면 독일 사회를 이해할 수 없다. 공동결정이라는 집단지성의 에너지가 오늘날 독일에서 인더스트리 4.0이라는 형태로 분출하고 있기 때문이다. 집단지성의 힘으로 결정된 것은 어떤 특정인이나 특정집단의 결정보다 항상 지혜롭다. 이 영원한 진리를 종전 이후 지금까지 수십 년간 실행해온 독일인들은 이 지구상에서 가장 적은 시간 노동하면서도 인더스트리 4.0이라는 창조적 에너지를 분출하고 있다. 그러므로 공동결정의 정신이 무엇인지 이해하는 것이 무엇보다 중요하다.

공동결정이란 어떤 결정이 타인의 존재, 노동방법, 삶의 방식에 영향을 끼치는 경우에는 당사자 간 합의에 따라 결정하는 것을 의미한다. 예를 들면 내가 점심시간에 짜장면을 먹을지 짬뽕을 먹을지를 결정하는 것은 타인에게 아무런 영향을 주지 않는다. 그러나

집단지성의 힘으로 결정된 것은 어떤 특정인이나 특정집단의 결정보다 항상 지혜롭다. 이 영원한 진리를 종전 이후 지금까지 수십 년간 실행해온 독일인들은 이 지구상에서 가장 적은 시간 노동하면서도 인더스트리 4.0이라는 창조적 에너지를 분출하고 있다.

우리가 회식할 때 다 같이 짜장면을 먹으려고 결정하는 것은 타인의 삶의 방식에 영향을 끼치는 것이므로 반드시 합의를 거쳐야 한다는 것이다.

오늘날 문명화된 국가에서는 대개 독일처럼 정부, 노동조합, 시민단체, 연구소, 기업, 대학 등이 협력해 20~30년의 장기적인 기획하에서 프로그램을 추진하고 있다. 그러나 우리나라에서는 2~3년 앞도 내다보지 못하고 단기적인 시각에서 업무를 처리하곤 한다. 인더스트리 4.0과 관련해 독일에서 발간되는 문헌들을 보면 매우 부럽기도 하고 두렵기도 하다. 여기서는 산업계에 어떤 변화가 있었는지를 살펴볼 필요가 있다.

독일의 공동결정과 합의정신이 낳은 플랫폼

인간은 누구나 건강하고 풍요롭게 살아갈 수 있어야 한다. 오늘날 한국 사회는 극심한 부의 불평등 때문에 건강하고 풍요로운 사회를 만드는 데 실패했다. 부의 불평등 구조가 심화된 것은 해방 후 지금까지 미국식 자본주의 모델을 무비판적으로 추구해왔기 때문이다. 1997년 외환위기 이후 IMF가 주문하는 대로 미국식 신자유주의 시장경제를 중심으로 국가운영모델을 설계했기 때문에 더욱 양극화가 심해지고 서로가 서로를 경쟁상대로 여기게 됐다. 이 시기는 오히려 국가운영모델을 유럽의 게르만 모형이나 스칸디나비아 모형으로 탈바꿈할 좋은 기회였다.[3]

그러나 이 기회를 상실하는 바람에 경제적 양극화가 심화되고 무한경쟁 사회로 변하면서 '헬조선'이라는 용어까지 나오게 됐다. 게르만 모형과 스칸디나비아 모형을 참조하면, 산업이나 기업 조직의 경쟁력은 경쟁을 통해서 나오는 것이 아니라 상호 협력을 통해 나오는 것이 명확해진다. 우리 사회는 '경쟁 패러다임'에서 '협력 패러다임'으로 나아갈 필요가 있다.

한국의 기업과 사회는 21세기에 접어들면서부터 건강하고 풍요로운 삶을 위한 인간 중심적인 조직운영 플랫폼을 갖추지 않으면 안 되는 시대를 맞았다. 앞에서 언급했듯이 조직운영 플랫폼이란 조직구성원들이 가진 재능을 맘껏 발현할 수 있는 정신적, 물리적, 경제적 토대를 말한다. 그런 플랫폼 설계에 강력한 영향력을 행사하는 요소가 과학기술이다. 특히 인공지능, 사물인터넷, 빅데이터, 로봇, 사이버물리시스템 등의 기술은 급격한 속도로 발전하고 있다.

이런 기술에 의존해 시작된 인더스트리 4.0은 우리 사회로 하여금 조직운영의 새로운 플랫폼을 구축하도록 강요하고 있다. 경제 주체들의 개별적인 노력으로는 해결할 수 없을 정도로 세계가 서로 복잡하게 얽혀 이해관계자들과 사업 파트너들이 공유할 수 있는 플랫폼을 적절히 설계하는 것이 더욱 중요해졌다.

이런 이슈들을 해결하기 위해서는 우리 기업과 사회의 발전 방향에 대한 이해관계자들의 철학적 사유의 공유와 진지한 토론 그리고 사회적 합의를 필요로 한다. 몇 사람의 전문가들이 책상에 앉아서 할 수 있는 것이 아니다. 정부는 말할 것도 없고 산업계, 시민사회단체, 노동계, 연구기관 등 모든 이해관계 집단들이 의제를 정하고 토론하고 토론된 내용을 정리하고 합의해야 한다. 그 내용을 정부 또는 대의기관을 구성해 합의된 내용을 공식적으로 발표하고 이에 따라 이해관계자들이 앞으로 우리 기업과 사회가 나아가야 할 방향을 공유할 수 있도록 해야 한다. 독일에서 명명한 인더스트리 4.0의 추진체계는 산업계, 노동계, 대학을 포함해 연구기관은 물론 정부 등이 통합적인 시각에서 구심점을 만들고 사회적 합의를 거친 연구결과들을 속속 출간하고 있다.

이런 측면에서 독일인들이 추진해 왔던 산업기술 발전과정에 따라 기업과 사회의 인사조직 및 교육훈련 프로그램이 어떻게 변천해 왔는지를 살펴보는 것은 우리에게 많은 시사점을 줄 것이다. 특히 4차 산업혁명의 시대에 인간의 삶을 위한 과학기술의 역할이 무엇보다 중요해졌다. 중앙 집권화된 제조 공장 시스템을 완전히 분권화시킬 것이고 부품과 기계장치들이 자율적으로 커뮤니케이션함으로써 인간의 명시적인 개입이나 의도적인 명령 없이도 스스로 인간의 의도대로 움직이는 시대가 머지않아 도래할 것이다.

자동차 제조과정을 상상해보자. 컨베이어 벨트로 구성된 어셈블리 라인에서 부품들이 조립되고 완성품으로 거듭나 공장을 떠난다. 완성차 창고에 보관됐다가 고객에게 출고된다. 이미 100년 전부터 거의 모든 공장은 이런 어셈블리 라인을 거쳐 제품을 만들었다. 3차 산업혁명이 1970년대부터 본격화돼 컴퓨터가 만들어지고 자동화가 진전됐지만 어셈블리 라인에 따라 제조공정이 이루어지는 것은 마찬가지였다.

4차 산업혁명에서는 사이버물리시스템 기술에 의해 부품과 기계장치들이 스스로 의사소통하면서 인간의 필요를 채워줄 수 있다면 부품과 기계장치들이 마치 생명이 있는 것과 같은 자율성을 부여받는 셈이 된다. 부품 자체가 하나의 사이버물리시스템이 되며 기계설비들도 하나의 사이버물리시스템이 된다. 말하자면 공장 전체가 사이버물리시스템으로 뒤덮이는 셈이다. 이렇게 되면 모든 중앙통제시스템은 근본적으로 재검토돼야 한다. 아니, 중앙통제가 아예 불가능해진다. 부품들과 공장 설비들이 스스로 상호작용하면서 소비자가 원하는 완제품으로 변화해가기 때문이다.

이러한 공장의 변화는 조직운영의 변화를 가져올 수밖에 없다. 조직운영에서도 명령과 통제의 피라미드형 수직구조가 더 이상 작동할 수 없게 된다. 조직구성원 개개인에게 스스로 자신의 역할과 책임을 완수할 수 있도록 거의 완벽한 자율성을 부여해야 한다. 이런 정도의 기술발전을 목표로 하는 4차 산업혁명은 제레미 리프킨Jeremy Rifkin의 표현대로 노동의 종말을 맞게 되지는 않겠지만 노동의 상당 부분은 사라질 것이다.[4]

여기서 우리가 한 가지 분명히 해야 할 것은 모든 기술은 인간에 부합해야 한다는 점이다. 이것은 인간이 기술의 지배를 받는 것이 아니라 어떤 경우라도 인간이 기술을 지배할 수 있어야 한다는 말이다. 인공지능의 기술발전 속도로 보아 아마도 앞으로 10년 내 상당 부분 기존의 자동화 산업을 대체할 수 있는 기술적인 변곡점을 넘어서게 될 것으로 보인다.[5]

지금까지 개발된 기술들 대부분은 인간의 삶을 풍요롭게 해왔고 인간은 더 나은 기술을 필요로 할 것이다. 그러나 모든 기술이 인간에게 더 나은 기술이 되지는 않을 것이다. 어떤 형태로든지 개발된 기술로 인간에게 불안과 공포가 일어나서는 안 된다. 불행하게도 인류는 이미 그 불안과 공포를 경험했다. 우리는 체르노빌과 후쿠시마의 핵발전소 폭발 사태를 보며 기술이 인간의 삶을 송두리째 앗아갈 수 있음을 확인했고 일단 사고가 나면 통제가 불가능하다는 사실도 알게 됐다. 기술은 어떤 경우에도 인간의 통제하에 있어야 한다. 이런 점에서 독일인들은 기술에 관한 인문학적 사유를 필요로 한다는 사실을 체르노빌과 후쿠시마 사태를 통해 확인했다.

선진국들은 3차 산업혁명까지, 그러니까 20세기에는 생산성 향상을 위해 기술개발에 집중해왔다. '어떻게 생산할 것인가?'와 같은 엔지니어링 이슈에 중점을 두고 기술개발에 매진했다. 4차 산업혁명에서는 그러니까 21세기에는 생산성 향상을 위한 기술개발도 중시해야 하지만 '무엇을 생산할 것인가?'의 철학적 사유에도 무게를 두기 시작했다. 기술적으로는 충분히 생산할 수 있지만, 생산해야 할 것과 생산해서는 안 되는 것을 판단해야 하기 때문이다.

대표적인 것이 핵발전소를 이용한 에너지 생산이다. 독일은 핵발전소를 2022년까지 완전히 폐쇄하기로 사회적 합의를 보았다. 결코 쉬운 결정은 아니다. 이런 합의에 이르기까지 25년의 세월이 걸렸다. 필요한 에너지의 20% 이상을 다른 곳에서 충당해야 하기 때문이다. 독일이 이런 결정을 내릴 수 있게 된 데는 신재생 에너지 기술을 비롯한 사물인터넷, 에너지 인터넷, 서비스 인터넷과 같은 4차 산업혁명의 핵심기술에서 우위를 확보하고 있었기 때문이다. 모든 기술은 반드시 인간의 존엄성에 봉사해야 한다. 모든 국가권력은 인간의 존엄성을 존중하고 보호해야 한다는 독일 기본법 제1조 제1항의 명령과 모든 기술은 인간적인 삶의 풍요로움을 지향해야 한다는 인류 보편적 원칙에 따라 핵발전소를 완전히 폐쇄하기로 한 것이다. 이런 결정에는 반드시 인간과 세계에 관한 인문학적 논의와 통찰이 전제돼야 한다. 우리에게 부족한 것이 바로 이 점이다.

기술이 인간의 삶에 복무하도록 하려면 우리 사회는 기술의 적절한 활용을 위한 사회적 합의와 함께 인간 존재와 인간다움을 위한 교육의 개념과 목적이 무엇인지 명확히 정의돼야 한다. 이런 사상과 철학의 확고한 기초를 마련해야 한다. 우리가 앞으로 추진해야 하는 모든 방법론과 수단과 도구는 그런 철학적 굳건함에 뿌리를 내릴 수 있어야 한다. 이런 관점에서 4차 산업혁명은 기존의 3차 산업혁명까지의 변화와는 완전히 다른 새로운 변화, 즉 우리가 지금까지 적용했던 정신적인 모형 mental model 과 사회 시스템 모형 social system model 의 근본적인 재검토를 요구하고 있다.

1945년 패전 후 독일인들, 더 정확히는 서독인들은 3차 산업혁명까지 사회, 경제, 기술 측면에서 비교적 착실하게 실행해왔다. 21세기 들어서면서부터 인더스트리 4.0을 준비해가는 전 과정을 살펴

독일 베를린에 있는 헬무트 폰 몰트케 장군의 동상. 그는 "먼저 심사숙고해서 결정한 다음에 과감히 실행에 옮긴다." 고 말했다.

보면 마치 교과서처럼 인류문명과 생존의 기본원칙에 맞게 추진해 가는 것처럼 보인다. "먼저 심사숙고해서 결정한 다음에 과감히 실행에 옮긴다 Erst wägen, dann wagen." 이것은 프로이센이 프랑스와의 전쟁(1806년 나폴레옹 전쟁)에서 크게 패한 후 그 원인을 분석해 프로이센의 군대를 개혁했던 헬무트 폰 몰트케 Helmuth von Moltke 가 한 말이다. 현대적 의미에서 볼 때 독일 정신을 가장 잘 설명한 문장이다.[6]

우선 이러한 독일의 경험을 역사적 맥락과 함께 인사조직 측면에서의 변화과정을 간단히 살펴보자. 이어서 이것이 우리 사회에 미치는 시사점은 무엇인지 정리해보자.

10장
인간을 위한 맞춤형 직무설계

최동석
(주)블록체인OS 상임감사, 최동석인사조직연구소 소장, (사)아시아연구네트워크 인사조직혁신센터 센터장
성균관대학교 경영학과를 졸업했고 독일 기센대학교에서 경영학석사 및 박사학위를 받았다. 한국은행에서 20년간 근무한 후 인사조직컨설팅회사 대표와 교보생명보험(주) 부사장, 한양대학교 특임교수를 역임했다. 또한 중앙인사위원회 위원장 정책자문관, 한국은행 총재 자문역, 정보통신부장관 혁신자문위원, 외국계자산운용사 사외이사, KBS경영평가위원 등을 역임했다.
저서와 역서로는 『다시 쓰는 경영학』(2013), 『똑똑한 사람들의 멍청한 짓』(2014), 『셈코 스토리』(2006), 『성공하는 팀의 5가지 조건』(2006) 등이 있다.

Industrie 4.0

1
인간을 위한 직무설계

2차 세계대전 이후 3차 산업혁명기까지, 그러니까 20세기 후반까지 독일 산업계에서 추진해왔던 인사조직에 관한 기본 아이디어는 학습을 장려하는 직무설계였다. 이 기본 아이디어들이 4차 산업혁명의 시대를 맞아 크게 변화하고 있다. 여기에는 다음과 같은 두 가지 영향력 때문이다.

첫째, 노령화에 따른 인구학적 변화가 급격히 일어났다는 점이다. 둘째, 복잡한 정보를 파악하고 선별해 시각화할 수 있는 인공지능, 사이버물리시스템, 사물인터넷 등의 정보통신기술 발달에 따른 새로운 가능성이 열렸다는 점이다. 이러저러한 기술 발달에 따른 영향력 때문에 독일 기업의 직무설계 또는 업무수행 조직은 다음과 같은 세 단계로 발전해왔다.

1단계 노동생활의 인간화 추진
2단계 디지털 시대에 부응하는 새로운 형태의 직무설계
3단계 인더스트리 4.0을 위한 교육훈련

이러한 인사조직의 발전과정을 단계별로 정리하면 다음과 같다.[1]

1단계 노동생활의 인간화 추진

노동의 인간화를 추진하게 된 배경

1950~1960년대의 기술개발과 자동화가 경영합리화와 경제성 측면에서 볼 때 기대했던 것만큼 긍정적인 결과를 가져오지 못했다는 반성이 일었다. 그 원인을 찾기 위해 인간, 조직, 기술이라는 세 가지 핵심 요소를 추출했다. 기술발전에 따른 인간과 조직의 문제를 체계적이고 효과적으로 해결하기 위한 연구들이 본격적으로 진행됐다.

앞에서 언급했듯이 프랑스에서 68혁명이 일어나 기존의 사회질서에 대한 대대적인 저항정신이 유럽 사회에 촉발됐다. 1969년 서독에서는 사민당 정부가 들어섰고 빌리 브란트가 총리로 취임했다. 사회민주주의 시대가 본격적으로 열린 것이다. '더 많은 민주주의를 실행하자!'는 시대정신에 따라 '노동생활의 인간화'가 본격적으로 진행됐다.

1960년에 후반에는 주당 노동시간을 50시간에서 40시간으로 줄였다. 아울러 대기업 소속 노동자들뿐만 아니라 중소상인과 자영업자들까지도 노동시간의 규제를 받도록 했다. 상점을 폐점하는 시간을 규제하는 법을 만들어 오후 6시 또는 오후 6시 30분에는 시내의 모든 상점이 문을 닫아야 했다. 자영업을 하는 상인들도 '노동의 인간화'라는 가치에 일치하는 생활을 하도록 유도했다. 기술개발과 관련해서도 기술을 위한 기술보다는 인간 중심적인 기술이 돼야 한다는 원칙을 세웠다. 오늘날까지 기술은 인간에 봉사하도록 해야 한다는 원칙은 존중되고 있다.

이렇게 더 많은 민주주의와 시민참여 운동은 정치, 사회, 문화뿐만 아니라 경제계와 노동계에도 그대로 적용됐다. 인사조직 측면에서 가장 영향력이 큰 사건은 1976년에 발효된 공동결정법이었다. 오늘날의 독일사회와 산업의 발전과정을 이해하려면 반드시 공동결정법의 정신을 이해해야 한다. 조직운영을 합리화하기 위해 특정 직무담당자에게 모든 권한과 권력을 몰아주는 형태가 아니라 다수 이해관계자가 대화와 토론을 거쳐 합의에 따라 결정하도록 법률로 규정했기 때문이다. 이것을 합의의 원칙이라고 부른다.

이 법률과 원칙은 인사조직과 관련해 결정적인 변화의 계기가 됐다. 서로 다른 의견이 갈등하거나 충돌할 때는 반드시 합의하도록 하는 이 정신이야말로 현대 독일의 정신이라고 할 수 있다. 이 법률은 노동자와 이해관계자들에게 업무처리의 합리성뿐만 아니라 업무처리에서 완벽함을 요구하는 것이기도 하고 동시에 조직구조 설계를 수평적으로 바꾸도록 유도하는 것이기도 하다.

업무처리의 합리성과 완벽함에 대한 요구

노동의 인간화는 업무처리의 합리성과 완벽함을 중시한다. 여기에는 두 종류가 있다.

첫째, 노동과정에서의 합리성과 완벽함을 추구한다는 것은 직무수행계획, 실행, 통제 등의 수평적 노동과정에서 착오가 없도록 해야 함을 의미한다.

둘째, 합리성과 완벽함을 추구하되 그 과정에서 만족감을 느낄 수 있어야 한다. 고도의 창의적인 정신노동을 요구하는 과제이든 단순 반복적인 육체노동을 요구하는 과제이든 상관없이 업무수행 과정에서 담당자가 적당한 수준의 정신적 충실감을 느껴야 한다.

이러한 두 가지 요건이 충족돼야 노동생활의 인간화가 노동생산성을 높일 뿐만 아니라 노동의 결과물도 완벽함을 유지할 수 있을 것이기 때문이다.

여기서 업무처리의 완벽함을 요구한다는 말은 단기적인 상황 적합적 업무처리가 아니라 장기적인 관점과 통합적인 관점을 동시에 만족시킬 수 있도록 업무계획을 수립하고 실행하도록 하는 것이다. 여기서 매우 중요한 독일 정신을 볼 수 있는데 바로 게슈탈트 Gestalt라는 말이다. 이 용어는 서양 언어권뿐만 아니라 동양 언어권에서도 쉽게 번역하기 어려운 개념이다. 한 마디로 통합된 전체, 흠이 없는 전부를 뜻하는 용어다.

예를 들어보자. 설거지라는 일련의 행동을 상상할 수 있다. 식사 후 사용한 그릇들을 싱크대로 옮긴다. 그 그릇을 물에 적신다. 세제를 풀어 닦는다. 맑은 물에 헹군다. 물기를 닦는다. 그릇을 제자리에 넣는다. 이런 일련의 행동을 종합하면 설거지가 된다. 생각해보면 이런 부분적인 행동들이 모인다고 해서 온전한 설거지가 되는 것은 아니다. 적절한 부분적인 행동의 연결고리들이 모여야 하지만 그 행동에는 행위자의 심성이 포함될 수 있다. 저녁 식사를 마련해준

아내에게 고마워서 속으로 콧노래를 부르면서 하는 일련의 행동과 하기 싫지만 마지못해 억지로 하는 일련의 행동은 같은 설거지라도 그 의미가 다르다. 그러므로 겉으로 드러나는 일련의 행동만으로는 설거지라는 전체를 설명할 수 없다. 사실 인간의 행동에서 가장 중요한 것은 보이지 않는 데 있다. 이 보이지 않는 부분까지, 즉 어떤 사상과 철학, 문화와 구조가 어떻게 작동하는지를 포괄해 파악할 수 있을 때 비로소 온전한 설거지의 게슈탈트라고 할 수 있다. 우리에게도 이 게슈탈트, 즉 겉으로 드러난 것만이 아니라 그 이면의 움직임까지를 파악하고 공유하는 것이 중요하다.

독일인들이 조직운영의 플랫폼을 설계할 때 또는 업무계획을 수립할 때 게슈탈트를 파악하고 이해하기 전까지는 끊임없는 대화와 토론이 이어진다. 게슈탈트를 파악하는 것이 업무수행의 기초이며 출발점이기 때문이다. 그러나 업무수행 중에 또는 대화와 토론 중에 게슈탈트를 파악해야 한다는 말은 아니지만, 그들의 정신 속에 게슈탈트를 파악하지 않으면 업무를 진전시키지 않는 성향이 있다.

아울러 이렇게 합리적이고 완벽한 업무처리의 구조화를 위해 '학습을 장려하는 직무설계' 방법을 개발했다. 노동자들이 까다로운 과제를 능숙하게 처리할 수 있도록 직무수행에 들어맞는 능력을 개발해야 하며 기업은 이러한 능력개발을 적극 장려하도록 했다.

인간에 부합하는 역동적인 직무설계

단기적인 노동생산성을 높이기 위해 숙련된 노동자들로만 구성하는 것이 바람직할 수도 있다. 그러나 이렇게 숙련된 노동자들로만 작업팀을 구성하면 미숙련된 작업자는 능력 향상의 기회에 제약을 받게 되므로 역동적인 직무설계가 필요하다. 역동적인 직무설계란 다양한 능력을 갖춘 담당자 중에서, 특히 연령과 숙련도에 적합하도록 작업팀을 구성한다는 의미다. 높은 숙련도의 노동자가 덜 숙련된 노동자에게 기술이 전수될 수 있어야 기업의 지속가능성을 유지할 수 있기 때문이다. 이렇게 하는 것이 인간에 들어맞는 직무설계라 할 수 있다.

이에 따라 경영학 교과서에 흔히 나오는 직무 순환 또는 직무 충실화 등과 같은 직무설계 방법을 통해 구성원 모두에게 골고루 능력개발 기회를 주도록 배려한다.

20세기 후반 독일에서 벌어진 이러한 노동생활의 인간화를 위한 노력의 대원칙은 인간에 부합하면서도 학습을 장려하는 노동 설계였다고 말할 수 있다.

노동과정에서의 학습

1) 역량개발을 위한 학습문화

2000년대 들어서면서 독일 연방교육과학부에서 '역량개발을 위한 학습문화Lernkultur Kompetenzentwicklung' 프로젝트를 실행했다. 노동생활의 인간화는 사회정책적 차원에서 시행됐으나 역량개발을 위한 학습문화는 교육정책적 차원에서 시작됐다.

이러한 교육정책적 차원의 접근은 대학, 전문대학, 직업학교와 같은 고전적인 형태의 공식적인 교육기관에서 시행되는 직업훈련을 넘어서는 평생학습의 가능성을 열어주었다. 이에 따라 비공식적 학습형태가 주목을 받았고 직업교육기관에서의 학습을 보충하는 것으로서 새로운 잠재력을 펼칠 수 있게 됐다. 새로운 잠재력이란 다음과 같다.

- 직무수행에 필요한 특정한 능력, 특히 자기조직화 능력 같은 것은 비공식적 학습상황에서 더 잘 학습할 수 있다는 점
- 비공식적 학습이 지식전수의 문제를 상당 수준 줄여준다는 점
- 비공식적 학습을 통해 얻는 능력도 공식적으로 측정하고 인정해줄 수 있다는 점
- 비공식적인 학습시간이 노동시간에 포함되지 않지만, 오히려 학습을 장려하는 업무활동에서는 노동시간이 곧 학습시간이 된다는 점

2) 노동과정에서의 학습의 단점과 공헌

노동과정에서의 다양한 학습기회 제공은 아주 좋은 아이디어였지만 예상보다 많은 노력과 비용을 수반한다는 단점이 있었다. 학습을 위한 직무설계에는 매우 치밀하게 할 수 있지만, 실제상황에서 그대로 활용하려면 전문가나 엔지니어가 항상 참여해야 하는 번거로움이 있었기 때문이다.

그럼에도 노동과정에서의 학습이 가져다준 가장 큰 공헌은 어떠한 노동 상황에서도 학습을 장려할 수 있는 가능성을 높여준다는 점이었다.

혁신적인 일자리 – 노동과 혁신능력

2010년대부터 시작된 학습을 장려하는 직무설계에 새로운 관점이 개발됐다. 새로운 관점이란 사회정책적 또는 교육정책적 차원이

아니라 혁신정책적 차원을 말한다.

여러 연구자들이 기업의 혁신능력을 분석하기 위해 연구 개발비용과 고급인력의 비율을 조사했다. 본질적인 혁신능력을 위해 임직원 전체의 능력뿐만 아니라 기업의 각 기능부서에 축적된 혁신능력이 중요하다는 사실을 알게 되었다.

생산과 연구 개발부서 사이의 상호 커뮤니케이션도 중요한 요소가 됐다. 지속적인 개선을 위해서는 해당 부서의 과정혁신 능력도 중요한 것으로 알려졌다. 이런 능력은 공식적인 교육을 통해서 얻어지기도 하지만, 작업현장에서의 학습을 장려하는 업무활동과 관행을 통해서도 얻을 수 있다.

학습을 장려하는 직무설계와 혁신 결과 사이에는 의미 있는 관계가 있다는 사실에 놀랄 일은 아니다. 이 관계는 임직원 중 고급인력의 비율이 높을수록 혁신 결과를 더 잘 예측할 수 있다는 사실을 강력하게 보여주었다. 이는 독일의 더 많은 젊은이가 대학에 진학해 학습하고 연구할 수 있도록 장려하는 여러 가지 이유 중의 하나다.

시사점

학습을 장려하는 직무설계가 노동의 인간화에 기여해왔지만 기술 발달에 따른 자동화로 노동의 인간화는 딜레마에 빠졌다. 과거에 각광을 받았던 '학습을 장려하는 직무설계'는 장애물로 인식되기 시작했다. 소위 '자동화의 딜레마 또는 역설'이라고도 하는 현상은 공장이 자동화되더라도 인간은 여전히 자동으로 움직이는 생산과정을 감시하는 단조로운 일을 수행하고 있다는 점 때문이다.

인간은 자동화 시대에도 때로는 그 자동시스템에 개입해야 할 때가 발생한다. 이런 상황을 극복하는 것은 다음과 같은 점 때문에 점점 어려워지고 있다. 첫째, 자동장치가 스스로 통제할 수 없는 까다로운 상황이 발생한다. 둘째, 인간이 스스로 유발한 상황이 아니기 때문에 그 상황을 정확히 파악하고 재빨리 분석해 해결방안을 도출하기 어렵다. 셋째, 자동화된 장치들과 그 주변기기들 전체를 이해하는 인간의 능력은 점차 줄어들고 있다.

인간은 점점 더 시스템 조정에 수동적으로 대응한다. 여기서 자동화의 딜레마가 다시 발생한다. 자동화가 진전될수록 자동시스템을 뒤따라가는 감시자로서의 감시활동이 점차 줄어들 수는 있다. 이런 현상을 극복하기 위해서는 사이버물리시스템, 인공지능, 사물인터넷 기술이 작동하는 모든 프로세스 정보를 파악하고 선별하고 시각화함으로써, 즉 사용자에게 이 모든 과정을 목전에 보여줌으로써 새로운 가능성을 열어줄 수도 있을 것이다.

2단계 디지털화된 산업시대의 노동과 직무설계

"인더스트리 4.0은 중소기업에 적합하도록 기술적이면서 동시에 조직설계의 문제를 해결할 수 있느냐와 기업현장에서 그 전문역량을 실제로 활용할 수 있느냐에 달려 있다. 이를 위해서는 노동친화적인 조직설계와 직무 관련 자격제도가 결정적인 역할을 할 것이다."

이것은 독일 연방교육과학부 차관 게오르그 쉬테 Georg Schütte가 한 말이다. 인더스트리 4.0 또는 4차 산업혁명은 다음과 같은 질문에 우선 답변할 수 있어야 한다.[2]

- 인더스트리 4.0 또는 4차 산업혁명은 노동에 어떤 영향을 주는가?
- 사이버물리시스템, 사물인터넷, 인공지능 등에 의해 이루어지고 있는 하이테크 경제에서 분권화된 기업과 사회는 어떤 책임을 져야 하는가?
- 노동 세계는 어떻게 발전해 갈 것인가?
- 노동자들을 위한 자동화와 실시간 조종 시스템이라는 환경하에서 직무가 어떻게 안전하고 공정하게 설계될 수 있는가?

이러한 질문에 대한 답변은 축적된 혁신능력과 생산능력을 활용함으로써 그리고 자율조정적이고 지식에 기반을 둔 센서에 의해 작동되는 생산 시스템을 광범위하게 도입함으로써 과연 어느 정도로 혁신적인 도약을 이룩할 수 있느냐에 달려 있다.

혁신 행위는 기술적 도전을 극복하는 데만 집중하는 것은 아니다. 필연적으로 노동을 스마트하게 조직해야 하고 노동자들이 덜 노력하도록 하는 데 초점을 둘 수밖에 없다. 스마트하게 업무활동을 조직하고 노동자들의 능력을 개발하는 것은 기술혁신을 자극하는 데 중요한 역할을 한다. 그러나 가상으로 설계된 오픈 플랫폼과 포괄적인 인간과 기계 그리고 인간과 시스템의 상호작용 관점에서 볼 때 노동자의 역할에 커다란 변화가 일어날 것이라는 점은 확실하다.

유연성 확대, 노동시간의 축소, 건강에 관한 관심 증대, 인구구조의 변화 등과 같은 생활세계의 거대한 변화를 고려할 때 노동생활에서 겪는 직무내용, 직무수행과정, 작업환경 등은 현저한 변화를 겪게 될 것이다. 이런 변화에 직면해 우리는 조직생활에 스마트하게 스며들어 가는 미래의 혁신적인 기술들을 성공적으로 통합할 필요가 있다.

우리 앞에 놓인 도전은 무엇인가

인더스트리 4.0 또는 4차 산업혁명 시대의 노동은 모든 노동자에게 높은 복잡성을 다루는 능력, 추상화 능력, 문제해결력 등을 요구하고 있다. 게다가 업무수행 과정에서는 자기주도적 능력, 의사소통 능력, 자기조직화 능력을 발휘해야 한다. 기술이 발달할수록 구성원들의 독립된 자율적 주체로서의 능력과 잠재력이 더욱더 강하게 요구되고 있다. 이것은 질적 풍요로움, 흥미로운 노동환경, 자기책임과 자기실현의 기회를 제공할 것이다.

그러나 새로운 가상의 세계는 노동자들의 노동능력을 유지 보전하는 데 있어 여러 위험성을 내포하고 있다. 기술적인 통합 수준이 올라갈수록 가상세계와 고유한 경험세계 사이에 발생하는 유연성, 강도, 긴장이 더욱 증대되기 때문이다.

노동자는 기술발전에 따라 업무처리능력이 오히려 줄어들 것이고 빠르게 진전되고 있는 사물의 비물질화 또는 가상화에 따른 소외감이 커질 것이다. 또한 비즈니스와 노동과정의 시각화로 노동의 역동성이 감소할 것이다. 이러한 변화는 오래된 위험에 더해 새로운 위해危害가 겹쳐질 수 있다. 그 이유는 창의성과 생산성의 손실을 가져올 수도 있고 자기착취 상태를 장려하는 것이 될 수 있기 때문이다.

무엇보다도 제조공정에 들이닥치는 정보기술의 영향이 어느 정도의 일자리 감축효과를 가져오는지 질문해야 한다. 예상컨대, 단순한 육체노동은 지속적으로 감소할 것이다. 노동자 중에, 특히 단기 계약직은 해고될 위험이 아주 높아질 것이다. 이것은 노동자들을 위해서도, 사회통합을 위한 사회적 요구의 관점에서도 받아들일 수 없다. 이것은 인더스트리 4.0 또는 4차 산업혁명의 성공적인 실현을 위해서는 매우 역기능적인 현상이다.

기술과 직무설계는 일관되게 추진해야 한다

소위 '스마트 팩토리'는 직원들의 흥미에 기초한 노동문화를 만들어갈 여러 기회를 내포하고 있다. 하지만 이런 잠재력은 저절로 실현되지 않는다. 따라서 노동의 조직설계모형이 결정적으로 중요하다.

이 조직설계모형은 높은 수준의 자기책임을 수반한 자율성이 분권화된 리더십과 결합돼야 하며 노동자들에게는 의사결정과 참여의 범위가 확장되며 업무부담도 스스로 조절할 수 있게 돼야 한다. 여기서 기술은 두 가지 방향에서 옵션을 제공할 수 있다. 시스템을 통해 노동자들의 행동을 미세하게 조정하는 방식으로 직무를 설계할 수도 있고, 노동자가 스스로 결정할 수 있는 오픈 소스 기반으로 설계할 수도 있다. 중요한 것은, 작업의 질적 수준이 기술적 강제에 의해 결정되는 것이 아니라 과학자나 경영자가 어떤 형태의 스마트 팩토리를 모형화할 것인가와 어떻게 실행할 것인가를 주체적으로 결정해야 한다는 점이다.

이러한 맥락에서 볼 때 직무를 설계하는 데 있어 사회-기술적 관점이 매우 중요해진다. 이는 노동활동의 조직화, 직업교육, 기술 및 소프트웨어 아키텍처 등이 통일된 일관성에 따라 긴밀하게 상호 작용해야 하기 때문이다. 따라서 각 개념과 요소들이 상호 통합적으로 톱니바퀴처럼 정확히 맞물려 돌아가도록 설계해야 한다. 이것은 전체 가치창조사슬을 따라 노동자와 기술운영시스템 사이에 지능적이고 협동적이며 자기조직화된 상호작용이 일어나야 한다는 것을 의미한다.

변화 추진 모토는 '더 싸게 대신 더 좋게'이다

독일에서 인더스트리 4.0과 관련된 변화 추진의 모토를 '더 싸게 대신 더 좋게Besser statt Billiger'라고 표현한다. 이러한 사회-기술적 관점에서 테일러식 설계, 즉 짧은 생산주기, 높은 표준화, 단조로운 노동활동과 같은 급진적인 직무설계는 결코 바람직한 방식이 아니다.

미래 프로젝트로서의 4차 산업혁명은 노동자들과 합의에 의해 실행돼야 하고 그래야 새로운 효율성을 확보할 수 있게 된다. 높은 복잡성, 변화 가능성, 유연한 시스템으로 스마트 팩토리가 설계되기 때문에 노동자들은 스스로 결정자와 조종자로서의 역할을 감당해야 한다.

당연한 것이지만, 노동자들이 산업혁명의 주체가 되도록 하려면 폭넓은 생애맞춤형 교육, 고객지향적인 과제를 실행할 수 있도록 하는 교육훈련, 학습을 장려하는 업무수행이 이루어지도록 하는 조직설계, 다양한 업무영역을 다루는 산업교육으로 뒷받침돼야 한다. 이러한 교육훈련은 노동을 장려하고 체계적인 인재육성 프로그램을 적극적으로 촉진하는 내용으로 구성돼야 한다.

인더스트리 4.0 또는 4차 산업혁명에서 사회경제적 환경조건에 따른 노동과정을 제대로 조직하려면 새로운 조직설계모형과 함께 기술적인 개발목표를 설정해야 한다. 하나는 생산과정의 유연화가 확대될 수 있어야 한다. 다른 하나는 부서 간 또는 작업팀 간, 나아가 노동과 생활 간의 경계가 사라진 환경에서도 신뢰할 만한 정신적 경계를 만들어내고 노동자들에게는 일과 삶의 균형Work & Life Balance을 실질적으로 실현할 수 있도록 열려 있어야 한다.

이러한 맥락에서 노동조합의 혁신전략 '더 싸게 대신 더 좋게'는 실효성 있는 기준과 올바르고 공정한 노동을 위한 행동 가이드와 일자리의 확고한 미래를 보여줄 수 있다. 이런 전략은 한편으로는 노동자들의 참여가능성, 공동결정가능성, 자격취득가능성 등을 포괄하고 확대하는 노동지향적인 조직이 되도록 설계해야 한다는 것을 의미한다. 또 다른 한편으로는 글로벌 경쟁상황에 대처함과 동시에 조직의 유연성을 확보해야 하는 필요성을 충족시켜야 한다는 의미이기도 하다.

'더 싸게 대신 더 좋게'는 독일 산업의 미래를 위한 선택으로서 기술선도를 목표로 한다. 이런 관점에서 인더스트리 4.0 또는 4차 산업혁명이 추구하는 좋은 노동, 기술적인 혁신, 공동결정은 결코 모순되는 것이 아니다. 이렇게 기술적으로도 효율적이고 사회적으로도 균형 잡힌 해법을 찾을 때, 이 전략은 미래를 보여주는 나침판과 같은 것이 된다.

인더스트리 4.0을 실현하기 위한 전문가들의 작업그룹을 '플랫폼 인더스트리 4.0'으로 명명하고 모든 구성원이 행동해야 할 지침을 마련했다.

플랫폼 인더스트리 4.0 행동지침

플랫폼 인더스트리 4.0은 모든 분과학을 아우르는 전문가들의 모임인 작업그룹의 틀 내에서 인더스트리 4.0에서의 '인간과 노동'으로 발전했다. 이 작업그룹은 근본적으로 세 가지 목표를 추구한다.

첫째, 노동자 지향적인 노동정책과 자격부여정책의 관점에서 노동과 일자리(기회와 위험)의 시사점과 노동수요에 대해 조사하고 문서화한다.

둘째, 직업교육훈련을 위한 안내와 지원, 그리고 사회-기술적인 설계관점과 이에 상응하는 참조프로젝트 또는 시험프로젝트를 실행한다.

셋째, 노동자의 참여적 직무설계와 생애주기형 자격부여정책과 같은 혁신적인 접근방법을 장려한다. 이런 접근방법은 나이, 성별, 자격수준을 넘어 모든 노동자를 고려해야 한다.

플랫폼 인더스트리 4.0은 이해관계자 또는 파트너들과 정기적으로 대화 채널을 마련해야 한다. 이런 대화를 통해 인더스트리 4.0의 실행에서 중요 진척 상황, 문제영역, 해결 가능성 등을 투명하게 하고 자문받아야 한다.

플랫폼은 비즈니스 대내외 참여자들과 국내외의 이해관계자들에게 현재 활용되는 지식을 전수할 수 있도록 활용돼야 한다. 여기에는 혁신적인 지식경영 외에도 폭넓은 사회 네트워크가 포함돼야 한다.

3단계 인더스트리 4.0을 위한 교육훈련

4차 산업혁명이 제대로 실행되려면, 사회-기술적인 공장시스템과 인간 존중의 작업(노동)시스템으로 나아가야 한다. 이는 직업적 학문적 교육훈련 방식이 새로운 도전에 직면하게 됐다는 것을 의미한다. 생산기술요소의 효율적인 개발뿐만 아니라 그 기계와 제품의 사용자들이 광범위하게 요구하는 필요도 충족시켜야 하기 때문이다.[3]

이러한 기술변화와 사회적 압력 때문에, 4차 산업혁명을 실행하려면 노동자들이 생산관리시스템MES의 운용과정에서 나타나는 가상의 기계장치와 실제의 기계장치를 조정하고 조화시킬 수 있어야 한다. 이는 정보통신기술ICT, 생산기술, 자동화 기술, 소프트웨어 기술 등이 함께 발전함으로써 노동자들의 활동영역이 기술적으로, 조직적으로, 사회적으로 매우 크게 확장되었다는 것을 의미한다.

IT 전문능력의 자격부여 제도에서도 인더스트리 4.0 때문에 근본적인 변화가 생겼다. 여러 응용분야의 수요를 인식하는 능력, 글로벌한 맥락에서 개발 파트너를 확보하는 능력이 순수한 기술적 스페셜리스트의 특성보다 더 중요해졌다.

업무의 복잡성은 표준화된 교육훈련의 내용과 한계를 설정해야 하며 디지털 경제가 요구하는 것들을 교육훈련에 포함시켜야 한다. 이를 위해서는 제조업과의 대화가 점점 중요해지고 있다.

기업 입장에서 보면 미래에는 대학이 오늘날보다 더 강력한 교육훈련 파트너가 될 것이다. 이공계 교육에서 압축적으로 가르치는 과학기술 기초과정뿐만 아니라 심화과정에서도 경영 실무를 가르쳐야 할 것이다. 이공계의 경계를 허물고 경영기법과 프로젝트 관리 같은 포괄적인 과목들이 지금보다 더 강조돼야 할 것이다. 역시 기업과 고객이 대학과 같은 IT 전문인력의 교육훈련기관을 변화시킬 수 있는 자극제가 돼야 할 것이다.

4차 산업혁명은 IT와 제조기술의 밀접한 동반성장을 통해 이루어질 것이다. 따라서 인더스트리 4.0을 위한 교과과정은 소프트웨어 기술뿐만 아니라 제조기술과 경영기법을 동시에 학습할 수 있어야 하며 학습내용들 간에 조화롭게 상호작용할 수 있도록 설계되어야 한다.

특히 기업의 창조적인 분야, 예를 들어 학제적인 노력으로 이루어지는 제품 개발이나 프로세스 개발 등과 같은 분야는 완전히 새로운 능력과 자격을 요구할 수 있다. 이러한 움직임은 변화에 적응할 수 있는 인재의 공급이 줄어들고 있는 현상뿐만 아니라 노동시장의 높은 변동성(리스크)에 적절히 대응해야 하는 기업들을 크게 자극할 것이다. 따라서 이제 기업은 노동시장에 대해 새로운 전략을 세우지 않으면 안 될 것이다.

아울러 직업적인 성인교육개발(교수법, 직업교육내용 등)은 매우 중요한 과제다. 특히 직업적인 교육훈련과 정규 교육기관의 교육훈련 간의 호환가능성도 살펴봐야 한다. 말하자면, 공식적인 교육훈련과정에서 학습하는 전문적인 지식과 기술 이외의 역량이 필요할 수도 있다. 이러한 경우, 직무수행에 중요하고 꼭 필요한 역량을 어떻게 확인하고 인정할 것인가에 대한 이슈는 역량평가Kompetenzbewer-tungen를 기초로 판단해야 한다.

생산과정 전체를 조망하는 지식과 모든 관계자가 협업하는 지식에 대한 요구가 증가할 것이다. 이런 관점에서 메타인지 능력(초인지 능력)이 더욱 필요해질 것이며 나아가 사회적 상호작용 능력도 매우 중요해질 것이다.

그래서 예전에 서로 나누어져 있던 부서와 분과학들이 강하게 맞물림으로써 상호작용에 대한 수요가 증가하고 있다. 전문적 시각에서 보더라도 요즘 논문에서 수없이 나타나는 학제적 역량이 강력하게 요구되고 있다. 노동자들이 직업과 관련한 자격을 얻을 가능성을 스스로 인식하고, 이 과정이 투명하게 드러나도록 하기 위해 비공식적인 교육훈련을 인정하기 위한 표준을 개발해야 한다. 이와 관련된 교육목표는 조직과 관련된 새로운 지식을 전수하고 그 교육과정운영의 투명성을 확보하여 자격을 부여받은 이수자들이 현장에서도 적절히 행동할 수 있도록 촉진하는 것이다.

이렇게 노동자들에게 자격 부여를 위한 교육훈련 내용과 한계를 확장하고자 할 때 우선적으로 고려해야 할 것이 있다. 특히 일자리를 위한 교육훈련에는 장기간의 노동생활을 감당할 수 있는 전제로서 건강, 운동, 개인 생활 등을 유지할 수 있는 능력 등도 고려해야 한다.

학습을 장려하는 직무설계와 적절한 자격 부여 전략을 통해 인간중심적인 생산조직의 설계를 가능케 해야 한다. 여기에다 이질적인 교육훈련과 함께 여러 경험과 다양한 역량을 갖춘 직원들로 팀을 구성함으로써 인간과 기업의 혁신능력을 강화해야 한다.

그러므로 생활 속에서 얻는 학습내용뿐만 아니라 사이버물리시스템 기술에 기초한 시스템의 기술변화를 신속하게 수용해야 하므로 '학습을 장려하는 직무설계'는 스마트 팩토리의 목표가 돼야 한다. 이를 위해 일상생활에서 얻는 외부적인 학습효과성과 직업적 학습효과성에 대해 지속적인 비교 연구가 이루어져야 한다.

인더스트리 4.0의 일자리는 무엇보다도 사이버물리시스템 기술을 활용함으로써 직원들 간의 의사소통이 장려되고 일하는 평일에도 노동활동을 지원하고 학습과제를 익히고 육체적으로도 훈련하는 등 노동과 생활이 통합적으로 이루어져야 한다. 아울러 항상 노동자들의 육체적 정신적 부담이 어느 정도인지 살펴야 한다. 작업팀을 구성할 때 노동자들의 서로 다른 역할과 다양한 출신 배경을 고려해야 한다.

아카데미 큐브Der Academy Cube는 독일뿐만 아니라 관심 있는 나라와 기업체, 연구기관, 대학 등이 연합해 인더스트리 4.0과 관련된 기술과 지식을 인터넷을 통해 학습할 기회를 제공하고 인재를 필요로 하는 기관에 취업할 수 있도록 도와주는 포털을 개설했다.

아카데미 큐브

아카데미 큐브는 독일뿐만 아니라 국제적인 산업체와 공공기관들의 이니셔티브다. 이것은 인더스트리 4.0에 의해 생기는 인력수요에 부합하도록 새로운 자격을 부여하고 고급인재를 확보하기 위해 생겨난 제도이다. 특히 높은 실업률에 시달리는 남유럽 여러 국가에서 온 인재들에게 학습과 취업의 기회를 제안하고 있다. 관심 있는 사람들은 자신의 모국에서 어떤 역량과 지식을 습득했고 그것을 어떻게 활용했는지 온라인으로 제공하는 아카데미 큐브에서 확인할 수 있다.

아카데미 큐브는 정보통신기술 분야와 공학 분야에서 구직하고자 하는 학자나 전문가들은 목표로 하는 자격을 얻을 수 있으며 기업체와 구체적인 접촉을 가질 수 있다. 이것은 클라우드 기반의 플랫폼을 통해 이루어진다. 여기에는 기업과 교육연구기관들이 이러닝 코스를 제공하고 구체적인 직무기술서도 함께 공개돼 있다. 구직자들은 특정한 직무기술서에서 요구하는 부족한 자격을 이 플랫폼의 도움으로 적절한 자격증을 얻을 수 있다. 표준화된 커리큘럼에 기반하고 있는 잠재적인 구인기업체에는 교육훈련의 질적 수준과 교육내용의 투명성에 관해 확신을 갖게 될 것이다. 우수한 후보자는 참가기업의 일자리에 자동적으로 매치될 것이다.

아카데미 큐브는 연방교육과학부BMBF와 SAP가 이끄는 작업그룹Arbeitsgruppe 6 세계 최대 정보통신산업 박람회 세빗CeBIT 2013의 "디지털 사회를 위한 교육 및 연구Bildung und Forschung für die Digitale Gesellschaft"에서 공식적으로 시작됐다. 2013년 3월부터 인더스트리

4.0 주변 환경으로부터 도출된 6개의 완벽한 커리큘럼과 12개의 구체적인 코스를 제공하고 있으며 우선적으로 자동화, 빅데이터 분석, 생산 및 로지스틱스 과정, 안전 및 데이터보호 등이 학습 내용에 포함돼 있다.

아카데미 큐브 참여 기관들의 네트워크

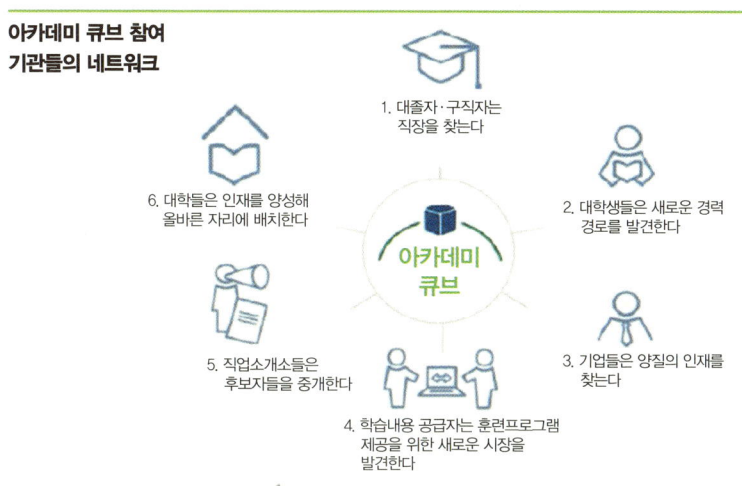

1. 대졸자·구직자는 직장을 찾는다
2. 대학생들은 새로운 경력 경로를 발견한다
3. 기업들은 양질의 인재를 찾는다
4. 학습내용 공급자는 훈련프로그램 제공을 위한 새로운 시장을 발견한다
5. 직업소개소들은 후보자들을 중개한다
6. 대학들은 인재를 양성해 올바른 자리에 배치한다

(출처: 아카데미 큐브, 2013)

2012년도 스페인 실업률은 27%, 스페인과 그리스의 청년실업률은 심지어 52%(출처: 유로스타트 2012). EU위원회에 의하면 2015년까지 70만 명의 정보통신기술 전문가가 부족할 것이다(출처: 2013-03-20 EU위원회의 뉴스). 독일연방정보통신뉴미디어에 의하면 독일에는 매년 9,000명 IT 전공 대졸생이 부족하다(출처: 독일연방정보통신뉴미디어 2012). 이탈리아에는 1만 100명, 폴란드에는 1만 8,300명, 스페인에는 4만 1,000명, 독일에는 8만 7,800명의 정보통신기술 전문인력이 부족한 상황이다(출처: 유로스타트 2012).

2
학습을 장려하는 조직설계

이 글은 독일의 기업, 대학, 연방정부, 연구기관 등에서 인간, 조직, 기술에 대한 관점이 어떻게 변화됐는지를 대강 이해할 수 있도록 안내하는 것이 목표였다. 간단히 요약하자면 2차 세계대전 후에 경제부흥을 위한 기계화와 자동화에 집중하면서 기술을 중시하는 시대를 거쳤다. 이 과정에서 기술을 위한 기술이 아니라 인간에 부합하는 기술을 개발해야 한다는 사실을 알았다.

노동의 인간화가 중요하다는 사실도 발견했다. 이에 따라 주당 노동시간을 축소하고 상점을 열고 닫는 시간을 규정하는 등 노동과정을 계획화할 수 있도록 했고 단순화했다. 그뿐만 아니라 독일인들은 비즈니스 자체의 투명성과 합리성을 높일 수 있도록 조직을 설계해 생산성과 창의성을 끌어올렸고 나아가 노동과정에서 인간의 존엄성을 존중하고 보호함으로써 삶의 질적 수준을 지속적으로 높여왔다.

조직운영 플랫폼에서 가장 중요한 사건은 1976년 '공동결정법'을 발효한 것이다. 이 법은 중요한 의사결정은 반드시 이해당사자들의 대화와 토론을 통해 합의하도록 유도하고 있다. 이에 따라 특정한 직무담당자가 절대적인 권한을 가지고 지배하고 통제하는 관행, 명령과 복종의 수직적 계층구조를 불식시켜 왔다. 상당히 분권화된 수평구조로 기업 조직을 운영해왔다. 이런 방식은 의사결정 과정에서 많은 시간이 걸린다는 단점이 있는 것도 사실이다.

그러나 그런 단점은 오히려 업무수행의 합리성, 투명성, 완벽함을 요구하게 되고 노동자들의 만족도를 높이는 계기를 만들어줌으로써 훨씬 더 큰 장점을 갖게 됐다. 업무과정 전체를 게슈탈트적으로 이해해 장기적인 계획을 수립할 수 있는 환경을 만들어주었다. 특히 노동자들이 노동과정에서 지속적인 학습이 일어나도록 대화와 토론을 장려하는 조직문화가 정착됐다. 나아가 학습을 장려하는 문화는 토론과 합의라는 수평적인 조직운영방식으로 발전해 왔다.

21세기 들어서면서부터 이런 조직운영 플랫폼은 사이버물리시스템 기술과 맞물려 제조공정의 혁신적인 변화를 일으켰다. 이를 인더스트리 4.0으로 명명해 선도하고 있고 더욱더 많은 혁신적인 일자리 창출 정책을 펼치고 있다.

'어떻게 생산할 것인가'에서 '무엇을 생산할 것인가'로

오늘날 인공지능, 사물인터넷, 로봇, 사이버물리시스템 등의 발달은 인간의 상상력을 넘어서는 변곡점에 도달한 것으로 보인다. 기술발전이 인간의 이성적 합리적 판단뿐만 아니라 점차 감정적 영역으로까지 나아가고 있기 때문이다. 인공지능을 갖춘 로봇은 이미 인간의 고도한 지적 분석능력을 훨씬 넘어서고 있다. 이와 관련해 『한국일보』는 2016년 2월 28일자에 『뉴욕타임스』를 인용해 "50명 직원이 만든 금융분석 로봇, 월가를 위협하다"라는 제목의 기사를 내보냈다.

"골드만삭스의 직원들은 금융분석 프로그램 켄쇼Kensho를 사용한 후 놀라움을 감추지 못했다. 그들이 일주일 동안 매달리거나 사람을 고용해 처리하던 일을 순식간에 해냈기 때문이다. 켄쇼는 기업의 실적, 주요 경제수치, 주가의 움직임 등 많은 양의 금융데이터를 분석해 투자자들의 질문에 답을 주는 프로그램이다. 시리아 내전이 경제에 미치는 영향을 파악하기 위해 켄쇼의 검색 엔진에 '시리아 내전 격화Escalations in the Syrian war'를 입력하면 불과 몇 분 안에 미국과 아시아의 주가 변동, 천연가스와 유가의 움직임, 심지어 캐나다 달러의 환율 변화 등 다양한 정보를 일목요연하게 정리해 보여준다. 켄쇼와 같은 인공지능 로봇의 등장은 금융계의 대량실업도 예고한다. 2013년 영국 옥스퍼드대 연구에 따르면 미국 일자리의 약 47%가 로봇으로 대체될 수 있다. 금융계는 54%로 평균보다 다소 높은 편이다. 정보 수집 및 분석과 관련된 일은 로봇이 더 정교하게 처리할 수 있기 때문이다."

제조업의 분권화된 스마트 팩토리, 유통업의 드론 및 자율 자동차, 금융업의 경제분석 로봇, 교육계의 자기주도적 맞춤형 학습을 장려하는 지능형 프로그램, 의료계의 영상의학 및 수술로봇장비 등은 지금까지 인간의 고유한 업무영역이라고 생각했던 세계를 기계가 대체하는 시대가 된 것이다. 에릭 브린욜프슨과 앤드루 맥아피는 이런 상황을 '제2의 기계시대'라고 불렀다.[1]

제2의 기계시대는 과학기술의 급속한 발전으로 지금까지 우리가 상상했던 것과는 완전히 다른 세상이 되는 것은 분명하다. 우리의 염려는 기술 발전으로 기계가 인간의 통제를 벗어날 수 있다는 점이다. 독일의 경우 핵발전소를 2022년까지 전면 폐기하기로 연방의회에서 2011년에 결정했다. 이런 결정이 내려지기까지 대화하고 토론하는 기간이 25년이나 걸렸다. 합의제 민주주의가 느린 의사결정 때문에 효율성이 떨어진다는 주장이 있지만 대화와 토론을 통한 합의야말로 가장 합리적인 의사결정이라고 할 수 있다. 합의는 변증법적 사고의 최종단계에 이르는 것이기 때문이다.

합의한다는 것은 테제These에 안티테제Antithese를 제안하고 이 테제와 안티테제를 놓고 끊임없는 대화와 토론을 통해 테제와 안티테제를 포괄하는 완전히 새로운 합의안, 즉 신테제Synthese를 만들어내는 것을 말한다. 따라서 신테제는 매우 창조적인 해결책이 될 수밖에 없다.

독일 핵발전소 예를 들어보자. 25년간 테제와 안티테제를 가지고 갑론을박을 해왔다. 참고로 독일 녹색당의 핵발전소 전면 폐기 주장과 달리 보수당인 기민당의 앙겔라 메르켈 총리는 물리학 박사 출신으로서 핵발전소를 계속 가동하는 입장을 고수해왔다. 오랜 기간 대화와 토론을 해왔지만 합의안Synthese을 찾지 못했다. 그러다가 후쿠시마 핵발전소가 터지고 말았다. 과학기술이 고도로 발달된 일본에서조차 핵발전소를 제어하지 못하고 재앙으로 이어지는 것을 경험한 것이다. 그러자 독일 정치인들은 완전히 새로운 합의안을 창조적으로 만들어냈다. 바로 신재생 에너지 기술을 발전시켜서 핵발전소를 대체하기로 했다. 완전히 새로운 창조적인 대안을 신테제로 만들어낸 것이다. 위험하기 짝이 없는 핵발전소를 포기한 대가로 독일의 신재생 에너지 기술은 세계 최고 수준을 확보했다. 이에 따른 새로운 일자리도 거의 기하급수적으로 증가하고 있다. 이것이 바로 헤겔이 말한 변증법적 역사발전의 사례라고 할 수 있겠다.

이런 사례를 통해 과학기술이 인간의 이성과 감성을 대체할 수 있는 수준인 변곡점의 시대에 우리에게 주는 시사점은 '어떻게 생산할 것인가'와 같은 엔지니어링의 문제보다는 '무엇을 생산할 것인가'에 대한 철학적 사유를 요구한다고 할 수 있다. 이런 사유는 아마도 오랫동안 기계로 대체되지 않을 것이다.

'중앙집권화'에서 '분권화'로

지난 20세기까지의 기술은 조직운영의 권한을 피라미드 구조의 정점으로 집중시키는 방향으로 발전해왔다. 대부분의 공장은 기계화와 자동화 기술에 의한 중앙통제시스템이 작동하도록 설계됐다. 이에 따른 생산과정도 그 운영방식도 피라미드형 계층구조로 이루어졌다.

인더스트리 4.0 시대에는 분권화의 개념이 적합하게 됐다. 생산과 유통과정에 필요한 기계장치, 설비, 부품 등 모든 설비에 고유한 역할과 책임이 내재됨으로써 중앙통제시스템을 필요로 하지 않는다. 예를 들어 독일 지멘스의 암베르크 공장에서는 1년에 1,000여 개의 제품을 전 세계에 퍼져 있는 약 6만여 고객들에게 납품하고

있다. 이때 생산을 위해 필요한 부품의 수는 대략 30억 개 정도가 된다.[2]

이렇게 무한대에 가까운 부품과 부품 간의 상호작용, 부품과 기계·설비 간 상호작용을 중앙통제시스템을 통해 획일적으로 제어하는 것은 불가능하게 됐다. 부품과 기계·설비들이 마치 살아있는 생명체처럼 인간의 의도적인 명령이나 명시적 개입이 없이도 스스로 과제와 임무를 수행해가도록 분권화할 수밖에 없다. 이것은 인더스트리 4.0 또는 4차 산업혁명의 핵심이고 출발점이라고 할 수 있다.

이에 따라 공장의 운영조직뿐만 아니라 기업조직 자체를 근본적으로 재설계해야 한다. 지금과 같은 중앙집중식의 피라미드형 계급구조는 더 이상 작동하지 않을 것이기 때문에 네트워크형 수평구조로 바뀌어야 한다. 2차 세계대전 후 지금까지 환경변화에 따라 능동적으로 인간 중심의 수평적인 조직설계와 운영방식의 변화를 모색해왔던 독일 기업들에 비해 우리나라 기업들의 갑작스러운 변화는 결코 쉽지 않을 것이다.

이를 위해서는 분권화의 개념을 명확히 이해할 필요가 있다. 조직 피라미드의 정점에 있는 일인에게 모든 권한이 집중되는 것이 아니라 각자 자신의 고유한 역할과 책임이 부여되도록 조직을 설계해야 한다. 이러한 역할과 책임을 성과책임accountability, Rechenschaftspflicht이라고 한다. 여기서 중요한 것은 그 성과책임을 완수하는 과정에서 조직구성원들뿐만 아니라 대외적인 이해관계자들도 대화와 토론을 통해 의사결정 과정에 참여하게 된다는 점이다. 여기에는 변증법적 대화와 토론의 메커니즘이 작동한다. 우리 기업의 의사결정 과정이 이런 수준으로 변화되려면 어떻게 해야 할지에 대해 깊이 생각해야 할 것이다.

영미식 기업 의사결정 모델은 소위 최고경영자$_{CEO}$가 결정해 아래 계층의 임직원들에게 하달하는 방식을 취하지만 유럽 대륙, 특히 게르만모형의 기업 의사결정 모델은 중요 사안을 이사회 의장 일인이 독자적으로 결정을 내리는 것은 거의 불가능하다. 이사회의 이사들에 의한 집단 합의제로 의사결정이 이루어진다. 이런 이사회의 결정도 중요한 사항에 대해서는 반드시 감독이사회의 합의를 거치게 돼 있다. 그뿐만 아니라, 이사회의 결정 중에서 노동자들의 근로조건에 관한 사항은 직원협의회의 합의를 거쳐야 한다. 이렇게 모든 결정이 수평적인 대화와 토론을 통해 이루어지기 때문에 독일 산업계의 노사평화는 물론이고 합리적이고도 창의적인 의사결정이 이루어진다. 이런 합의정신에 의한 기업경영은 회사의 비전, 목적, 방향 등에 관한 게슈탈트(Gestalt, 전모全貌)를 이해관계자들이 함께 공유할 수 있다는 장점이 있다. 이것이 독일인들의 노동시간이 다른 나라에 비해 적은데도 불구하고 생산성이 높은 이유이다.

아울러 분권화와 관련해 반드시 언급해야 할 것이 있다. 디지털 기술의 발전 중에서도 디지털 화폐를 거래할 수 있도록 하는 기술의 발전은 우리 사회를 근본적으로 바꿀 것으로 보인다는 점이다. 비트코인, 이더리움, 라이트코인, 리플 등 다양한 디지털 화폐가 블록체인 기술을 이용해 자유롭게 거래되고 있다. 비트코인과 관련해서는 불법적인 자금세탁 수단으로 악용되는 등의 여러 우여곡절이 있었고 이더리움과 같은 대안 화폐가 새로이 나타나는 등 아직은 도입단계다. 이 새로운 화폐들이 어떤 방식으로 금융권에 태풍을 몰고 올 것인지에 대해 초미의 관심을 끈다. 특히 JP모건이나 UBS

같은 세계적인 거대은행들도 블록체인 기술을 이용한 디지털 화폐를 활용할 수 있는 플랫폼을 만들어가고 있다.[3]

이렇게 모든 거래가 분권화될 수 있는 것은 블록체인 기술의 특징 때문이다. 일단 거래가 일어나면 그 기록이 블록에 담기고 다음 거래에서는 새로운 블록이 생성되고 이 새로운 블록은 이전 블록을 포함하여 순차적으로 연결되어 있다. 이 거래 내역은 해당 네트워크에 참여한 모든 사용자에게 P2P 방식으로 공유되고 저장된다.

이러한 블록체인 기술은, 기존처럼 금융거래의 신뢰성을 확보하기 위해 은행이나 정부와 같은 신뢰할 만한 중개기관을 통할 필요가 없게 만든다. 금융 서비스 업계에는 아직 이에 대한 우려와 혼란이 남아 있지만, 오픈소스 방식으로 개발된 알고리즘이 향후 대부분의 금융 업무를 수행하게 될 것으로 보인다. 이러한 소프트웨어 기술이 새로운 경제체제를 지탱하는 근본이 될 것이다. 이를 프로그램 경제programmable economy라 부르기도 한다.

여기서 인사조직 측면에서 우리가 주목해야 할 점은 모든 거래가 중앙집중식으로 통제된 방식에서 벗어나 거래 참여자들 각각으로 분산 처리된다는 점이다. 앞에서 언급했듯이 제조공정의 분권화는 생산돼야 할 제품에다 제조공정에 관한 모든 정보를 담아 기계설비와 상호작용할 수 있도록 함으로써 생산설비 자체를 중앙에서 통제하는 것이 불가능하도록 설계된 것을 말한다. 일종의 생산과정의 민주화라고 할 수 있다. 블록체인 기술을 이용한 금융거래의 분권화도 같은 맥락이라고 볼 수 있다. 이제는 사회가 분권화되지 않으면 안 되는 시대가 된 것이다.

합의를 이끌어내는 리더십으로

조직운영의 분권화는 피할 수 없는 대세다. 2차 세계대전 후 독일 현대사는 한 곳으로 집중된 권한을 분권화하는 방향으로 전개됐다. 우리나라는 이와는 반대로 경제개발 시대의 리더십은 일반적으로 '나를 따르라' 또는 '가만 있으라'는 명령과 통제의 리더십이었다. 조직운영 방식과 관련해서 이순신 같은 지도자가 나타나서 우리 사회를 구원해줄 것을 기대하는 경향이 있다. 정부조직이든, 기업조직이든, 심지어 가정과 같은 소규모 조직도 가부장적 권위주의에 의해 운영된다. 피라미드 정점에 있는 일인에게 모든 권한이 집중된 것을 바람직하게 생각하기도 한다.

오늘날 리더십은 항상 다른 사람과의 관계에서 출발한다. 독일인들은 어릴 때부터 타인에 대한 관점을 자신과 동일한 성정을 가진 인간으로 간주해 서로 협력하도록 가르친다. 서로 경쟁하도록 서열화하거나 계급화하거나 차별화하지 않는다. 나와 다른 견해를 가진 사람과 함께 일해야 한다면 대화와 토론으로 합의를 이끌어 간다. 학교에서는 이런 대화법을 배운다. 지배와 통제의 계급화 된 사회를 거부하도록 가르친다.

리더십에 관한 현대적 의미는 모든 구성원의 집단지성을 발현할 수 있도록 대화와 토론을 통한 합의를 이끌어내는 행위를 말한다. 나아가 이런 합의정신을 방해하지 않도록 하는 조건과 환경을 조성하는 것이 리더의 역할이다. 조직운영의 분권화를 추구하고 있는 인더스트리 4.0 또는 4차 산업혁명의 시대에 리더십의 개념은 완전히 바뀌었다.

끝으로 플랫폼 인더스트리 4.0의 학술 자문위원회에서 제기하고 있는 17개의 논제를 찬찬히 읽어볼 필요가 있다. 독일인들이 인더스트리 4.0 또는 4차 산업혁명이라는 피할 수 없는 물결에 대한 현실인식과 함께 변화를 추진할 때 어떤 사상과 철학 그리고 그것을 실현하고자 할 때 어떤 방법론을 생각하고 있는지 알 수 있다.

> **플랫폼 인더스트리 4.0의 학술 자문위원회의 17개 논제**
>
> 인더스트리 4.0 또는 4차 산업혁명의 관점에서 무엇이 다가오고 무엇이 일어나는가?
>
> **인간**
>
> 1. 노동조직의 인간 중심적 설계를 위한 다양한 가능성이 발생하고 있다. 이는 자기조직화와 자율성의 의미에서도 그렇다. 특히 노인에게 적합하고 각종 연령에 부합하는 직무설계를 위한 기회가 열려 있어야 한다.
>
> 2. 인더스트리 4.0은 사회-기술시스템으로 이해해야 한다. 이는 직원들의 업무 스펙트럼을 확장하고 자격부여와 행동의 자율성을 신장하며 지식 접근성을 확실하게 향상하는 기회를 제공해야 한다.
>
> 3. 학습을 장려하는 지원도구(학습도구 등)와 소통이 자유로운 직무형태(학습동아리 등)는 교수학습의 생산성을 높이고, IT스킬이 포함된 새로운 교육훈련 내용으로 이루어져야 한다.

4. 쓸모 있으면서도 학습을 장려하는 인공품인 학습도구는 사용자에게 그 기능을 자동적으로 알려주어야 한다.

기술

5. 인더스트리 4.0 시스템은 사용자가 간단하게 이해하고 직관적으로 서비스받으며 학습을 장려하고 믿음직스럽게 반응해야 한다.

6. 일반적으로 접근이 쉬운 솔루션들은 참여자들에게 인더스트리 4.0 시스템을 설계하고 실행하고 운영할 수 있게 해주어야 한다.

7. 제품과 비즈니스 프로세스의 네트워킹과 개별화는 모든 것을 복잡하게 만든다. 이러한 복잡성은 예들 들어 모델화, 모의실험, 자기조직화를 통해 관리돼야 한다. 더 많은 문제들을 더 빠르게 분석하고 해결책을 더 빠르게 찾아내어야 한다.

8. 자원의 효과성과 효율성은 연속적으로 계획되고 실행되고 감시되고 자율적으로 최적화될 수 있어야 한다.

9. 지능적인 제품들은 능동적인 정보전달자이며 제품의 모든 생애 주기 단계에 따라 필요한 정보를 기록하고 이를 구별해낼 수 있어야 한다.

10. 시스템 구성요소는 제조장비 내에도 필요한 정보를 기록하고 이를 구별해낼 수 있어야 하며, 이는 제조시스템과 제조프로세스의 가상계획virtual plan을 지원해주어야 한다.

11. 새로운 시스템 구성요소는 교체되더라도 새로운 기능이 호환되도록 해야 한다.

12. 시스템 구성요소는 그들의 기능을 다른 시스템에도 활용할 수 있는 서비스를 제공해야 한다.

13. 새로운 보안문화는 신뢰할 수 있고 빠르게 회복 가능하며 사회적으로 수용할 수 있는 인더스트리 4.0 시스템을 가능하게 해야 한다.

조직

14. 부가가치가 있는 가치창출 네트워크라면 구매, 생산, 서비스 기능들을 통합하더라도 분업을 통한 역동적인 변화가 가능하도록 설계해야 한다.

15. 협업과 경쟁(협력적 경쟁coopetition)은 경영학적으로 그리고 법률적으로 새로운 구조를 만들어낼 것이므로 이에 부합하도록 설계해야 한다.

16. 시스템 구조와 비즈니스 프로세스는 그때마다 유효한 법률 해석에 따라 설계되어야 하며 새로운 법률적 솔루션을 통해 새로운 계약모델이 가능하도록 해야 한다.

17. 국내 시장뿐만 아니라 개발도상에 있는 해외시장에서도 가치창출 기회가 생겨나도록 해야 한다.

(출처: BMBF und acatech, 17 Thesen des wissenschaftlichen Beirats der Plattform Industrie 4.0)

| 미주 |

1장

1

1. Forschungsunion & Acatech (2013) Deutschlands Zukunft als Produktionsstandort sichern Umsetzungsempfehlungen für das Zukunftsprojekt Industrie 4.0 Abschlussbericht des Arbeitskreises Industrie 4.0 (영문본) Securing the future of German manufacturing industry Recommendations for implementing the strategic initiative INDUSTRIE 4.0 Final report of the Industrie 4.0 Working Group

2. BITKOM/VDMA/ZVEI (2015) Umsetzungsstrategie Industrie 4.0 Ergebnisbericht der Plattform Industrie 4.0 (영문본) Implementation Strategy Industrie 4.0 Report on the results of the Industrie 4.0 Platform

3. Koren, Yoram (2010) The Global Manufacturing Revolution. 요약본 http://adrge.engin.umich.edu/wp-content/uploads/sites/50/2013/08/12pgbook.pdf

4. Günther Schuh, Reiner Anderl, Jürgen Gausemeier, Michael ten Hompel, Wolfgang Wahlster (Eds.) (2017) Industrie 4.0 Maturity Index, Managing the Digital Transformation of Companies;

5. VDMA (2016) Guideline Industrie 4.0 Guiding principles for the implementation of Industrie 4.0 in small and medium sized businesses

6. 수평적 통합은 원칙적으로 하나의 기업 내에서도 가능하다. 하나의 기업 내 다른 공장 혹은 다른 사업부에서 부품을 제조하여 조립하는 경우이다. 여기서는 독자들의 혼란을 피하기 위해 다른 기업 간의 거래만을 대상으로 설명한다. 하나의 기업 내에서의 수평적인 통합은 기업 간의 거래를 그대로 준용하면 된다.

2

1. 『인더스트리 4.0을 위한 구현 제안』은 정부의 위원회인 FU(Forschungsunion, 연구 연합)와 민간기관인 Acatech (National Academy of Science and Engineering; 우리나라의 공학한림원과 유사한 독일공학아카데미)에 의해 수행되었다. Forschungsunion &

Acatech (2013) Deutschlands Zukunft als Produktionsstandort sichern Umsetzungsempfehlungen für das Zukunftsprojekt Industrie 4.0 Abschlussbericht des Arbeitskreises Industrie 4.0

2. 『인더스트리 4.0 구현전략』은 민간기관인 BITKOM (정보·통신·미디어협회), VDMA (기계협회), ZVEI (전기전자협회)에 의해 수립되었다. BITKOM/VDMA/ZVEI (2015) Umsetzungsstrategie Industrie 4.0 Ergebnisbericht der Plattform Industrie 4.0

3. 독일에서는 현재 통용되는 ICT 융합을 초기에는 전자 미디어의 융합으로 칭했음

4. VDI/VDE (2004) Studie der VDI/VDE Innovation + Technik GmbH und der Prognos AG (수행기관) Anforderung an die Technologie- und Wirtschaftspolitik durch die Konvergenz der elektronischen Medien (전자 미디어 융합에 따른 기술 및 경제 정책에 대한 요구사항), 2004

5. 앙겔라 메르켈이 집권한 이후 시작된 독일 내 IT 정상회의는 2006년에 Der Nationaler IT-Gipfel라는 명칭으로 시작되어 매년 다른 주에서 개최되고 있으며 2017년부터 Digital-Gipfel로 변경되었다. https://de.wikipedia.org/wiki/Digital-Gipfel

6. Acatech (2010) Agenda Cyber Physical Systems, Outlines of a new Research Domain, Intermediary Results,7th Dec. 2010, Editors: Manfred Broy, Henning Kagermann, Reinhold Achatz

7. 인더스트리 4.0은 독일연방정부의 Forschungsunion (FU) Wirtschaft – Wissenschaft (경제·산업 및 학술 연구 연합) KOMMUNIKATION 프로모션 그룹에 의해 제안되었음. FU는 독일의 HTS를 지원하기 위해 2006년~2013년에 존재한 독일연방정부의 자문위원회임: http://www.forschungsunion.de/ 및 https://de.wikipedia.org/wiki/Forschungsunion_Wirtschaft_%E2%80%93_Wissenschaft 참조 FU에는 Kommunikation (영: Communication)을 포함하여 7개의 분과위원회가 있음: http://www.forschungsunion.de/themen_und_bedarfsfelder/index.html 참조

8. VDI/VDE (2011) Studie der VDI/VDE Innovation + Technik GmbH in Kooperation mit dem Institute für Gründung und Innovation der Universität Potsdam (수행기관) Technologische und wirtschaftliche Perspektiven Deutschlands durch die Konvergenz der elektronischen Medien (전자 미디어 융합의 기술 및 경제적인 측면), 2011

9. BMWi (2013) Entwicklung konvergenter IKT (융합형 ICT 개발)

10. 이 그림은 2013년에 발간된 『융합형 정보통신기술』 개발에 기재된 내용을 저자가 도식화 한 것임

11. BMWi는 우리나라의 산업통상자원부와 유사한 정부부처이다. 1949년에는 Bundesministerium für Wirtschaft(독일연방 경제 혹은 산업부)로 개설되었으나 메르켈 정부에서 Bundesministerium für Wirtschaft und Technologie(독일연방 경제/산업 및 기술부)으로 개명되었고 2013년12월17일부터 다시 Bundesministerium für Wirtschaft und Energie(독일연방 경제/산업 및 에너지부)으로 그 명칭이 변경되었다

12. 2017년 시점에서 보면 상기한 프로그램 이외에도 BMBF (독일연방정부 교육연구부)에서 2012년부터 1억2천만 유로가 투입된 R&D 지원 프로그램 (BMBF, 2015) 및 정부의 R&D 지원금 1억 유로dl 포함되어 총 2억 유로가 투입된 It's OWL 등 인더스트리 4.0과 관련하여 독일 지자체에서 다양한 R&D 지원 프로그램을 추진하고 있어, 전체 정부의 지원프로그램이 한눈에 일목요연하게 정리된 자료는 독일 전문가들도 확보하기 어렵다고 한다. 그러나 독일에서는 현재 다양한 정부 지원 프로그램 및 민간 자율적으로 추진되는 다양한 프로젝트가 진행 중이다.

13. Die Bundesregierung (2016) http://www.hightech-strategie.de/de/Strategie-14.php

14. 독일어의 Welt는 세계를 의미한다.

15. Acatech (2016) Smart Service Welt – Recommendations for Strategic Initiative Web-based Services for Business

16. Die Bundesregierung (2014) Digitale Agenda 2014 – 2017; Herausgeber (편집/출간): BMWi; Bundesministerium des Innern (독일연방 내무부); Bundesministerium für Verkehr und digitale Infrastruktur (독일연방 교통 및 디지털 인프라부) 공동, 2014http://www.bmwi.de/DE/Mediathek/publikationen,did=650294.html

17. Allmendiger, Glen & Lombreglia, Ralph (2005) Four Strategies for the Age of Smart Services, Harvard Business Review, October 2005

18. Fachforum Autonome Systeme im Hightech-Forum, 2017

19. https://de.wikipedia.org/wiki/Industrie 참조

20. 여기에 기술한 내용은 저자가 카거만과 개인적으로 인터뷰 결과에 따른 것이다. 부분적으로는 http://www.zdnet.co.kr/news/news_view.asp?artice_id=20170329171727 참조

21. Produktion 2020 — Auf dem Weg zur 4. industriellen Revolution, IM Schwerpunkt: Industrie 4.0, Information Management und Consulting, Vol. 27, 2012. 03

22. 산업혁명이라는 용어는 1908년에 발행된 Arnold Toynbee의 Lectures on the Industrial Revolution of the Eighteenth Century in England 라는 책에서 최초로 사용된 것으로 알려져 있다. https://namu.wiki/w/%EC%82%B0%EC%97%85%20%ED%98%81%EB%AA%85 참조

23. Forschungsunion & Acatech (2013) Deutschlands Zukunft als Produktionsstandort sichern Umsetzungsempfehlungen für das Zukunftsprojekt Industrie 4.0 Abschlussbericht des Arbeitskreises Industrie 4.0

24. BITKOM/VDMA/ZVEI (2015) Umsetzungsstrategie Industrie 4.0 Ergebnisbericht der Plattform Industrie 4.0

3

1. Forschungsunion & Acatech (2013) Deutschlands Zukunft als Produktionsstandort sichern Umsetzungsempfehlungen für das Zukunftsprojekt Industrie 4.0 Abschlussbericht des Arbeitskreises Industrie 4.0

2. KL은 SmartFactoryKL가 있는 지역인 Kasierslautern의 약자 표기임

3. BMWi (2016) Aspekte der Forschungsroadmap in den Anwendungsszenarien

4

1. BITKOM/VDMA/ZVEI (2015) Umsetzungsstrategie Industrie 4.0 Ergebnisbericht der Plattform Industrie 4.0

2. VDI/VDE (2013) Cyber-Physical Systems: Chancen und Nutzen aus Sicht der Automation (자동화 관점에서 본 기회와 유용성)

3. BMWi (2015) Industrie 4.0 Volks- und betriebswirtschaftliche Faktoren für den Standort Deutschland Eine Studie im Rahmen der

Begleitforschung zum Technologieprogramm AUTONOMIK für Industrie 4.0

2장

1

1. Siemens(B)
2. Hypebeast, 2016
3. adidas, 2016
4. SAP(C)
5. Lauren, 2014
6. SAP(D), 2015
7. Jana, 2015
8. Matthew, 2016
9. DHL, 2014
10. 한국은행, 2015
11. 정대영, 2008
12. Wikipedia(A)
13. Wikipeida(B)
14. SAP(E), 2016
15. 한국경제, "GE는 가전, 금융까지 버렸다. 10년 전, 20년 전 성공 잊어라", Apr., 2016
16. Siemens, 2016
17. David(A), 2016
18. David(B), 2016

3장

1

1. SAP(A), 2016
2. SAP(B), 2015
3. 김천구, 10/2015
4. Mckinsey&Company, 2016

2

1. 재조명 받는 트럼프 취임 후 100일 계획, ChosunBiz, 2016.11.11
2. '韓 잠재성장 이미 2%대…6년 뒤 제로성장', 매경이코노미, 2016.06.30
3. 이성훈 기자, '빅데이터 날개 달고… 제조업, 서비스업 되다', 조선일보, 2017.02.09 http://news.chosun.com/site/data/html_dir/2017/02/09/2017020901175.html
4. '일본, 본격 재건 땐 침체 경제에 되레 호재', 중앙일보, 2011.03.14 http://news.joins.com/article/5185535
5. '독일경제의 유로경제에 대한 견인력 평가', 한국은행 프랑크푸르트사무소, 2014.12
6. Industry 4.0, European Parliament's Committee on Industry, Research and Energy (ITRE), February 2016
7. 'Ch. 6. How does Germany compare with the rest of the world?', Recommendations for implementing the strategic initiative INDUSTRIE 4.0, Final report of the Industrie 4.0 Working Group, acatech – National Academy of Science and Engineering, April 2013
8. Industry 4.0, European Parliament's Committee on Industry, Research and Energy (ITRE), February 2016
9. Catapults: supporting UK manufacturing growth, The Manufacturer, 7 May 2013 https://hvm.catapult.org.uk/hvm-centres/
10. What is Factory of the Future 4.0? February 24, 2016 http://www.madedifferent.be/en/what-factory-future-40
11. Ridha Loukil, 'L'Industrie du futur se fixe 4 priorités technologiques

dont 3 numériques', 10 Février 2016, http://www.usine-digitale.fr

12. 'Tis Not the Season to Reshore … Yet, March 12, 2013, http://www.business2community.com/

13. Reshoring – stick to the facts, March 6, 2014 http://www.iprosolutions.co.uk/reshoring-stick-to-the-facts/

14. 〈중국제조 2025〉 제조강국을 향한 힘찬 발걸음, 머니투데이, 2015.08.19 http://news.mt.co.kr/mtview.php?no=2015081918168874304

15. 중국제조 2025 전략, 산업경제분석, 산업연구원, 2015.06.18 http://www.kiet.re.kr/kiet_web/main.jsp?sub_num=12&state=view&idx=51059&recom=1872

16. 김공회, '제조업 기반 성장모델은 정말 수명 다했나', 한겨레신문, 2015.12.10 http://www.hani.co.kr/arti/economy/economy_general/721374.html#csidx95792ae619d7999afde403290dbef70

4장

2

1. https://www.accenture.com/t20160119T041002__w__/us-en/_acnmedia/PDF-5/Accenture-804893-Smart-Production-POV-Final.pdf

2. http://www3.weforum.org/docs/WEFUSA_IndustrialInternet_Report2015.pdf

3. https://www.accenture.com/_acnmedia/Accenture/Conversion-Assets/DotCom/Documents/Global/PDF/Dualpub_18/Accenture-Industrial-Internet-Things-Growth-Game-Changer.pdf

4. From productivity to outcomes: using the internet of things to drive future business strategy, Accenture 2015

5. http://www.taleris.com

6. http://www.reuters.com/article/2014/01/23/ge-3dprinting-idUSL5N0KW2OA20140123

7. http://www.forbes.com/sites/amitchowdhry/2013/10/08/what-can-3d-printing-do-here-are-6-creative-examples/

8. http://www.rethinkrobotics.com
9. https://www.amazonrobotics.com/#/orhttps://vimeo.com/113374910
10. http://cdn.thomasnet.com/ccp/30722610/182890.pdf
11. http://autodeskresearch.com/projects/dreamcatcher
12. https://newsroom.accenture.com/subjects/technology/accenture-life-safety-soluti on-named-new-product-of-the-year.htm
13. http://www.slideshare.net/AlanLung/final-report-industrie40accessible-45987399

5장

1

1. Womack, 1991
2. Gorecky, 2016
3. Zühlke, 2008
4. Monostori, 2014
5. Gorecky, 2016

2

1. Lee, 2011
2. Monostori, 2014

    Wan, 2011
3. Derler, 2012
4. NIST, 2013
5. Monostori, 2014
6. Gunes, 2014
7. Pointner, 2014
8. Monostori, 2014
9. Monostori, 2014

3

1. Zühlke, 2010
2. Lucke, 2008
3. Wikipedia 1, 2016
4. VDMA, 2015
5. Acatech, 2013
6. Hessman, 2013
7. Acatech, 2013
8. Wikipedia 2, 2016
9. Wikipedia 2, 2016
10. Haughn, 2015
11. Zühlke, 2008
12. Wikipedia 3, 2016
13. Ferrari, 2017
14. Swiss, 2016
15. Anandan, 2016
16. Acatech, 2013

4

1. Acatech, 2013
2. Zühlke, 2008
3. Acatech, 2013
4. Zühlke, 2008
5. Garfinkel, 2004
6. Acatech, 2013
7. Acatech, 2013
8. Acatech, 2013

6장

1

1. IoT makes a significant reshaping of Industry structures possible, with borders between products and services as well as borders between industrial sectors becoming mucn more blurred than today. This may materialize through: Service enhanced products, Increased efficiency and transformation in process, Tighter relation supplier/buyer, Increased buyer power, New business models, New innovative actors and start-ups.(Ovidiu Vermesan 외2015, p.7-8)

2. M2M(Machine to Machine)은 Machine와 Machine 간 통신을 의미(사람과 Machine 간 통신 제외). 시장 규모는 M2M을 이용한 정보통신시스템 구축 및 운용, 유지비용을 말함.

3. BCG(2015)a

2

1. Smart services are a wholly different animal from the service offerings of the past. To begin with, they are fundamentally preemptive rather than reactive or even proactive. For customers, smart services create an entirely new kind of value- the value of removing unpleasant surprises from their lives.(Allmendinger 외, 2005. p.132)

2. There are some smart services that we are already using every single day of our lives – we have already embarked on the journey towards the Smart Service Welt. A world where instead of buying off-the-shelf products and services we now go online to buy individually configured bundles of products and services known as "smart services".(Acatech, 2015)

3. With Industrie 4.0 being on its way, smart factories will soon start putting a rapidly growing number of smart products on the market. Inevitably, these will act as platforms for further web-based services. Simply put, smart products made in an Industrie 4.0 scenario are combined with physical and digital services to create smart services. As a result, this development will eventually bridge the traditional gap between the industrial and the service sectors.(GTAI What is smart

service? https://www.gtai.de/GTAI/Navigation/EN/Invest/Industries/Smarter-business/smart-services.html)

Once smart products have left the factory, they are connected via the Internet. they exchange ever-larger volumes of data during use(Big data). the big data is analysed, interpreted, correlated and supplemented in order to refine it into smart data. This smart data can then be used to control, maintain and enhance smart products and services.(Acatech, 2015. p.14)

4. Porter, 2015

3

1. THESEUS는 독일 정부의 ICT 융합 R&D 지원 프로그램 중 서비스 인터넷 분야의 R&D를 지원을 위해 2007년 시작된 첫 번째 프로그램으로 인터넷에 존재하는 지식을 보다 더 많이 이용하고 활용하기 위한 새로운 인터넷 기반 지식 인프라를 개발하는 것이다. 이를 위해 THESEUS 프로그램은 시멘틱(Semantic) 문제 해결을 위한 R&D 지원에 집중하였다.(김은, 2015)

2. 현대경제연구원, '독일의 창조경제: Industry 4.0의 내용과 시사점' VIP리포트, 2013.10월 참고

3. In this new "Smart Service World", smart products are no longer sold to perform a function. They are now sold as services or, in other words, the outcome of using the product is what matters. Having been produced in an Industrie 4.0 scenario, as-a-service products offer the characteristic advantages of smart products regarding cost efficiency, sustainability, innovation, and customer satisfaction. As they are wholly demand-led and finely-tuned to customer needs, individual consumers will be at the center of and in control of a smart service world. At the same time, this digital transformation offers businesses – and economies as a whole – great potential for growth and innovation.(Acatech, 2015)

4. Accatech(2015), Chapter 3. 디지털 플랫폼: 오픈, 연결 그리고 안전한 의 내용을 재정리하였다. 원본원고에서 복사. 저자확인요

5. Capgemini Consulting, 2014

6. 디지털 비즈니스 모델은 1980~90년대 네트워킹과 단순 보고, 변환과 관

리의 기초 단계에서 2000년대 초반 조건 기반 모니터링으로 확대되었고 현재는 분석과 예측이 가능한 진보된 수준으로 발전되고 있다. 향후에는 핵심 비즈니스와의 통합, 스마트 서비스 및 비즈니스 모델이 보다 확대되는 시장 선도적 단계까지 발전해 나갈 것으로 예상된다.(Acatech, 2015. p.19, Figure 6. Maturity of digital business models)

7. This vision of a smart service world has the potential to become a key driver of innovation and growth. Its impact is already imminent in industries that are prone to digitization, such as the media, music and increasingly retail trade. However, this transformation is also set to affect other more traditional sectors including automotive, chemicals, energy technologies or medical technology, to name a few.(GTAI, What are smart service?)

4

1. 개별 데이터는 기업의 자산으로 다른 기업에 제공될 수 있고 기업 데이터는 선별된 기업들이 특정 가치창출 체인에서 생성하는 데이터로 공동으로 데이터 관리를 결정하며 공공 데이터는 날씨 정보, 교통 정보, 지리 정보 등으로 공권력(Public authority)에 의해 제공된다. Fraunhofer(2016), p.11.

5

1. 스마트 서비스는 사용자 중심, 범 기업적, 범 산업적, 데이터 기반, 매우 신속한-짧은 출시 주기, 데이터와 알고리즘은 부가가치를 증진시키고 규모의 경제를 달성하게 한다. 한편, 참여자들 간 상호 사업상의 이익은 부수적으로 생겨나고 시장 선도 기업들은 알고리즘, 플랫폼 및 마켓 플레이스와 디지털 생태계 등을 활용하게 된다. Acatech(2015)

2. OECD의 Compendium of productivity indicator 2015에 따르면 독일의 서비스업 시간당 실질부가가치 증가율은 2007~2013년 평균 -0.16%로 제조업의 0.45%에 비해 상당히 낮았다.

3. 조호정·이부형(2016), p.14~15, 〈참고 2〉 초연결사회(Hyper Connected Society) 구현을 위한 핵심기술 및 관련 기술 시장 전망 참조

4. BEA(2012)

5. Acatech(2016), p.76~80, p.91~93 등을 활용하여 재구성하였다.

7장

2

1. 이애리, 김범수, 장재영, 2016
2. 주대영, 김종기, 2014
3. 박남제, 안길준, 2010
4. KISDI, 2013
5. KCA, 2013
6. Glen, 2015; Naughton and Kharif, 2015

3

1. Lovells, 2014

4

1. 이글루시큐리티, 2016
2. ZDNet Korea, 2016
3. ZDNet Korea, 2016

8장

1

1. 사물인터넷이라는 용어는 1999년 Kevin Ashton에 의해 유통어플리케이션에서 RFID를 사용하여 오브젝트를 태그하는 표준 작업 중에 최초로 사용되었으나 1980년대 후반부터 유비쿼터스 연구에 기인한다.
2. 유즈케이스는 실제 사용자의 관점에서 사용되는 사례를 의미하며, 유즈케이스 작성을 통해 소프트웨어의 요구사항 및 기능을 정의하는 방식으로 활용됨
3. 배치 제어 프로세스, IEC에서 1997년, ANSI/ISA88(Batch 처리 산업 표준, 절차의 참조모델, 1995, 2010)
4. SAGM의 컴포넌트 층은 스마트그리드 관점에 포함되는 시스템 액터, Power 시스템 장비(전형적으로 프로세스 또는 현장에 위치), 보안 및 원격 통제, 네트워크 인프라 및 컴퓨터 등 물리적인 배치를 정의한다.

2

1. 서비스 지향 아키텍처(Service Oriented Architecture, SOA): 비즈니스 요구를 기술적 플랫폼으로 독립적인 서비스를 중심으로 구현하고 서비스 간의 느슨한 결합(loose-couple)을 통해 상호 운영성을 제고하는 아키텍처 스타일을 의미한다.

2. 초기에는 리소스 관리자(Resource Manager)라고 했으나, 향후 컴포넌트 관리자로 변경하기로 함.(출처: Structure of the Administration Shell, Continuation of the Development of the Reference Model for the Industrie 4.0 Component, ZVEI, Apr. 2016)

3. 제품 라이프사이클과 자산관리를 위한 실제 생성된 업무/기술 데이터가 구조화된 데이터로 실제 데이터를 설명해 주는 데이터이다.

4. ZVEI, Recommendations for implementing the strategic initiatives Industrie 4.0 (Acatech), http://www.acatech.de/fileadmin/user_upload/Baumstruktur_nach_Website/Acatech/root/de/Material_fuer_Sonderseiten/Industrie_4.0/Final_report__Industrie_4.0_accessible.pdf,April,2013.

9장

2

1. 토마 피케티, 장경덕 외 옮김,『21세기 자본』, 글항아리, 2014 참조

2. 브란트 총리의 일생에 대해 개관하려면 네이버캐스트에 기고한 역사저술가인 김정미 선생의「빌리 브란트」와 강릉 원주대의 이동기 교수의『빌리 브란트』를 참조할 것. 브란트의 대담과 연설 등도 이곳에서 인용한 것이며 아울러 그레고어 쇨겐, 김현성 옮김,『빌리 브란트』, 빗살무늬, 2003 참조하면 빌리 브란트를 이해하는 데 많은 도움이 될 것임

3. 게르만 모형과 스칸디나비아 모형에 대해서는 선학태,『사회협약정치의 역동성: 서유럽 정책협의와 갈등조정 시스템』, 한울아카데미, 2006 참조

4. Carl Benedikt Frey, Michael A. Osborne,「The Future of Employment: How Susceptible are Jobs to Computerisation」, 2013 참조

5. 에릭 브린욜프슨, 앤드루 맥아피, 이한음 옮김,『제2의 기계시대』, 청림출판, 2014 참조

6. 몰트케 장군에 관해서는 게하르트 P. 그로스, 진중근 옮김, 『독일군의 신화와 진실』, 길찾기, 2016 참조

10장

1

1. 이에 대해서는 Ernst Hartman, Arbeitsgestaltung fü Industrie 4.0: Alte Wahrheiten, neue Herausforderungen, in: Alfons Botthof, Ernst Andreas Hartmann (Hrsg.) 『Zukunft der Arbeit in Industrie 4.0』, Springer Vieweg, 2015, S. 9~20을 참조

2. 이에 대해서는 「Arbeitsorganisation und Arbeitsgestaltung im digitalen Industriezeitalter」, in: acatech (Hrsg.), 『Umsetzungsempfehlungen fü das Zukunftsprojekt Industrie 4.0』, Abschlussbericht des Arbeitskreises Industrie 4.0, April 2013, S. 56~58을 참조

3. 이에 대해서는 「Aus- und Weiterbildung fü Industrie 4.0」, in: acatech (Hrsg.), 『Umsetzungsempfehlungen fü das Zukunftsprojekt Industrie 4.0』, Abschlussbericht des Arbeitskreises Industrie 4.0, April 2013, S. 59~62을 참조

2

1. 에릭 브린욜프슨, 앤드루 맥아피, 『제2의 기계시대』, 청림출판, 2014 참조

2. Alfons Botthof, Ernst Andreas Hartmann (Hrsg.) 『Zukunft der Arbeit in Industrie 4.0』, Springer Vieweg, 2015 참조

3. Don Tapscott, Alex Tapscott, 『Blockchain Revolution』, Portfolio/Penguin 2016, 돈 탭스콧 외 1인, 박지훈 옮김, 『블록체인 혁명』, 을유문화사, 2017 참조

| 참고문헌 |

2장

김상윤, 이은창, "한국 제조업 First Mover 전략", POSRI 보고서, Mar., 2015

정대영, "21세기 고객맞춤경영 – 매스 커스터마이제이션", 엠플래닝, July, 2008.

한국은행, 통계청, "2013년 국민대차대조표(잠정) 작성 결과-보도자료", May, 2015.

adidas, "adidas Will Open Atlanta-Based Facility to Make Shoes in America (http://news.adidas.com/us/Latest-News/adidas-will-open-atlanta-based-facility--to-make-shoes-in-america/s/4d105d93-794c-4282-9382-d50032585cc1)", Aug, 2016

David Greenfield(A), "Enabling and Industrial Business Shift (https://www.automationworld.com/all/enabling-industrial-business-model-shift)", AutomationWorld, June, 2016.

David Greenfield(B), "The ROI of Energy Analysis (https://www.automationworld.com/discrete-manufacturing/roi-energy-analysis)", AutomationWorld, June, 2016.

DHL Trend Research, "Augmented Reality in Logistics – Changing the way we see logistics – a DHL perspective", 2014

Georg Kube, "Value Creation through Digitization – SAP's Strategy for Industrial Machinery & Components Companies", Sep., 2015

Hypebeast, "An Explanation of adidas' SPEEDFACTORY facility (https://hypebeast.com/2016/10/adidas-speedfactory-futurecraft-interview-ben-herath)",Oct,2016

Jana Kanyadan, and Oliver Mainka, "Improving Manufacturing Processes with SAP HANA Predictive Maintenance", ASUG Annual Conference, May 2015.

Lauren Gibbsons Paul, "Kaeser Puts Customers First with Big Data and Real-Time Business", Bloomberg Businessweek, Sep., 2014

Matthew Finnegan, "Trenitalia to cut train maintenance costs with SAP IoT and big data project", ComputerWorld UK, Oct, 2016.

Michael E. Porter, and James E. Heppelmann, "How Smart, Connected Products Are Transforming Competition", Harvard Business Review, Nov., 2014

SAP(C), "할리데이비슨: SAP Customer Story (http://www.sap.com/about/customer-testimonials/automotive/할리데이비슨.html)"

SAP(D), "The Swiss Army Knife of Forklifts Joins the IoT (https://blogs.sap.com/2015/06/08/the-swiss-army-knife-of-forklifts-joins-the-iot/)", June, 2015.

SAP(E), "How Under Armour's Digital Transformation Will Improve Your Health", SAP News Center, Feb., 2016

SCM World, "The Future of Manufacturing – Maximum Flexibility at Competitive Prices", Oct., 2014

Siemens(A), "Siemens Digitalization Strategy & Sinalytics Platform", Jan., 2016.

Siemens(B), "Pictures of the Future(http://www.siemens.com/innovation/en/home/pictures-of-the-future/industry-and-automation/digital-factories-defects-a-vanishing-species.html)"

Timo Elliott, "Enabling Predictive Maintenance: Real-Life Use Case(http://www.slideshare.net/timoelliott/enabling-predictive-maintenance-reallife-use-case)"

Wikipedia(A), "Coca-Cola Freestyle (https://en.wikipedia.org/wiki/Coca-Cola_Freestyle)"

Wikipedia(B), "Under Armour (https://en.wikipedia.org/wiki/Under_Armour)"

5장

Acatech, 2013: Recommendations for implementing the strategic initiative INDUSTRIE 4.0, Final report of the Industrie 4.0 Working Group

Anandan T.M., 2016: Mobile Robots and Intralogistics the Always-On Supply Chain, in: http://www.robotics.org/contentdetail.cfm/Industrial-Robotics-Industry-Insights/Mobile-Robots-and-Intralogistics-the-Always-On-Supply-Chain/content_id/6163 [2017년 1월]

Derler P., Lee E.A., Sangiovanni-Vincentelli A., 2011: Modeling Cyber-Physical

Systems, in: Proceedings of the IEEE, Vol. 100, Issue 1, p.13-28, Berkeley, USA

Ferrari M, 2017: Smart manufacturing using AR in the era of Industry 4.0, in: http://www.inglobetechnologies.com/smart-manufacturing-ar-industry-4-0 [2017년 1월]

Garfinkel S., 2004: Internet 6.0, in: MIT Technology Review

Gorecky D., Weyer S., SmartFactoryKLe.V.,.,2016,SmartFactoryKL Systemarchitektur für Industrie4.0-Produktionsanlagen,WhitepaperSF-1.1:04/2016,p.4-5

Gunes V., Peter S., Givargis T., Vahid F., 2014: A Survey on Concepts, Applications, and Challenges in Cyber-Physical Systems, in: KSII Transactions on Internet and Information Systems, Vol.8, No.12

Haughn M., 2015: in: http://internetofthingsagenda.techtarget.com/definition/smart-sensor/ [2016년 11월]

Hessman T., 2013: The Dawn of the Smart Factory, in: http://www.industryweek.com/[2016년 11월]

Lee E.A., Seshia S.A., 2011: Introduction to Embedded Systems: A Cyber-Physical Systems Approach, 1stEdition

Lucke D., Constantinescu C., Westkämper E., 2008: Smart factory – A step towards the next generation of manufacturing, in: Manufacturing Systems and Technologies for the New Frontier, p.115-118, Springer

Monostori L., 2014: Cyber-physical production systems: Roots, expectations and R&D challenges, in: Variety Management in Manufacturing. Proceedings of the 47th CIRP Conference on Manufacturing Systems,p.9-13

NIST, 2013: Strategic R&D Opportunities for 21st Century Cyber-Physical Systems, Connecting computer and information systems with the physical world, in:Report of the Steering Committee for Foundations in Innovation for Cyber-Physical Systems, January 2013

Swiss, 2016: Industry 4.0 and additive manufacturing, in: https://phys.org/news/2016-01-industry-additive.html, Swiss Federal Laboratories for Materials Science and Technology [2017년 1월]

Pointner A., 2014: Technologies for the next generation of production systems, Graz University of Technology, Institute of Production Science and Management, Mechanical Engineering and Business Economics, Bachelor Thesis

VDMA, 2015: Industrie 4.0 – Readiness, Stiftung für den Maschinenbau, den Anlagenbau und die Informationstechnik

Wan J., Suo H., Yan H., Liu J., 2011: A General Test Platform for Cyber-Physical Systems: Unmanned Vehicle with Wireless Sensor Network Navigation, in: Procedia Engineering, Vol. 24, p.123-127, Guangzhou, China

Wikipedia 1, 2016: https://de.wikipedia.org/wiki/Smart_Factory [2016년 11월]

Wikipedia 2, 2016: https://en.wikipedia.org/wiki/Internet_of_things [2016년 11월]

Wikipedia 3, 2016: https://ko.wikipedia.org/wiki [2016년 11월]

Womack J.P., Jones D.T., Roos D., 1991: The Machine That Changed the World: The Story of Lean Production. Harper Perennial

Zühlke D., 2008: SmartFactory – from Vision to Reality in Factory Technologies, in: IFAC Proceedings Volumes, Vol. 41, Issue 2, 2008, p.14101-14108, 17th IFAC World Congress

Zühlke D., 2010: SmartFactory – Towards a factory-of-things, in: Annual Reviews in Control, Vol. 34, p.129-138, Kaiserslautern, Germany

6장

김 은 (2015) 스마트 서비스 벨트와 인더스트리 4.0, ICT 융합 이슈리포트 7호, 한국ICT융합네트워크

김 은·김연순 (2015) 서비스 인터넷(Internet of Services), ICT 융합 이슈리포트 8호, 한국ICT융합네트워크

조호정 (2013) 독일의 창조경제: Industry 4.0의 내용과 시사점, VIP리포트, 현대경제연구원.

조호정·이부형 (2016) 초연결 시대 산업 전략, VIP리포트, 현대경제연구원

Acatech (2013) Securing the future of German Manufacturing Industry:

Recommendations for implementing the strategic initiative Industrie 4.0, BMBF

Acatech (2015) Smart Service Welt, Recommendations for the strategic initiative web-based services for businesses, BMWi

Acatech (2016) Smart sevice welt- Digitale serviceplattforen, Best Practices

BEA (2012) Trends in Digitally-Enabled Trade In Services

BCG (2015a) Industry 4.0: The Future of Productivity and Growth in Manufacturing Industries

BCG (2015b) Man and Machine in industry 4.0: How will Technology Transform the Industrial Workforce Through 2025

Allmendinger, Glen 외 (2005) Four Strategies for the age of smart services, Harvard Business Review

Fraunhofer (2016) Industrial data space, White paper

Harbor Research (2009) Pervasive Internet&Smart Services Market Forecast

Porter, Michael 외 (2014) 'How smart, connected products are transforming competition', Harvard Business Review

Porter, Michael 외 (2015) 'How smart, connected products are transforming companies', Harvard Business Review

Vermesan ,Ovidiu 외 (2015) 'Building the Hyperconnected Society: IoT Research and Innovation Value chains, Ecosystem and Markets, River Publishers

Roland Berger & BDI (2015) The digital transformation of industry

Schwab, Klaus (2016) The fourth industrial revolution, World Economic Forum

Wenzel, Sven 외 (2015) The Industrial Data Space: Towards a trusted network of data, 발표자료, Fraunhofer

The Capgemini Consulting (2014) Industry 4.0 - Sharpening the Picture beyond the Hype

WEF (2016) Digital transformation of Industries, World Economic Forum White Paper

野村総合研究所(2014), IT ナビゲーター 2015年版

7장

Arthur, D.L., "Wanted: Smart Market-Makers for the Internet of Things", Prism, Vol.2, 2011.

Bitkom e.V., VDMA e.V. and ZVEI e.V associations, "Implementation Strategy Industrie 4.0: Report on the results of the Industrie 4.0 Platform", 2016.

EU Article 29 Data Protection Working Party, "Opinion 8/2014 on the on Recent Developments on the Internet of Things," EU, Aug. 2014.

Gartner, "Market Trends: TSPs Must Invest in the Rapidly Evolving IoT Ecosystems Now", Gartner, 2013.

Gartner, "6.4 Billion Connected Things Will Be in Use in 2016, Up 30 Percent From 2015," Gartner Symposium/ITxpo 2015 in Barcelona, 2015.

Glen, W., "OnStar Plugs Hacker Attacks", Autonet, 2015.

Hogan Lovells, "Data Privacy Regulation Comes of Age in Asia", 2014.

ICO(Information Commissioner's Office), "Wearable Technology – the future of privacy," ICO, 2014.

KISDI(정보통신정책연구원), "스마트 디바이스 제조 산업의 발전방향 연구", KISDI, 2013.

Naughton, K. and O. Kharif, "Cars a Target for Identity Thieves as Shopping Comes to Dashboard", Bloomberg News, 2015.

OECD, "The OECD Privacy Framework," OECD, Nov. 2013.

국무조정실, 행정자치부, 방송통신위원회, 금융위원회, 미래창조과학부, 보건복지부, 개인정보 비식별 조치 가이드라인 – 비식별 조치 기준 및 지원·관리 체계 안내, 2016. 06. 30.

노규성, 김의창, 문용은, 박성택, 이승희, 임기홍, 정기호, 빅데이터 시대의 전자상거래, 생능, 2015.

미래창조과학부, 빅데이터 활용을 위한 개인정보 비식별화 사례집, 2014 .05. 01.

박남제, 안길준, "스마트 그리드에서의 프라이버시 보호", 정보보호학회지, 제20권, 제3호, 2010, 62-78.

이글루시큐리티, 인공지능(AI)과 정보보안, 2016. 10.

이애리, 김범수, 장재영, "사물인터넷(IoT) 환경에서 개인정보 위험 분석 프레임 워크", 한국IT서비스학회지, 제15권, 제4호, 2016, 41-62.

이애리, 손수민, 김현진, 김범수, "사물인터넷(IoT) 환경에서 개인정보보호 강화를 위한 제도 개선 방안", 정보보호학회논문지, 제26권, 제4호, 2016, 995-1012.

주대영, 김종기, "초연결시대 사물인터넷(IoT)의 창조적 융합활성화 방안", 산업연구원, ISSUE Paper, 제342권, 2014.

테크홀릭(Tech Hollic), "자동운전차…센서 해킹에 대비하라", 2015.09. Available: http://techholic.co.kr/archives/40005.

KCA(한국방송통신전파진흥원), "커넥티드 카의 주요 사업자 동향과 서비스 보급의 선결과제", KCA, 2013.

ZDNet Korea, "주목받는 딥러닝, 보안 측면의 기회와 위협", ZDNet, 2016.03.

8장

Acatech, 2013. 4: Recommendations for implementing the strategic initiative INDUSTRIE 4.0, Final report of the Industrie 4.0 Working Group

Bianca Scholten, 2007.10: Integrating ISA-88 and ISA-95, p. 2-4]

CEN-CENELEC-ETSI Smart Grid Coordination Group, 2012. 11: Smart Grid Reference Architecture, p.17 -36

Dr.-Ing. Peter Adolphs, CTO, Pepperl+Fuchs GmbH, Mannheim, chairman WG1 – Plattform Industrie 4.0, 2015.10.30 : RAMI 4.0 – IoT for manufacturing

Dr.-Ing. Peter Adolphs, Berlin, 18th of June 2015: RAMI 4.0 An architectural Model for Industrie 4.0

INDUSTRIE 4.0 Working Group, 2016, 4, Working paper: Structure of the Administration Shell, Continuation of the Development of the Reference, p 8 -13

Industrial Internet Consortium, 2015.6.4 : Industrial Internet Reference Architecture V1.7, p. 9-15, 26-35

Industrial Internet Consortium, 2015.5: Industrial Internet Vocabulary

International Standard, IEC 62264-3: Enterprise Control System Integration, p.

John Gotz, QualiWare Center of Excellence, 2016. 4.29: Reference Architecture Model for Industry 4.0, p 2 -9, www.coe.qualiware.com/reference-architecture-for-industry-4-0

NIST Special Publication 1108, 2010.1 : NIST Framework and Roadmap for Smart Grid Interoperability Standards, Release 1.0, p 32-43

OASIS, 2008 4.23: Reference Architecture for Service Oriented Architecture Version 1.0, p.8 -19

Roland HEIDEL, Chairman IEC TC 65 Regnar Schultz, Chairman CENELEC TC65X, Dalian, 2015 October 29th: International Symposium on Measurement and Control Technology & Intelligent Manufacturing, Industry 4.0 and European Initiatives

VDI/VDE ZVEI Status Report, 2015, 7: Reference Architecture Model Industrie 4.0, p. 7 - 18

Yan Lu, KC Morris, Simon Frechette, NISTIR 8107, 2016, 2: Current Standards Landscape for Smart Manufacturing Systems Integration Division, Engineering Laboratory, NIST, p. 28-30

| 웹사이트 자료 |

6장

UNCTAD, Stats(통계)

GTAI(German Trade &Investment, https://www.gtai.de)

Siemens(2015), MindSphere- Siemens Cloud for industry (http://www.industry.siemens.com/services/global/en/portfolio/plant-data-services/cloud-for-industry/Pages/Default.aspx)

Device Insight, Centersight

(https://www.device-insight.com/en/centersight-iot-platform.html)

Here Platform for Business

(https://company.here.com/enterprise/location-platform/platform-business/)

| 색인 |

1차 산업혁명 45, 230, 403, 404

2차 산업혁명 45, 404

3차 산업혁명 44, 45, 226, 227, 235, 397, 404, 405, 419, 420, 421, 425

3D 프린터 26, 27, 76, 206, 260

4차 산업혁명 44, 45, 46, 47, 73, 115, 116, 128, 138, 139, 140, 141, 147, 153, 158, 160, 161, 163, 164, 171, 203, 225, 226, 233, 234, 246, 275, 276, 280, 307, 395, 396, 397, 398, 399, 403, 404, 405, 407, 409, 418, 419, 420, 421, 425, 433, 434, 435, 436, 437, 438, 440, 441, 451, 454, 455

68혁명 412, 426

A

ABB 259

APAS 보조 로봇 118, 135, 137

G

GE 291, 383

I

ICT 융합, 정보통신기술 융합 37, 38, 39, 42, 58, 70, 395

Industrie 43, 44, 167, 169, 364, 457

Industry 43, 44, 62, 169, 349

IT 전략 32, 35, 70

IT 정상회의 38

L

LBR 259

M

M.F.G. 76

O

O2O, Online to Offline 282

OEM, 주문자상표부착생산방식 66

OMG, Object Management Group 372, 383

OPC, OLE for Process Control 95

S

SAP 37, 38, 81, 86, 95, 101, 102, 103, 104, 107, 109, 110, 111, 122, 155, 165, 397, 444

X

XaaS, Everything as a Service 388

ㄱ

가내수공업 24, 49, 51

가상세계 95, 116, 132, 137, 235, 278, 435

가상현실VR 183, 190, 195, 210, 258

가치 네트워크 315, 316, 317, 321, 359

가치창출 흐름 47, 365, 366, 367, 368, 369, 373, 380, 381, 387

가치창출네트워크 30, 31, 47, 52, 53, 54, 55, 65

가치창출사슬 30, 31, 47, 64, 65, 249, 251, 266

개방형 인터페이스 95, 139

개방형 표준 121, 128, 131, 134

개별 데이터 378

개인 맞춤형 제조 50, 51, 52

개인 맞춤형 제품 24, 25, 27, 28, 32, 33, 34, 41, 52, 56, 69, 70, 78, 88, 156, 160, 170, 210, 264, 289, 409

개인정보 비식별화 344, 345, 351

개인화된 고객의 요구사항 23, 47, 48

거버넌스 103, 220, 301, 302

게슈탈트 428, 429, 447, 452

게오르그 쉬테Georg Schüte 433

계층 레벨 367, 368, 371, 373, 374, 387

고가치 제조 전략HVM 167

고마쓰 82

공공 데이터 300, 469

공급망관리SCM 249

공동결정법 415, 427, 447

구동장치, 액추에이터 47, 238, 278

국가과학재단NSF 235

국내총생산GDP 151, 165

귀네스Gunes 240

글로벌 생산 네트워크 119, 120, 135

기계 인텔리전스 283

기민당CDU 412, 449

ㄴ

나이키 91, 229

내재화 407, 409

네트워크화된 생산체계 31, 64

ㄷ

다이스Dais 37, 38, 113

대량 맞춤 24, 50, 51

대량 생산 24, 25, 44, 45, 49, 51, 52, 56, 57, 58, 227, 228, 264, 409

데이터 사이언티스트 109

도요타 61, 229

독일기계설비산업협회VDMA 29, 30, 128, 165, 249, 279, 372

독일연방 경제에너지부BMWi 39, 288

독일연방정보통신뉴미디어협회 BITKOM 128

독일인공지능연구소DFKI 48, 58, 183, 247

독일전자산업협회ZVEI 158, 165

드론 61, 186, 187, 201, 335, 448

디지털 네트워크 49, 238, 239, 248, 318

디지털 어젠다 2014~2017 39, 42

디지털 통합 31

디지털 트랜스포메이션 5, 7, 94, 100, 101, 102

디지털 트윈 97, 131

디지털 팩토리 227, 229, 230, 231

딥 러닝 322, 355, 356, 358

ㄹ

라이더 359

랩스 네트워크 인더스트리 4.0 128, 129

레오나르도 109, 110, 111

레퍼런스 아키텍처 모델 인더스트리 4.0RAMI 4.0, Reference Architecture Model for Industrie 4.0 363, 364, 366, 367, 368, 371, 372, 373, 383, 384, 386, 387, 388

로봇 운영 시스템ROS, Robot Operating System 190

로컬 모터스 51

로트 사이즈 1 75, 78, 88, 169

르앱 180, 190, 191

리쇼어링 157, 159, 164, 169, 170, 171

린 생산 227, 229

ㅁ

마누서브 180, 197, 198

마이크로소프트 124, 148, 149

마인드스피어 95, 96, 291

만물인터넷IOE, Internet of Everything 275

매니페스트 377, 378

맵마이피트니스 93

머신 러닝 355, 356, 357, 358

메타데이터 351, 378

모노즈쿠리 158, 162, 163

모션이에이피 199

모학 83, 84

무선자동 정보인식장치RFID 115, 125, 126, 127, 182, 186, 212, 213, 253, 257, 371

무인운반차 77, 382

물리세계 95, 116

ㅂ

배치 사이즈 1 194

백오피스 217

보다 스마트한Smarter 팩토리 29, 33, 34

보쉬 7, 37, 38, 82, 113, 114, 115, 116, 117, 118, 119, 120, 121, 122, 123, 124, 125, 127, 128, 129, 130, 131, 133, 134, 135, 136, 137, 138, 139, 140, 141, 142, 165, 183, 185, 266, 300, 410, 411

분권화 25, 34, 41, 52, 54, 57, 58, 262, 404, 405, 407, 409, 418, 434, 436, 447, 448, 450, 451, 452, 453, 454, 455

분산제어 179, 184, 192, 201

분산지능 130, 134

비즈니스 프로세스 29, 110, 205, 207, 213, 214, 263, 370, 456, 457

빅데이터 7, 43, 78, 80, 83, 84, 107, 109, 132, 139, 156, 161, 252, 255, 256, 268, 270, 276, 280, 282, 289, 291, 292, 293, 320, 321, 327, 328, 342, 343, 344, 345, 346, 347, 348, 349, 350, 351, 352, 353, 354, 359, 382, 417, 445

빌리 브란트Willy Brandt 413, 414, 415, 426, 471

ㅅ

사물인터넷IoT, Internet of Things 5, 7, 38, 39, 42, 48, 63, 82, 102, 107, 109, 110, 113, 114, 116, 118, 120, 121, 122, 124, 128, 129, 140, 142, 150, 154, 156, 164, 165, 167, 171, 179, 180, 182, 203, 204, 205, 206, 208, 212, 216, 217, 221, 222, 238, 241, 247, 248, 252, 254, 257, 258, 262, 267, 270, 275, 276, 278, 300, 306, 322, 323, 324, 325, 326, 327, 328, 329, 330, 331, 332, 333, 334, 335, 336, 337, 338, 339, 340, 341, 342, 359, 363, 384, 417, 421, 425, 433, 434, 447, 448, 470, 479

사물인터넷 스위트IoT suite 120, 121, 122, 124

사물지능통신 M2M 80, 81, 82, 278

사민당SPD 413, 414, 415, 426

사업(부) 전략 33, 35, 69, 70

사용자경험UX, User Experience 111, 134, 307

사이버물리사회CPS, Cyber Physical Society 239

사이버물리시스템CPS, Cyber Physical System 5, 38, 39, 45, 46, 48, 52, 54, 55, 56, 57, 165, 171, 179, 181, 183, 225, 226, 234, 235, 236, 237, 238, 239, 240, 241, 244, 246, 247, 248, 255, 262, 278, 289, 296, 376, 396, 397, 407, 408, 409, 410, 417, 419, 425, 433, 434, 442, 443, 447

사이트 머신 214

산업인터넷 레퍼런스 아키텍처IIRA 383, 384, 385, 386, 387, 388, 389

산업용 사물인터넷IIoT, Industrial Internet of Thing 203, 204, 205, 206, 208, 212, 216, 217, 221, 222, 384

산업인터넷 컨소시엄IIC, Industrial Internet Consortium 128, 160, 165, 383, 384, 385, 386

상대적 안전성 308

생물학적 제조 시스템 231

생산 실적 관리 프로토콜 129

생산 전략 32, 35

생산관리시스템MES 83, 119, 127, 148, 154, 181, 205, 214, 236, 249, 251, 252, 373, 379, 440

생태계 전략 32, 33, 34, 35, 62, 66, 70

서비스 인터넷IoS, Internet of Services 38, 39, 289, 421

서비스형 소프트웨어SaaS 388

서비스형 플랫폼PaaS 388

소프트웨어 개발 키트 96

소프트웨어 정의 플랫폼 290, 292, 293, 294, 297, 298

수직적 통합 30, 31, 64, 182, 245, 365

수평적 통합 30, 31, 65, 66, 182, 266, 365, 370, 380

스마트 물류 23, 59, 61, 260, 261, 297, 396

스마트 사이트 180, 193

스마트 서비스 벨트 39, 42, 280, 282, 288, 289, 291, 292, 303, 305

스마트 센서 113, 182, 186, 192, 238, 239, 252, 254, 255, 300, 325, 379

스마트 아메리카 챌린지 171

스마트 안경 85, 86

스마트 제품 23, 59, 60, 61, 249, 287, 290, 292, 295, 296, 299, 308

스마트 팩토리 22, 23, 25, 26, 27, 28, 29, 30, 31, 32, 34, 35, 41, 42, 55, 56, 58, 59, 60, 61, 64, 65, 69, 70, 97, 163, 180, 183, 190, 204, 205, 206, 207, 215, 216, 219, 225, 226, 230, 231, 232, 233, 234, 235, 238, 246, 247, 248, 249, 250, 251, 252, 253, 254, 255, 256, 257, 258, 259, 260, 261, 262, 264, 265, 266, 267, 268, 269,

270, 271, 278, 279, 282, 289, 384, 396, 399, 408, 409, 436, 437, 442, 448

스마트 팩토리^{KL} 58, 247, 265

스마트 페이스 53, 180, 192, 201

스톡 키핑 유닛 90

스틸 81, 82, 84

스피드 팩토리 26, 27, 32, 69, 75, 76, 78, 89, 193, 194, 276, 277

시너지스트 284, 285

시멘틱 30, 41, 58, 180, 289, 293

신재생에너지 44

신테제 449

ㅇ

아디다스 26, 27, 32, 69, 75, 76, 78, 89, 91, 193, 194, 229, 276, 277

아라미스 76

아서 D 리틀Arthur D. Little 323

아우토노믹 4.0 39, 179, 180, 201

아이부스터 127

아카데미 큐브 443, 444, 445

아카텍, 독일공학한림원 4, 29, 37, 38, 39, 44, 46, 266, 289

안토니오 그람시Antonio Gramsci 407

안티테제 449

앙겔라 메르켈Angela Merkel 38, 40, 449

앙투안 드 생텍쥐페리Antoine de Saint Exupéry 398

앱시스트 195, 201

양면전략 28, 62

언더아머 91, 92

언더아머리코드 93

에너지 인터넷IoE, Internet of Energy 38, 421

에드가 샤인Edgar Henry Schein 402

에프티에프 188, 201

엔드 투 엔드 30, 64, 65, 83, 205, 304, 316, 365, 381

엣지 디바이스 217

엣지 컴퓨팅 217

역량평가 441

연결된 물리 플랫폼 292, 293

연구 연합 37, 38, 46

예지정비 43, 61, 79, 80, 84, 85, 155

오파크 180, 189

오프쇼어링 171

온쇼어링 204

옵트아웃 347

웨어러블 기기 155, 210, 221, 236

유미YuMi 259

유비쿼터스 제조 시스템 227, 229

이네이블러 155, 290, 291, 293, 299

이노사이퍼 180, 184, 201

이벤트 관리SIEM 216

이클립스 호노 129

인간-기계 인터페이스 47, 134, 135, 238

인공지능 165, 180, 188, 192, 230, 232, 236, 238, 239, 252, 256, 268, 276, 322, 355, 356, 357, 358, 359, 396, 417, 420, 425, 433, 434, 447

인더스트리 1.0 45, 247

인더스트리 2.0 24, 247

인더스트리 3.0 23, 24, 25, 45, 247

인더스트리 4.0 21, 22, 23, 24, 25, 28, 29, 30, 31, 32, 33, 34, 35, 36, 37, 38, 39, 40, 41, 42, 43, 44, 45, 46, 47, 48, 49, 50, 52, 53, 54, 55, 56, 58, 59, 60, 61, 62, 63, 64, 65, 66, 67, 68, 69, 70, 113, 114, 116, 117, 118, 119, 120, 121, 122, 123, 124, 125, 126, 127, 128, 129, 130, 131, 132, 133, 134, 135, 137, 138, 139, 140, 141, 142, 147, 153, 158, 163, 164, 165, 166, 167, 168, 170, 173, 174, 179, 180, 187, 194, 200, 206, 225, 233, 234, 235, 246, 247, 265, 266, 280, 282, 288, 289, 299, 303, 306, 315, 316, 317, 318, 319, 320, 321, 322, 355, 359, 360, 363, 367, 371, 378, 379, 380, 383, 388, 395, 397, 398, 399, 402, 403, 405, 408, 409, 410, 415, 416, 418, 421, 426, 433, 434, 435, 436, 437, 438, 439, 440, 441, 443,

444, 447, 450, 451, 454, 455, 456, 457

인더스트리 4.0 플랫폼 37, 128, 160

인더스트리 오브 더 퓨처 169

인력 절감 21, 26, 34

인벤트에어리 180, 186, 187, 201

인사HnSA 180, 196, 197

인스턴스 367, 368, 373, 375, 376, 377, 387

일과 삶의 균형 438

임베디드 시스템 46, 238, 239, 248, 385

임펄스 재단 249

ㅈ

자동차용 차체 제어 시스템ESP, Electronic Stability Program 119, 120, 122

자동화 시스템 45, 135, 206, 236, 251, 276

자원 효율성 21, 22, 23, 32, 34, 69, 243

자율 조직화 262

자율 최적화 262

자율생산 시스템 179, 227, 229

자율협동로봇 252, 259

자재와 공급망 205, 212

잠김 방지 브레이크 시스템ABS, Anti-lock Braking System 122

재구성 생산 시스템 231

재스크 트라이던트 357

적시생산방식 212, 213

적층가공 260

전사 전략 33, 35, 69, 70

전사적 자원관리ERP 시스템 110, 135, 137, 181, 209, 213, 214, 236, 249

정보통신기술ICT, Information & Communication Technology 37, 38, 39, 42, 48, 58, 62, 158, 162, 164, 165, 167, 230, 241, 252, 266, 271, 322, 342, 365, 366, 367, 377, 378, 395, 425, 440, 444, 445

제2의 기계시대 449

제레미 리프킨Jeremy Rifkin 44, 419

제미니 180, 200

제조 혁신 네트워크NNMII 170

제품수명주기관리PLM 131, 132, 236, 252

존디어 82, 97, 98, 99

중간자공격 330,

중국제조 2025 프로젝트 172

증강현실AR 85, 86, 87, 155, 189, 195, 237, 252, 258, 287

지능형 네트워크 계획 42

지능형 생산 시스템 227, 229, 230

지능형지속위협 319

지멘스 73, 74, 75, 78, 82, 94, 95, 96, 185, 252, 266, 281, 282, 291, 364, 380, 410, 411, 450

지연전략 89, 210

집합 데이터 300

ㅊ

첨단제조파트너십 170

초연결사회 275, 290

층Layer 367, 368, 369, 370, 371, 374, 386, 387

침입 탐지 시스템IDS 216

ㅋ

캐져콤푸레셔 79, 80, 82, 84, 293

캐터펄트 167, 170

캐터필러 82

커넥티드 월드 366, 368, 371, 373, 379, 380, 387

커넥티드 인더스트리 116, 123, 128, 141

컬트랩3D 180, 183, 184

컴포넌트 관리 377, 378

컴퓨터 사용 제조CAM, Computer Aided Manufacturing 251

컴퓨터 이용 공학CAE, Computer Aided Engineering 232

컴퓨터 지원설계CAD, Computer Aided Design 231, 232, 251

컴퓨터통합생산CIM, Computer Integrated Manufacturing 227, 228, 372, 373

코렌Koren 24

코코스 180, 181, 182

쾌속조형 260

쿠카Kuka 102, 259

큐브XX 81, 82

키바Kiva 261

키온 그룹 81

ㅌ

타임 스탬핑 84

탈산업화 174, 175

테라코타 293

테스트베드 165, 171, 182, 183, 190, 191, 198, 199, 200

테제 449, 450

텐서플로 358

토마 피케티Thomas Piketty 405

트렌이탈리아 85

ㅍ

팩토리 4.0 21, 28

팩토리 오브 더 퓨처FoF, Factory of the Future 166, 167, 168, 169

페이 퍼 유즈Pay-Per-Use 97, 156

편재성 304, 305, 335

품질관리시스템 83

프라운호퍼 연구소 81

프레임워크 95, 107, 110, 114, 358, 366, 370, 372, 374, 383, 386, 388, 389

프로그램 가능 논리 제어 장치PLC 74, 75, 131, 181

프로세스 개선 28, 284

플랫폼 비즈니스 94, 97, 155

플랫폼 인더스트리 4.0 47, 62, 165, 438, 439, 455

플러그 앤 유즈 290, 291

플러그 앤드 프로듀스 57, 181, 183

플러그 인 플레이 97

ㅎ

하나HANA 107, 293

하노버 메세 30, 387

하이테크전략HTS, High Tech Strategy 36, 39, 40, 113, 165

할리데이비슨 77, 78, 88, 89

합의의 원칙 415, 427

헤닝 카거만Henning Kagermann 37, 38, 44

헤르베르트 하이너Herbert Hainer 276

헬무트 폰 몰트케Helmuth von Moltke 422

혁신가 283, 284

홀로닉 제조 시스템 231

화혼양재和魂洋才 162

4차 산업혁명과 제조업의 귀환

초판 1쇄 발행 2017년 8월 14일
초판 5쇄 발행 2020년 4월 24일

지은이 김은 김미정 김범수 김영훈 이애리 이태진 정대영 조호정 최동석 하희탁 한순흥 현용탁
펴낸이 안현주

경영총괄 장치혁 **편집** 송무호
디자인 표지 정태성 본문 장덕종
마케팅영업팀장 안현영

펴낸곳 클라우드나인 **출판등록** 2013년 12월 12일(제2013-101호)
주소 우) 04055 서울시 마포구 홍익로 10(서교동 486) 101-1608
전화 02-332-8939 **팩스** 02-6008-8938
이메일 c9book@naver.com

값 25,000원
ISBN 979-11-86269-82-4 03320

* 잘못 만들어진 책은 구입하신 곳에서 교환해드립니다.
* 이 책의 전부 또는 일부 내용을 재사용하려면 사전에 저작권자와 클라우드나인의 동의를 받아야 합니다.
* 클라우드나인에서는 독자여러분의 원고를 기다리고 있습니다.
  출간을 원하는 분은 원고를 bookmuseum@naver.com으로 보내주세요.
* 클라우드나인은 구름 중 가장 높은 구름인 9번 구름을 뜻합니다. 새들이 깃털로 하늘을 나는 것처럼 인간은 깃펜으로 쓴 글자에 의해 천상에 오를 것입니다.